장아함경 2

長阿含經

김월운 옮김

동국역경원

장아함경 2

長阿含經

| 차 례 |

제20권

〔제4분〕 ③

제21권

〔제4분〕 ④

제22권

〔제4분〕 ⑤

불설장아함경佛說長阿含經 제 11 권

〔제 2 분〕 ⑥

11. 아누이경阿㝹夷經

이와 같이 나는 들었다.

어느 때 부처님께서는 명녕국冥寧國[1] 아누이阿㝹夷[2] 땅에서 큰 비구 대중 1,250명과 함께 계셨다.

그때 세존께서는 옷을 입고 발우를 들고 아누이성으로 들어가 밥을 구걸하시면서 가만히 혼자 생각하셨다.

'내가 지금 밥을 구하기에는 시간이 너무 이르니, 지금 잠깐 방가바房伽婆 범지梵志의 동산으로 가자. 거기서 때를 기다렸다가 밥을 구걸해야겠다.'

---

1 팔리본에는 Malla로 되어 있다.

2 팔리본에는 Anupiyā로 되어 있다. 성읍城邑의 이름이다.

2

이런 생각을 하신 세존께서는 곧 그 동산으로 나아가셨다. 이 때 그 범지가 멀리서 부처님께서 오시는 것을 보고 곧 일어나 맞이하고 서로 문안한 다음 여쭈었다.

"잘 오셨습니다. 구담瞿曇이시여, 뵙지 못한 지 오래 되었습니다. 이제 무슨 일로 이렇게 여기에 오셨습니까? 원컨대 구담이시여, 이 자리에 앉으십시오."

세존께서는 곧 그 자리에 앉으셨고, 그 범지는 한쪽에 앉아 세존께 여쭈었다.

"어젯밤에 예차隸車의 아들[3] 선숙善宿[4] 비구가 제 처소로 찾아와 말했습니다.

'대사大師여, 나는 부처님 처소에서 범행梵行을 닦지 않을 것입니다. 왜냐하면 부처님께서 나를 멀리하시기 때문입니다.'

그 사람은 저에게 구담의 잘못을 이렇게 말했지만 저는 그것을 받아들이지 않았습니다."

부처님께서 범지에게 말씀하셨다.

"저 선숙이 한 말을 그대가 받아들이지 않을 줄 알았다. 옛날 언젠가 나는 비사리毘舍離에 있는 미후獼猴[5]못가에 있는 집법당集法堂에 있었다. 그때 그 선숙 비구가 나의 처소로 찾아와 말했다.

'여래께서는 저를 멀리하십니다. 그러므로 저는 여래의 처소에서 범행을 닦지 않겠습니다.'

나는 그에게 물었다.

---

3 팔리본에는 Licchavi-putta로 되어 있다. 예차隸車는 리차利車·리차비離車毗·리사離奢라고 쓰기도 하는데, 비사리성에 살고 있는 찰제리 종족의 이름이다.

4 비구의 이름으로 팔리본에는 Sunakkhatta로 되어 있다.

5 미후獼猴, Makkaṭa는 연못의 이름이다. 또한 말가타末伽吒·마가타摩迦吒라고도 하는데 비사리국 암라원菴羅園 옆에 있다.

'너는 어째서 〈저는 여래의 처소에서 범행을 닦지 않겠습니다. 여래께서 저를 멀리하시기 때문입니다〉라고 말하느냐?'

선숙이 내게 대답했다.

'여래께서는 저를 위하여 신족神足의 변화를 나타내시지 않으셨기 때문입니다.'

나는 그에게 말했다.

'내가 너에게 〈내 법 가운데서 범행을 청정히 닦으면 마땅히 너를 위해 신족을 나타내겠다〉고 간청이라도 하란 말이냐? 또 너는 내게 〈여래께서는 마땅히 저를 위하여 신족의 변화를 나타내셔야 합니다. 그래야 저는 마땅히 범행을 닦을 것입니다〉라고 말이라도 한 적이 있었느냐?'

선숙이 내게 대답했다.

'아닙니다, 세존이시여.'

나는 선숙에게 또 말했다.

'나도 너에게 〈네가 내 법 가운데서 범행을 깨끗이 닦으면 나는 마땅히 너를 위하여 신족의 변화를 나타내겠다〉고 말한 적이 없다. 너도 나에게 〈저를 위해 신족을 나타내면 마땅히 범행을 닦겠습니다〉라고 말하지 않았다. 어떠냐? 선숙아, 네 생각에 여래가 신족을 나타낼 수 있다고 생각하느냐, 나타내지 못할 것이라고 생각하느냐? 또 내가 설한 법이 능히 출요出要를 얻게 하여 괴로움의 끝을 다하게 하리라고 생각하느냐?'

선숙이 내게 말했다.

'그렇습니다, 세존이시여. 여래께서는 능히 신족을 나타내실 수 있습니다. 나타내시지 못하리라고 생각하지 않습니다. 또 설하신 법은 출요를 얻게 하여 괴로움의 끝을 다하게 하는 것이니, 다하지 못하는

것이 아닙니다.'

'그러므로 선숙아, 내가 설한 법대로 범행을 닦는 자라면 신족을 나타낼 수 있으니, 나타내지 못하게 되지 않을 것이며, 출요를 얻게 하여 괴로움을 떠나게 하는 것이니, 떠나지 못하게 되지 않을 것이다. 너는 이 법에서 무엇을 구하고자 하느냐?'

선숙이 말했다.

'세존이시여, 우리 아버지의 비밀스러운 술법〔祕術〕을 때때로 저에게 가르쳐 주실 수는 없겠습니까? 세존께서는 모두 아시면서도 그것을 아껴 저에게 가르쳐 주시지 않았습니다.'

나는 말하였다.

'선숙아, 내가 일찍이 너에게 〈네가 내 법 가운데서 범행을 닦으면 네 아버지의 비밀스러운 술법을 가르쳐주겠다〉고 말한 적이 있었느냐? 또한 네가 나에게 〈아버지의 비밀스런 술법을 가르쳐 주시면 저는 마땅히 부처님 처소에서 범행을 닦겠습니다〉라고 말한 적이 있었느냐?'

선숙이 대답했다.

'아닙니다.'

'그렇다면 선숙아, 나도 전에 그런 말을 한 적이 없고 너도 그런 말을 한 적이 없었는데 이제 와서 어떻게 그런 말을 하느냐? 어떠냐? 선숙아, 너는 여래가 네 아버지의 비밀스러운 술법을 설명해 줄 수 있다고 생각하느냐, 설명해 줄 수 없다고 생각하느냐? 또 내가 설한 법이 능히 출요를 얻게 하여 괴로움의 끝을 다하게 하리라고 생각하느냐?'

선숙이 대답했다.

'여래께서는 아버지의 비밀스러운 술법을 말씀하실 수 있습니다.

말씀하실 수 없을 것이라고 생각하지 않습니다. 또 설하신 법은 출요를 얻게 하여 능히 괴로움의 끝을 다하게 할 것이니, 다하지 못하리라고 생각하지 않습니다.'

나는 선숙에게 말하였다.

'만일 내가 네 아버지의 비밀스러운 술법을 말해 줄 수 있고 또 내가 설한 법이 출요를 얻게 하여 괴로움을 다하게 한다면 너는 내 법 가운데서 또 무엇을 구하고자 하느냐? 너는 지난날 비사리의 발사跋闍[6] 땅에서 무수한 방편으로 여래를 찬탄하였고 바른 법을 찬탄하였으며 여러 스님들을 찬탄하였다. 그것은 마치 어떤 사람이 저 청량지淸涼池를 여덟 가지로 찬탄하였는데, 첫 번째는 참〔冷〕, 두 번째는 가벼움, 세 번째는 부드러움, 네 번째는 맑음, 다섯 번째는 달달함〔甘〕, 여섯 번째는 티가 없음, 일곱 번째는 마셔도 질리지 않음, 여덟 번째는 몸을 편안케 하는 못이라 하여 사람으로 하여금 그것을 좋아하게 하고 즐기게 한 것과 같다. 너도 그와 같이 비사리의 발사 땅에서 여래를 찬탄하며 바른 법을 찬탄하며 여러 스님들을 찬탄하여 사람으로 하여금 믿게 하고 좋아하게 하였다. 선숙아, 마땅히 알아야 한다. 이제 네가 이 법에서 물러나면 세상에서는 반드시 이렇게 말할 것이다.

〈선숙 비구는 많은 지식이 있고 또 세존과 가까우며 또한 세존의 제자이다. 그런데 목숨을 마칠 때까지 범행을 청정히 닦을 수 없어 계戒를 버리고 세속으로 돌아가 비루한 행동을 하는구나.〉'

범지여, 마땅히 알아야 한다. 나도 그때 '그가 내 가르침을 따르지 않고 계율을 버리고 세속으로 돌아가는구나'라고 분명히 말하였다.

---

6 발사跋闍, Vajji는 종족의 이름이다.

6

범지여, 언젠가 내가 미후못 가에 있는 법강당에 있을 때, 당시 가라루伽羅樓라는 니건자尼乾子[7]가 그곳에 머물고 있었다. 그는 사람들의 존경을 받았고 명성이 자자했으며 많은 지식이 있고 또 이양利養도 구비한 자였다. 그때 선숙 비구는 가사를 입고 발우를 들고 비사리성에 들어가 밥을 구하다가 니건자가 있는 곳에 이르게 되었다. 선숙이 심원한 이치에 대하여 니건자에게 묻자 그는 대답하지 못하고 곧 성을 내었다. 선숙은 혼자 생각했다.

'내가 이 사람을 성내게 했으니 장차 오랫동안 고뇌의 과보를 받지나 않을까?'

범지여, 마땅히 알아야 한다. 선숙 비구는 걸식을 마친 뒤 가사와 발우를 들고 나의 처소로 찾아와 머리 조아려 발에 예배하고 한쪽에 앉았다. 선숙은 그때 그 사실을 내게 말하지 않았다. 그래서 나는 그에게 말했다.

'어리석은 사람아, 네가 어떻게 스스로 사문 석자釋子라고 말할 수 있느냐?'

선숙이 이내 대답했다.

'세존이시여, 왜 저를 어리석다고 하시며, 제가 스스로 석자라고 말할 수 없다고 하십니까?'

나는 그에게 대답했다.

'어리석은 사람아, 네가 아까 니건자에게 가서 심원한 이치를 물었을 때 그는 대답하지 못하고 곧 화를 내었다. 그때 너는 혼자 〈내가 지금 이 니건자를 건드려 화를 내게 했다가 장차 오랫동안 고뇌의 과보를 받지나 않을까?〉라고 생각하였다. 너는 그렇게 생각하지 않았

---

7 니건자Nigaṇṭha는 외도의 이름으로 흔히 노형외도露形外道·나형외도裸形外道라 부르는 고행주의자를 말한다.

느냐?'

선숙이 내게 물었다.

'그는 아라한〔羅漢〕입니다. 어찌 성내는 마음이 있겠습니까?'

나는 그에게 대답했다.

'어리석은 사람아, 아라한이라면 어찌 성을 내겠느냐? 우리는 아라한이 아니기 때문에 성내는 마음이 있는 것이다. 너는 지금 스스로 〈그는 아라한이다. 그는 오랫동안 7종의 고행苦行을 닦고 있다. 어떤 것이 일곱 가지인가? 첫째는 목숨이 다할 때까지 옷을 입지 않는 것이며, 둘째는 목숨이 다할 때까지 술을 마시거나 고기를 먹지 않고 밥이나 국수를 먹지 않는 것이며, 셋째는 목숨이 다할 때까지 범행梵行을 범하지 않는 것이며, 넷째는 평생 동안 비사리성에 있는 네 석탑 즉, 동쪽의 우원탑憂園塔과 남쪽의 상탑象塔과 서쪽의 다자탑多子塔과 북쪽의 칠취탑七聚塔 등 네 탑을 떠나지 않는다는 것이 나머지 네 가지 고행이다〉라고 한다. 그러나 그는 후에 이 일곱 가지 고행을 범하고는 비사리성 밖에서 목숨을 마칠 것이다. 마치 승냥이가 옴〔疥癩〕에 걸려 무덤 사이에서 죽는 것처럼 저 니건자도 그럴 것이다. 스스로 금하는 법을 만들었다가도 뒤에 그것을 모두 범한다. 본래 스스로 맹세하기를 목숨이 다할 때까지 옷을 입지 않겠다 하고는 뒤에 옷을 입는다. 본래 스스로 맹세하기를 목숨이 다할 때까지 술을 마시거나 고기를 먹지 않고 밥이나 국수를 먹지 않겠다 하고는 뒤에 그것을 모두 먹는다. 본래 스스로 맹세하기를 범행梵行을 범하지 않겠다 하고는 또한 뒤에 그것을 범한다. 본래는 동쪽의 우원탑과 남쪽의 상탑과 서쪽의 다자탑과 북쪽의 칠취탑 등의 네 탑을 벗어나지 않겠다 하고는 지금은 모두 그곳을 멀리 떠나 다시는 가까이 가지도 않는다. 저 사람은 스스로 이 일곱 가지 맹세를 어기고 비사리성을 떠나 무덤

사이에서 목숨을 마칠 것이다.'

나는 선숙에게 말하였다.

'어리석은 사람아, 네가 내 말을 믿지 못하겠다면 네가 직접 가서 보아라. 저절로 알게 될 것이다.'"

부처님께서 다시 범지에게 말씀하셨다.

"어느 때 선숙 비구는 옷을 입고 발우를 들고 성에 들어가 걸식을 마치고는 성을 나와 돌아오는 길에 빈 무덤 사이에서 니건자가 죽어 있는 것을 보았다. 그것을 보고 나서 내게 찾아와 머리 조아려 발에 예배하고 한쪽에 앉았으나 그 사실을 내게 말하지 않았다. 범지여, 마땅히 알아야 한다. 나는 그때 선숙에게 말했다.

'어떠냐? 선숙아, 내가 이전에 예언한 그 니건자는 내 말과 같지 않던가?'

그는 내게 대답했다.

'그렇습니다. 세존의 말씀과 같았습니다.'

범지여, 마땅히 알아야 한다. 나는 선숙에게 신통을 증명해 보였는데도 그는 '세존은 나를 위하여 신통을 나타내지 않는다'고 말하고 있다.

또 언제가 나는 명녕국의 백토읍白土邑에 있었다. 당시 구라제究羅帝라는 니건자가 그곳에 살고 있었다. 그는 사람들의 존경을 받고 명성이 널리 퍼졌으며 또 많은 이양利養을 받는 자였다. 내가 가사를 입고 발우를 들고 성에 들어가 밥을 빌 때였다. 그때 선숙 비구는 내 뒤를 따라 오다가 구라제 니건자가 똥무더기 위에 엎드려 겨 찌꺼기를 핥고 있는 것을 보았다. 범지여, 마땅히 알아야 한다. 선숙 비구는 이 니건자가 똥더미 위에 엎드려 겨 찌꺼기를 핥고 있는 것을 보고 이렇게 생각했다.

'세상의 모든 아라한과 아라한도道를 향하는 자라도 여기에는 못 미칠 것이다. 이 니건자의 도가 가장 훌륭하다. 왜냐하면 이 사람은 교만을 버리고 똥더미 위에 엎드려 겨 찌꺼기를 핥는 저런 고행을 할 수 있기 때문이다.'

범지여, 나는 오른쪽으로 돌아서서 선숙에게 말했다.

'너는 어리석은 사람이다. 어떻게 스스로를 석자釋子라고 일컬을 수 있겠느냐?'

선숙이 내게 물었다.

'세존이시여, 왜 저를 어리석은 사람이라 하시고, 저 스스로를 석자라고 일컬을 수 없다고 하십니까?'

나는 선숙에게 말하였다.

'너는 어리석은 사람이다. 저 구라제가 똥더미 위에 쭈그리고 앉아 찌꺼기를 핥아 먹는 것을 보고 너는 이렇게 생각했다.

〈세간의 모든 아라한과 아라한도에 향하는 자보다도 이 구라제가 제일 높고 존귀하다. 왜냐하면 지금 이 구라제는 교만을 버리고 똥더미 위에 엎드려 겨 찌꺼기를 핥는 저런 고행을 할 수 있기 때문이다.〉

너는 이렇게 생각하지 않았느냐?'

그는 내게 대답했다.

'진실로 그렇습니다.'

선숙은 또 물었다.

'세존께서는 무엇 때문에 아라한阿羅漢에게 질투하는 마음을 내십니까?'

나는 어리석은 사람에게 말하였다.

'나는 나한羅漢에게 질투하는 마음을 내지 않는다. 무엇하러 나한에게 질투하는 마음을 내겠는가? 어리석은 사람인 너는 구라제를 참아라한이라고 하는구나. 그러나 이 사람은 지금부터 7일 뒤에 반드시 배가 부어 죽어서는 기시아귀起屍餓鬼로 태어나 항상 굶주림에 괴로워 할 것이며, 죽은 송장은 갈대 새끼에 묶여 무덤 사이에 버려질 것이다. 네가 만일 믿지 못하겠거든 먼저 찾아가 그에게 말해도 좋다.'

선숙은 곧 구라제의 처소로 가서 그에게 말했다.

'저 사문 구담께서 그대에게 〈지금부터 7일 뒤에는 반드시 배가 부어 죽어서는 기시아귀로 태어날 것이며, 죽은 송장은 갈대 새끼에 묶여 무덤 사이에 버려질 것이다〉라고 예언하였습니다.'

선숙이 또 말했다.

'그대는 마땅히 음식을 줄여 그의 말이 맞지 않도록 하십시오.'

범지여, 마땅히 알아야 한다. 구라제는 만 7일이 되자 배가 부어 죽어서는 곧 기시아귀로 태어났고, 송장은 갈대 새끼에 묶여 무덤 사이에 버려졌다. 그선숙은 부처님의 말을 듣고 손꼽아 날짜를 세었다. 7일이 지나자 선숙 비구는 곧 나형촌裸形村으로 가서 그 마을 사람들에게 물었다.

'여러분, 구라제는 지금 어디 있습니까?'

사람들이 대답했다.

'그는 이미 죽었습니다.'

'무슨 병으로 죽었습니까?'

그들은 대답했다.

'배가 부어 죽었습니다.'

'어떻게 장사를 치렀습니까?'

그들은 대답했다.

'갈대 새끼로 묶어 무덤 사이에 버렸습니다.'

범지여, 선숙은 이 말을 듣고 곧 무덤 사이로 찾아갔다. 그런데 그 송장이 움직이더니 갑자기 무릎과 다리를 쭈그리고 앉았다. 선숙은 앞으로 나아가 송장에게 물었다.

'구라제여, 그대는 죽었습니까?'

송장이 대답했다.

'나는 벌써 죽었다.'

'당신은 무슨 병으로 죽었습니까?'

송장이 대답했다.

'구담이 나에게 예언하기를 〈7일 뒤에는 배가 부어 죽는다〉고 하더니, 그 말과 같이 만 7일이 되자 배가 부어 죽었다.'

선숙이 다시 물었다.

'당신은 어디에 태어났습니까?'

송장이 곧 대답했다.

'저 구담이 예언하기를 〈기시아귀로 태어난다〉고 하더니, 나는 지금 기시아귀로 태어났다.'

선숙이 물었다.

'당신이 죽었을 때 어떻게 장사를 치르던가요?'

송장이 대답했다.

'구담이 예언하기를 〈갈대 새끼로 묶여 무덤 사이에 버려진다〉 하더니, 과연 그의 말과 같이 갈대 새끼로 묶여 무덤 사이에 버려졌다.'

송장이 선숙에게 말했다.

'네가 비록 출가는 했지만 좋은 이익은 얻지 못할 것이다. 구담 사문이 이 일을 사실대로 말했지만 너는 항상 믿지 않고 있기 때문이다.'

이렇게 말하고 송장은 도로 쓰러졌다.

범지여, 선숙 비구는 내가 있는 곳으로 찾아와 머리 조아려 발에 예배하고 한쪽에 앉았지만 이 사실을 내게 말하지 않았다. 나는 곧 그에게 말했다.

'내가 예언한 바와 같이 구라제는 진실로 그렇더냐?'

그는 말했다.

'진실로 그러했습니다. 세존의 말씀과 같았습니다.'

범지여, 나는 이와 같이 자주 자주 선숙 비구를 위해 신통을 증명해 보였는데도 그는 오히려 '나를 위하여 신통을 나타내지 않는다'고 말하고 있다."

부처님께서 범지에게 말씀하셨다.

"나는 언젠가 미후못 가에 있는 법강당法講堂에 있었다. 당시 파리자波梨子라는 범지도 그곳에 머물고 있었다. 그는 사람들의 존경을 받고 명성이 널리 퍼졌으며 또 많은 이양을 받는 자였다. 그는 비사리 대중들에게 이렇게 말했다.

'사문 구담은 스스로 지혜롭다고 하는데 나도 지혜롭다. 사문 구담은 스스로 신족이 있다고 하는데 나도 신족이 있다. 사문 구담은 초월超越의 도를 얻었다고 하는데 나도 초월의 도를 얻었다. 나는 마땅히 그와 더불어 신족을 나타낼 것이다. 그 사문이 한 가지를 나타내면 나는 두 가지를 나타낼 것이며, 사문이 두 가지를 나타내면 나는 네 가지를 나타낼 것이며, 사문이 여덟 가지를 나타내면 나는 열여섯 가지를 나타낼 것이며, 사문이 열여섯 가지를 나타내면 나는 서른두 가지를 나타낼 것이며, 사문이 서른두 가지를 나타내면 나는 예순네 가지를 나타낼 것이다. 저 사문이 나타내는 정도에 따라 나는 그 배를 나타낼 것이다.'

범지여, 그때 저 선숙 비구는 가사를 입고 발우를 들고 성에 들어가 밥을 빌다가 파리波梨 범지가 대중 가운데서 이렇게 말하는 것을 들었다.

'사문 구담은 스스로 지혜롭다고 하는데 나도 지혜롭다. 사문 구담은 스스로 신족이 있다고 하는데 나도 신족이 있다. 사문 구담은 초월의 도를 얻었다고 하는데 나도 초월의 도를 얻었다. 나는 마땅히 그와 더불어 신족을 나타낼 것이다. 그 사문이 한 가지를 나타내면 나는 두 가지를 나타낼 것이며, 사문이 네 가지를 나타내면 나는 여덟 가지를 나타낼 것이며, 나아가 사문이 나타내는 정도에 따라 나는 그보다 배가 되게 나타낼 것이다.'

선숙 비구는 걸식을 마치고 나의 처소로 찾아와 머리 조아려 발에 예배하고 한쪽에 앉아 내게 말했다.

'저는 아침에 가사를 입고 발우를 들고 성에 들어가 밥을 빌었습니다. 그때 비사리에 사는 파리자가 대중 가운데서 이렇게 말하는 것을 들었습니다. 〈사문 구담은 큰 지혜가 있다는데 나도 큰 지혜가 있다. 사문 구담은 신족이 있다는데 나도 신족이 있다. 구담이 한 가지를 나타내면 나는 마땅히 두 가지를 나타낼 것이며, 이렇게 구담이 나타내는 정도에 따라 나는 그보다 배나 더 나타낼 것이다.〉'

선숙은 이 사실을 낱낱이 내게 말했고, 나는 선숙에게 말했다.

'저 파리자가 대중 가운데에서 그런 말을 버리지 않고 그런 소견을 버리지 않고 그런 교만을 버리지 않고 내가 있는 곳으로 온다는 것은 끝내 있을 수 없는 일이다. 만일 그가 〈나는 이 말을 버리지 않고 이 소견을 버리지 않고도 사문 구담의 처소로 갈 수 있는 자이다〉라고 생각한다면 그의 머리는 곧 일곱 조각이 날 것이다. 그 사람으로 하여금 그 말을 버리지 않고 그 소견과 교만을 버리지 않고 나를 찾아

오게 하려고 해도 그럴 수는 없을 것이다.'

선숙은 말했다.

'세존이시여, 입을 조심하십시오. 여래시여, 입을 조심하십시오.'

나는 선숙에게 말하였다.

'너는 왜 〈세존이시여, 입을 조심하십시오. 여래시여, 입을 조심하십시오〉라고 하는가?'

선숙이 말했다.

'저 파리자는 큰 위신威神이 있고 큰 덕력德力이 있습니다. 만일 그가 찾아온다면 세존께서 허황된 말을 하신 것이 드러나지 않겠습니까?'

내가 선숙에게 말하였다.

'여래가 하는 말에 두 가지가 있었는가?'

선숙이 대답했다.

'없었습니다.'

또 선숙에게 말하였다.

'만일 두 가지가 없다면 너는 왜 〈세존이시여, 입을 조심하십시오. 여래시여, 입을 조심하십시오〉라고 말하는가?'

선숙이 내게 말하였다.

'세존께서는 스스로의 힘으로 파리자를 환히 보아 아시는 것입니까? 아니면 여러 하늘이 와서 말해 준 것입니까?'

나는 말하였다.

'내 스스로의 힘으로 알기도 하지만 또한 여러 하늘이 와서 말해 주기도 한다. 그 때문에 안다. 이 비사리의 아유타阿由陀[8] 대장은 몸

8 고려대장경에는 '아유阿由'로 되어 있다. 그러나 본경의 뒷부분에 '아유타阿由陀'로 되어 있는 것에 의거하여 '타陀'를 보완하여 넣었다. 아유타阿由陀, Ajita는 리차족의

이 무너지고 목숨이 끝난 뒤 도리천에 태어났다. 그가 찾아와 내게 말했다.

〈저 파리자 범지는 부끄러움을 모르고 계율을 범하며 거짓말로 저 비사리의 대중들 가운데서, 아유타 대장은 몸이 무너지고 목숨이 끝나 기시귀신으로 태어났다고 저를 비방해 말했습니다. 그러나 사실 저는 몸이 무너지고 목숨이 끝나 도리천에 태어났습니다.〉

저 파리자를 나는 먼저 스스로의 힘으로 알고 있기도 하지만 또 모든 하늘이 찾아와 말했기 때문에 안다.'

나는 어리석은 선숙에게 말하였다.

'네가 내 말을 믿지 못하겠거든 비사리에 들어가 내가 공양을 마친 뒤에 저 파리자 범지가 있는 곳으로 간다고 네가 직접 외쳐라.'"

부처님께서 이윽고 범지에게 말씀하셨다.

"선숙은 그 밤을 지낸 뒤 옷을 입고 발우를 들고 성에 들어가 밥을 빌었다. 그리고 비사리 성중에 있는 수많은 바라문과 사문 범지에게 이렇게 낱낱이 말했다.

'저 파리자 범지는 대중들 가운데서 이렇게 말했습니다.

〈사문 구담에게 큰 지혜가 있다는데 나도 큰 지혜가 있다. 사문 구담에게 큰 위력이 있다는데 나도 큰 위력이 있다. 사문 구담에게 큰 신족이 있다는데 나도 큰 신족이 있다. 사문이 한 가지를 나타내면 나는 두 가지를 나타낼 것이며, 이리하여 사문이 나타내는 정도에 따라 나는 그보다 배를 나타낼 것이다.〉

그래서 이제 사문 구담께서 저 파리자의 처소로 가신다고 합니다. 여러분도 모두 그곳으로 갑시다.'

대장大將이었다.

그때 파리 범지는 길을 가고 있었다. 선숙은 그를 보고 급히 달려가 그에게 말했다.

'당신은 비사리 대중들에게 〈저 사문 구담에게 큰 지혜가 있다는데 나도 큰 지혜가 있다〉 라고 하고 나아가 〈사문 구담이 나타내는 신족의 정도에 따라 나는 그보다 배를 나타낼 것이다〉라는 말까지 했습니다. 구담께서 이 말을 들으시고 지금 당신의 처소로 가신다고 합니다. 당신은 속히 돌아가 계십시오.'

파리자 범지가 대답했다.

'나는 당연히 돌아가 있을 것이다. 나는 당연히 돌아가 있을 것이다.'

이렇게 말하고 나서 파리자 범지는 곧 두려움에 온몸에 털이 곤두섰다. 그리하여 본래 있던 처소로 돌아가지 않고 도두파리道頭波梨 범지가 있는 숲으로 들어가 노끈 평상에 앉아 시름에 잠겨 어쩔 줄을 몰라 했다."

부처님께서 범지에게 말씀하셨다.

"나는 공양을 마친 뒤 수많은 예차隷車와 사문 바라문·범지·거사居士들과 함께 파리자가 머물던 곳으로 나아가 자리에 앉았다. 그 대중들 가운데에는 차라遮羅라는 범지가 있었다. 그때 사람들은 그 차라를 불러 말했다.

'그대는 도두파리 숲으로 가서 파리자에게 말하시오.

〈지금 수많은 예차와 사문 바라문·범지·거사들이 그대의 숲에 모두 모였다. 대중들은 함께 의논하고 파리자 범지가 대중들 속에서 사문 구담에게 큰 지혜가 있다는데 자기도 큰 지혜가 있다. 나아가 구담이 나타내는 신족의 정도에 따라 자기는 그보다 배를 나타내리라는 말까지 직접 했다. 그 때문에 사문 구담께서는 일부러 그대의

숲으로 오셨으니 그대가 와서 만났으면 한다.〉'

이에 차라는 대중의 말을 듣고 곧 도두파리가 있는 숲으로 가서 파리자에게 말했다.

'지금 수많은 예차와 사문 바라문·범지·거사들이 모두 그대의 숲에 모여 있다. 대중들이 함께 의논하고 나서 이렇게 말했다.

〈파리자 범지는 대중들 속에서 사문 구담에게 큰 지혜가 있다는데 나도 큰 지혜가 있다. 나아가 사문 구담이 나타내는 신족의 정도에 따라 나는 그보다 배를 나타내리라는 말까지 했다. 구담께서는 지금 그대의 숲에 계신다. 파리자여, 지금 돌아가는 것이 좋겠다.〉'

파리 범지는 차라에게 대답했다.

'당연히 돌아가야지. 당연히 돌아가야지.'

이렇게 말하고 나서는 노끈 평상에서 이리저리 뒤척이며 불안해하였다. 그때 노끈 평상에 그 발이 얽혀 그는 평상에서 벗어날 수조차 없었으니, 어떻게 걸어서 세존이 있는 곳으로 올 수 있었겠는가?

차라가 파리에게 말했다.

'너는 네 자신이 알지도 못하면서 〈당연히 돌아가야지. 당연히 돌아가야지〉라고 헛소리만 하는구나. 이 노끈 평상도 벗어나지 못하면서 어떻게 저 대중이 있는 곳으로 갈 수 있겠느냐?'

이렇게 파리자를 꾸짖고 곧 돌아가 대중들에게 말했다.

'나는 여러분의 이름으로 저 파리자에게 가서 말했습니다. 그는 〈당연히 돌아가야지. 당연히 돌아가야지〉라고 나에게 말하고는 노끈 평상에서 몸을 이리저리 뒤척이다가 평상에 발이 얽혀 떨어지지 않았습니다. 그는 그 노끈 평상조차 벗어나지 못하는데 어떻게 대중들이 있는 곳으로 올 수 있겠습니까?'

그때 한 두마예차자頭摩隸車子[9]가 대중 가운데 앉았다가 곧 자리에서 일어나 한쪽 어깨를 드러내고 길게 꿇어앉아 손을 모으고 대중에게 말했다.

'여러분, 잠깐만 기다리십시오. 제가 이제 직접 가서 그 사람을 데려오겠습니다.'"

부처님께서 다시 말씀하셨다.

"나는 그 두마예차자에게 말했다.

'그 사람은 그러한 말을 하고 그러한 소견을 품고 있으며 그러한 교만한 마음을 가지고 있다. 이런 사람은 아무리 부처가 있는 곳으로 오게 하려고 해도 그리 될 수 없다. 두마자야, 정말로 그대가 가죽끈으로 꽁꽁 묶고 여러 마리 소로 함께 끌어 그의 몸이 부수어지게 한다 하더라도 그는 끝내 그런 말과 그런 소견과 그런 교만을 버리고 내가 있는 곳으로 올 수 없을 것이다. 만일 내 말을 믿지 못하겠거든 그대가 가보면 저절로 알게 될 것이다.'

그때 두마자는 일부러 파리자의 처소로 찾아가 파리자에게 말했다.

'수많은 예차인과 사문 바라문·범지·거사들이 그대의 숲에 모두 모였다. 대중들이 함께 의논하고 나서 이렇게 말했다.

〈파리자 범지는 대중들 속에서, 사문 구담에게 큰 지혜가 있다는데 나도 큰 지혜가 있다. 나아가 사문 구담이 나타내는 신력의 정도에 따라 나는 그보다 배나 더 나타내야겠다는 말까지 직접 했다. 사문 구담께서는 지금 그대의 숲에 계신다. 그대는 돌아가는 것이 좋겠다.〉'

파리자는 곧 대답했다.

'당연히 돌아가야지. 당연히 돌아가야지.'

---

9 한역의 '일두마예차자一頭摩隷車子'가 팔리본에는 'aññatara Licchavi-mahāmatta(한 예차족의 대신)'으로 되어 있다.

이렇게 말하고는 그 몸을 평상 위에서 이리저리 뒤척였다. 그때 노끈 평상에 다시 그 발이 얽혀 그는 그 노끈 평상에서 벗어날 수조차 없었으니 어떻게 걸어서 세존께서 계시는 곳으로 올 수 있었겠는가?

두마자가 파리자에게 말했다.

'너는 스스로 알지도 못하면서 〈당연히 돌아가야지. 당연히 돌아가야지〉라고 헛소리만 하는구나. 스스로의 힘으로 그 노끈 평상도 벗어나지 못하면서 어떻게 대중들이 있는 곳으로 갈 수 있겠는가?'

두마자가 다시 파리자에게 말했다.

'모든 지혜 있는 사람은 비유를 들어 말해주면 잘 이해할 수 있다. 오랜 옛날에 어떤 짐승의 왕 사자가 깊은 숲 속에 살고 있었다. 사자는 아침에 처음으로 굴에서 나올 때에 사방을 돌아보고 몸을 떨치면서 세 번 포효한 뒤 비로소 돌아다니면서 짐승을 잡아먹었다. 파리자여, 저 짐승의 왕 사자가 먹기를 마치고 숲으로 돌아가면 언제나 한 마리 승냥이가 그 뒤를 따라 다니다가 먹다 남은 고기를 먹었다. 승냥이는 기운이 충족해지자 스스로 생각했다.

〈저 숲의 사자가 도대체 어떤 짐승이기에 나보다 낫단 말인가? 나도 이제는 한 숲을 차지하여 아침에 굴을 나와 사방을 돌아보고 몸을 떨치면서 세 번 포효한 뒤 사방으로 돌아다니면서 짐승을 잡아먹어야겠다.〉

그래서 그는 어느 숲에 혼자 있다가 아침에 굴에서 나와 몸을 떨치면서 세 번 포효한 뒤 사방을 돌아다녔다. 그러나 사자처럼 포효한다는 것이 그만 승냥이 울음소리 밖에 나오지 않았다. 파리자여, 너도 지금 마찬가지이다. 부처님의 위엄과 은혜를 입고 세상을 살아가며 사람들의 공양을 받으면서, 이제는 다시 여래와 다투는구나.'

두마자는 게송으로써 꾸짖었다.

승냥이가 사자를 자처해
스스로 짐승의 왕이라 하지만
사자처럼 포효해 봐도
결국엔 승냥이 소리만 나왔다네.

홀로 빈 숲 속에 살면서
스스로 짐승의 왕이라 자처해
사자처럼 포효했지만
결국엔 승냥이 소리만 나왔다네.

땅에 꿇어앉아 구멍 속의 쥐를 찾고
무덤을 파고서 죽은 송장 찾고 있구나.
사자처럼 포효했지만
결국엔 승냥이 소리만 나왔다네.

두마자가 다시 말했다.

'너도 마찬가지이다. 부처님의 위엄과 은혜를 입고 세상을 살아가며 사람들의 공양을 받으면서, 이제는 다시 여래와 다투는구나.'

두마자는 네 가지 비유로 면전에서 꾸짖은 뒤 돌아가 대중들에게 알렸다.

'나는 여러분의 이름으로 파리자를 불렀습니다. 그는 내게 〈당연히 돌아가야지. 당연히 돌아가야지〉하고 말했습니다. 그러나 곧 노끈 평상 위에서 그 몸을 이리저리 뒤척이다가 평상에 발이 얽혀 떨어지지 않았습니다. 그는 노끈 평상조차 벗어나지 못하는데 어떻게 이 대중이 있는 곳으로 올 수 있겠습니까?'"

그때 세존께서 두마자에게 말씀하셨다.

"나는 아까 그대에게 '아무리 그 사람을 부처에게 데려오려고 해도 그리 될 수는 없다. 그대가 정녕 가죽 끈으로 꽁꽁 묶고 여러 마리 소로 함께 끌어 그의 몸이 부수어지게 한다 하더라도 그는 끝내 그러한 말·그러한 소견·그러한 교만을 버리고 내게 오려 하지 않을 것이다'라고 말하였다.

범지여, 나는 그때 곧 대중에게 여러 가지로 설법하고 교시하여 그들을 이롭고 기쁘게 하고, 그 대중 속에서 세 번 사자처럼 외친 뒤 몸을 허공으로 치솟았다가 본 자리로 돌아왔다."

부처님께서 범지에게 말씀하셨다.

"어떤 사문 바라문이 말했다.

'일체 세간은 범자재천梵自在天이 만든 것이다.'

나는 그들에게 물었다.

'일체 세간을 정말로 범자재천이 만든 것인가?'

그들은 대답하지 못하고 도리어 내게 물었다.

'구담이여, 그것은 어떻게 된 일입니까?

나는 그들에게 대답했다.

'어쩌다 이 세간이 처음으로 무너졌을 때, 어떤 중생이 있어 목숨이 다하고 행行이 다해 광음천光音天에서 목숨을 마치고 거기서 다시 다른 공범처空梵處에 태어났다. 거기서 그는 사랑을 일으켜 낙착심樂着心을 내고 다시 다른 중생들도 그곳에 와서 태어나게 하고 싶어 했다. 곧 그 다른 중생들도 목숨이 다하고 행이 다해 다시 그곳에 태어났다. 그때 그 중생은 스스로 이렇게 생각했다.

〈내가 바로 대범천왕이다. 나는 갑자기 생겨났으며 나를 만든 자가 없다. 나는 능히 모든 이치를 끝까지 알고, 1천 세계에서 가장 자재할 수 있어 능히 만들어 내고 능히 변화해 미묘하기 제일이며, 모든 사람의 부모가 되었다. 내가 처음 이곳에 왔을 때에는 오직 나 혼자였고 아무도 없었다. 내 힘에 의해서 이 중생이 있게 되었으니 내가 이 중생들을 만든 것이다.〉

저 다른 중생들도 순종하며 〈범왕梵王께서는 갑자기 나타나셨다. 모든 이치를 다 알고 1천 세계에서 가장 자재할 수 있어 능히 만들어 내고 능히 변화해 미묘하기 제일이며, 모든 사람의 부모가 되었다. 먼저 이 한 분이 있은 뒤에 우리가 있게 되었으니, 이 대범왕이 우리를 만들어 내셨다〉고 말하였다. 그 모든 중생들은 거기서 목숨을 마친 뒤에는 이곳에 태어났다. 그들은 점점 자라나자 수염과 머리를 깎고 세 가지 법의를 입고 집을 나와 도를 닦았다. 그들은 정의삼매定意三昧에 들어 삼매의 마음을 따라 전생 일을 기억하고 이렇게 말하였다. 〈이 대범천은 갑자기 나타났다. 그를 만든 자는 아무도 없다. 그는 모든 이치를 다 알고 1천 세계에서 가장 자재할 수 있어 능히 만들어 내고 능히 변화해 미묘하기 제일이며, 모든 사람의 부모가 되었다. 저 대범천은 항상 존재하고 옮기지 않으며 변하거나 바뀜이 없다. 그러나 우리들은 범천에 의해 만들어졌기 때문에 항상함이 없이 오래 머무르지 못하고 변하거나 바뀌게 된다.〉'

이와 같이 범지여, 저 사문 바라문들은 이러한 이유로 저마다 '저 범자재천이 이 세계를 만들었다'고 말하는 것이다. 그러나 범지여, 이 세계를 만든 것은 그들이 미칠 바가 아니며 오직 부처만이 알 수 있고, 또 이 일보다 더한 것도 부처는 다 안다. 그러나 그것을 알지만 거기에 집착하지는 않는다. 고苦·집集·멸滅·미味·과過·출요出要를 여실히 알고, 평등한 관찰로써 남김없이 해탈했기 때문에 이름하여 여래如來라고 한다."

부처님께서 범지에게 말씀하셨다.

"어떤 사문 바라문은 이렇게 말했다.

'장난스런 웃음과 게으름이 중생의 시초이다.'

나는 그들에게 말했다.

'어떻게 너희들은 진실로 장난스런 웃음과 게으름이 중생의 시초라고 말하는가?'

그들은 대답하지 못하고 도리어 내게 물었다.

'구담이시여, 그것은 어떻게 된 일입니까?'

나는 대답했다.

'어떤 광음천의 중생은 장난스런 웃음과 게으름을 좋아하다가 몸이 무너지고 목숨이 끝나 이 세상에 태어났다. 그는 점점 자라나자 수염과 머리를 깎고 세 가지 법의를 입고 집을 나와 도를 닦았다. 그는 곧 심정삼매心定三昧에 들어 삼매의 힘으로써 전생의 일들을 알았다. 그리고는 곧 이렇게 말했다.

〈저곳의 다른 중생들은 장난치며 웃는 것을 좋아하지 않았기 때문에 항상 저곳에 있으면서 영원히 머물고 변하지 않는다. 그런데 우리는 온갖 장난치며 웃는 것을 좋아했기 때문에 이 무상하고 변하는 중생이 되었다.〉

이와 같이 범지여, 저 사문 바라문은 이런 이유로 장난치며 웃는 것을 중생의 시초라고 한다. 이러한 사실을 부처는 모두 알고 이보다 더한 것도 안다. 그러나 알면서도 거기에 집착하지 않는다. 집착하지 않음으로써 고·집·멸·미·과·출요를 여실히 알고, 평등한 관찰로써 남김없이 해탈했기 때문에 이름하여 여래라고 한다."

부처님께서 방가바 범지에게 말씀하셨다.

"어떤 사문 바라문이 말했다.

'실의失意가 중생의 시초이다.'

나는 그들에게 말했다.

'그대들은 정말로 실의가 중생의 시초라고 생각하는가?'

그들은 대답하지 못하고 도리어 내게 물었다.

'구담이시여, 그것은 어떻게 된 일입니까?

나는 그들에게 말했다.

'어떤 중생이 이리저리 서로 보다가 그만 실의失意[10]에 빠졌다. 그 때문에 그는 목숨을 마친 뒤 이 세상에 태어났다. 그는 점점 자라나 수염과 머리를 깎고 세 가지 법의를 입고 집을 떠나 도를 닦았다. 그리고 심정삼매에 들어 삼매의 힘으로 전생 일을 알고 이렇게 말했다.

〈저곳의 중생들은 이리저리 서로 보지 않았기 때문에 실의하지 않는다. 그래서 항상 머물고 변하지 않는다. 그러나 우리는 저곳에서 자주자주 서로 보았기 때문에 곧 실의하여 이 무상하고 변하는 중생이 되었다.〉'

이와 같이 범지여, 저 사문 바라문은 이런 이유로 실의가 중생의 시초라고 말한다. 이런 것은 오직 부처만이 알고 이보다 더한 것도 안다. 그러나 알면서도 거기에 집착하지 않는다. 고·집·멸·미·과·출요를 여실히 알고, 평등한 관찰로써 남김없이 해탈했기 때문에 이름하여 여래라고 한다."

부처님께서 범지에게 말씀하셨다.

"어떤 사문 바라문은 말했다.

'나는 아무 원인 없이 나타났다.'

나는 그들에게 말했다.

---

10 팔리본에는 mano-padūsika 즉 심예心穢라고 하였다.

'너희들은 정말로 본래 아무 원인 없이 났다고 생각하는가?'

그들은 대답하지 못하고 도리어 내게 물었다. 그때 나는 대답했다.

'어떤 중생은 생각도 없고 앎도 없었다. 그 중생은 생각을 일으킴으로 말미암아 곧 목숨을 마친 뒤 이 세상에 태어났다. 그는 점점 자라나 수염과 머리를 깎고 세 가지 법의를 입고 집을 떠나 도를 닦았다. 그는 곧 심정삼매에 들어 삼매의 힘으로 전생 일을 알고 곧 이렇게 말했다.

〈나는 본래 없었는데 지금 갑자기 있게 되었다. 이 세간은 본래 없었는데 지금은 있게 되었다. 이것이 진실이고 다른 것은 거짓이다.〉'

이와 같이 범지여, 사문 바라문은 이런 이유로 원인 없이 났다고 한다. 이런 것은 오직 부처만이 알고 이보다 더한 것도 안다. 그러나 알면서도 거기에 집착하지 않는다. 고·집·멸·미·과·출요를 여실히 알고, 평등한 관찰로써 남김없이 해탈했기 때문에 이름하여 여래라고 한다."

부처님께서 범지에게 말씀하셨다.

"내가 말한 것은 이와 같다. 어떤 사문 바라문은 으슥한 곳에서 나를 비방해 이렇게 말했다.

'사문 구담은 스스로 〈내 제자는 깨끗한 해탈〔淨解脫〕에 들어가 깨끗한 행을 성취했지만 그들은 청정淸淨은 알되 깨끗한 것을 두루 알지는 못한다〉라고 말했다.'

그러나 나는 '내 제자는 깨끗한 해탈에 들어가 깨끗한 행을 성취했다. 그러나 그들은 청정을 알되 깨끗한 것을 두루 알지는 못한다'라는 이런 말을 하지 않았다. 범지여, 나는 스스로 '내 제자는 깨끗한 해탈에 들어가 깨끗한 행을 성취했다. 그들은 청정을 알고 모든 깨끗함을 두루 다 안다'라고 말했다."

범지는 부처님께 여쭈었다.

"그들은 좋은 이익을 얻지 못하여 사문 구담을 비방해 말했습니다. '사문은 스스로 〈내 제자는 깨끗한 해탈에 들어가 깨끗한 행을 성취했다. 그러나 그들은 청정을 알되 깨끗한 것을 두루 알지는 못한다〉라고 말했다.'

그러나 세존께서는 그렇게 말씀하시지 않았습니다. 세존께서는 스스로 말씀하셨습니다.

'내 제자는 깨끗한 해탈에 들어가 깨끗한 행을 성취했다. 그리고 그들은 청정을 알고 모든 깨끗함을 두루 다 안다.'"

그는 또 부처님께 여쭈었다.

"저도 이 깨끗한 해탈에 들어가 깨끗한 행을 성취하고 일체를 두루 알고 싶습니다."

부처님께서 범지에게 말씀하셨다.

"네가 거기에 들어가고 싶어 하지만 그것은 매우 어려운 일이다. 너는 견해가 다르고 인내忍耐가 다르며 행이 다르다. 다른 견해에 의거해 깨끗한 해탈에 들어가려고 하는 것은 이루기 어려운 일이다. 그저 네가 부처를 좋아하고 즐거워하는 마음을 끊어지지 않게만 한다면 긴긴 세월 동안 영원히 안락을 얻을 것이다."

방가바 범지는 부처님의 말씀을 듣고 환희하며 받들어 행하였다.

12. 선생경善生經

이와 같이 나는 들었다.

어느 때 부처님께서 라열기성羅閱祇城의 기사굴산耆闍崛山에서 큰 비구 대중 1,250명과 함께 계셨다.

부처님께서는 때가 되어 가사를 입고 발우를 가지고 성 안에 들어가 밥을 빌고 계셨다. 그때 라열기성에 선생善生[11]이라는 장자長者의 아들이 있었다. 그는 이른 아침에 성을 나와 동산으로 가서 소풍하곤 했는데 방금 목욕을 하고 나서 온몸이 젖은 채로 동·서·남·북과 상·하의 모든 방위를 향해 두루 예배하였다. 그때 세존께서 선생 장자가 동산으로 나가 소풍하는데 갓 목욕하여 온몸이 젖은 채로 모든 방위를 향해 절하는 것을 보았다. 세존께서는 그것을 보고 곧 그에게로 가셔서 선생에게 말씀하셨다.

"너는 무슨 일로 이른 아침에 성을 나와 동산 숲에서 온몸이 젖은 채로 모든 방위를 향해 절을 하는가?"

그러자 선생이 부처님께 여쭈었다.

"저희 아버지께서 임종하실 때에 '네가 예배하고자 하거든 마땅히 먼저 동방·남방·서방·북방·상방·하방에 예배하라'고 제게 유언하셨습니다.

저는 아버지의 명령을 감히 어길 수 없어 목욕한 뒤 손을 모으고 동방을 향해 예배하고 남·서·북방과 상·하 모든 방위에도 두루 그렇게 하는 것입니다."

세존께서 선생에게 말씀하셨다.

"장자의 아들아, 그것은 방위라는 이름이 있을 뿐이다. 없다는 것은 아니지만, 그러나 우리 현성법賢聖法에서는 그 6방에 예배하는 것을 공경으로 여기지 않는다."

선생이 부처님께 여쭈었다.

---

11 선생善生, Siṅgālaka은 시가라월尸迦羅越로 음역하기도 한다.

"원컨대 세존이시여, 저에게 현성법에서는 어떻게 6방에 예배하는지 그 법을 말씀해 주십시오."

부처님께서 장자의 아들에게 말씀하셨다.

"자세히 들어라, 자세히 들어라. 잘 생각해보고 기억하라. 마땅히 너를 위하여 설명하리라."

선생이 대답했다.

"예, 그렇게 하겠습니다. 즐겨 듣고 싶습니다."

부처님께서 선생에게 말씀하셨다.

"만일 장자나 장자의 아들이 네 가지 결업結業[12]에 대해 알고 네 곳에서 악행을 짓지 않으며 또 능히 여섯 가지 손재업損財業을 안다면 선생아, 이것을 '장자나 장자의 아들이 네 가지 악행을 떠나 6방을 예경한다'고 한다. 그러면 이승에서도 좋고 저승에서도 좋은 과보를 얻을 것이며, 이승에서도 뿌리〔根〕가 되고 저승에서도 뿌리가 될 것이다. 현재에서는 지혜로운 사람들에게 칭찬을 받고 세상의 1과果를 얻으며, 몸이 무너지고 목숨이 끝나서는 하늘의 좋은 곳에 태어날 것이다. 선생아, 마땅히 알라. 네 가지 결행結行이란 무엇인가? 첫 번째는 살생이며, 두 번째는 도둑질이며, 세 번째는 음탕한 짓을 하는 것이며, 네 번째는 거짓말을 하는 것이다. 어떤 것이 네 곳〔處〕인가? 첫 번째는 욕심이며, 두 번째는 성냄이며, 세 번째는 두려움이며, 네 번째는 어리석음이다. 만일 장자나 장자의 아들이 이 네 곳에서 악을 지으면 곧 손해가 있을 것이다."

부처님께서는 이렇게 말씀하시고 게송을 지어 말씀하셨다.

---

12 아래에서는 결행結行이라 하였다.

탐욕과 성냄과 두려움과 어리석음
이 네 가지 법을 가진 사람은
마치 그믐을 향하는 달처럼
그 명예가 날로 줄어들 것이다.

부처님께서 다시 선생에게 말씀하셨다.

"만일 장자나 장자의 아들이 이 네 가지로써 악을 짓지 않으면 곧 이익이 있을 것이다."

세존께서 다시 게송을 지어 말씀하셨다.

탐욕과 성냄과 두려움과 어리석음
이런 악행을 짓지 않는 사람은
마치 보름을 향하는 달처럼
그 명예가 날로 더해 가리라.

부처님께서 선생에게 말씀하셨다.

"여섯 가지 손재업損財業이란 무엇인가? 첫 번째는 술에 빠지는 것이며, 두 번째는 노름하는 것이며, 세 번째는 방탕한 짓을 하는 것이며, 네 번째는 기악伎樂에 미혹되는 것이며, 다섯 번째는 악한 벗과 사귀는 것이며, 여섯 번째는 게으른 것이니, 이것을 여섯 가지 손재업이라고 한다. 선생아, 만일 장자나 장자의 아들이 네 가지 결행을 알고 네 곳에서 악행을 짓지 않으며 또 여섯 가지 손재업을 안다면, 선생아, 이것이 네 곳을 떠나 6방을 공양하는 것이 된다. 그러면 금생도 좋고 후생도 좋으며, 이승에서 뿌리가 되고 저승에서도 뿌리가 될 것이다. 현재에서는 지혜로운 자들에게 칭찬받고 세상의 1과果를 얻으며 몸이 무너지고 목숨이 끝나서는 하늘의 좋은 곳에 태어날 것이다.

선생아, 마땅히 알라. 술을 마시면 여섯 가지 손실이 있다. 첫 번째는 재물을 없애게 되고, 두 번째는 병이 생기며, 세 번째는 다투게 되고, 네 번째는 나쁜 이름이 퍼지게 되며, 다섯 번째는 성을 내고 사나워지게 되고, 여섯 번째는 지혜가 날로 줄어든다. 선생아, 만일 저 장자나 장자의 아들이 술 마시기를 그치지 않으면 그 집의 살림은 날로 줄어들 것이다.

선생아, 노름을 해도 여섯 가지 손실이 있다. 어떤 것이 여섯 가지인가? 첫 번째는 재산이 날로 없어지고, 두 번째는 이기더라도 원한을 사게 되며, 세 번째는 지혜로운 사람에게 꾸지람을 듣고, 네 번째는 사람들이 공경하지도 믿지도 않으며, 다섯 번째는 사람들이 멀리하게 되고, 여섯 번째는 도둑질할 마음이 생기게 된다. 선생아, 이것을 노름으로 생겨나는 여섯 가지 손실이라 한다. 만일 장자나 장자의 아들이 노름하기를 그치지 않으면 그 집의 살림은 날로 줄어들 것이다.

방탕에도 여섯 가지 손실이 있다. 첫 번째는 자기 몸을 보호하지 못하고, 두 번째는 재물을 보호하지 못하며, 세 번째는 자손을 보호하지 못하고, 네 번째는 항상 스스로 놀라고 두려워하며, 다섯 번째는 온갖 괴로움과 불행이 항상 그 몸을 휘감고, 여섯 번째는 허망한 일이 생기기 쉽다. 이것을 방탕의 여섯 가지 손실이라고 한다. 만일 장자나 장자의 아들이 방탕한 짓거리를 멈추지 않으면 그 집의 재산은 날로 줄어들 것이다.

선생아, 기악에 미쳐도 여섯 가지 손실이 있다. 첫 번째는 가수를 구해야 하고, 두 번째는 춤꾼을 구해야 하며, 세 번째는 거문고와 비파를 구해야 하고, 네 번째는 파내조〔波內早, akkhāna〕를 구해야 하며, 다섯 번째는 손에 드는 작은 방울〔多羅槃, pāṇissara〕을 구해야 하고, 여섯 번째는 큰 북〔首呵那, kumbhathūṇā〕을 구해야 한다. 이것을 기악의 여섯 가지 손실이라고 한다. 만일 장자나 장자의 아들이 기악을 즐겨 그치지 않으면 그 집의 재산은 날로 줄어들 것이다.

악한 벗과 사귀는 것에도 여섯 가지 손실이 있다. 첫 번째는 속임수를 써 속이게 되고, 두 번째는 으슥한 곳을 좋아하게 되며, 세 번째는 남의 집사람을 꾀게 되고, 네 번째는 남의 물건을 얻으려고 꾀하게 되며, 다섯 번째는 재물과 이익만 좇게 되고, 여섯 번째는 남의 허물을 들추어내기를 좋아하게 된다. 이것을 악한 벗과 사귀는 여섯 가지 손실이라고 한다. 만일 장자나 장자의 아들이 악한 벗과 사귀기를 그치지 않으면 그 집의 재산은 날로 줄어들 것이다.

게으름에도 여섯 가지 손실이 있다. 첫 번째는 부유하고 즐겁다고 일하려 하지 않는 것이며, 두 번째는 가난하고 궁핍하다면서 부지런히 일하려 하지 않는 것이며, 세 번째는 춥다고 부지런히 일하려 하지 않는 것이며, 네 번째는 덥다고 부지런히 일하려 하지 않는 것이며, 다섯 번째는 때가 이르다고 부지런히 일하려 하지 않는 것이며, 여섯 번째는 때가 늦었다고 부지런히 일하려 하지 않는 것이다. 이것을 게으름의 여섯 가지 손실이라고 한다. 만일 장자나 장자의 아들이 게으름을 그치지 않으면 그 집의 재산은 날로 줄어들 것이다."

부처님께서 이렇게 말씀하시고 다시 게송을 지어 말씀하셨다.

술에 미혹해 빠지는 사람
그에게는 또 술친구만 늘어나
올바르게 모은 재산

어느새 다시 흩어지고 마네.

술 마심에 절도가 없고
언제나 노래와 춤과 유희 즐기며
대낮에 남의 집에 놀러 다니니
그로 인해 스스로 함정에 떨어지네.

나쁜 벗 사귀어 고치지 않고
도 닦는 사람을 비방해 말하니
세상 사람들 삿된 소견을 비웃고
행실이 더럽다고 버림받으리.

좋다 나쁘다 겉모양에 집착하고
의논하는 것이라곤 승부를 겨루는 일
악함[13]과 친해 돌아올 줄 모르면
행실이 더럽다고 남의 버림받으리.

술 때문에 거칠고 미혹하게 되어
가난하고 궁핍한 것 생각하지 못하고
재물을 가벼이 여겨 사치 좋아하다가
가정을 파괴하고 재앙을 불러오네.

노름하고 술 마시는 무리를 만들고

13 고려대장경에는 '요要'자로 되어 있는데 송·원·명 3본에는 모두 '악惡'으로 되어 있다. 여기에서는 '악惡'자를 취하여 번역하였다.

음탕한 남의 여자 엿보며
더러운 행실을 좋아하여 익히니
마치 그믐을 향하는 달 같구나.

악한 짓을 행하고 악한 과보 받으며
악한 벗들과 함께 일을 저지르면
이승에서나 저승에서나
언제나 얻는 것 하나도 없네.

대낮에는 마냥 잠자기만 좋아하고
밤에는 깨어 바라는 것 많으면
외롭고 어리석어 좋은 벗 없고
집안의 살림살이 다스릴 줄 모르네.

이르다 늦다 핑계 대며 일하기 싫어하고
춥다 덥다 핑계로 더욱 게으름 피우니
하던 일은 하나도 끝맺지 못하고
또 다시 다 된 일도 망치고 마네.

추위와 더위 가리지 않고
아침저녁으로 부지런히 일하면
어느 사업이고 안 될 것 없어
마침내 근심 걱정 없게 되리라.

부처님께서 선생에게 말씀하셨다.

"친한 체하는 네 가지 원수가 있으니 너는 마땅히 깨달아 알라. 어떤 것을 네 가지라고 하는가? 첫 번째는 두려운 체하면서 복종하는 것이며, 두 번째는 달콤한 말이며, 세 번째는 공경하고 순종하는 체하는 것이며, 네 번째는 나쁜 벗이다.

두려워서 복종하는 데에는 네 가지 경우〔事〕가 있다. 어떤 것이 네 가지인가? 첫 번째는 먼저는 주었다가 뒤에 가서 빼앗는 것이며, 두 번째는 적은 것을 주고 많은 것을 바라는 것이며, 세 번째는 두려워서 억지로 친한 체하는 것이며, 네 번째는 이익을 위하기 때문에 친한 체하는 것이다. 이것을 두려워서 복종하는 네 가지 경우라고 한다.

달콤한 말로 친한 체하는 데에도 네 가지 경우가 있다. 어떤 것이 네 가지인가? 첫 번째는 선하건 악하건 무조건 따르는 것이며, 두 번째는 어려움이 있으면 저버리는 것이며, 세 번째는 겉으로 어서 오라고 하며 속으로는 막는 것이며, 네 번째는 위태로운 일이 생기면 곧 배척하는 것이다. 이것을 달콤한 말로 친한 체하는 네 가지 경우라고 한다.

공경하고 순종하며 친한 체하는 것에도 네 가지 사연이 있다. 어떤 것이 네 가지인가? 첫 번째는 미리 속이는 것이며, 두 번째는 나중에 속이는 것이며, 세 번째는 현재에 속이는 것이며, 네 번째는 조그마한 허물만 보아도 곧 매질하는 것이다. 이것을 공경하고 순종하며 친한 체하는 네 가지 경우라고 한다.

악한 벗이 친한 체하는 것에도 네 가지 사연이 있다. 어떤 것이 네 가지인가? 첫 번째는 술을 마실 때에 벗이 되는 것이며, 두 번째는 도박할 때에 벗이 되는 것이며, 세 번째는 음탕한 짓을 할 때에 벗이 되는 것이며, 네 번째는 노래하고 춤출 때에 벗이 되는 것이다. 이것을 악한 벗이 친한 체하는 네 가지 경우라고 한다."

세존께서 이렇게 말씀하시고 나서 다시 게송을 지어 말씀하셨다.

두려워 복종하면서 억지로 친한 체하고
달콤한 말로도 그렇게 하며
공경하고 순종하며 거짓으로 친한 체하고
악한 벗은 나쁜 짓으로 친한 체하네.

이런 친구 믿을 수 없나니
어서 빨리 그들을 멀리 하라.
지혜로운 사람은 마땅히 알아
마치 위험한 길을 피하듯 한다네.

부처님께서 선생에게 말씀하셨다.

"친할 만한 친구에 네 가지가 있다. 그들은 이익되는 바가 많고 또 사람을 구원하고 보호한다. 어떤 것이 네 가지인가? 첫 번째는 잘못을 그치게 하는 친구이고, 두 번째는 사랑하고 가엾이 여기는 친구이며, 세 번째는 남을 이롭게 하는 친구이고, 네 번째는 고락을 함께하는 친구이다. 이것이 친할 만한 네 가지 친구로서 사람을 이롭게 하는 바가 많고 사람을 구원하고 보호하나니 마땅히 그들을 친근히 하라.

선생아, 잘못을 그치게 하는 것에 네 가지 경우[事]가 있으니, 그들은 이롭게 하는 바가 많고 사람을 구원하고 보호한다. 어떤 것이 네 가지인가? 첫 번째는 사람이 악한 짓을 하는 것을 보면 곧 그것을 말리는 것이며, 두 번째는 사람에게 정직한 도리를 보여 주는 것이며, 세 번째는 사랑하는 마음으로 가엾이 여기는 것이며, 네 번째는 사람들에게 하늘에 태어나는 길을 보여 주는 것이다. 이것이 허물을 그치게 하는 네 가지로서 이익되는 바가 많고 사람을 구원하고 보호하는 것이다.

다음으로 사랑하고 가엾이 여기는 것에도 네 가지 경우가 있다. 첫 번째는 남의 이익을 보면 대신 기뻐하는 것이며, 두 번째는 남의 악을 보면 대신 걱정하는 것이며, 세 번째는 남의 덕을 칭찬하고 기리는 것이며, 네 번째는 남이 악을 말하는 것을 보면 곧 그것을 막는 것이다. 이것이 사랑하고 가엾이 여기는 네 가지로서 이익되는 바가 많고 사람을 구원하고 보호하는 것이다.

남을 이롭게 하는 것에도 네 가지 사연이 있다. 어떤 것이 네 가지인가? 첫 번째는 그가 방일하지 않도록 보호하는 것이며, 두 번째는 그가 방일하여 재산을 잃는 일이 없도록 보호하는 것이며, 세 번째는 그가 두려워하지 않도록 보호하는 것이며, 네 번째는 남몰래 서로 가르쳐 훈계하는 것이다. 이것이 남을 이롭게 하는 네 가지로서 이익되는 바가 많고 사람을 구원하고 보호하는 것이다.

고락을 함께하는 것에도 네 가지가 있다. 어떤 것이 네 가지인가? 첫 번째는 그를 위해 신명을 아끼지 않는 것이며, 두 번째는 그를 위해 재물을 아끼지 않는 것이며, 세 번째는 그를 위해 그의 두려움을 구제해 주는 것이며, 네 번째는 그를 위해 남몰래 깨우쳐 훈계하는 것이다. 이것이 고락을 함께하는 네 가지로서 이익되는 바가 많고 또 사람을 구원하고 보호하는 것이다."

세존께서는 이렇게 말씀하시고 다시 게송을 지어 말씀하셨다.

허물을 억제하고 악함을 막아주는 친구

남을 사랑하고 가엾이 여기는 친구
남을 이롭게 하여 그를 도와주는 친구
제 일처럼 고락을 함께하는 친구

이런 친구라야 친할 만한 친구이며
지혜로운 이들이 가까이 할 자
친구 중에 더없이 좋은 친구
마치 그 어머니 아들을 사랑하듯이.

만일 친할 만한 친구를 친하려거든
마땅히 견고한 친구를 친하도록 하라.
친근히 하는 이가 계행을 구족하면
불빛이 사람을 비추듯 하리라.

부처님께서 선생에게 말씀하셨다.

"마땅히 여섯 방위에 대하여 알아야 한다. 어떤 것이 여섯 가지인가? 부모는 동방이며, 사장師長은 남방이며, 아내는 서방이며, 친척은 북방이며, 종들은 하방이며, 사문 바라문과 행이 높은 모든 사람은 상방上方이다.

선생아, 남의 자식 된 자는 마땅히 다섯 가지 일로써 부모를 공경하고 순종[敬順]해야 한다. 어떤 것이 다섯 가지인가? 첫 번째는 이바지해 받들어 모시되 부족함이 없게 하는 것이며, 두 번째는 할 일이 있으면 무슨 일이든지 먼저 부모에게 여쭈는 것이며, 세 번째는 부모가 하는 일은 순종하고 거스르지 않는 것이며, 네 번째는 부모의 바른 명령을 감히 어기지 않는 것이며, 다섯 번째는 부모가 하던 바른 가업家業을 끊어지지 않게 하는 것이다.

선생아, 대개 남의 자식 된 자는 다섯 가지 일로써 부모에게 공경하고 순종해야 하며, 부모도 다섯 가지 일로써 그 아들을 사랑해야 한다. 어떤 것이 다섯 가지인가? 첫 번째는 자식을 통제하여 악을 행하는 것을 용서하지 않는 것이며, 두 번째는 가리키고 타이르되 모범을 보여주는 것이며, 세 번째는 그 사랑이 뼈 속까지 사무치도록 하는 것이며, 네 번째는 자식에게 좋은 짝을 구해주는 것이며, 다섯 번째는 때에 따라 필요한 물건을 대주는 것이다. 선생아, 자식이 부모에게 공경하고 순종하며 공손히 받들어 섬기면 그 방위는 안온하여 걱정과 두려움이 없을 것이다.

선생아, 제자가 스승을 공경하고 받드는 데에도 또 다섯 가지 일이 있다. 어떤 것이 다섯 가지인가? 첫 번째는 필요한 것을 대주는 것이며, 두 번째는 예경하고 공양하는 것이며, 세 번째는 존중하고 우러러 받드는 것이며, 네 번째는 스승의 가르침이 있으면 공손히 따르고 어기지 않는 것이며, 다섯 번째는 스승에게 법을 듣고 잘 기억해 잊지 않는 것이다. 선생아, 대개 제자 된 자는 마땅히 이 다섯 가지 법으로써 스승과 어른을 공경하고 섬겨야 한다.

스승과 어른도 다섯 가지 일로써 제자를 잘 보살펴야 한다. 어떤 것이 다섯 가지인가? 첫 번째는 법대로 잘 길들이는 것이며, 두 번째는 그가 듣지 못한 것을 가르쳐 주는 것이며, 세 번째는 묻는 바에 따라 그 뜻을 알게 해 주는 것이며, 네 번째는 좋은 벗을 소개하는 것이며, 다섯 번째는 인색함이 없이 아는 것을 다 가르쳐 주는 것이다. 선생아, 제자가 스승과 어른을 공경하고 순종하며 공손히 받들어 모시면 그 방위는 안온하여 걱정이나 두려움이 없을 것이다.

선생아, 남편이 아내를 공경하는 데에도 다섯 가지가 있다. 어떤 것이 다섯 가지인가? 첫 번째는 서로 예의로써 대접하는 것이며, 두 번째는 위엄을 지키는 것이며, 세 번째는 제 때에 옷과 양식을 대주는 것이며, 네 번째는 때에 따라 몸치장을 하게 하는 것이며, 다섯 번째는 집안일을 맡기는 것이다. 선생아, 남편은 이 다섯 가지 일로써 아내를 공경하고 대접해야 한다.

아내도 다섯 가지 일로써 남편을 공경해야 한다. 어떤 것이 다섯 가지인가? 첫 번째는 먼저 일어나는 것이며, 두 번째는 나중에 앉는 것이며, 세 번째는 부드러운 말을 쓰는 것이며, 네 번째는 공경하고 순종하는 것이며, 다섯 번째는 뜻을 먼저 알아 받드는 것이다. 선생아, 남편이 아내[14]를 이같이 공경하고 대접하는 것이다. 이같이 공경히 대접하면 그 곳은 안온하여 걱정과 두려움이 없을 것이다.

선생아, 사람 된 자는 마땅히 다섯 가지 일로써 친족을 가까이하고 공경해야 한다. 어떤 것이 다섯 가지인가? 첫 번째는 베풀어주는 것이며, 두 번째는 착한 말을 쓰는 것이며, 세 번째는 이롭게 하는 것이며, 네 번째는 이익을 함께하는 것이며, 다섯 번째는 속이지 않는 것이다. 선생아, 이것이 다섯 가지 일로써 친족을 가까이하고 공경하는 것이다.

친족도 다섯 가지 일로써 그 사람을 가까이하고 공경해야 한다. 어떤 것이 다섯 가지인가? 첫 번째는 방종하고 안일하지 않도록 보호하는 것이며, 두 번째는 방종하고 안일하여 재산을 잃는 일이 없도록 보호하는 것이며, 세 번째는 두려움으로부터 보호하는 것이며, 네 번째는 남몰래 서로 가르쳐 훈계하는 것이며, 다섯 번째는 항상 서로 칭찬하는 것이다. 선생아, 이렇게 친족을 보살피고 공경하면 그 방위

---

14 순서를 보면 여기는 "아내가 남편을……"로 되어야 할 것 같다. 송·원·명 3본에는 "아내가 남편을……"로 되어 있다.

는 안온하여 걱정이나 두려움이 없을 것이다.

선생아, 주인은 다섯 가지 일로써 하인을 가르쳐야 한다. 어떤 것이 다섯 가지인가? 첫 번째는 그 능력에 알맞게 부리는 것이며, 두 번째는 제때에 음식을 주는 것이며, 세 번째는 제때에 보수를 주는 것이며, 네 번째는 병이 들면 약을 주는 것이며, 다섯 번째는 휴가를 허락하는 것이다. 선생아, 이것이 다섯 가지 일로써 하인을 부리는 것이다.

하인도 다섯 가지 일로써 그 주인을 받들어 섬겨야 한다. 어떤 것이 다섯 가지인가? 첫 번째는 일찍 일어나는 것이며, 두 번째는 일을 빈틈없이 처리하는 것이며, 세 번째는 주지 않으면 가지지 않는 것이며, 네 번째는 일을 순서 있게 하는 것이며, 다섯 번째는 주인의 이름을 드날리는 것이다. 이것이 주인이 하인을 잘 대접하는 것이다. 그렇게 하면 그 방위는 안온하여 걱정과 두려움이 없을 것이다.

선생아, 시주施主는 마땅히 다섯 가지 일로써 사문 바라문을 공양해 받들어야 한다. 어떤 것이 다섯 가지인가? 첫 번째는 따뜻한 행동으로 대하는 것이며, 두 번째는 따뜻한 말로 대하는 것이며, 세 번째는 따뜻한 마음으로 대하는 것이며, 네 번째는 때맞추어 보시하는 것이며, 다섯 번째는 문을 막지 않는 것이다. 선생아, 이처럼 시주는 이 다섯 가지 일로써 사문 바라문을 공양해 받들어야 한다.

사문 바라문은 또 여섯 가지 일로써 가르쳐야 한다. 어떤 것이 여섯 가지인가? 첫 번째는 악을 짓지 않도록 보호하는 것이며, 두 번째는 착한 것을 가르쳐 주는 것이며, 세 번째는 선한 마음을 품게 하는 것이며, 네 번째는 듣지 못한 것을 들려주는 것이며, 다섯 번째는 이미 들은 것은 잘 이해할 수 있도록 하는 것이며, 여섯 번째는 하늘에 태어나는 길을 열어 보이는 것이다. 선생아, 이것이 시주가 사문 바라문을 공손히 받드는 것이다. 그렇게 하면 그 방위는 안온하여 걱정이나 두려움이 없을 것이다."

세존께서 이렇게 말씀하시고 다시 게송으로써 말씀하셨다.

부모는 동방이고
스승은 남방이며
아내는 서방이고
친족은 북방이며
하인은 하방이고
사문은 상방이네.

모든 장자의 아들들아
모든 방위에 예경하고
공경하고 순종해 때를 놓치지 않으면
죽어서는 모두 천상에 태어나리.

은혜로운 보시와 부드러운 말
사람들에게 많은 이익 준다네.
너와 나 이익을 공평히 하고
가진 것을 남과 함께 나눠 가져라.

이 네 가지[15]는 큰 짐이라
무거운 짐 실은 수레와 같네.

15 위 구절에서 거론된 보시布施·애어愛語·이행利行·동사同事의 4섭법攝法을 말한다.

그러나 세간에 이 네 가지가 없다면
효성스런 봉양은 있을 수 없네.

이 법은 세간에 있어
지혜로운 사람이 선택하는 것
이것을 행하면 큰 과보 얻고
아름다운 이름 멀리 퍼지리.

평상과 자리를 장엄하게 꾸미고
훌륭한 음식을 차려 올리며
필요한 물건을 공급해 주면
아름다운 이름 멀리 퍼지리.

친구는 서로 버리지 않고
이익되는 일들을 서로 보여주며
상하가 늘 서로 화합한다면
이 때 비로소 좋은 명예 얻는다.

마땅히 먼저 기예부터 익히고
그런 다음 재물 늘릴 직업을 가지며
재물을 얻어 이미 구족하거든
마땅히 스스로 지키고 보호하라.

재물을 쓰되 사치하지 말고
마땅히 줄 사람 가려서 주라.

남을 속이고 함부로 내닫거든
아무리 빌어도 주지 마라.

재물을 쌓되 적은 데서 시작하라.
마치 여러 꽃에서 꿀을 모으는 벌처럼
재물은 날마다 점점 불어나
마침내 줄거나 소모됨이 없으리라.

첫째는 음식에 만족할 줄 알고
둘째는 일을 하되 게으르지 말며
셋째는 미리 모으고 쌓아
그것으로 궁핍할 때를 준비하라.

넷째는 밭 갈고 장사도 하며
목장 만들어 짐승 먹이고
다섯째는 마땅히 탑묘塔廟를 세우고
여섯째는 절의 방사房舍를 지어라.
재가자는 이 6업業을 부지런히 힘써
잘 닦아 그때를 놓치지 말라.

이와 같이 그 행을 닦아 나가면
집안 살림 줄어들 일 없고
재물은 날로 점점 불어나
바다로 온갖 강물 흘러들듯 하리.

그때 선생善生은 세존께 여쭈었다.

"참으로 좋습니다. 세존이시여, 이것은 실로 제가 본래 기대했던 것보다 월등하고 제 아버지의 가르침을 넘어섰습니다. 엎어진 자로 하여금 우러름을 얻게 하고, 닫힌 자로 하여금 열림을 얻게 하며, 미혹한 자로 하여금 깨달음을 얻게 하고, 어두운 방에 등불을 켜서 눈 있는 자가 보게 하셨습니다. 여래의 말씀도 그와 같아서 무수한 방편으로써 어리석음의 어두움을 깨치게 하고 맑고 깨끗한 법을 보여주셨습니다. 무슨 까닭인가? 부처님께서는 여래·지진至眞·등정각等正覺이시기 때문에 능히 열어 보이셔서 세상의 밝은 길잡이가 되셨습니다. 저는 이제 부처님께 귀의하고 법에 귀의하고 승가에 귀의합니다. 오직 원하건대 세존께서는 제가 바른 법 가운데서 우바새가 되는 것을 허락해 주십시오. 저는 오늘부터 죽을 때까지 살생하지 않고 도둑질하지 않으며, 음탕하지 않고 속이지 않으며, 술을 마시지 않겠습니다."

선생은 부처님의 말씀을 듣고 환희하며 받들어 행하였다.

불설장아함경 제 12 권

〔제 2 분〕 ⑦

13. 청정경清淨經

이와 같이 나는 들었다.

어느 때 부처님께서 가유라위국(迦維羅衛國 : 가비라국) 면기緬祇[1]에 있는 우바새의 동산에서 큰 비구 대중 1,250명과 함께 계셨다.

그때 사미沙彌 주나周那[2]는 파파波波[3]국에서 여름 안거安居를 마친 뒤, 가사와 발우를 가지고 가유라위국 면기에 있는 동산의 아난이 있는 곳으로 가서 머리로 그 발에 예배하고 한쪽에 서서 아난에게 말하였다.

---

1 면기(緬祇, Vedhaññā)는 성읍의 이름이다.
2 주나(周那, Cunda)는 순타純陀로도 쓴다.
3 파파(波波, Pāvā)는 왕사성 부근에 있던 말라족末羅族의 도성이다.

"저 파파성 안에 살던 니건자尼乾子가 죽은 지 얼마 되지도 않아, 그 제자들이 두 파로 갈라져 서로 다투고 있습니다. 서로 맞대고 헐뜯고 욕하면서 상하가 따로 없이 서로 상대방의 허물을 들추며 그 지견知見을 다투어 '나는 이것을 알 수 있지만 너는 이것을 알 수 없다. 내 행은 참되고 바른데 너는 삿된 소견을 가지고 있다'고 합니다. 앞의 것을 뒤에 붙이고 뒤의 것을 앞에 붙이며, 뒤바뀌고 어지러이 얽혀 어떤 일정한 법칙도 없이 서로 '내가 하는 말은 옳고 네가 하는 말은 그르다. 너에게 의심이 있거든 마땅히 내게 물어라'하고 말합니다.

대덕大德 아난이여, 니건자를 섬기던 저 나라 사람들이 다투고 있다는 말을 듣고 걱정을 하고 있습니다."

아난이 주나 사미에게 말했다.

"우리들이 세존께 알려드리고 싶은 말이 있다. 이제 너와 함께 나아가 이 사실을 세존께 여쭈리라. 만일 세존께서 어떤 가르침을 갖고 계시거든 우리는 다 같이 받들어 행하자."

사미 주나는 아난의 말을 듣고 곧 세존께 나아가 머리를 그 발에 대어 예배하고 한쪽에 서 있었다.

아난이 세존께 여쭈었다.

"이 사미 주나가 파파국에서 여름 안거를 마친 뒤 가사와 발우를 가지고 이곳에 와 제 발에 절하고 제게 이렇게 말했습니다.

'파파국에 살던 니건자가 죽은 지 얼마 되지도 않아 그 제자들이 두 파로 갈라져 서로 다투고 있습니다. 그들은 서로 맞대고 헐뜯고 욕하면서 상하가 따로 없이 서로 상대방의 허물을 들추며 저들의 지견을 주장하여 '나는 이것을 알 수 있는데 너는 이것을 알 수 없다. 내 행은 참되고 바른데 너는 삿된 소견을 가지고 있다'고 말들 합니다. 앞의 것을 뒤에 붙이고 뒤의 것을 앞에 붙이며, 뒤바뀐 소견으로 어지러이 얽혀 어떤 일정한 법칙도 없이 '내 말은 옳고 네 말은 그르다. 너는 의심나는 것이 있거든 내게 물어라'하고 말합니다. 그래서 니건자를 섬기던 저 파파국 백성들은 이 다툼을 듣고 걱정을 하고 있습니다.'"

세존께서 주나 사미에게 말씀하셨다.

"그렇다. 주나야, 저 그른 법에서는 들을 만한 것이 없다. 그것은 삼야삼불三耶三佛[4]의 말씀이 아니다. 마치 썩은 탑에는 색칠하기가 어려운 것처럼, 저들에게 스승이 있다고는 하지만 그들은 다 삿된 소견을 품고 있고, 또 그들에게 법이 있다고는 하지만 그것은 다 참되고 바른 것이 아니다. 그러므로 그것은 들을 만한 것이 못되고, 그 법으로는 번뇌를 벗어날 수가 없다. 그것은 삼야삼불의 말씀이 아니어서, 마치 썩은 탑에 색칠할 수 없는 것과 같다. 저 모든 제자들이 그 법을 따르지 않고 삿된 소견을 버리고 바른 소견을 행하려고 할 때에 주나야, 만일 어떤 사람이 와서 그 제자에게 말하기를 '여러분, 그대들 스승의 법은 바른 것이어서 마땅히 그 법을 행할 만한데 왜 버리느냐?'라고 말한다고 하자. 그때 그 말을 들은 제자들이 만일 그 말을 믿는다면 그 두 사람은 함께 도道를 잃어 무량한 죄를 받을 것이다. 왜냐하면 그에게 비록 법이 있기는 하지만 그것은 진정眞正한 법이 아니기 때문이다.

주나야, 만일 그 스승의 소견이 삿되지 않고 그 법이 진정하여 듣고 행할만하며 또 번뇌를 벗어나게 한다면 그것은 삼야삼불의 말씀일 것이니, 마치 새로운 탑에는 색칠하기 쉬운 것과 같다. 그러나 저

4 팔리어로 sammā-sambuddha이다. 정변지正遍知·정등각正等覺이라는 뜻이다. 또 삼약삼불타三藐三佛陀라고 번역하기도 한다.

모든 제자들이 이 법 가운데 있어서 부지런히 닦지도 않고 성취하지도 못해 평등한 도를 버리고 삿된 소견으로 들어가려고 할 때에 만일 어떤 사람이 그 제자들에게 와서 '여러분, 그대들 스승의 법은 바른 법이다. 마땅히 그 법을 행해야 할 텐데, 왜 그것을 버리고 삿된 소견으로 들어가려고 하느냐?'라고 말했을 때, 그 말을 들은 제자가 만일 그 말을 믿는다면, 그 두 사람은 함께 진정한 도를 보아 무량한 복을 얻을 것이다. 왜냐하면 그 법은 진정眞正하기 때문이다."

부처님께서 주나에게 말씀하셨다.

"주나야, 저들에게 스승이 있다지만 그들은 다 삿된 소견을 품었고, 또 법이 있다지만 그것은 다 진정하지 않다. 그러므로 그 법은 들을 만한 것이 못되고 또 그것은 번뇌를 벗어나게 하지 못하며 삼야삼불의 말씀도 아니니, 마치 썩은 탑에는 색칠할 수 없는 것과 같다. 그 제자들이 그 가르침을 성취하고 그 행을 순종하여 모든 삿된 소견을 일으켰을 때에 주나야, 만일 어떤 사람이 그 제자에게 와서 '네 스승의 법은 바르고 네가 행하는 것도 옳다. 이제 이처럼 그것을 부지런히 수행하면, 너는 반드시 현재에서 도과道果를 성취할 것이다'라고 말하고, 그 말을 들은 제자도 그 말을 믿는다면 그들 두 사람은 함께 도를 잃고 무량한 죄를 받을 것이다. 왜냐하면 그 법이 진정하지 못하기 때문이다.

주나야, 만일 그 스승의 소견이 삿되지 않고 그 법이 진정하여 들을 만하며 또 번뇌를 벗어나게 할 수 있는 법이라면 그것은 삼야삼불의 말씀일 것이니, 마치 새로운 탑에는 색칠하기 쉬운 것과 같다. 그리고 그 제자들이 그 가르침을 성취하고 수순隨順하며 수행하여 바른 소견을 내려고 할 때에 만일 어떤 사람이 그 제자에게 와서 '네 스승의 법은 바르고 네가 행하는 것도 옳다. 이제 이처럼 부지런히 수행하니 너는 반드시 현재에서 도과를 성취할 것이다'라고 말하고, 그 말을 들은 제자도 그 말을 믿는다면 그들 두 사람은 다 바른 소견으로서 무량한 복을 얻을 것이다. 왜냐하면 그 법은 진정하기 때문이다.

주나야, 혹 어떤 도사導師는 세상에 나와 그 제자에게 근심이 생기게 하고, 혹 어떤 도사는 세상에 나와 그 제자의 근심을 없애 준다. 도사가 세상에 나와 그 제자에게 근심이 생기게 한다는 것은 무엇인가? 주나야, 도사가 새로이 세상에 나와 성도成道한 지 오래지 않아 그 법은 구족하고 범행梵行이 청정하며 여실한 진요眞要인데 이를 잘 펴서 나타내 주지도 못하고 도사가 어느새 멸도滅度에 든다고 하자. 그때 그 제자들은 수행할 수가 없어 모두들 근심에 잠겨 다음과 같이 말할 것이다.

'우리 스승은 새로이 세상에 나와 성도한 지 오래지 않지만, 그 법은 청정하고 범행을 구족했으며 여실한 진요였다. 끝내 펴서 나타내 주지도 못하고 이제 도사께서 갑자기 멸도에 드셨으니, 우리 제자들은 수행할 수가 없구나.'

이것을 도사가 세상에 나와 그 제자를 근심하게 하는 것이라고 한다.

도사가 세상에 나와 그 제자에게 근심이 없게 한다는 것은 무엇인가? 도사가 세상에 나왔는데 그 법은 청정하고 범행을 구족하며 여실한 진요이다. 그리하여 그 법을 널리 편 뒤에야 도사가 바야흐로 멸도에 든다고 하자. 그러면 그 제자들은 모두 수행할 수 있어 근심하지 않고 이렇게 말할 것이다.

'우리 스승은 세상에 나와 성도한 지 오래지 않지만 그 법은 청정하고 범행을 구족했으며 여실한 진요이다. 그리고 널리 펴신 후에야

도사께서는 멸도하셔서 우리 제자들이 모두 수행할 수 있게 하셨다.'

주나야, 이것이 도사가 세상에 나와 그 제자에게 근심이 없게 하는 것이다."

부처님께서 다시 주나에게 말씀하셨다.

"지支[5]가 성취된 범행에 대해 말해주리라. 이른바 도사가 세상에 나왔다가 집을 떠난 지 오래지 않고 그 이름이 널리 퍼지지 않았으면 이것을 범행지梵行支를 구족하지 못한 것이라고 한다. 주나야, 도사가 세상에 나와 집을 떠난 지 이미 오래고 그 이름이 널리 퍼졌으면 이것을 범행지가 구족한 것이라고 한다.

주나야, 도사가 세상에 나와 집을 떠난 지 이미 오래고 그 이름 또한 널리 퍼졌다 하더라도 모든 제자가 아직 그 훈계와 가르침을 받지 못하여 범행을 구족하지 못하고 안락한 곳에 이르지 못하며, 아직 자기의 이익을 거두지 못하고 아직 법을 받아 널리 펴서 연설하지 못하며, 이론異論이 일어났을 때 법답게 가서 그것을 없애지 못하고 아직 변화를 부리지 못하며 신통을 증득하지 못했다면, 이것을 범행지가 구족하지 못한 것이라고 한다. 주나야, 도사가 세상에 나와 집을 떠난 지 이미 오래고 그 이름도 널리 퍼져 모든 제자들이 그 교훈을 받아 범행을 구족하고 안온한 곳에 이르렀으며, 이미 자기의 이익을 거두었고 또 법을 받아 분별하여 연설하며, 이론이 일어났을 때 능히 법답게 가서 그것을 없애고 변화가 구족하고 신통을 증득하였다면, 이것을 범행지가 구족한 것이라고 한다.

주나야, 도사가 세상에 나와 집을 떠난 지 또한 오래고 그 이름이 널리 퍼졌다 하더라도 모든 비구니가 그 교훈을 받지 못하고 안온한

---

5 팔리어로는 aṅga이고 지분支分·부분部分이라는 뜻이다. 송·원·명 3본에는 '지枝' 자로 되어 있다.

곳에 이르지 못하며, 자기의 이익을 거두지 못하고 법을 받아 널리 펴서 연설하지 못하며, 이론이 일어났을 때 능히 법으로써 실답게 멸하지 못하고 변화가 없어 신통을 증득하지 못했다면, 이것은 범행지가 구족하지 못한 것이다. 주나야, 도사가 세상에 나와 집을 떠난 지도 오래고 이름도 널리 퍼졌으며, 모든 비구니가 모두 그 교훈을 받아 범행을 구족하고 안온한 곳에 이르러 자기의 이익을 거두며, 또한 능히 법을 받아 분별하고 연설하며 이론이 일어나면 능히 법답게 멸하며, 변화가 구족하고 신통을 증득하였다면, 이를 범행지가 구족한 것이라고 한다. 주나야, 모든 우바새·우바이가 널리 범행을 닦고 나아가 변화가 구족하고 신통을 증득함에 있어서도 마찬가지이다.

주나야, 만일 도사가 세상에 있지 않고 그 명성〔名聞〕이 없으며 이양利養이 없으면, 그것은 범행지가 구족하지 못한 것이다. 만일 도사가 세상에 있고 명성과 이양이 다 구족하여 줄어듦이 없으면 그것은 범행지가 구족한 것이다. 만일 도사가 세상에 있어 명성과 이양이 다 구족하더라도 모든 비구가 명성과 이양을 구족하지 못하면 그것은 범행지가 구족하지 못한 것이다. 만일 도사가 세상에 있어 명성과 이양이 구족하여 줄어듦이 없고 모든 비구 대중도 그것을 구족하면 그것은 범행지가 구족한 것이다. 비구니 대중들에 있어서도 그와 같다.

주나야, 나는 집을 떠난 지 이미 오래 되었고 이름도 널리 퍼졌으며 나의 모든 비구들은 이미 나의 가르침을 받았고 안온한 곳에 이르렀으며 스스로 자기의 이익을 얻었고, 또 능히 배운 법을 남을 위하여 연설하며 이론이 일어났을 때에는 능히 법답게 멸하고 변화가 구족하며 신통을 증득하였다. 모든 비구·비구니·우바새·우바이도 그러하다. 주나야, 나는 그로서 널리 범행을 유포하고, 나아가 변화가 구족하고 신통을 증득하였다. 주나야, 일체 세간의 모든 도사 중에 그 명성과 이양을 얻은 것이 나 여래·지진·등정각과 같은 이는 보지 못했다. 주나야, 모든 세간의 온갖 무리들 중에 그 명성과 이양이 나의 무리와 같은 자들은 보지 못했다. 주나야, 만일 바르게 말하고자 한다면 마땅히 보려고 해도 볼 수 없는 것에 대해 말해야 한다. 어떤 것이 보려고 해도 볼 수 없는 것인가? 일체의 범행을 청정히 구족하여 두루 펴서 나타내 보이는 것이니, 이것을 보려고 해도 볼 수 없는 것이라고 한다."

그때 세존께서는 모든 비구들에게 말씀하셨다.

"울두람자鬱頭藍子[6]가 대중들 가운데서 이렇게 말했다.

'보려고 해도 볼 수 없는 것이 있다. 어떤 것을 보려고 해도 볼 수 없는 것이라고 하는가? 마치 칼은 볼 수 있어도 칼날은 볼 수 없는 것과 같다.'

모든 비구들이여, 그 사람은 범부의 무식한 말로 비유를 들어 그렇게 말한 것이다. 주나야, 만일 바르게 말하고자 한다면 보려고 해도 볼 수 없는 것을 말해야 한다. 무엇을 보려고 해도 볼 수 없는 것이라고 하는가? 네가 바로 일체 범행을 청정하게 구족하여 두루 펴서 나타내 보여 흘러 퍼지게 해야 한다고 말하려고 한다면, 그것이 볼 수 없는 것이다. 주나야, 저 인과가 계속되는 법〔相續法〕은 구족하지 않아도 얻을 수 있지만, 인과가 계속되지 않는 법은 구족하여도 얻을 수는 없는 것이다. 주나야, 모든 법 가운데 범행梵行은 비유하면 낙酪과 소酥 가운데 제호와 같은 것이다."

세존께서 모든 비구들에게 말씀하셨다.

"나는 이런 법 가운데서 몸소 행하여 증명을 얻었다. 이른바 4념처

---

6 팔리어로는 Uddaka Rāmaputta로 부처님께서 처음 출가하여 도를 배웠던 두 선인仙人 가운데 한 사람이다.

念處·4신족神足·4의단意斷·4선禪·5근根·5력力·7각의覺意와 현성의 여덟 가지 도道가 그것이다. 너희들은 다 함께 화합하고 서로 싸우지 말라. 동일한 스승의 제자는 물과 젖처럼 동일하다. 여래의 정법에 대하여 마땅히 스스로 불태워 유쾌하고 안락함을 얻어야 한다. 안락을 얻어 마치고 나서 어떤 비구가 설법하는 자리에서 말하기를 '저 사람이 말한 구절은 옳지 않고 그 뜻도 옳지 않다'고 말하거든 비구들은 그런 말을 듣고 옳다고도 말하지 말고 그르다고도 말하지 말라. 마땅히 그 비구에게 이렇게 말하라.

'어떤가? 여러분, 내 글귀는 이러하고 너의 글귀는 이러하다. 내 뜻은 이러하고 너의 뜻은 이러하다. 어느 것이 낫고 어느 것이 못한가?'

그 비구는 대답할 것이다.

'내 글귀는 이러하고 내 뜻은 이러하다. 너의 글귀는 이러하고 너의 뜻은 이러하다. 그래서 너의 글귀가 낫고 너의 뜻도 낫다.'

그 비구가 이렇게 말할 때 또한 그것을 그르다고도 말하지 말고 옳다고도 말하지 말라. 마땅히 그 비구를 충고하고 꾸짖어 그치게 하고 마땅히 함께 바른 것을 찾도록 하여야 한다. 이렇게 다 함께 화합하여 서로 싸우지 말라. 동일한 스승의 제자는 물과 젖처럼 동일한 것이다. 여래의 바른 법 가운데서 마땅히 스스로 불태워 유쾌하고 안락함을 얻어야 한다.

안락을 얻어 마치고 나서 어떤 비구가 설법하는 도중에 다른 비구가 있어 말하기를 '저 사람이 말한 글귀는 바르지 못하다. 그러나 그 뜻은 바르다'라고 말하는 이가 있더라도 비구는 그 말을 듣고 옳다고도 말하지 말고 그르다고도 말하지 말라. 마땅히 그 비구에게 이렇게 말하여야 한다.

'어떤가? 비구여, 내 글귀는 이러하고 너의 글귀는 이러하다. 어느 것이 옳고 어느 것이 그른가?'

그 비구는 대답할 것이다.

'내 글귀는 이러하고 네 글귀는 이러하다. 네 글귀가 낫다.'

그 비구가 이렇게 말하더라도, 또한 그것을 옳다고도 말하지 말고 그르다고도 말하지 말라. 마땅히 그 비구를 충고하고 꾸짖어 그치게 하고 마땅히 함께 바른 것을 찾도록 하여야 한다. 이렇게 다 함께 화합할 것이며, 서로 싸우지 말아야 한다. 동일한 스승의 제자는 물과 젖처럼 동일한 것이다. 여래의 정법 가운데서 마땅히 스스로를 불태워 유쾌하고 안락함을 얻어야 한다. 안락을 얻고 나서 만일 어떤 비구가 설법하는 도중에 다른 비구가 있다가 '저 사람이 말한 글귀는 바르지만 뜻은 바르지 않다'라고 말하는 이가 있더라도, 비구는 그 말을 듣고 옳다고도 말하지 말고 그르다고도 말하지 말라. 마땅히 그 비구에게 이렇게 말하여야 한다.

'어떤가? 비구여, 내 뜻은 이러하고 너의 뜻은 이러하다. 어느 것이 옳고 어느 것이 그른가?'

그 비구는 대답할 것이다.

'나의 뜻은 이러하고 너의 뜻은 이러하다. 너의 뜻이 낫다.'

그 비구가 이렇게 말하더라도, 또한 그것을 옳다고도 말하지 말고 그르다고도 말하지 말라. 마땅히 그 비구를 충고하고 꾸짖어 그치게 하고 또 마땅히 함께 바른 것을 찾도록 하여야 한다. 이렇게 비구는 다 함께 화합하여 싸우지 말라. 동일한 스승의 제자는 물과 젖처럼 동일한 것이다. 여래의 정법 가운데서 마땅히 스스로를 불태워 유쾌하고 안락함을 얻어야 한다. 안락을 얻고 나서 또 어떤 비구가 설법하는 도중에 다른 비구가 있다가 '저 사람의 말은 글귀도 바르고 뜻도 바르다'라고 말하는 이가 있더라도 비구는 그 말을 듣고 그르다고 하지 말고 마땅히 그를 칭찬해 말하라.

'네 말이 옳다, 네 말이 옳다.'

그러므로 비구들이여, 12부경部經에 대하여 몸소 진리를 깨닫고 마땅히 널리 유포해야 한다. 12부경이란 첫째는 관경貫經, 둘째는 기야경祇夜經, 셋째는 수기경受記經, 넷째는 게경偈經, 다섯째는 법구경法句經, 여섯째는 상응경相應經, 일곱째는 본연경本緣經, 여덟째는 천본경天本經, 아홉째는 광경廣經, 열째는 미증유경未曾有經, 열한째는 비유경譬喻經, 열두째는 대교경大敎經이다. 마땅히 이것을 잘 받아 지니고 헤아려 관찰하고 널리 펴서 분포하라.

모든 비구들이여, 내가 제정한 옷은 혹은 무덤 사이의 옷, 혹은 장자의 옷, 혹은 추하고 천한 옷이다. 이 옷들은 추위와 더위, 모기나 등에를 막기에 충분하고 몸뚱이를 가리기에 넉넉하다. 모든 비구들이여, 내가 제정한 음식은 빌어온 음식이거나 혹은 거사의 음식이니 이 음식이면 스스로 족하다. 몸이 괴롭고 여러 가지 병에 시달리다가 마침내 죽지나 않을까 두려워 이 음식을 허락한 것이니 족한 줄 알면 그만인 것이다.

모든 비구들이여, 내가 제정한 주처住處는 혹은 나무 밑에 있거나 혹은 한데 있으며, 혹은 방 안에 있거나 혹은 누각 위에 있으며, 혹은 굴속에 있고 혹은 그 밖의 여러 곳에 있다. 이 주처들은 추위와 더위, 바람과 비, 모기와 등에를 막기에 족하며 한적하고 피곤할 때 쉴 곳이 된다. 모든 비구들이여, 내가 제정한 약은 대소변·소유酥油·흑밀黑蜜·석밀石蜜 등이니 이런 약이면 스스로 족하다. 혹은 몸에 고통이 생기고 온갖 병이 닥쳐와 마침내 죽지나 않을까 두려워 이 약을 허락한 것이다."

부처님께서 말씀하셨다.

"혹 어떤 외도外道 범지가 와서 '사문 석자釋子는 온갖 즐거움으로 스스로 즐긴다'고 말하거든 너희들은 이렇게 대답하라.

'그대들은 〈사문 석자는 온갖 즐거움으로 스스로 즐긴다〉는 그런 말을 하지 말라. 왜냐하면 즐거움을 스스로 즐기는 것 중에 여래께서 꾸짖는 것이 있고, 즐거움을 스스로 즐기는 것 중에 여래께서 칭찬하는 것이 있기 때문이다.'

만일 외도 범지가 다시 '구담은 어떤 즐거움을 즐기는 것을 꾸짖는가?'라고 묻거든 너희들은 마땅히 이렇게 대답하라.

'5욕의 공덕은 사랑할 만하고 즐길 만한 것으로서 사람들이 탐착하는 것이다. 어떤 것이 다섯 가지인가? 눈이 빛깔을 보면 애착을 가질 수 있고 즐길 만한 것으로 여겨 사람들이 탐내고 집착하게 되며 귀가 소리를 듣고, 코가 냄새를 맡고, 혀가 맛을 맛보고, 몸이 촉감을 느끼고 나면 사랑할 만하고 즐길 만한 것으로 여겨 사람들이 탐내고 집착하게 된다. 여러분, 바로 이 5욕의 인연이 희락喜樂을 일으킨다. 이런 것들은 여래·지진·등정각께서 꾸짖으시는 것이다.

그것은 마치 어떤 사람이 일부러 중생을 죽이면서 스스로 즐거워하는 것과 같은 경우로서 이것을 여래·지진·등정각께서는 꾸짖으신다. 또 마치 어떤 사람이 몰래 도둑질하고 스스로 즐거워하는 것과 같은 경우로서 이것을 여래께서는 꾸짖으신다. 또 마치 어떤 사람이 범행梵行을 범하고 스스로 즐거워하는 것과 같은 경우로서 이것을 여래께서는 꾸짖으신다. 또 마치 어떤 사람이 일부러 거짓말을 하고 스스로 즐거워하는 것과 같은 경우로서 이것을 여래께서는 꾸짖으신다. 또 마치 어떤 사람이 마음대로 방탕한 생활을 하면서 즐거워하는 것과 같은 경우로서 이것을 여래께서는 꾸짖으신다. 또 마치 어떤 사람이 여래께서 말씀하신 바른 행이 아닌 이교도의 고행을 행하면서 스스로 즐거워하는 것과 같은 경우로서 이것을 여래께서는 꾸짖으신다.'

모든 비구여, 여래께서는 사람들이 다섯 가지 욕망의 공덕을 탐내어 거기에 집착하는 것을 꾸짖으신다. 어떤 것이 다섯 가지인가? 눈이 색을 보고 나서 사랑할 만하고 즐길 만한 것으로 여겨 사람들이 탐내고 집착하게 되며, 귀는 소리를 듣고, 코는 냄새를 맡고, 혀는 맛을 알고, 몸은 촉감을 느끼고 나서 사랑할 만하고 즐길 만한 것으로 여겨 사람들이 탐내고 집착하게 된다. 이러한 것들이 모두 즐거움이라지만 사문 석자에게 이러한 즐거움은 없다. 이는 마치 어떤 사람은 일부러 중생을 죽이고 이를 즐거워하지만 사문 석자에게는 그러한 즐거움이 없는 것과 같다. 마치 어떤 사람은 공공연하게 도둑질을 하면서 스스로 즐거워하지만 사문 석자에게 그러한 즐거움은 없는 것과 같다. 마치 어떤 사람은 범행을 범하고서 스스로 즐거워하지만 사문 석자에게 그러한 즐거움은 없는 것과 같다. 마치 어떤 사람은 일부러 거짓말을 하면서 스스로 즐거워하지만 사문 석자에게 그러한 즐거움은 없는 것과 같다. 마치 어떤 사람은 마음대로 방탕한 짓을 하면서 스스로 즐거워하지만 사문 석자에게 그러한 즐거움은 없는 것과 같다. 마치 어떤 사람은 이교도의 고행을 행하면서 스스로 즐거워하지만 사문 석자에게 그러한 즐거움은 없는 것과 같다.

만일 어떤 외도 범지가 '사문 구담은 어떤 즐거움을 즐기는 것을 칭찬하시는가?' 하고 묻거든 모든 비구들이여, 너희들은 마땅히 이렇게 대답하라.

'여러분, 5욕의 공덕은 사랑할 만하고 즐길 만하여 사람들이 탐착하는 것이다. 어떤 것이 다섯 가지인가? 눈이 빛깔을 보고 나아가 마음이 법진法塵을 알고 나면 사랑할 만하고 즐길 만하여 사람들이 탐착하는 것이다. 여러분, 5욕을 인연하여 생기는 즐거움은 마땅히 빨리 멸해 없애야 한다. 그것은 마치 어떤 사람이 일부러 중생을 죽이면서 스스로 즐거워하지만 그러한 즐거움은 마땅히 빨리 멸해 없애야 하는 것과 같다. 또 마치 어떤 사람은 공공연하게 도둑질을 하면서 스스로 즐거워하지만 그러한 즐거움은 빨리 없애야 하는 것과 같다. 또 마치 어떤 사람은 범행을 범하고서 스스로 즐거워하지만 그러한 즐거움은 빨리 없애야 하는 것과 같다. 또 마치 어떤 사람은 일부러 거짓말을 하면서 스스로 즐거워하지만 그러한 즐거움은 빨리 없애야 하는 것과 같다. 또 마치 어떤 사람은 마음대로 방탕한 짓을 하면서 스스로 즐거워하지만 그러한 즐거움은 빨리 없애야 하는 것과 같다. 또 마치 어떤 사람은 외도의 고행을 행하면서 스스로 즐거워하지만 그러한 즐거움은 빨리 없애야 하는 것과 같다.

그런데 만일 어떤 사람이 탐욕을 여의고 다시 악을 여의어 각覺과 관觀이 있으며, 여의는 데서 생기는 기쁨과 즐거움〔離生喜樂〕으로 초선初禪에 들어간다면, 그러한 즐거움은 부처님께서 칭찬하시는 것이다. 또 어떤 사람이 각覺과 관觀을 없애고 안으로 기뻐하며 한마음이 되어, 각覺도 없고 관觀도 없어 선정에서 생기는 기쁨과 즐거움〔定生喜樂〕으로 제2선에 들어간다면, 그런 즐거움은 부처님께서 칭찬하시는 것이다. 또 어떤 사람이 기쁨을 버리고 사捨에 들어가 스스로 몸의 즐거움을 알아 성현이 구하는 바인 평정〔護 : 捨〕· 기억〔念〕· 한마음으로 제3선에 들어간다면 그러한 즐거움은 부처님께서 칭찬하시는 것이다. 즐거움도 다하고 괴로움도 다하며, 먼저 걱정과 기쁨을 없애어 괴롭지도 않고 즐겁지도 않은 평정〔護〕· 기억〔念〕· 청정淸淨으로 제4선에 들어간다면 그러한 즐거움은 부처님께서 칭찬하시는

것이다.'

만일 어떤 외도 범지가 '너희들은 그 즐거움에서 얼마만한 공덕의 과果를 구하느냐?'고 묻거든 마땅히 그들에게 이렇게 대답하라.

'이 즐거움에는 7과果의 공덕이 있다. 어떤 것이 일곱 가지인가? 현세에서 도증道證을 이루는 것이다. 만일 현세에서 이루지 못하면 목숨을 마칠 때 도증을 이루는 것이며, 만일 목숨을 마칠 때에도 이루지 못하면 반드시 5하결下結을 다해 중유의 단계에서 반열반般涅槃에 들거나 다른 세계에 태어나서 반열반에 들거나 그곳에서 수행하여 반열반에 들거나 수행하지 않고도 반열반에 들거나 가장 위의 세계인 아가니타천阿迦尼吒天에서 반열반을 얻을 것이다. 여러분, 이것이 이 즐거움의 일곱 가지 공덕이다. 여러분, 만일 배우는 위치〔學地〕에 있는 비구가 위로 안온처安穩處를 구하는데 아직 5개蓋를 없애지 못했다고 하자. 어떤 것이 다섯 가지인가? 탐욕개貪欲蓋·진에개瞋恚蓋·수면개睡眠蓋·도희개掉戲蓋·의개疑蓋가 그것이다. 저 배우는 위치에 있는 비구가 위로 안온처를 구하고자 하면서 아직 5개를 없애지 못했고 4념처念處를 정근하지 않고 7각의覺意를 정근하지 않는다면 상인上人의 법과 현성의 지혜를 늘려서 알고자 하고 보고자 하더라도 그렇게 될 수 없을 것이다.

여러분, 학지에 있는 비구가 위로 안온처를 구하고자 하여 능히 탐욕개·진에개·수면개·도희개·의개 등 5개를 없애고 또 4념처를 정근하고 7각의를 여실히 수행한다고 하자. 그런 사람이 상인의 법과 현성의 지혜를 늘려서 알고자 하고 보고자 한다면 그것은 될 수 있을 것이다. 여러분, 혹 어떤 비구는 번뇌가 다한 아라한으로서 해야 할 일을 이미 다하고 무거운 짐을 버리며, 스스로 자기의 이익을 거두고 모든 유有[7]의 번뇌를 다하며, 바른 지혜로써 해탈하여 9사事

를 행하지 않는다. 어떤 것이 아홉 가지인가? 첫째는 살생하지 않는 것이며, 둘째는 도둑질하지 않는 것이며, 셋째는 간음하지 않는 것이며, 넷째는 거짓말하지 않는 것이며, 다섯째는 도道를 버리지 않는 것이며, 여섯째는 욕심을 따르지 않는 것이며, 일곱째는 성냄을 따르지 않는 것이며, 여덟째는 두려움을 따르지 않는 것이며, 아홉째는 어리석음을 따르지 않는 것이다. 여러분, 이것이 번뇌가 다한 아라한이 해야 할 일을 다해 마치고 무거운 짐을 버리며 스스로 자기의 이익을 거두고 모든 유有의 번뇌를 다하며 바른 지혜로써 해탈하여 9사事를 멀리 떠난다고 하는 것이다.'

또 어떤 외도 범지가 '사문 석자釋子에게는 머무르지 않는 법〔不住法〕이 있다'고 말하거든 너희들은 그들에게 이렇게 대답하라.

'여러분, 〈사문 석자에겐 머무르지 않는 법이 있다〉는 그런 말을 하지 말라. 무슨 까닭인가? 사문 석자의 법은 영원히 머물러 움직일 수 없기 때문이다. 비유하면 마치 문지방은 항상 머물러 있고 움직이지 않는 것과 같다. 사문 석자도 그와 같아서 그들의 법은 항상 머물러 있고 움직이지 않는다.'

또 어떤 외도 범지는 '사문 구담은 과거 세상의 일을 다 알지만 미래의 일은 모른다'고 말한다. 그 이학異學 범지는 지혜도 다르고 지혜로 보는 관점도 다르며 그의 말은 허망하다. 여래는 과거 세상의 일을 눈앞에 있는 것처럼 알고 보지 못하는 것이 없으며, 미래 세상에 대해서도 도지道智[8]로써 안다. 그러나 만일 과거 세상의 일이 허망하여 진실하지 못하고 즐거워할 것이 못되며 이익될 것이 없으면 부처는 곧 기억하지 않는다. 혹 과거의 일이 진실하기는 하나 즐거워할

7 3유有, 즉 욕유欲有 · 색유色有 · 무색유無色有를 말한다.

8 도지(道智, mkūṭāgāra sālāinīrgajñāṇa)는 깨달음으로 생기는 지혜를 말한다.

것이 못되고 이익될 것이 없으면 부처는 또한 기억하지 않는다. 만일 과거의 일이 진실하기도 하고 즐거워할 만하기도 하나, 이익되는 바가 없으면 부처는 또한 기억하지 않는다. 만일 과거의 일이 진실하기도 하고 즐거워할 만하며 또 이익되는 바도 있으면 여래는 그것을 다 알고 기억한다. 미래와 현재도 그러하다. 여래는 과거와 미래와 현재에 대하여 제 때에 말하고〔時語〕, 진실하게 말하며〔實語〕, 뜻대로 말하고〔義語〕, 이익되게 말하고〔利語〕, 법에 맞게 말하고〔法語〕, 계율에 맞게 말하는〔律語〕 자로서 거짓이 없다.

부처가 최정각最正覺을 이룬 최초의 밤부터 최후의 밤에 이르기까지 그 중간에 한 말은 모두 진실한 것〔如實〕이다. 그러므로 여래라고 이름한다. 또한 여래의 말은 사실과 같고 사실이 그의 말과 같으므로 여래라고 이름한다. 어떤 이유로 등정각等正覺이라고 이름하는가? 부처로서 알고 보아야 할 것, 멸해야 할 것, 깨달아야 할 것을 부처는 다 깨달아 안다. 그러므로 등정각이라고 이름한다.

또 어떤 외도 범지는 이렇게 말한다.

'세간은 영원하다. 오직 이것만이 진실이며, 그 밖의 것은 다 허망한 것이다.'

혹은 또 말한다.

'이 세상은 영원하지 않다. 오직 이것만이 진실이며, 그 밖의 것은 다 허망한 것이다.'

혹은 또 말한다.

'세간은 영원하기도 하고 영원하지 않기도 하다. 오직 이것만이 진실이며, 그 밖의 것은 다 허망한 것이다.'

혹은 또 말한다.

'이 세간은 영원한 것도 아니며 영원하지 않은 것도 아니다. 오직

이것만이 진실이며, 그 밖의 것은 다 허망한 것이다.'

혹은 또 말한다.

'이 세간은 끝〔邊〕이 있다. 오직 이것만이 진실이며, 그 밖의 것은 다 허망한 것이다.'

혹은 또 말한다.

'이 세간은 끝이 없다. 오직 이것만이 진실이며 그 밖의 것은 허망하다.'

혹은 또 말한다.

'이 세간은 끝이 있기도 하고 끝이 없기도 하다. 오직 이것만이 진실이며, 그 밖의 것은 다 허망한 것이다.'

혹은 또 말한다.

'이 세간은 끝이 있는 것도 아니며 끝이 없는 것도 아니다. 오직 이것만이 진실이며, 그 밖의 것은 다 허망한 것이다.'

혹은 또 말한다.

'이것은 목숨이고 이것은 몸이다. 이것만이 진실이고, 그 밖의 것은 다 허망한 것이다.'

혹은 또 말한다.

'이것은 목숨도 아니며 몸도 아니다. 이것만이 진실이고, 그 밖의 것은 다 허망한 것이다.'

혹은 또 말한다.

'목숨이 다르고 몸이 다르다. 이것만이 진실이고, 그 밖의 것은 다 허망한 것이다.'

혹은 또 말한다.

'목숨이 다른 것도 아니며 몸이 다른 것도 아니다. 이것만이 진실이고 그 밖의 것은 다 허망한 것이다.'

혹은 또 말한다.

'여래는 마침이 있다. 이것만이 진실이고, 그 밖의 것은 다 허망한 것이다.'

혹은 또 말한다.

'여래는 마치지 않는다. 이것만이 진실이고, 그 밖의 것은 다 허망한 것이다.'

혹은 또 말한다.

'여래는 마치기도 하고 마치지 않기도 한다. 이것만이 진실이고, 그 밖의 것은 다 허망하다.'

혹은 또 말한다.

'여래는 마치는 것도 아니며 마치지 않는 것도 아니다. 이것만이 진실이고, 그 밖의 것은 다 허망한 것이다.'

이러한 모든 소견이 있는데 이것을 본생본견本生本見이라고 이름한다. 이제 너를 위하여 기록한다. 이른바 '이 세상은 영원하다. 나아가 여래는 마치는 것도 아니며 마치지 않는 것도 아니다. 이것만이 진실이고, 그 밖의 것은 다 허망한 것이다'라는 것은 본견본생本見本生인데 너를 위해 기록한다.

이른바 미견미생未見未生[9]도 나는 또 기록할 것이니 어떤 것이 내가 기록하는 미견미생인가?

'색色이 나[我]인데 생각[想]을 좇아 마침이 있다. 이것만이 진실이고, 다른 것은 다 허망한 것이다. 색이 없는 것이 나인데 생각을 좇아 마침이 있다. 또 색이 있기도 하고 또 색이 없기도 한 것이 나인데 생각을 좇아 마침이 있다. 색이 있는 것도 아니고 색이 없는 것도 아

9 원元·명明 2본에는 '말견말생末見末生'으로 되어 있다. 앞의 '본견본생本見本生'과 대비해 볼 때 '말견말생末見末生'이 옳을 듯하다.

닌 것이 나인데 생각을 좇아 마침이 있다. 나는 끝이 있다, 나는 끝이 없다, 나는 끝이 있기도 하고 없기도 하다, 나는 끝이 있는 것도 아니며 끝이 없는 것도 아닌데 생각을 좇아 마침이 있다. 나는 즐거움이 있는데 생각을 좇아 마침이 있다. 나는 즐거움이 없는데 생각을 좇아 마침이 있다. 나는 괴로움과 즐거움이 있는데 생각을 좇아 마침이 있다. 나는 괴로움도 즐거움도 없는데 생각을 좇아 마침이 있다. 한 생각〔想〕이 나인데 생각을 좇아 마침이 있다. 갖가지 생각이 나인데 생각을 좇아 마침이 있다. 적은 생각이 나인데 생각을 좇아 마침이 있다. 무량한 생각이 나인데 생각을 좇아 마침이 있다. 이것만이 진실이고 다른 것은 허망한 것이다.'

이것이 삿된 소견의 본견본생[10]으로써 내가 기록하는 것이다.

어떤 사문 바라문은 이러한 주장과 이러한 소견을 가지고 있다.

'이 세상은 영원하다. 이것만이 진실이고 다른 것은 허망한 것이다. 나아가 무량한 생각〔想〕이 곧 나이다. 이것만이 진실이고 다른 것은 허망한 것이다.'

저 사문 바라문들이 또 이러한 주장과 이러한 소견을 가지고 '이것만이 진실이고 다른 것은 허망한 것이다'라고 말하거든 너희들은 마땅히 그들에게 이렇게 대답하라.

'너는 참으로 그러한 주장을 하는데, 어찌하여 이 세상은 영원하며 그것은 진실하고 다른 것은 허망한 것이라고 하는가? 그러한 말은 부처님께서 허락하시지 않는다. 왜냐하면 그런 모든 소견 가운데에는 모두 번뇌가 있기 때문이다.'

내가 이치로써 미루어 볼 때 모든 사문 바라문 중에는 나와 짝할

10 문장의 맥락으로 보아 원문의 '본견본생本見本生'은 '말견말생末見末生'으로 해야 옳다.

이가 없다. 하물며 나를 뛰어 넘으려고 하는 자이겠는가?'

이 모든 삿된 소견은 한낱 말만 있을 뿐 함께 의논하기에는 적당치 않다. 나아가 '무량한 생각이 나〔我〕이다'라는 것도 마찬가지이다.

혹 어떤 사문 바라문은 이런 말을 한다.

'이 세간은 저절로 만들어진 것이다.'

또 어떤 사문 바라문은 말한다.

'이 세간은 다른 사람이 만든 것이다.'

혹은 이렇게 말한다.

'저절로 만들어진 것이기도 하고 다른 사람이 만든 것이기도 하다.'

혹은 또 말한다.

'저절로 만들어진 것도 아니며 다른 사람이 만든 것도 아니다. 갑자기 생긴 것이다.'

저 사문 바라문이 세간은 저절로 만들어진 것이라고 말하는 것은 그들이 모두 촉觸의 인연을 말미암았기 때문이다. 만일 촉의 인연을 떠나 그렇게 말한다면 그것은 이치에 맞지 않다. 왜냐하면 6입入을 말미암기 때문에 촉이 생기고, 촉을 말미암기 때문에 수受가 생기고, 수를 말미암기 때문에 애愛가 생기고, 애를 말미암기 때문에 취取가 생기고, 취를 말미암기 때문에 유有가 생기고, 유를 말미암기 때문에 생生이 생기고, 생을 말미암기 때문에 노老·사死·우憂·비悲·고苦·뇌惱의 걱정〔患〕 덩어리가 있는 것이다. 만일 6입이 없으면 촉이 없고, 촉이 없으면 수가 없고, 수가 없으면 애가 없고, 애가 없으면 취가 없고, 취가 없으면 유가 없고, 유가 없으면 생이 없고, 생이 없으면 노·사·우·비·고·뇌의 큰 걱정덩어리 음집陰集이 없을 것이다. 또 '이 세간은 다른 사람이 만들었다'고 말하고, 또 '이 세간은 저절로 만들어진 것이기도 하고 다른 사람이 만든 것이기도 하다'고 말하고, 또 '이 세간은 저절로 만들어진 것도 아니며 다른 사람이 만든 것도 아니다. 갑자기 생긴 것이다'라고 말하는 것도 그와 같으니, 촉을 말미암아 있는 것으로서 촉이 없으면 없는 것이다."

부처님께서 모든 비구들에게 말씀하셨다.

"만일 이러한 모든 삿되고 나쁜 소견을 없애려 하거든 4념처念處를 세 가지 수행법으로 닦아라. 어떤 것이 비구가 모든 악을 없애려고 4념처를 세 가지 수행법으로 닦는 것인가? 비구들아, 안의 몸을 몸 그대로〔內身身〕 관하되 부지런히 닦아 게으름을 피우지 말고, 기억하여 잊지 않아 세상의 탐욕과 걱정을 없애는 것이며 또 밖의 몸을 몸 그대로〔外身身〕 관하되 부지런히 닦아 게으름을 피우지 말고, 기억하고 잊지 않아 세상의 탐욕과 걱정을 없애는 것이며, 또 안팎의 몸을 몸 그대로〔內外身身〕 관하되 기억하고 잊지 않아 세상의 탐욕과 걱정을 없애는 것이다. 수受·의意·법法을 관觀하는 것도 그와 같다. 이것이 모든 악법을 멸하기 위해 4념처를 세 가지 수행법으로 닦는 것이다.

또 8해탈解脫이 있다. 어떤 것이 여덟 가지인가? 색色을 색으로 관觀하는 것이 첫 번째 해탈이며, 마음속에 색色에 대한 생각[11]을 가지고 밖으로 색을 관하는 것이 두 번째 해탈이며, 정淨해탈은 세 번째 해탈이며, 색이라는 생각을 초월하여 상대할 만한 것이 있다는 생각을 없애고 공처空處에 머무르는 것이 네 번째 해탈이며, 공처를 버리고 식처識處에 머무르는 것이 다섯 번째 해탈이며, 식처를 버리고 불용처不用處에 머무르는 것은 여섯 번째 해탈이며, 불용처를 버리고 유상무상처有想無想處에 머무르는 것이 일곱 번째 해탈이며, 멸진정滅

---

11 색욕色欲을 탐하는 생각이다.

盡定이 여덟 번째 해탈이다.”

그때 아난이 세존의 뒤에서 부채로 부처님께 부채질을 하고 있다가 곧 오른쪽 어깨를 드러내고 오른쪽 무릎을 땅에 붙이며 손을 모으고 부처님께 여쭈었다.

“매우 기이합니다. 세존이시여, 이 법은 청정하고 미묘하기 제일입니다. 마땅히 뭐라 이름하고 어떻게 받들어 지녀야 하겠습니까?”

부처님께서 아난에게 말씀하셨다.

“이 경을 청정淸淨이라고 이름하니, 너는 마땅히 청정하게 이것을 지녀야 한다.”

아난이 부처님의 말씀을 듣고 환희하며 받들어 행하였다.

14. 자환희경自歡喜經[12]

이와 같이 나는 들었다.

어느 때 부처님께서는 나란타성那爛陀城의 파파리암바波波利菴婆숲에서 큰 비구 대중 1,250명과 함께 계셨다.

그때 장로 사리불舍利弗이 고요한 곳에서 잠자코 혼자 생각하였다.

‘나는 마음으로 과거·미래·현재의 사문 바라문으로서 지혜와 신족神足, 공덕과 도력이 여래·무소착無所著·등정각等正覺과 같은 분은 없다는 것을 분명히 안다.’

사리불은 고요한 방에서 일어나 세존께 나아가 머리를 부처님의 발에 대어 예배하고 한쪽에 앉아 부처님께 여쭈었다.

---

12 이역본으로는 송宋 시대 법현法賢이 한역한 『불설신불공덕경佛說信佛功德經』이 있다. 또 참고 경문으로는 『잡아함경』 제18권 497번째 소경이 있다.

"저는 아까 고요한 방에서 잠자코 혼자 '과거 · 미래 · 현재의 사문 바라문으로서 그 지혜와 신족, 공덕과 도력이 여래 · 무소착 · 등정각과 같은 이는 없다'고 생각했습니다."

부처님께서 사리불에게 말씀하셨다.

"훌륭하고 훌륭하다. 네가 능히 부처 앞에서 그러한 말을 할 줄 아는구나. 너는 한결같이 간직하고 있던 말을 바로 사자처럼 외쳤도다. 어느 사문 바라문도 너에게 미칠 자가 없다. 어떤가? 사리불아, 너는 과거 모든 부처님들의 마음속 생각과 그 부처님들께서 지녔던 그러한 계戒와 그러한 법과 그러한 지혜와 그러한 해탈과 그러한 해탈의 집〔堂〕에 대해서 아느냐?"

사리불이 대답했다.

"모릅니다."

"어떤가? 사리불아, 너는 미래 모든 부처님들의 마음속 생각과 지니실 그러한 계와 그러한 법과 그러한 지혜와 그러한 해탈과 그러한 해탈의 집에 대하여 아느냐?"

사리불이 대답했다.

"모릅니다."

"어떠냐? 사리불아, 이제 나 여래 · 지진 · 등정각의 마음속 생각과 지니고 있는 그러한 계와 그러한 법과 그러한 지혜와 그러한 해탈과 그러한 해탈의 집에 대하여 너는 아느냐?"

사리불이 대답했다.

"모릅니다."

부처님께서 또 사리불에게 말씀하셨다.

"과거 · 미래 · 현재의 여래 · 지진 · 등정각 등의 마음속 생각을 너는 알지도 못하면서 어찌하여 반드시 그런 생각을 가지며 무슨 일 때문에 그런 생각을 내어 한결같이 굳게 지니고, 또 사자처럼 외쳐대는가? 다른 사문 바라문이 만일 '나는 반드시 과거·미래·현재의 사문 바라문으로서 지혜와 신족, 공덕과 도력이 여래·무소착·등정각과 같은 이는 없다는 것을 분명히 안다'는 너의 말을 들으면 반드시 너의 말을 믿지 않을 것이다."

사리불이 부처님께 여쭈었다.

"저는 과거·미래·현재의 모든 부처님들께서 어떤 생각을 하시는지는 알지 못합니다. 그러나 부처님의 일반적인 법은 저도 능히 알 수 있습니다. 여래께서는 저를 위하여 설법하셨는데 그것은 갈수록 고상하고 갈수록 미묘합니다. 더러운 법〔黑法〕과 깨끗한 법〔白法〕, 인연이 있는 법〔緣法〕과 인연이 없는 법〔無緣法〕, 비춤이 있는 법〔照法〕과 비춤이 없는 법〔無照法〕을 말씀하셨는데, 여래의 설법은 갈수록 고상하고 갈수록 미묘합니다. 저는 그 법을 듣고 하나하나의 법을 알았으며 그 법을 끝까지 다 알게 되었습니다. 저는 여래·지진·등정각을 믿고, 여래의 법은 잘 분별된 것임을 믿으며, 여래께서 모든 괴로움을 멸하는 일을 성취하셨음을 믿습니다. 모든 선법善法 가운데서 이것이 최상입니다. 세존의 지혜는 남김이 없고 신통도 남김이 없어 모든 세간에 있는 사문 바라문 중에 여래와 같을 수 있는 자는 없습니다. 하물며 그보다 더 뛰어난 이이겠습니까?"

세존의 설법에는 또 뛰어난 것이 있습니다. 제법制法이 그것입니다. 제법이란 4념처念處·4정근正勤·4신족神足·4선禪·5근根·5력力·7각의覺意·8현성도賢聖道를 말합니다. 이런 것들이 더 없이 훌륭한 제어하는 법이며, 더없이 지혜롭고, 더없이 신통하여 모든 세간에 있는 사문 바라문 중에 여래와 같을 수 있는 자는 없습니다. 하물며 그보다 더 뛰어난 이이겠습니까?

세존의 설법에는 또 뛰어난 것이 있습니다. 그것은 모든 입入을 제어하는 것〔制諸入〕입니다. 모든 입入이란 눈과 빛깔, 귀와 소리, 코와 냄새, 혀와 맛, 몸과 촉감, 뜻과 법을 말합니다. 과거의 여래·지진·등정각께서도 또한 이 입入을 제어하셨으니 이른바 눈과 색에서부터 나아가 뜻과 법까지의 일입니다. 미래의 여래·지진·등정각께서도 이 입을 제어하실 것이니 이른바 눈과 색에서부터 나아가 뜻과 법까지의 일입니다. 지금 우리 여래·지진·등정각께서도 이 입을 제어하시니 이른바 눈과 색에서부터 나아가 뜻과 법까지의 일입니다. 이 법은 위없는 법으로 이보다 능가할 것은 없습니다. 더 이상 지혜로운 것이 없고 더 이상 신통한 것도 없어 모든 세간의 사문 바라문 중에 여래와 같을 수 있는 자는 없습니다. 하물며 그보다 더 뛰어난 이이겠습니까?

세존의 설법에는 또 뛰어난 것이 있습니다. 그것은 태에 들어감을 아는 것〔識入胎〕입니다. 태에 들어감〔入胎〕이란, 첫째는 저 자신도 모르게 태에 들어가 저 자신도 모르게 태에 머물다가 저 자신도 모르게 태어나는 것입니다. 둘째는 저 자신이 알고 태에 들어갔다가 저 자신도 모르게 태에 머물고 저 자신도 모르게 태어나는 것입니다. 셋째는 저 자신이 알고 태에 들어갔다가 저 자신이 알고 태에 머물다가 저 자신도 모르게 태어나는 것입니다. 넷째는 저 자신이 알고 태에 들어가 저 자신이 알고 태에 머물다가 저 자신이 알고 태어나는 것입니다. 이 중에 저 자신이 알고 태에 들어가 저 자신이 알고 태에 머물다가 저 자신이 알고 태어나는 것이, 태에 들어감에 있어 가장 좋은 것입니다. 이 법은 위없는 법으로서 더 이상 지혜로운 것이 없고 더 이상 신통한 것도 없어 모든 세간의 사문 바라문 중에 여래와 같을 수 있는 자는 없습니다. 하물며 그보다 더 뛰어난 이이겠습니까?

여래의 설법에는 또 뛰어난 것이 있으니 이른바 도道입니다. 이른바 도란, 모든 사문 바라문이 갖가지 방편으로써 정혜의삼매定慧意三昧에 들어가고, 삼매의 마음을 따라 염각의念覺意를 닦을 때 욕欲에 의지하고 이離에 의지하며, 멸진滅盡을 의지하고 출요出要에 의지하는 것입니다. 정진각의精進覺意·희각의喜覺意·의각의猗覺意·정각의定覺意·사각의捨覺意도 욕에 의지하고 이에 의지하며 멸진에 의지하고 출요에 의지합니다. 이 법은 위없는 법으로서 더 이상 지혜로운 것이 없고 더 이상 신통한 것도 없어 모든 세간의 사문 바라문 중에 여래와 같을 수 있는 자는 없습니다. 하물며 그보다 더 뛰어난 이이겠습니까?

여래의 설법에는 또 뛰어난 것이 있으니 이른바 멸滅입니다. 멸함에 있어서 고생스럽게 멸하고 더디게 얻는 것〔苦滅遲得〕은 두 가지 다 비루한 것이며, 고생스럽게 멸하나 빨리 얻는 것〔苦滅速得〕은 고생스러움만이 비루한 것이며, 즐겁게 멸하고 더디게 얻는 것〔樂滅遲得〕은 오직 더딤만이 비루한 것이며, 즐겁게 멸하고 빨리 얻는 것〔樂滅速得〕이라도 널리 구제하지 못하면 널리 구제하지 못하기 때문에 비루하다고 합니다. 지금의 여래께서는 즐겁게 멸하고 빨리 얻으셨으며 또한 널리 구제하셨기에 더 나아가 하늘과 사람들도 그 신통 변화를 보고 있습니다."

사리불이 부처님께 여쭈었다.

"세존의 설법은 미묘하기가 제일가는 것이어서 아래로 여자까지도 능히 받아 지녀 유루有漏를 다하고 무루無漏를 이루어 마음이 해탈하고 지혜가 해탈하여 현재 세계에서 몸소 이렇게 깨닫습니다.

'생사가 이미 다하고 범행은 이미 섰으며 할 일을 다해 마쳤으니 뒷세상의 생명을 받지 않을 것이다.'

이것이 여래께서 말씀하신 위없는 멸滅입니다. 이 법은 위없는 법으로서 더 이상 지혜로운 것이 없고 더 이상 신통한 것도 없어 모든 세간의 사문 바라문 중에 여래와 같을 수 있는 자는 없습니다. 하물며 그보다 더 뛰어난 이이겠습니까?"

여래의 설법에는 또 뛰어난 것이 있으니 이른바 말씀이 청정한 것입니다. 말씀이 청정하다는 것은 무엇인가? 세존께서는 모든 사문 바라문에게 무익하고 허망한 말씀을 하지 않으시며, 말씀하시되 이기기를 바라지 않고 또 편을 들지도 않습니다. 하시는 말씀은 부드럽고 시기를 놓치지 않으며 말을 헛되게 내뱉지 않으시니 이것이 말씀이 청정하다는 것입니다. 이 법은 위없는 법으로서 더 이상 지혜로운 것이 없고 더 이상 신통한 것도 없어 모든 사문 바라문 중에 여래와 같을 수 있는 자는 없습니다. 하물며 그보다 더 뛰어난 이이겠습니까?

여래의 설법에는 또 뛰어난 것이 있으니 이른바 견정見定입니다. 견정이란 무엇인가? 모든 사문과 바라문은 여러 가지 방편으로써 정의삼매定意三昧에 들어 삼매의 마음을 따라 머리에서 발까지 관觀하고 발에서 머리까지 관합니다. 그리하여 '피부의 안팎에는 다만 부정한 머리털·털·손톱·발톱과 간·허파·창자·밥통·지라·콩팥 등 5장臟과 땀·기름·뼈골·골·똥·오줌·콧물·눈물의 냄새나고 더러운 것만 있다'고 관하는 것입니다. 이것이 첫 번째 견정입니다.

또 모든 사문 바라문은 여러 가지 방편으로써 정의삼매에 들어 삼매의 마음을 따라 피부와 살 등 바깥에 있는 모든 부정한 것을 없애고 오직 백골과 치아〔牙齒〕를 관합니다. 이것이 두 번째 견정입니다.

또 모든 사문 바라문은 여러 가지 방편으로써 정의삼매에 들어 삼매의 마음을 따라 피부와 살 등 바깥의 부정한 것과 백골까지도 없애고 오직 심식心識이 어디에 머무는가를 관합니다. 그리하여 '그것은 금세에도 있고, 후세에도 있다. 금세에도 끊어지지 않고, 후세에도 끊어지지 않는다. 금세에도 해탈하지 못하고 후세에도 해탈하지 못한다'고 관합니다. 이것이 세 번째 견정입니다.

또 모든 사문 바라문은 여러 가지 방편으로써 정의삼매에 들어 삼매의 마음을 따라 피부와 살 등 바깥의 모든 부정한 것을 없애고 또 백골도 없애고 다시 거듭 식識을 관찰합니다. 그리하여 '식은 후세에 있고 금세에는 있지 않다. 금세에는 끊어지지만 후세에는 끊어지지 않는다. 금세에는 해탈하지만 후세에는 해탈하지 못한다'고 관합니다. 이것이 네 번째 견정입니다.

또 모든 사문 바라문은 여러 가지 방편으로써 정의삼매에 들어 삼매의 마음을 따라 피부와 살 등 바깥의 부정한 것을 없애고 또 백골도 없애고 다시 거듭 식을 관합니다. 그리하여 '그것은 금세에도 있지 않고 후세에도 있지 않다. 두 시기에 모두 끊고 두 시기에 모두 해탈한다'고 관합니다. 이것이 다섯 번째 견정입니다. 이 법은 위없는 법으로서 더 이상 지혜로운 것이 없고 더 이상 신통한 것도 없어 모든 세간의 사문 바라문 중에 여래와 같을 수 있는 자는 없습니다. 하물며 그보다 더 뛰어난 이이겠습니까?

여래의 설법에는 또 뛰어난 것이 있으니 이른바 상법常法을 말하는 것입니다. 상법이란 무엇인가? 모든 사문 바라문은 여러 가지 방편으로써 정의삼매에 들어 삼매의 마음을 따라 세간의 20성겁成劫과 패겁敗劫을 기억해 알고는 이렇게 말합니다.

'이 세간은 항상 존재한다. 이것만이 진실이며 다른 것은 거짓이다. 무슨 까닭인가? 내가 기억하고 인식함〔憶識〕을 말미암아 이 성겁과 패겁이 있는 줄을 안다. 그 밖의 과거는 나는 모른다. 미래의 성

겁과 패겁敗劫도 나는 모른다.'

이 사람은 언제나 무지하기 때문에 이렇게 말합니다.

'세간은 항상 존재한다. 이것만이 진실이며 다른 것은 거짓이다.'

이것이 첫 번째 상법(常法 : 세상은 영원하다고 보는 법)입니다.

모든 사문 바라문은 여러 가지 방편으로 정의삼매에 들어 삼매의 마음을 따라 40성겁과 패겁을 기억해 알고 이렇게 말합니다.

'이 세간은 항상 존재한다. 이것만이 진실이며 다른 것은 거짓이다. 무슨 까닭인가? 나는 기억하고 인식함을 말미암아 성겁과 패겁을 안다. 그러나 나는 능히 과거의 성겁과 패겁은 알지만 미래의 성겁과 패겁은 모른다.'

이처럼 처음을 안다고는 말하지만 마지막을 안다고는 말하지 않습니다. 이 사람은 언제나 무지하기 때문에 이렇게 말합니다.

'세간은 항상 존재한다. 이것만이 진실이며 다른 것은 거짓이다.'

이것이 두 번째 상법입니다.

모든 사문 바라문은 여러 가지 방편으로 정의삼매에 들어 삼매의 마음을 따라 80성겁과 패겁을 기억해 알고 이렇게 말합니다.

'이 세간은 항상 존재한다. 다른 것은 거짓이다. 무슨 까닭인가? 나는 기억하고 인식함을 말미암아 성겁과 패겁이 있는 줄을 안다. 다시 과거의 성겁과 패겁도 알고 또 미래의 성겁과 패겁도 나는 다 안다.'

이 사람은 언제나 무지하기 때문에 이렇게 말합니다.

'세간은 항상 존재한다. 이것만이 진실이며 다른 것은 거짓이다.'

이것이 세 번째 상법입니다.

이 법은 위없는 법으로서 더 이상 지혜로운 것이 없고 더 이상 신통한 것도 없어 모든 세간의 모든 사문 바라문 중에 여래와 같을 수 있는 자는 아무도 없습니다. 하물며 어떻게 그보다 더 뛰어난 이이겠습니까?

여래의 설법에는 또 뛰어난 것이 있으니 이른바 관찰입니다. 관찰이란 무엇인가? 어떤 사문 바라문은 생각〔想〕으로써 관찰하고는 '저 사람의 마음은 어떻고, 이 사람의 마음은 어떻다'고 말합니다. 그가 마음으로 이렇게 생각할 때 혹은 거짓되고 혹은 진실한데, 이것을 첫 번째 관찰이라고 합니다.

혹 어떤 사문 바라문은 생각으로서 관찰하지 않고 혹은 하늘이나 귀신의 말을 듣고 그에게 말합니다.

'네 마음은 이렇고, 네 마음은 이렇다.'

이것도 혹은 진실하기도 하고 혹은 거짓이기도 합니다. 이것이 두 번째 관찰입니다.

혹 어떤 사문 바라문은 생각으로써 관찰하지도 않고 또 모든 하늘이나 귀신의 말도 듣지 않으며, 스스로 자기 몸을 관찰하고 또 남의 말을 듣고 나서 그에게 말합니다.

'네 마음은 이렇고, 네 마음은 이렇다.'

이것도 혹은 진실하기도 하고 혹은 거짓이기도 합니다. 이것이 세 번째 관찰입니다.

혹 어떤 사문 바라문은 생각으로써 관찰하지도 않고, 또 모든 하늘이나 귀신의 말도 듣지 않으며 스스로를 관하거나 남을 관하지도 않습니다. 그들은 각覺과 관觀을 모두 없앤 뒤 정의삼매에 들어 다른 이의 마음을 관찰하고 나서 그에게 말합니다.

'네 마음은 이렇고, 네 마음은 이렇다.'

이러한 관찰은 곧 진실한 것입니다. 이것이 네 번째 관찰입니다. 이 법은 위없는 법으로서 더 이상 지혜로운 것이 없고 더 이상 신통한 것도 없어 모든 세간의 사문 바라문 중에 여래와 같을 수 있는 자는 아무도 없습니다. 하물며 어떻게 그보다 더 뛰어난 이이겠습니까?

여래의 설법에는 또 뛰어난 것이 있으니 이른바 교계敎誡입니다. 교계란, 혹 때로 어떤 사람은 교계를 어기지 않고 유루有漏를 다하며 무루無漏를 이루어 마음이 해탈하고 지혜가 해탈하여 현재 세계에서 이렇게 몸소 증명을 얻습니다.

'나는 생이 이미 다하고 범행은 이미 섰으며 해야 할 일을 다해 마쳐 뒷세상의 목숨을 받지 않는다.'

이것을 첫 번째 교계라고 합니다. 혹은 때로 어떤 사람은 교계를 어기지 않고 5하결下結을 없애 저 세상에서 멸도滅度하고 이 세상에는 돌아오지 않습니다. 이것을 두 번째 교계라고 합니다. 때로 어떤 사람은 교계를 어기지 않고 3결結을 없애 간음과 성냄과 어리석음이 엷어져서 사다함斯陀含을 얻어 이 세상에 돌아와 멸도를 취합니다. 이것이 세 번째 교계입니다. 혹은 때로 어떤 사람은 교계를 어기지 않고 3결을 없애 수다원須陀洹을 얻어 이 세상에 일곱 번 왕복한 뒤에는 반드시 도과道果를 얻고 나쁜 세계〔惡趣〕에 떨어지지 않습니다. 이것이 네 번째 교계입니다. 이 법은 위없는 법으로서 더 이상 지혜로운 것이 없고 더 이상 신통한 것도 없어 모든 세간의 사문 바라문 중에 여래와 같을 수 있는 자는 아무도 없습니다. 하물며 그보다 더 뛰어난 이이겠습니까?

여래의 설법에는 또 뛰어난 것이 있으니 남을 위해 설법하여 계율을 청정히 지키게 하는 것입니다. 계율을 청정히 지키게 한다는 것은 무엇인가? 사문 바라문은 그 말이 진실하여 이간하는 말을 하지 않고 항상 스스로 공경하고 엄숙하며, 잠을 없애고 간사하고 아첨하지 않으며 입으로는 거짓말을 하지 않습니다. 세상 사람들에게 길흉을 예언하지 않고, 남에게서 들은 것을 내 말이라 하면서 사람들에게 보여 이익을 구하지 않습니다. 그리고 좌선坐禪으로 지혜를 닦아 걸림 없는 변재辯才가 있으며, 생각을 오로지해 어지럽지 않고 부지런히 힘써 게으르지 않습니다. 이 법은 위없는 법으로서 더 이상 지혜로운 것이 없고 더 이상 신통한 것도 없어 모든 세간의 사문 바라문 중에 여래와 같을 수 있는 자는 아무도 없습니다. 하물며 어떻게 그보다 더 뛰어난 이이겠습니까?

여래의 설법에는 또 뛰어난 것이 있으니 바로 해탈의 지혜입니다. 이른바 염송·해탈의 지혜란 무엇인가? 세존께서는 다른 인연으로 말미암아 속으로 스스로 생각해 말씀하십니다.

'이 사람은 수다원須陀洹, 이 사람은 사다함斯陀含, 이 사람은 아나함阿那含, 이 사람은 아라한阿羅漢이다.'

이 법은 위없는 법으로서 더 이상 지혜로운 것이 없고 더 이상 신통한 것도 없어 모든 세간의 사문 바라문 중에 여래와 같을 수 있는 자는 아무도 없습니다. 하물며 어떻게 그보다 더 뛰어나고자 하겠습니까?

여래의 설법에는 또 뛰어난 것이 있으니 스스로 숙명을 아는 지증智證입니다. 모든 사문 바라문은 여러 가지 방편으로 정의삼매定意三昧에 들어 삼매의 마음을 따라 스스로 과거 1생, 2생, 나아가 백천 생과 성겁成劫과 패겁敗劫의 무수한 세상일들을 다 기억합니다. 이와 같이 무수한 세상에서 '나는 어디에 태어났었고 이름은 무엇이었으며, 종족과 성은 무엇이었고 수명은 얼마였으며, 음식은 어떠했고 고락은 어떠했는가?'를 기억합니다. 또 여기서 죽어 저기에 나고 저기서 죽어 여기에 났다는 등 여러 가지 현상들을 다 기억합니다. 이렇게 스스로 전생의 무수한 겁에 있었던 일들을 기억하여 밤낮으로 항상 과거에 겪었던 일들을 생각합니다. 그래서 '이 때는 색色이 있었고 이 때는 무색無色이었으며, 이 때는 상想이 있었고 이 때는 무상無想이었으며, 또 이 때는 비무상非無想이었다'고 모두 기억하고 모두 압니다. 이 법은 위없는 법으로서 더 이상 지혜로운 것이 없고 더 이상 신통한 것도 없어 모든 세간의 사문 바라문 중에 여래와 같을 수 있는 자는 아무도 없습니다. 하물며 어떻게 그보다 더 뛰어나고자 하겠습니까?

여래의 설법에는 또 뛰어난 것이 있으니 바로 천안지天眼智입니다. 천안지란 무엇인가? 모든 사문 바라문은 여러 가지 방편으로 정의삼매에 들어 삼매의 마음을 따라 모든 중생을 관찰하고 죽은 사람·산 사람·좋은 몸·나쁜 몸·좋은 세계·나쁜 세계와 혹은 잘나고 혹은 추한 것을 그 소행을 따라 다 보고 다 압니다. 혹 어떤 중생은 몸의 악행·입의 악행·뜻의 악행을 성취하고 현성을 비방하며 삿되고 거꾸로 된 소견을 믿다가 몸이 무너지고 목숨이 끝나 3악도에 떨어집니다. 또 어떤 중생은 몸으로 착한 일을 행하고 입으로 착한 말을 하며 뜻으로 착한 생각을 하고 현성을 비방하지 않으며 소견이 바르고 믿음으로 행하다가 몸이 무너지고 목숨이 끝나 천상이나 인간 세계에 태어납니다. 이들은 깨끗한 천안天眼으로 모든 중생을 관하여 이러한 사실을 여실히 알고 봅니다. 이 법은 위없는 법으로서 더 이상 지혜로운 것이 없고 더 이상 신통한 것도 없어 모든 세간의 사문 바라문 중에 여래와 같을 수 있는 자는 아무도 없습니다. 하물며 어떻게 그보다 더 뛰어난 이이겠습니까?

여래의 설법에는 또 뛰어난 것이 있으니 바로 신족증神足證입니다. 신족증이란 모든 사문 바라문이 여러 가지 방편으로써 정의삼매에 들어가 삼매의 마음을 따라 무수한 신력을 나타내는 것입니다. 능히 한 몸을 변화시켜 무수한 몸이 되기도 하고 무수한 몸을 합해 한 몸을 만들기도 하며 돌 벽에도 걸림이 없습니다. 허공에서 결가부좌하는 것은 마치 나는 새와 같고, 땅 속으로 출입하는 것이 마치 물에서와 같으며, 땅에서처럼 물 위를 걷고, 몸으로 연기와 불꽃을 내뿜는 것은 불더미와 같으며, 손으로 해를 만지고 선 채로 범천에 오릅니다. 그러나 만일 다른 사문 바라문이 이 신족을 칭찬하면 마땅히 그에게 이렇게 말할 것입니다.

'이 신족이 없는 것은 아니지만 이러한 신족은 비루하고 하열下劣한 범부나 행할 일이지 현성들이 닦아 익힐 것은 못된다.'

만일 비구가 모든 세간에 있어서 사랑스런 색色에 물들지 않고 이것을 떠나 정당한 것을 행하면 이를 이름하여 현성의 신족이라고 합니다. 좋아하지 않는 색에도 미워하지 않고 이런 것을 떠나 정당하게 행하면 이를 이름하여 현성의 신족이라고 합니다. 모든 세간에 있어서 사랑스러운 색이나 사랑스럽지 않는 색, 두 가지를 다 버리고 평등한 마음을 지켜 생각을 오로지해 잊지 않으면 이것을 이름하여 현성의 신족이라고 합니다.

그것은 마치 세존께서 용맹하게 정진하고 큰 지혜와 지각知覺이 있어 제일의 깨달음을 얻으셨기 때문에 등각等覺이라고 이름하는 것과 같습니다. 세존께서는 이제 탐욕을 좋아하지 않고 비천한 범부들이 익히는 것을 좋아하지 않으며, 또 부지런히 애써 모든 고뇌를 받지도 않습니다. 세존께서는 만일 악한 법을 없애고 각覺도 있고 관도 있으며 떠나는 데서 생기는 기쁨과 즐거움이 있는 초선初禪에 노닐고 싶으면, 곧 악한 법을 없애고 각도 있고 관도 있으면서 떠나는 데서 생기는 기쁨과 즐거움이 있는 초선에 노닙니다. 2선·3선·4선도 마찬가지입니다. 이처럼 용맹하게 정진하고 큰 지혜와 지각이 있으며 제일의 깨달음을 얻으셨기 때문에 등각이라고 이름하는 것이다."

부처님께서 사리불에게 말씀하셨다.

"만일 외도外道 이학異學들이 너를 찾아와 '과거의 사문 바라문 중에 사문 구담과 같은 자가 있었느냐?'고 물으면 너는 어떻게 대답할 것이냐? 그가 다시 '미래의 사문 바라문 중에 사문 구담과 같은 자가 있겠느냐?' 하고 물으면 너는 어떻게 대답할 것이냐? 그가 다시 '현재의 사문 바라문 중에 사문 구담과 같은 자가 있느냐?'고 물으면 너는 어떻게 대답할 것이냐?"

사리불이 부처님께 여쭈었다.

"만일 '과거의 사문 바라문 중에 부처님과 같은 자가 있었느냐?'고 묻는다면 저는 마땅히 '있다'고 대답할 것입니다. 만일 '미래의 사문 바라문 중에 부처님과 같은 자가 있겠느냐?'고 묻는다면 저는 마땅히 '있다'고 대답할 것입니다. 그러나 만일 '현재의 사문 바라문 중에 부처님과 같은 자가 있느냐?'고 묻는다면 저는 마땅히 '없다'고 대답할 것입니다."

부처님께서 사리불에게 말씀하셨다.

"저 외도 범지가 만일 다시 '너는 무슨 까닭으로 혹은 있다 하고 혹은 없다 하느냐?' 하고 물으면 너는 어떻게 대답하겠느냐?"

사리불이 대답했다.

"저는 마땅히 그에게 이렇게 대답하겠습니다.

'과거의 삼야삼불三耶三佛은 여래와 동등하였고, 미래의 삼야삼불도 여래와 동등할 것이다. 그러나 나는 친히 부처님에게서 〈현재에 여래와 동등한 삼야삼불이 존재한다는 것은 있을 수 없는 일이다〉라는 말씀을 직접 들었다.'

세존이시여, 제가 들은 대로 법에 의거하고 법에 따라 이렇게 대답하면 허물이 없겠습니까?"

부처님께서 말씀하셨다.

"그 답은 법에 의거하고 법을 따른 것으로서 틀림이 없다. 왜냐하면 과거의 삼야삼불은 나와 동등하였고, 미래의 삼야삼불도 나와 동등할 것이나, 현재에 두 부처가 세상에 나타난다는 것은 있을 수 없는 일이기 때문이다."

그때 존자 울다이鬱陀夷가 세존의 뒤에서 부채질을 하고 있었다. 부처님께서 그에게 말씀하셨다.

"울다이야, 너는 세존이 욕심이 적고 만족할 줄 아는 것〔少欲知足〕을 관해야 한다. 지금 내게는 큰 신력이 있고 큰 위덕이 있지만 나는 욕심이 없고 만족할 줄 알며 탐욕 속에 있기를 좋아하지 않는다. 울다이야, 만일 다른 사문 바라문이 이 법 가운데서 부지런히 애써 한 법이라도 얻는다면 그는 깃발을 세우고 사방에 널리 알리면서 말할 것이다.

'여래께서는 지금 욕심이 없고 만족할 줄 아신다. 이제 여래의 욕심이 없고 만족할 줄 아는 것을 살펴보면, 여래께서는 큰 신력이 있고 큰 위덕이 있지만 그것을 욕심대로 사용하지 않으신다.'"

존자 울다이가 옷을 바로잡고 오른쪽 어깨를 드러내며 오른쪽 무릎을 땅에 대고 손을 모아 부처님께 여쭈었다.

"매우 기이합니다. 세존이시여, 세존처럼 욕심이 없고 만족할 줄 아시는 분은 드뭅니다. 세존께서는 큰 신력이 있고 큰 위덕이 있으시지만 그것을 욕심대로 쓰지 않으십니다. 만일 다른 사문 바라문이 이 법 가운데서 부지런히 애써 한 법이라도 얻는다면 그는 곧 깃발을 세우고 사방에 널리 알리며 말할 것입니다.

'세존께서는 지금 욕심이 적고 만족할 줄 아신다.'

사리불은, 마땅히 모든 비구·비구니·우바새·우바이를 위해 자주 이 법을 설명해야 합니다. 그들이 만일 불·법·승과 도道에 대하여 의심이 있다면 이 가르침을 듣고 다시는 의심의 그물에 휩싸이지 않을 것입니다."

세존께서 사리불에게 말씀하셨다.

"그대는 모든 비구·비구니·우바새·우바이를 위해 자주 이 법을 설명하라. 왜냐하면 그들이 불·법·승과 또 도에 대하여 의심이 있다면 너의 설명을 듣고 반드시 깨칠 수 있을 것이기 때문이다."

사리불이 대답했다.

"예. 그렇게 하겠습니다, 세존이시여."

그 후 사리불은 자주 모든 비구·비구니·우바새·우바이를 위해 설법하고, 스스로 청정하기 때문에 『청정경淸淨經』이라고 이름했다. 사리불은 부처님의 말씀을 듣고 환희하며 받들어 행했다.

15. 대회경大會經[13]

이와 같이 나는 들었다.

어느 때 부처님께서 석시제국釋翅提國의 가유迦維 숲에서 큰 비구 대중 5백 명과 함께 계셨는데, 그들은 다 아라한이었다. 또 시방의 모든 신묘神妙한 천인天人들도 모두 모여 와서 여래와 비구들에게 예

13 이 경의 이역경으로는 송 시대 법천法天이 한역한 『불설대삼마야경佛說大三摩惹經』이 있고, 참고 경문으로는 『별역잡아함경』 제5권 105번째 소경과 『잡아함경』 제44권 1,176번째 소경이 있다.

경하였다.

그때 4정거천淨居天[14]은 곧 천상에서 각각 스스로 생각하면서 말했다.

'지금 세존께서는 석시제국에 있는 가유 숲에서 큰 비구 대중 5백 명과 함께 계시는데, 그들은 다 아라한이다. 또 시방의 모든 신묘한 천인들도 다 모여 와서 여래와 비구들에게 예경하였다. 우리도 이제 저기 세존께 함께 가서 각각 게송으로써 여래를 찬양하자.'

4정거천은 역사力士가 팔을 굽혔다 펼 만큼 짧은 시간에 그 하늘에서 사라져 석시제국에 있는 가유 숲에 이르렀다. 4정거천은 머리를 부처님의 발에 대어 예배하고 한쪽에 섰다. 그때 한 정거천이 곧 부처님 앞에서 게송으로써 찬탄했다.

오늘 이 대중들의 모임에
모든 천신들 두루 모였네.
모두 다 법을 위해 왔으니
더할 나위 없는 대중들께 예경하리라.

정거천은 이 게송을 마치고 한쪽으로 물러섰다. 다른 한 정거천이 또 게송을 지어 말했다.

비구들은 온갖 더러움 보고
단정한 마음으로 스스로 방호防護하네.
탐욕은 바다가 강물을 삼키듯 하니

14 불환과不還果를 증득한 성인들이 태어나는 곳으로 색계 제4선천이다.

지자智者는 모든 감관〔根〕 보호한다네.

이 게송을 마치고 한쪽으로 물러섰다. 다른 한 정거천도 게송을 지어 말했다.

번뇌의 가시 끊고 애욕의 구덩이 고르며
또 무명의 해자 메우고
홀로 청정한 도량에 노니나니
좋은 코끼리 길들인 것 같구나.

이 게송을 마치고 한쪽으로 물러섰다. 그때 다른 한 정거천도 게송을 지어 말했다.

부처님께 귀의하는 모든 사람들
끝내 나쁜 세계엔 떨어지지 않으니
이 세계의 인간 형상 버리고
하늘의 청정한 몸을 받으리.

4정거천이 이 게송을 마치자 세존께서는 그것을 인가印可하셨고, 그들은 부처님의 발에 절하고 부처님을 세 번 돈 뒤 갑자기 자취를 감추었다. 그들이 떠난 지 오래지 않아 부처님께서 모든 비구에게 말씀하셨다.

"이제 모든 하늘이 다 모였구나. 이제 모든 하늘이 다 모였구나. 시방의 모든 신묘한 천인 중에 여기 와서 여래와 비구들에게 예배하고 뵙지 않는 이는 없구나. 모든 비구들이여, 과거의 모든 여래·지진·등정각들께도 모든 하늘이 모인 것이 나에게 모인 것과 같았다. 미래의 모든 여래·지진·등정각들께 모든 하늘이 모이는 것도 오늘 나에게 모인 것과 같을 것이다. 모든 비구들이여, 지금 모든 하늘이 많이 모였고 시방의 모든 신묘한 천인들도 모두 와서 여래와 비구들에게 예배하고, 뵈었다. 마땅히 그 이름을 일컫고 그들을 위해 게송을 노래할 것이니 비구들이여, 마땅히 알아야 한다."

대지와 산골짜기를 의지하여
숨어서 살아가는 무서운 신들
몸에는 새하얀 옷을 입고
깨끗하고 깔끔하여 더러움 없네.

하늘 사람들 이 말을 듣고
모두 범천梵天으로 돌아갔네.
내 이제 그 이름 일컬으리니
차례차례로 틀림없으리.

모든 하늘 무리 이제 다 왔으니
비구들이여, 너희들 마땅히 알라.
이 세간 범부의 지혜로써는
백 가운데 하나도 보지 못하리.

7만이나 되는 귀신의 무리들
어떻게 다 볼 수 있으리오.
혹 10만의 귀신들을 본다 해도

한 끄트머리도 볼 수 없거늘
어떻게 천하에 가득한
그 모든 귀신을 볼 수 있으랴.

7천 종의 지신地神이 있었고 얼마간의 열차悅叉[15]가 있었다. 그들은 모두 신족과 모양과 색상과 명칭이 있었는데 기쁜 마음을 품고 비구들이 있는 숲으로 왔다. 그때 설산雪山의 신神은 6천의 귀신과 얼마간의 열차를 거느렸는데 그들은 모두 신족과 모양과 색상과 명칭이 있었다. 그들도 기쁜 마음을 품고 비구들이 있는 숲으로 왔다. 어떤 사라신舍羅神은 3천의 귀신과 얼마간의 열차를 거느렸는데 그들은 다 신족과 모양과 색상과 명칭이 있었다. 그들도 기쁜 마음을 품고 비구들이 있는 숲으로 왔다. 이들 1만 6천 명의 귀신과 얼마간의 열차는 모두 신족과 모양과 색상과 명칭을 가졌는데 환희로운 마음을 품고 비구들이 있는 숲으로 왔다.

또 비파밀신毘波蜜神은 마국馬國에 있으면서 5백 귀신을 거느렸는데 그들은 다 신족과 위덕이 있었다. 또 금비라신金毘羅神은 왕사성王舍城의 비부라산毘富羅山에 살고 있었으며 무수한 귀신을 거느리고 와서 공경스럽게 빙 둘러 있었다.

또 동방의 제두뢰타천왕提頭賴吒天王은 건답화신(乾沓惒神 : 건달바신)을 거느렸는데 큰 위덕이 있었고, 그 91명의 아들도 인다라因陀羅라고 이름하며 큰 신력이 있었다. 남방의 비루륵毘樓勒천왕은 모든 용왕을 거느렸는데 큰 위덕이 있었고, 그 91명의 아들도 인다라라고 이름하며 큰 신력이 있었다. 서방의 비루박차毘樓博叉천왕은 모든 구

---

15 팔리어 yakkha의 음역어이다. 또한 야차野叉·약차藥叉라고도 한다.

반다鳩槃茶 귀신을 거느렸는데 큰 위력이 있었고, 그 91명의 아들도 인다라라 이름하며 큰 신력이 있었다. 북방천왕의 이름은 비사문毘舍門으로서 모든 열차를 거느렸는데 큰 위덕이 있었고, 그 91명의 아들도 인다라라고 이름하며 큰 신력이 있었다. 이 사천왕은 세상을 보호하는 자로서 큰 위덕이 있었는데, 몸으로 광명을 놓으며 가유 숲으로 찾아왔다.

세존께서는 그들의 허깨비 같고 거짓되며 허망한 마음을 항복받고자 주문呪文을 외우셨다.

마구루라마구루라 비루라 비루라뎐타나가마세티 가니연두 니연두 파
摩拘樓羅摩拘樓羅 毗樓羅 毗樓羅梅陀那加摩世致 迦尼延豆 尼延豆 波
나로오호노노주 뎨바소모마두라 지다라사나 건답파 나라주 자니사시
那摅嗚呼奴奴主 提婆蘇暮摩頭羅 支多羅斯那 乾沓波 那羅主 闍尼沙尸
하 모련타라비파미다라수진타라 나려니하 두부루 수지바차바
呵 無蓮陀羅鼻波蜜多羅樹塵陀羅 那閭尼呵 斗浮樓 輸支婆迹婆

이렇게 모든 왕과 건답파乾沓婆 및 나찰羅刹은 다 신족과 모양과 색상이 있었는데, 그들은 기쁜 마음을 품고 비구들의 숲으로 왔다. 세존께서 다시 주문을 외우셨다.

아혜나타슬 나두 비샤리사하 대차사바뎨 뎨두뢰타 뎨바사하 야리야가
阿醯那陀瑟 那頭 毗舍離沙呵 帶叉蛇婆提 提頭賴吒 帝婆沙呵 若利耶加
비라 사바나가 아타가마 천뎨가 이라바타 마하나가 비마나가다타가타
毗羅 攝波那伽 阿陀伽摩 天提伽 伊羅婆陀 摩呵那伽 毗摩那伽多陀伽陀
예나가라자파하사하 차기뎨 바뎨라뎨바뎨라뎨 비매대적촉비하사바녜
餘那伽羅闍婆呵沙呵 叉奇提 婆提羅帝婆提羅帝 毗枚大迹閦 毗呵四婆嚀
아바바사진다라 속카니나구사다 아바유나가라제아사수바라살뎨노아
阿婆婆四質多羅 速和尼那求四多 阿婆由那伽羅除阿四修跋羅薩帝奴阿

가분다셰 실라녜바야우라두바연루수반누불도사라누가류루
伽佛陀灑 失羅嚀婆耶憂羅頭婆延樓素槃㝹佛頭舍羅㝹伽類樓

세존께서 아수라를 위해 주문을 외우셨다.

지타발자하뎨 삼물뎨아수라 아실타바연디바삼바사 이뎨아타뎨바마쳔
祇陀跋闍呵諦 三物第阿修羅 阿失陀婆延地婆三婆四 伊弟阿陀提婆摩天

디가려묘 마하비마 아수라 다나비라타 비마질도루수질뎨리 바라하례
地伽黎妙 摩呵祕摩 阿修羅 陀那祕羅陀 鞞摩質兜樓修質諦麗 婆羅呵黎

모이련나바 사례아셰 바리불다라나 살베 베루야나나몌 사나몌뎨바리
無夷連那婆 舍黎阿細 跋黎弗多羅那 薩鞞 鞞樓耶那那迷 薩那迷諦婆黎

셰예 라야바도루이하암바라몌사
細如 羅耶跋兜樓伊呵菴婆羅迷三

마유이다나바타야비구나삼미톄 니발
摩由伊陀那跋陀若比丘那三彌涕 泥拔

세존께서 다시 모든 하늘을 위해 주문을 외우셨다.

아부뎨바비리혜베뎨예바유다타누바루누바루니셰뎨소미 야사아두미다
阿浮提婆萆犁醯陛提豫婆由多陀㝹跋樓㝹婆樓尼世帝蘇彌 耶舍阿頭彌多

라바가라나이바아라뎨바마쳔뎨야타샤뎨샤 가예 살베 나난다라바발나
羅婆伽羅那移婆阿邏提婆摩天梯與陀舍提舍 伽予 薩鞞 那難多羅婆跋那

이디반대수디반나반대 야사베누
伊地槃大𩑶地槃那槃大 耶舍卑㝹

모타바나아혜건대비구나바주뎨바니베노뎨보사가리아혜디용몌나찰뎨
暮陀婆那阿醯揵大比丘那婆朱弟婆尼鞞弩提步舍伽利阿醯地勇迷那剎帝

례부라시기대아타만다라바라베뎐대수바니소뎨바아타뎐타부라시기대
隷富羅息幾大阿陀蔓陀羅婆羅鞞栴大蘇婆尼捎提婆阿陀栴陀富羅翅支大

수리야수바니소뎨바아타수뎨야 부라시대 마가타바수인도로아두석구부
蘇黎耶蘇婆尼捎提婆阿陀蘇提耶 富羅翅大摩伽陀婆蘇因圖攎阿頭釋拘富

라대로 삭가가라마라나아대베마니바오바뎨기하바라모하베바라미아니
羅大攎叔伽伽羅摩羅那阿大鞞摩尼婆嗚婆提奇呵波羅無呵鞞婆羅微阿尼

살타마다아하례미사아니바수도탄노아로예뎨샤아혜바사
薩陀摩多阿呵黎彌沙阿尼鉢䭲菟歎奴阿攎余提舍阿醯跋沙

사마마하사마마도사아마도수다마글타파두셰아타마도파두셰아혜아라
賖摩摩呵賖摩摩菟沙阿摩菟蔬多摩乞陀波頭灑阿陀摩菟波頭灑阿醯阿羅

야뎨바아타례타야바사파라마하파라아타뎨바마쳔뎨야차마도솔타야마
夜提婆阿陀黎陀夜婆私波羅摩訶波羅阿陀提婆摩天梯夜 差摩兜率陀夜摩

가사니아니람비 람바절뎨수뎨나마이셰념마라뎨 아타혜파라념미대아
伽沙尼阿尼藍鞞 藍婆折帝樹提那摩伊灑念摩羅提 阿陀醯波羅念彌大阿

혜뎨바뎨바자란뎨아기시오파마아리타로야오마부부니바사차바타모아
醯提婆提婆闍蘭提阿奇尸吁波摩阿栗吒攎耶嗚摩浮浮尼婆私遮婆陀暮阿

주타아니수두단야도아두아라비사문이셰
周陀阿尼輸豆檀耶菟阿頭阿邏毗沙門伊灑

이것이 이 60종의 하늘이다.

세존께서는 다시 68명의 5통通 바라문을 위해 주문을 외우셨다.

라야리사야아혜건대바니가비라바도비디사도아두차모살뎨앙기비디모
羅耶梨沙耶何醯揵大婆尼伽毗羅跋兜鞞地闍菟阿頭差暮薩提鴦祇鞞地牟

니아두베리야차가시리사바하야도아두범마뎨바뎨나바비디모니아두구
尼阿頭閉䔇耶差伽尸梨沙婆呵若菟阿頭梵摩提婆提那婆鞞地牟尼阿頭拘

사리이니로마자라앙기라야반자아루오원두
薩梨伊尼攎摩闍邏鴦祇邏野般闍阿樓嗚猿頭

마하라야아구뎨루이도아두루베구사리아루가릉의가이라단혜죄부부야
摩訶羅野阿拘提樓杙菟阿頭六閉俱薩梨阿樓伽陵倚伽夷羅檀醯罪否符野

복도로리세신타보아두뎨나가부바
福都盧梨灑先陀步阿頭提那伽否婆

하이가야라야다타아가도바라만타도가목라야아두인다라루메가부타로
呵移伽耶羅野多陀阿伽度婆羅蔓陀菟迦牧羅野阿頭因陀羅樓迷迦符陀攎

모 마가혜아소샹구베예아두혜란야가부비리미사리다타아가도아혜바호
暮 摩伽醯阿敕傷俱卑予阿頭醯蘭若伽否鞞梨味余梨多他阿伽度阿醯婆好

라자미도로다타아가도바시부리수다라라예다타아가도이리야차마하라
羅子彌都盧多陀阿伽度婆斯佛離首陀羅羅予多陀阿伽度伊梨耶差摩訶羅

예선아보다타아가도반자바예바리디시아라예다타아가도
予先阿步多陀阿伽度般闍婆予婆梨地翅阿羅予多陀阿伽度

울아란마하라예변피바리마리수바혜대나마아반디고마리라예
鬱阿蘭摩訶羅予便被婆梨摩梨輸婆醯大那摩阿槃地苦摩梨羅予

아구시리타나바디아두시볘라예시예니미니마하라예부바루다타아가도
阿具斯利陀那婆地阿頭翅鞞羅予尸伊昵彌昵摩呵羅予復婆樓多陀阿伽度

바타바리마하라예구사리마뎨슈시한뎨점바리라예수다라루다타아가도
跋陀婆利摩呵羅予俱薩梨摩提輸尸漢提苫婆梨羅予修陀羅樓多他阿伽度

아하인두루아두마라예예수리야타비리뎨보아하비리사아두항아야루바
阿呵因頭樓阿頭摩羅予余蘇利與他鞞地提步阿呵鞞利四阿頭恒阿耶樓婆

라목차나모아이도아두일마야사비나바차 마라예아리건도예비도발지예
羅目遮耶暮阿夷菟阿頭一摩耶舍枇那婆差摩羅予何梨 揵度余枇度鉢支余

시수파나로마수라예야시다유혜란야소반나비수도티야수라사파라볘타
是數波那路摩蘇羅予耶賜多由醯蘭若蘇槃那祕愁度致夜數羅舍波羅鞞陀

울타바하바셰바하바바모사하사탐부사대사법자사리라타나마반지수다
鬱陀婆呵婆灑婆呵婆婆謀娑呵沙貪覆賒大賒法闍沙麗羅陀那摩般枝瘦多

다라건답바사하바사다뎨수비라예아혜건수비구 사미디바니디바니
哆羅乾沓婆沙呵婆薩多提蘇鞞羅予阿醯揵瘦比丘三彌地婆尼地婆尼

또 1천 명의 5통 바라문이 있었는데 여래께서는 다시 그들을 위하여 주문을 외우셨다. 이 세계의 제일인 범왕과 모든 범천은 다 신통이 있었다. 어떤 범동자梵童子가 있었으니 그 이름을 제사라고 하였는데 그도 큰 신통이 있었다. 또 시방의 다른 범천왕들도 각각 권속에게 둘러싸여 찾아왔다. 또 1천 세계를 지나서 큰 범왕이 있었는데 많은 대중이 세존의 곁에 있는 것을 보고 그도 곧 권속에게 둘러싸여 찾아왔다.

그때 마왕은 모든 대중이 세존의 처소에 있는 것을 보고 해칠 마음을 품고 스스로 생각했다.

'내 마땅히 모든 귀병鬼兵을 거느리고 가서 저 대중을 파멸시키리라. 주위를 에워싸고 한 사람도 남김없이 모조리 죽일 것이다.'

마왕이 4병兵을 거느리고 손으로 수레를 치니 벼락 치는 소리와 같았으므로 그것을 보는 무리들은 모두 놀라고 두려워하였다. 그리고 나서 큰 바람과 비를 일으키고 번개와 천둥을 치면서 가라迦羅 숲으로 와서 대중을 에워쌌다. 부처님께서는 비구와 이 대중을 좋아하는 자들에게 말씀하셨다.

"너희들은 마땅히 알라. 오늘 악마의 무리들이 나쁜 마음을 먹고 찾아왔다."

그리고는 게송으로 말씀하셨다.

너희들은 이제 마땅히 공손히 따라
부처의 가르침을 굳건히 세워서
마치 코끼리가 꽃무더기를 부수듯
이 악마 무리들을 무찌르라.

생각을 오로지해 방일하지 말고
깨끗한 계율을 두루 갖추며
고요한 마음으로 스스로 생각하여
그 의지意志를 잘 보호하여라.

만일 바른 법 가운데에서
능히 방일하지 않는다면
곧 늙음과 죽음의 땅을 벗어나
모든 괴로움의 근본을 영원히 없애라.

모든 제자는 이 말을 듣고
부지런히 더욱 정진하라.
온갖 탐욕을 뛰어 넘어
털끝 하나도 움직이지 말라.

이 무리들 가장 훌륭하니
큰 지혜와 명성이 있고
그 제자들도 다 용맹스러워
모든 사람의 존경을 받으리라.

그때 모든 하늘과 귀신과 5통通 선인仙人들은 다 가유迦維동산에 모여 악마의 소행을 보고, 일찍이 없었던 일이라며 괴상하게 여겼다. 부처님께서 이 법을 말씀하실 때 8만 4천 모든 하늘은 티끌과 때를 멀리 여의고 법안法眼이 깨끗해졌다. 그리고 모든 하늘 · 용 · 귀신 · 아수라 · 가루라迦樓羅 · 진다라眞陀羅 · 마후라가摩睺羅伽 · 사람 · 사람 아닌 이들이 부처님의 말씀을 듣고 기뻐하며 받들어 행하였다.

불설장아함경 제13권

〔제3분〕 ①

1. 아마주경阿摩晝經[1]

이와 같이 나는 들었다.

어느 때 부처님께서 구살라국俱薩羅國을 유행하실 때에 큰 비구 대중 1,250명과 함께 이차능가라伊車能伽羅의 구살라 바라문 마을에 이르러 그곳에 있는 이차 숲에서 묵으셨다.

그때 비가라사라沸伽羅娑羅[2]라는 바라문이 욱가라郁伽羅 마을에 있었는데, 그 마을은 풍요롭고 살기 좋아 백성들이 많았다. 바사닉왕波

1 이 경의 이역본으로 오吳나라 지겸支謙이 한역한 『불개해범지아발경佛開解梵志阿颰經』이 있다.

2 팔리어로는 Pokkharasārī이고 비가사費迦沙라고도 음역하며, 연화경蓮華莖이라 한역한다.

斯匿王은 비가라사라 바라문에게 그 마을을 봉封해 주어 범분梵分으로 삼았다. 이 바라문은 7대를 내려오는 동안 부모가 바르고 진실해서〔眞正〕 남의 멸시나 비방을 받지 않았고, 3부部의 구전舊典[3]을 읽고 외워 기뻐 알고 갖가지 경서도 다 분별하였다. 또 대인大人의 상법相法과 제사의 의례儀禮를 잘 알았으며, 5백의 제자를 두고 가르치기를 게을리하지 않았다. 그의 첫째가는 마납摩納 제자[4]는 이름이 아마주阿摩晝였다. 그도 7대를 내려오는 동안 부모가 바르고 진실해서 남의 멸시나 비방을 받지 않았고, 3부의 구전을 읽고 외워 환히 알고 갖가지 경서를 모두 잘 분별했다. 또 대인의 상법相法과 제사의 의례도 잘 알았으며 또 5백 의 마납 제자를 두고 가르치기를 게을리 하지 않는 것이 그 스승과 다름이 없었다.

비가라사라 바라문은 석가종족 출신인 사문 구담이 집을 나와 도道를 이루고 큰 비구 대중 1,250명과 함께 이차능가라라는 구살라 바라문 마을에 있는 이차숲 속에 계신다는 소식을 들었다. 그분은 큰 명성이 천하에 퍼져 여래·지진·등정각 등 10호를 구족하였으며, 모든 하늘과 세상 사람과 악마와 또 악마의 하늘과 사문 바라문들에게 자신이 몸소 증득한 것을 설법한다고 하였다. 그런데 그 법은 처음도 중간도 끝도 다 훌륭하고 의미가 구족하며 범행이 청정하다고 하였다. 그는 생각했다.

'그러한 참다운 사람은 찾아가서 친히 뵈어야 한다. 나는 이제 저 사문 구담에게 과연 32상相이 있는지, 사방에 퍼진 명성이 사실과 같은지 알아보는 것이 좋지 않을까? 과연 어떻게 해야 그 부처님의

3 리그·사마·야주르 베다를 말한다.

4 팔리본에는 māṇavo antevāsī, 즉 '나이 어린 제자'로 되어 있다. 마납摩納은 음역어로서 고유명사가 아니라 '나이 어린'이란 뜻이다.

상相을 확인할 수 있을까?'

그는 또 이렇게 생각했다.

'내 제자 아마주는 7대를 내려오는 동안 부모가 올바르고 진실해서 남의 멸시나 비방을 받지 않았고, 3부의 구전을 모두 읽고 외워 환하게 알며 갖가지 경서를 능히 분별한다. 또 대인의 상법과 제사의 의례도 잘 안다. 부처님을 살펴보고 32상이 있는지 없는지 알아올 사람은 오직 이 사람뿐이다.'

그 바라문은 곧 제자 아마주에게 명령해 말했다.

"너는 가서 저 사문 구담에게 과연 32상이 있는지 혹은 거짓말인지 가서 보고 오라."

아마주는 그 스승에게 물었다.

"제가 어떤 징험으로 그 구담의 상을 살펴야 그 허실虛實을 알 수 있겠습니까?"

스승이 곧 대답했다.

"내가 이제 너에게 말하리라. 만일 32대인상大人相을 구족한 사람이라면 그는 틀림없이 두 곳〔處〕으로 나아간다. 이는 의심할 여지가 없는 것이다. 만일 그가 세속에 있으면 반드시 전륜성왕轉輪聖王이 되어 4천하天下의 왕으로서 법으로 다스리고, 만백성을 통치〔統領〕하며 7보를 구족할 것이다. 7보란 첫째는 금륜보金輪寶이며, 둘째는 백상보白象寶이며, 셋째는 감마보紺馬寶이며, 넷째는 신주보神珠寶이며, 다섯째는 옥녀보玉女寶이며, 여섯째는 거사보居士寶이며, 일곱째는 전병보典兵寶이다. 그 왕에게는 용맹스럽고 지혜가 많은 천 명의 아들이 있어 원적怨敵을 항복받아 무기를 쓰지 않게 되고, 천하는 태평하여 국내의 백성들이 두려워함이 없게 된다. 만일 그가 세간을 좋아하지 않고 집을 나가 도道를 구한다면 마땅히 여래·지진·등정각 등

10호를 구족한 자가 될 것이다. 너는 이것으로서 구담의 허실을 알 수 있을 것이다."

아마주는 스승의 가르침을 받고 곧 보배 수레를 장엄하게 꾸며 마납 제자 5백 을 거느리고 이른 아침에 마을을 떠나 이차 숲으로 갔다. 그리고 동산에 이르자 수레에서 내려 걸어서 세존께 나아갔다. 그런데 부처님께서 앉으면 그는 서고 부처님께서 서면 그는 앉곤 하였다. 그러는 동안에 둘은 서로 담론하게 되었다.

부처님께서 마납에게 말씀하셨다.

"그대는 일찍이 나이 많고 덕이 높은 모든 큰 바라문들과도 이런 식으로 담론하였는가?"

마납이 부처님께 여쭈었다.

"그게 무슨 말씀입니까?"

부처님께서 마납에게 말씀하셨다.

"내가 앉으면 자네는 서고 내가 서면 자네는 앉는다. 그러는 동안에 서로 담론한다. 자네 스승이 담론하는 법은 언제나 이러한가?"

마납이 부처님께 여쭈었다.

"우리 바라문들은 법을 담론할 때에는 앉으면 같이 앉고 서면 같이 서며 누우면 같이 눕습니다. 지금 모든 사문들은 머리를 깎고 홀아비로 살며 비루하고 용렬하여 어리석은 법을 익히고 있습니다. 저는 이런 사람들과 이야기할 때에는 앉고 서고 하는 것을 함께하지 않습니다."

세존께서 마납에게 말씀하셨다.

"그대 마납아, 자네는 아직 길들여지지 않았구나."

그러자 마납은 세존께서 '그대'라고 부르는 말과, 또 '아직 길들여지지 않았다'는 말을 듣고 곧 화를 내며 부처님을 비방하였다.

'이 석가족들은 질투와 악의를 잘 품고 예의가 없구나.'

부처님께서 마납에게 말씀하셨다.

"석가족 사람들이 그대에게 무슨 잘못한 일이라도 있는가?"

마납이 말하였다.

"옛날 제가 언젠가 스승을 위해 조그마한 볼 일이 있어 석가족의 가유라월국迦維羅越國에서 지낸 적이 있습니다. 그때 많은 석가족 사람들이 무슨 일로 강당에 모여 있었는데, 그들은 멀리서 제가 오는 것을 보고는 업신여기고 희롱하면서 예법을 지키지 않고 공경을 다해 대우하지도 않았습니다."

부처님께서 마납에게 말씀하셨다.

"저 모든 석가 종족의 아들은 제 나라에 돌아가서도 자유롭게 유희한다. 마치 날아다니는 새가 숲 속 둥지를 자유로이 드나드는 것처럼, 모든 석가 종족의 아들이 본국에서 자재하게 유희하는 것도 그와 같다."

마납이 부처님께 여쭈었다.

"세상에는 4성姓이 있으니 찰리 · 바라문 · 거사居士 · 수다라首陀羅입니다. 저 세 족성은 항상 바라문을 존중하고 공경하며 공양해야 하니, 저 모든 석가 종족의 아들은 도리로 보아 그렇게 해서는 안 되는 것이었습니다. 저 석가 종족의 아들은 비천한 종놈들로 비루하고 용렬하여 우리 바라문을 공경하지 않습니다."

세존께서는 묵묵히 혼자서 생각하셨다.

'이 마납은 갖가지로 헐뜯고 비방하며 비천한 종놈이란 말까지 하는구나. 이제 내가 차라리 그 근본 인연을 설명하여 항복받는 것이 좋지 않을까?'

부처님께서 이내 마납에게 물으셨다.

"자네의 성은 무엇인가?"

마납이 대답했다.

"제 성은 성왕聲王입니다."

부처님께서 마납에게 말씀하셨다.

"너의 성이 그렇다면 그대는 곧 석가족 종〔奴〕의 후손이구나."

그러자 마납의 5백 명 제자들이 모두 큰 소리로 부처님께 말했다.

"그런 말씀 마십시오. 마납이 석가족 종의 후손이라니요? 그 까닭이 무엇입니까? 이 큰 마납은 참된 족성族姓의 아들로서 용모가 단정하고 걸림 없는 변재가 있으며 널리 알고 많이 들어 구담과 더불어 서로 주고받으면서 담론談論할 수 있기 때문입니다."

세존께서 5백 명의 마납에게 말씀하셨다.

"만일 너의 스승이 너희들의 말과 같지 않다면 나는 마땅히 너희들과 이야기할 것이다. 만일 너희들의 스승이 앞에서 너희들의 말한 것과 같다면 너희들은 잠자코 있으라. 나는 마땅히 너희들의 스승과 이야기할 것이다."

5백 명 마납들이 부처님께 여쭈었다.

"저희들은 다 잠자코 스승님과 이야기하시는 것을 듣겠습니다."

그제야 5백 마납은 모두 침묵하였다. 세존께서 아마주에게 말씀하셨다.

"아주 먼 옛날에 성마聲摩[5]라는 왕이 있었다. 그 왕에게는 네 왕자가 있었는데, 첫째는 면광面光이며, 둘째는 상식象食이며, 셋째는 노지路指이며, 넷째는 장엄莊嚴이었다. 그 네 왕자가 작은 잘못을 저지

5 팔리어로는 Okkāka라 하고, 범어로는 Ikṣvāku라 한다. 또한 의사마懿師摩·의마미懿摩彌라고도 하고, 감자甘蔗로 한역한다. 석가족 시조의 이름이다. 원·명 2본에는 의마懿摩로 되어 있다.

르자 왕은 그들을 나라 밖으로 쫓아냈다. 그들은 설산 남쪽으로 가서 직수림直樹林 속에서 살았다. 그 왕자들의 어머니와 가족들은 모두 그들을 보고 싶어 했다. 그들은 모여 서로 의논한 뒤 성마왕에게 나아가 말했다.

'대왕이여, 부디 아셨으면 합니다, 우리가 네 왕자와 이별한 지 오래되었습니다. 이제 찾아가 만나보고 싶습니다.'

왕이 곧 말했다.

'가보고 싶거든 마음대로 하라.'

그 어머니와 권속들은 왕의 허락을 얻어 곧 설산 남쪽의 직수림으로 가서 네 왕자들이 있는 곳에 도착했다. 여러 어머니들끼리 서로 말했다.

'내 딸을 당신의 아들에게 줄 테니 당신의 딸은 내 아들에게 주시오.'

그리하여 서로 짝을 맺어 주어 마침내 부부가 되게 하였다. 그 후로 그들은 사내아이를 낳았는데 용모가 단정하였다.

성마왕은 네 왕자의 어머니들이 딸들을 시집보내 서로 부부로 맺어주었고 또 그들이 아들을 낳았는데 그 용모가 단정하다는 소식을 듣고, 매우 기뻐하면서 이렇게 말했다.

'그 아이는 진정한 석가 종족의 아들〔釋子〕이고, 진정한 석동자釋童子로구나.'

능히 스스로 존립存立했기에 석가라고 이름하였던 것이다. 〔석釋은 진秦나라 말로 능能이다. 직수림에 있었기 때문에 '석'이라 이름했으니, 석은 진나라 말로 직直이라고도 한다.〕 그러므로 성마왕은 곧 석종釋種의 조상이다. 왕에게 방면方面이란 이름의 하녀가 있었는데 그녀는 용모가 단정했다. 그녀가 어떤 바라문과 교통하여 곧 아기를 배었고 한 마납을 낳았는데, 아기는 땅에 떨어지자마자 말을 할 줄 알았다. 그 아이가 부모에게 말하였다.

'저를 목욕시켜 모든 더러운 것을 씻어 주십시오. 제가 자라면 마땅히 은혜를 갚겠습니다.'

그는 처음 태어나자마자 말을 할 수 있었기 때문에 성왕聲王이라고 불렀다. 요즘 처음 태어나자마자 말하는 아이가 있으면 사람들이 모두 두려워하여 가외可畏라고 이름 짓는 것처럼, 그도 이와 같이 처음 태어나자마자 말을 하였기 때문에 성왕이라고 부른 것이다. 그로부터 바라문 종족은 드디어 성왕으로써 성을 삼게 되었다."

부처님께서 또 마납에게 말씀하셨다.

"그래, 너는 나이 많고 덕이 높은 큰 바라문에게서 이런 종성種姓의 인연을 들은 적이 있는가?"

마납은 잠자코 대답하지 못했다. 이와 같이 거듭 물으셨으나 그는 또 대답하지 못했다. 부처님께서는 세 번 물으신 뒤에 그에게 말씀하셨다.

"내가 세 번씩이나 물었다. 너는 마땅히 빨리 대답해보아라. 만일 네가 대답하지 못하면 손에 금강저〔金杵〕를 잡고 내 곁에 있는 밀적역사密迹力士가 곧 네 머리를 부수어 일곱 조각을 낼 것이다."

밀적역사는 손에 금강저를 잡고 마납의 머리 위 허공에 서서 만일 마납이 제 때에 대답하지 못하면 곧 금강저로 내리쳐 마납의 머리를 부수려 하였다. 부처님께서 마납에게 말씀하셨다.

"너는 저 위를 쳐다보라."

마납이 위를 쳐다보니 밀적역사가 손에 금강저를 잡고 허공에 서 있었다. 그 모습을 본 그는 두려워서 온몸의 털이 곤두섰다. 그는 곧 일어나 자리를 옮겨 세존께 가까이 가서 앉았다. 그리고는 세존께 의지해 구원과 보호를 받으려고 하였다.

그는 세존께 여쭈었다.

"세존이시여, 물으십시오. 저는 지금 대답하겠습니다."

부처님께서 곧 마납에게 말씀하셨다.

"너는 이전에 나이 많고 덕이 높은 큰 바라문에게서 이러한 종성의 인연을 들은 적이 있는가?"

마납이 대답했다.

"저는 사실 예전에 그런 일이 있었다고 들었습니다."

이 때 5백 명 마납 제자들은 다들 소리를 높여 서로 말하였다.

"이 아마주는 진실로 이 석가 종족의 후손입니다. 사문 구담의 말이 사실이었습니다. 우리가 철이 없어 업신여기고 교만한 마음을 가졌었습니다."

세존께서는 곧 이렇게 생각하셨다.

'이 5백 마납은 뒷날 반드시 교만한 마음을 품고 저 사람을 종〔奴〕이라고 부를 것이다. 이제 내가 방편을 써서 종이라는 오명을 없애 주어야겠다.'

그리고 곧 5백 마납에게 말씀하셨다.

"너희 모든 사람들아, 그를 종의 자식이라고 부르지 말라. 왜냐하면 그의 선조는 바라문으로서 큰 선인仙人이었고 큰 위력이 있었다. 그래서 성마왕을 정벌하여 여자를 요구했고 왕은 두려워서 곧 여자를 주었던 것이다."

그는 이 부처님의 말씀으로 말미암아 종이라는 이름을 면할 수 있었다. 세존께서 아마주에게 말씀하셨다.

"어떤가? 마납아, 찰리刹利의 여자로서 7대를 내려오는 동안 그 부모가 올바르고 진실해서 남의 업신여김과 비난을 받지 않는 여인이 있다고 하자. 그녀가 어떤 바라문에게 시집가서 아들을 낳았다고 하자. 마납아, 그 아이는 용모도 단정하다. 그 아이는 찰리 종족에 들어가 앉아서 관정灌頂의식을 받고 찰리의 법을 외울 수 있겠는가?"

그가 대답했다.

"없습니다."

"그 아버지의 재산을 물려받을 수 있겠는가?"

그는 대답했다.

"없습니다."

"아버지의 직업을 이어받을 수 있겠는가?"

그는 대답했다.

"없습니다."

"그러면 어떤가? 마납아, 바라문의 여자로서 7대를 내려오는 동안 그 부모가 올바르고 진실해서 남에게 업신여김이나 비난을 받지 않는 여인이 있다고 하자. 그녀가 찰리에게 시집가 한 아들을 낳았는데, 그 아이의 용모가 단정하다고 하자. 그러면 그 아이는 바라문의 무리에 들어가 앉고 서서 관정의식을 받을 수 있겠는가?"

그가 대답했다.

"있습니다."

"바라문의 법을 외울 수 있고 아버지의 유산을 받을 수 있으며 아버지의 직업을 이어받을 수 있겠는가?"

그는 대답했다.

"있습니다."

"그러면 어떤가? 마납아, 만일 바라문으로서 바라문을 배척하고 찰리 종족에 들어갔다면 그는 같이 앉고 서고 관정의식을 받으며 찰리의 법을 외울 수 있겠는가?"

그는 답했다.

"없습니다."

"아버지의 유산을 물려받고 아버지의 직업을 이어받을 수 있겠는가?"

그는 대답했다.

"없습니다."

"만일 찰리 종족으로 찰리를 배척하고 바라문에 들어갔다면 그는 같이 앉고 서서 관정의식을 받으며 바라문의 법을 외우고 아버지의 유산을 받고 아버지의 직업을 이어 받을 수 있겠는가?"

그는 대답했다.

"있습니다."

"그러므로 마납아, 여자 중에서는 찰리 여자가 가장 훌륭하고 남자 중에서도 찰리 남자가 가장 훌륭하다. 바라문이 훌륭한 것이 아니다."

범천이 직접 게송으로 말했다.

찰리가 중생 중에 가장 훌륭하고
종성도 순수하고 참되다네.
지혜와 행실이 두루 구족하여
하늘과 사람 중에 가장 훌륭하다네.

부처님께서 마납에게 말씀하셨다.

"범천이 말한 이 게송은 참으로 훌륭한 말이며, 훌륭하지 않은 말이 아니다. 왜냐하면 이제 나 여래·지진·등정각도 이 뜻을 말할 것이기 때문이다."

찰리가 중생 중에 가장 훌륭하고
종성도 순수하고 참되다네.
지혜와 행실이 두루 구족하여
하늘과 사람 중에 가장 훌륭하다네.

마납이 부처님께 여쭈었다.

"구담이시여, 어떤 사람이 무상사無上士이고 지혜와 행을 구족한 자입니까?"

부처님께서 마납에게 말씀하셨다.

"자세히 듣고 자세히 들어서 잘 생각하고 기억하라. 마땅히 너를 위하여 설명하겠다."

그는 대답했다.

"예, 즐겨 듣고자 합니다."

부처님께서 마납에게 말씀하셨다.

"마납아, 만일 여래가 세상에 나타나면 그는 응공應供·정변지正遍知·명행족明行足·선서善逝·세간해世間解·무상사無上士·조어장부調御丈夫·천인사天人師·불세존佛世尊이다. 그는 모든 하늘신과 세상 사람·사문 바라문·하늘 악마·범왕 가운데서 홀로 깨달아 스스로 증험했다. 남을 위해 법을 설명할 때에는 처음에 하는 말도 좋고 중간에 하는 말도 좋으며 맺는말도 좋고 의미도 구족하여 청정한 행을 행하게 한다. 혹 거사居士나 거사의 아들이나 그 밖의 종성들도 이 바른 법을 들은 사람은 곧 믿음과 즐거운 마음을 내게 될 것이다. 그래서 그 믿고 즐거워하는 마음으로 이렇게 생각할 것이다.

'내가 이제 세속에 있게 되면 처자에 얽매여 범행을 청정하고 순결하게 닦을 수 없을 것이다. 이제 차라리 수염과 머리를 깎고 3법의를

입고 집을 떠나 도를 닦을 것이다.'

그는 뒷날 집과 재산을 버리고 친족을 줄이고 수염과 머리를 깎고 3법의를 입고 집을 나와 도를 닦는다. 그리고 다른 출가인과 더불어 장식을 버리고 모든 계행을 구족한다.

곧 중생을 해치지 않고 칼과 몽둥이를 버리고 부끄러워하는 마음으로 일체를 사랑하고 돌볼 것이니 이것을 생명을 죽이지 않는 것이라고 한다. 도둑질하려는 마음을 버려 주지 않는 것은 취하지 않으며 그 마음이 청정하여 몰래 훔치려는 생각조차 없을 것이니, 이것을 도둑질하지 않는 것이라고 한다. 음욕을 버리고 범행을 깨끗이 닦기를 은근히 하고 정진하며 욕심에 물들지 않고 정결하게 머무를 것이니, 이것을 간음하지 않는 것이라고 한다. 거짓말을 버리고 지극히 성실하고 속이지 않으며 남을 놀리지 않을 것이니, 이것을 거짓말하지 않는 것이라고 한다. 이간하는 말〔兩舌〕을 버리고 비록 이 사람의 말을 들었더라도 저 사람에게 전하지 않고 또 저 사람의 말을 들었더라도 이 사람에게 전하지 않는다. 갈라서려는 이가 있으면 잘 화합시켜 서로 친하게 하고 공경하게 한다. 하는 말이 온화하고 순하며 또 때를 아니, 이것을 이간하는 말〔兩舌〕을 하지 않는 것이라고 한다. 또 악한 말〔惡口〕을 버린다. 하는 말이 거칠고 사나우며 남 괴롭히기를 좋아하면 다른 이의 분노를 일으키게 되므로 그런 말을 버린다. 그 말이 부드럽고 유연하며 원망을 사거나 해를 입히지 않고 남에게 이익됨이 많으면 모든 사람이 공경하고 사랑하며 그 말 듣기를 좋아할 것이니, 이것을 악한 말을 하지 않는 것이라고 한다. 또 꾸밈말〔綺語〕을 버린다. 때에 맞게 말하고 성실하고 법에 맞게 말하며 율律에 따라 다툼을 없애고, 인연이 있으면 말하되 말을 헛되게 하지 않으니, 이것을 꾸밈말을 버리는 것이라고 한다.

또 술 마시는 것을 버리고 방탕한 곳을 떠나며, 향과 꽃과 영락으로 치장하지 않고, 노래와 춤과 광대 노름을 보거나 듣지 않으며, 높은 자리에 앉지 않고 때가 아니면 먹지 않는다. 금·은 따위의 7보를 가지거나 쓰지 않고 아내와 첩을 두지 않으며, 남녀 노비나 코끼리·말·수레·소·닭·개·돼지·염소·토지·집·동산 따위를 쌓아 두지 않는다. 됫박이나 저울질로 사람을 속이지 않고 주먹으로 서로 멱살잡이를 하거나 때리지 않으며, 사람을 모략하지 않고 거짓으로 속이지 않는다. 이러한 악을 버려 모든 다툼이나 송사, 갖가지 착하지 못한 일을 없애며, 행하려면 곧 때를 맞추어 행하고 때가 아니면 행하지 않는다. 음식은 알맞게 먹고 쌓아두는 것이 없으며 몸에 맞추어 옷을 입을 뿐이다. 몸에는 항상 법의와 발우만 지니니 마치 나는 새에 날갯죽지가 붙어 있는 것과 같다. 비구에게 여분의 물건이 없는 것도 마찬가지이다.

마납아, 다른 사문 바라문들은 남이 시주한 것을 받아 다시 쌓아두려고 하고 또 의복과 음식에 만족할 줄을 모르지만 우리 법에 들어온 자는 그런 일이 없다.

마납아, 다른 사문 바라문들은 남의 시주한 것을 먹고도 자신의 생업生業을 경영하며 나무를 심어 귀신이 의지할 곳을 만들어 주기도 하지만 우리 법에 들어온 자는 그런 일이 없다.

마납아, 다른 사문 바라문들은 남이 시주한 것을 먹고 다시 방편으로써 갖가지 이양利養을 위해 상아象牙·잡보雜寶·높고 넓고 큰 평상·온갖 비단 이부자리·침구 따위를 구하지만 우리 법에 들어온 자는 그런 일이 없다.

마납아, 다른 사문 바라문들은 남이 시주한 것을 받고 또 방편으로써 소유酥油를 몸에 바르고 향수香水에 목욕하며 향료를 바르고 향기름으로 머리를 빗질하며 아름다운 꽃다발을 걸치고 눈을 짙푸른 빛으로 물들이며 얼굴을 문질러 치장하고 깨끗한 고리를 차고 끈을 매고는 거울에 비춰 본다. 온갖 빛깔의 가죽신에 하얀 웃옷을 입고 칼과 몽둥이를 든 시종을 거느리고 보배 일산과 보배 부채를 들고 장식한 보배 수레를 구한다. 그러나 우리 법에 들어온 자는 그런 일이 없다.

마납아, 다른 사문 바라문들은 남이 시주한 것을 먹고 오로지 놀음만 일삼아 바둑·장기·8도道·10도·100도 나아가 일체도의 온갖 잡기로 즐기고 논다. 그러나 우리 법에 들어온 자는 그런 일이 없다.

마납아, 다른 사문 바라문들은 남이 시주한 것을 먹고 도에 방해되는 실없는 말만 한다. 그들은 왕들의 전투와 군마軍馬에 관한 일이나 모든 대신들이 말이나 수레를 타고 동산에 드나들며 노는 일 따위만을 이야기한다. 또 눕고 일어나고 걷는 일과 여자에 관한 일과 의복·음식·친구에 관한 일들을 이야기하고 또 바다에 들어가 보물을 캐는 일들을 이야기한다. 그러나 우리 법에 들어온 자는 그런 일이 없다.

마납아, 다른 사문 바라문들은 남이 시주한 것을 먹고 무수한 방편으로써 삿된 직업을 가지며 달콤한 말로 얼굴을 붉히며 아첨하고 서로 헐뜯기도 하고 이익으로써 이익을 추구한다. 그러나 우리 법에 들어온 자는 그런 일이 없다.

마납아, 다른 사문 바라문들은 남이 시주한 것을 먹고 그저 서로 다투기만 한다. 혹은 동산에서 혹은 욕지浴池에서 혹은 당堂에서 서로 시비를 가리며 이렇게 말한다.

'나는 경經과 율律을 알지만 너는 모른다. 나는 바른 길로 나아가지만 너는 삿된 길로 향하면서 앞의 것을 뒤에 붙이고 뒤의 것을 앞에 붙인다. 나는 능히 네게 참지만 너는 능히 참지 못한다. 네가 하는 말은 진실하고 올바른 것이 아니다. 만일 의심나는 것이 있거든 내게 와서 물으라. 내가 다 대답해 주겠다.'

그러나 우리 법에 들어온 자는 그런 일이 없다.

마납아, 다른 사문 바라문들은 남이 시주한 것을 먹고 또 방편을 써서 심부름꾼 되기를 바란다. 혹은 왕이나 왕의 대신, 바라문이나 거사를 위하여 심부름꾼이 되어 여기서 저기로 가고 저기서 여기로 온다. 이 소식을 저기에 가져다주고 저 소식을 여기에 가져다주며 혹은 자기가 하기도 하고 혹은 남을 시켜서 하기도 한다. 그러나 우리 법에 들어온 자는 그런 일이 없다.

마납아, 다른 사문 바라문들은 남이 시주한 것을 먹고 그저 전장에서 싸우는 일만 익힌다. 혹은 칼과 창과 활 쏘는 일을 익히고 혹은 닭·개·돼지·염소·코끼리·말·소·낙타 등 모든 짐승들을 싸움 붙이며 혹은 남녀 간에 싸움을 붙이기도 한다. 또 고동 소리·북 소리·노래 소리·춤추는 소리 등 온갖 소리를 내게 하고 깃대를 오르거나 거꾸로 떨어지는 등 온갖 재주를 부린다. 그러나 우리 법에 들어온 자는 그런 일이 없다.

마납아, 다른 사문 바라문들은 남이 시주한 것을 먹고 도에 방해되는 법을 행하고 삿된 직업으로 생활해 간다. 남녀의 관상을 보아 길흉과 호추好醜를 점치고 또 짐승의 관상을 보아주고 이익을 추구한다. 그러나 우리 법에 들어온 자는 그런 일이 없다.

마납아, 다른 사문 바라문들은 남이 시주한 것을 먹고 도에 방해되는 일을 행하고 삿된 직업으로 생활해 간다. 귀신을 부르거나 내쫓기도 하고 혹은 머물러 있게도 하며 갖가지 푸닥거리와 무수한 방법으로 사람을 위협하여 모으기도 하고 흩어지게도 하며 괴롭게도 하고 즐겁게도 한다. 그들은 또 태胎를 편안하게 하고 태의胎衣를 빠져나올 수 있게도 하며, 또 사람을 저주하여 나귀로 만들기도 하고 또 사람을 장님·귀머거리·벙어리로 만들기도 한다. 또 여러 가지 술법을 부리고 손을 모으고 해와 달을 향하는 등 갖가지 고행을 하며 이익을 추구한다. 그러나 우리 법에 들어온 자는 그런 일이 없다.

마납아, 다른 사문 바라문들은 남이 시주한 것을 먹고 도에 방해되는 법을 행하고 삿된 직업으로 생활해 간다. 남을 위하여 병을 치유하는 주문을 외우는데 혹은 악술惡術을 외우기도 하고 혹은 선한 주문을 외우기도 한다. 혹은 의방醫方·침·뜸·약석藥石으로써 온갖 병을 고친다. 그러나 우리 법에 들어온 자는 그런 일이 없다.

마납아, 다른 사문 바라문들은 남이 시주한 것을 먹고 도에 방해되는 법을 행하고 삿된 직업으로 생활해 간다. 혹은 물과 불의 주문을 외우기도 하고 혹은 귀신의 주문을 외우기도 하며, 혹은 찰리 주문을 외우기도 하고, 혹은 새[鳥] 주문이나 팔 다리의 주문을 외우기도 하며, 혹은 집을 편안하게 하는 부적과 주문, 혹은 불에 데거나 쥐에 물린 것을 낫게 해주는 주문을 외우기도 한다. 혹은 죽고 사는 것을 판별하는 글을 외우기도 하고 혹은 꿈을 풀이하는 글을 외우기도 한다. 혹은 손금과 관상을 보기도 하고 혹은 천문 天文에 관한 글을 외우기도 하며 혹은 일체 소리에 대한 글을 외우기도 한다. 그러나 우리 법에 들어온 자는 그런 일이 없다.

마납아, 다른 사문 바라문들은 남이 시주한 것을 먹으면서 도에 방해되는 법을 행하고 삿된 직업으로 생활해 간다. 천기를 살펴 비가 올지 안 올지 곡식이 귀할지 천할지 병이 많을 것인지 적을 것인지 세상이 혼란스러울지 태평할지 따위를 말한다. 혹은 지진·혜성彗

星・일식・월식을 말하기도 하고 혹은 별과 일식・월식 따위를 말하기도 하며 혹은 불식不蝕을 말한다. 또 이러이러한 것은 좋은 상서이고, 이러이러한 것은 나쁜 징조라고 말한다. 그러나 우리 법에 들어온 자는 그런 말을 하지 않는다.

마납아, 다른 사문 바라문들은 남이 시주한 것을 먹으면서 도에 방해되는 일을 행하고 삿된 직업으로 생활해 간다. 혹은 '이 나라가 저 나라를 이기고 저 나라는 그렇지 못하다'고 말하기도 하고, 혹은 '저 나라가 이 나라를 이기고 이 나라는 그렇지 못하다'고 말하기도 하며 길흉을 점쳐 그 성쇠를 말해 준다. 그러나 우리 법에 들어온 자는 그런 일이 없다.

다만 성계聖戒를 닦아 물들고 집착하는 마음 없이 안으로 기쁨과 즐거움을 누린다. 눈이 비록 색色을 대하나 그 모습〔相〕을 취하지 않으므로 눈은 색에 얽매이지 않고, 견고하고 적연寂然하여 탐착하는 것이 없다. 또 걱정이나 근심이 없고 모든 악을 누설시키지 않으며 계품戒品을 굳게 지켜 안근眼根을 잘 보호한다. 귀・코・혀・몸・뜻도 마찬가지이다. 여섯 가지 촉觸을 잘 제어하고 보호하고 항복받아 안온하게 하니, 비유하면 마치 평지에서 네 마리의 말이 끄는 수레를 능숙한 마부가 채찍을 잡고 고삐를 당겨 수레바퀴가 궤도에서 벗어나지 못하게 하는 것과 같다. 비구도 그와 같아 6근根의 말을 잘 몰아 안온함을 잃지 않는다. 그들은 이와 같이 성계聖戒를 지켜 성스러운 모든 근根을 얻는다.[6] 음식에 만족할 줄 알고 또한 맛을 탐하지 않으며 그저 몸을 기르고 괴로움과 근심을 없앤다. 그리하여 거만하

6 고려대장경에는 '득성안근得聖眼根'으로 되어 있고, 명본에는 '득성제근得聖諸根'으로 되어 있다. 뒤의 문장에서 '득성제근得聖諸根'이 반복되는 것으로 보아 '안眼'은 '제諸'로 써야 옳을 듯하다. 여기에서는 명본에 의거하여 번역하였다.

지 않고 그 몸을 조화調和하여 이전의 괴로움은 없애고 새 괴로움이 생겨나지 않게 하며, 힘은 있어도 일을 하지 않고 그 몸을 안락하게 한다. 마치 사람이 부스럼에 약을 바르는 것은 곧 부스럼을 낫게 하려는 것이지 모양을 내거나 스스로 잘난 체하려는 것은 아닌 것과 같다.

마납아, 비구는 이와 같이 음식은 몸을 유지하는 것으로 만족하고 교만과 방자한 마음을 품지 않는다. 이것은 또 수레에 기름을 쳐 잘 돌아가게 하여 짐을 목적지에 옮기는데 이용하는 것과 같다. 비구도 이와 같이 음식은 몸을 유지하는 것으로 만족하고 도를 행하고자 하는 것이다.

마납아, 비구는 이와 같이 성계聖戒를 성취하여 성스러운 모든 근根을 얻는다. 음식에 대하여 만족할 줄 알고 저녁이나 새벽이나 부지런히 도를 닦아 깨닫고, 또 낮에도 다니던지 앉던지 간에 항상 일심으로 모든 음개陰蓋 없앨 것만 생각한다. 그는 초저녁에도 다니던지 앉던지 간에 일심으로 모든 음개를 없애며 한밤중에 이르러서는 오른쪽 옆구리를 대고 비스듬히 누워서 제 때에 일어나겠다는 생각을 가다듬고 마음을 어지럽히지 않는다. 새벽이 되면 곧 일어나 다니던지 혹은 앉던지 간에 항상 일심으로 온갖 음개를 없앨 것만 생각한다. 비구는 이렇게 성계聖戒를 구족하여 깨끗한 모든 근根을 얻는다. 또 음식에 만족할 줄 알고, 초저녁이나 새벽에 부지런히 닦고 깨달아 항상 일심으로 생각하여 어지러움이 없다.

'비구는 생각이 어지럽지 않다'는 것은 무엇인가? 이렇게 비구들은 안의 몸을 몸 그대로〔內身身〕 관하되 부지런히 닦아 게으르지 않고 기억하여 잊지 않으며 세상의 탐욕과 걱정을 없앤다. 또 밖의 몸을 몸 그대로〔外身身〕 관하되 부지런히 닦아 게으르지 않고 기억하여 잊지 않으며 세상의 탐욕과 걱정을 없앤다. 안팎의 몸을 몸 그대로〔內外身身〕 관하되 부지런히 닦아 게으르지 않고 기억하여 잊지 않으며 세상의 탐욕과 걱정을 없앤다. 수受·의意·법法을 관하는 것도 이와 같다. 이것이 '비구는 생각이 어지럽지 않다'고 하는 것이다.

무엇을 한마음〔一心〕이라고 하는가? 이렇게 비구들은 걸어 다니거나 드나들거나 좌우를 돌아보거나 몸을 굽혔다 펴거나 위를 올려다보고 아래를 내려다보거나 옷을 입거나 발우를 들고 음식을 받거나 대소변을 보거나 잠자거나 깨거나 앉거나 서거나 말하거나 잠자코 있거나 모든 때에 항상 생각하여 위의威儀를 잃지 않는다. 이것을 일심이라고 한다. 비유하면 어떤 사람이 대중과 함께 갈 때에는 앞에서 가건 혹은 가운데에 있건 뒤에 있건 항상 안온함을 얻어 두려움이 없는 것과 같다. 마납아, 비구도 이와 같아서 걸어 다닐 때나 드나들 때나 말하거나 잠자코 있을 때나 항상 일심으로 생각하여 근심과 두려움이 없다.

비구는 이와 같이 성계聖戒를 지켜 성스러운 모든 근根을 얻는다. 음식에 만족할 줄 알고, 저녁이나 새벽이나 정근하여 깨달아서 항상 일심으로 생각하여 착란錯亂이 없다. 그들은 고요한 곳이나 나무 밑이나 무덤 사이에서 지내기를 즐기고 혹은 산굴에 혹은 한데 및 거름무더기 사이에 머물면서 때가 되면 걸식하고 돌아와서는 손발을 씻는다. 가사와 발우를 정돈해 두고 가부좌하고 앉아 몸을 단정히 하고 뜻을 바로 가지고 생각을 앞에 묶어 둔다. 아끼고 탐하는 마음을 없애 그런 마음을 가지지 않고 성내는 마음을 없애 원결怨結이 없다. 마음을 청정한 데 머물러 두어 항상 자비심을 품고 수면을 제거하여 생각을 밝은 데에 매어 두며, 생각에 어지러움이 없고 들뜨고 희롱하는 마음을 끊어 없애 그런 마음을 가지지 않는다. 안으로 적멸寂滅을 행하여 들뜨고 희롱하는 마음을 없애고 의혹을 끊어 없애 의심의 그물〔疑網〕을 넘어서면 그 마음은 전일하여 착한 법에 머무르게 된다. 비유하면 아이 종〔僮僕〕이 양반의 성姓을 받으면 안온하고 해탈하여 종의 고역을 벗어나 그 마음이 기쁘고 다시는 걱정이나 두려움이 없는 것과 같다.

또 어떤 사람이 남에게 돈을 빌려 장사하여 큰 이익을 얻어 가지고 돌아와서 본 주인의 재물을 갚고도 남은 재산이 쓰기에 넉넉하자 스스로 '나는 원래 남의 빚을 얻을 때에는 뜻대로 되지 않을까 걱정했었다. 그런데 이제 이익을 얻어 가지고 돌아와 본 주인에게 돈을 갚고도 남은 재산이 쓰기에 충분하다'고 생각하고는 다시는 걱정이나 두려움이 없어 크게 기뻐하는 것과 같다.

또 사람이 오랫동안 병을 앓다가 병이 나아 음식 소화도 잘되고 원기도 완전히 회복되었을 때 그는 스스로 '나는 병을 앓다가 이제 병이 나았다. 음식 소화도 잘되고 원기도 완전히 회복되었다'고 생각하고 다시는 걱정이나 두려움이 없어 크게 기뻐하는 것과 같다. 또 어떤 사람이 오랫동안 감옥에 갇혔다가 옥에서 무사히 빠져 나왔을 때 그는 스스로 '나는 여태껏 구속되었지만 이제는 이미 벗어났다'고 생각하고 다시는 걱정이나 두려움이 없어 크게 기뻐하는 것과 같다. 또 어떤 사람이 많은 재보를 가지고 도적을 만나는 일이 없이 무사히 큰 광야를 지나자 그는 스스로 '나는 재물을 가지고 이 험난한 곳을 지나왔다'고 생각하고 다시는 걱정이나 두려움이 없어 크게 기뻐하면서 그 마음이 안락한 것과 같다.

마납아, 5개蓋로 스스로를 덮어 항상 걱정과 두려움을 품는 것이 이와 같다. 마치 빚진 사람, 오랫동안 앓는 사람, 감옥에 갇힌 사람, 드넓은 광야를 건너가는 사람과 같다. 그는 스스로 자기가 아직 모든 음개陰蓋의 마음을 떠나지 못해 덮임과 어둠으로 지혜의 눈이 밝지 못함을 보고 곧 정근하여 탐욕과 악하고 착하지 않은 법을 버린다. 그리하여 각覺과 관觀을 갖추고 떠나는 데서 생기는 기쁨과 즐거움〔離生喜樂〕으로 초선初禪에 들어간다. 그는 이미 기쁨과 즐거움에 온몸을 담가 두루하고 가득해 충만하지 않음이 없게 된다. 마치 사람이 목욕 그릇에 여러 가지 약을 담고 물에 우리면 안팎에 다 배어 나와 두루 퍼지지 않는 곳이 없는 것과 같다. 비구들도 이처럼 초선에 들었을 때 기쁨과 즐거움이 온몸에 충만하게 된다. 마납아, 이것을 '현신現身으로써 얻는 최초의 즐거움'이라고 한다. 왜냐하면 이것은 정진하고 생각에 착란錯亂이 없으며 고요한 것을 좋아해 한가하게 살아 얻은 것이기 때문이다.

또 그는 각覺과 관觀을 버리고 곧 믿음을 낸다. 항상 한마음〔一心〕으로 생각하여 각覺도 없고 관觀도 없어, 선정에서 생기는 기쁨과 즐거움〔定生喜樂〕으로 제2선第二禪에 들어간다. 그는 이미 한마음으로 기쁨과 즐거움에 몸을 담가 두루하고 가득해 충만하지 않는 곳이 없게 된다. 마치 산꼭대기에 맑은 샘물이 저절로 솟고 밖에서 흘러 들어온 것이 아닌, 곧 이 샘 가운데서 솟은 청정한 물이 다시 스스로를 적시며 두루하지 않는 곳이 없는 것과 같다. 마납아, 비구도 이와 같아 제2선에 들어가면 선정에서 생기는 기쁨과 즐거움이 충만하지 않음이 없게 된다. 이것을 '현신現身으로써 얻는 두 번째 즐거움'이라고 한다.

또 그는 기쁨에 머묾을 버리고, 평정〔護 : 捨〕과 기억〔念〕이 착란하지 않으며, 몸에 쾌락을 느낀다. 이른바 성인聖人이 말씀하시는 평정〔護〕·기억〔念〕·즐거움〔樂〕을 일으켜 제3선에 들어간다. 그의 몸은 기쁨〔喜〕이 없어지고 즐거움〔樂〕에 젖어 두루하고 가득해 충만하지 않음이 없게 된다. 비유하면 우발꽃·발두마꽃·구두마꽃·분다리꽃이 처음으로 진흙탕에서 나와 아직 물밖에 떠오르지 않았을 때에 뿌리·줄기·가지·잎이 물속에 잠겨 두루 젖지 않는 곳이 없는 것과 같다. 마납아, 비구들도 이와 같아 제3선에 들어가면 기쁨을 떠나 즐거움에 머물며 그 몸은 두루 젖지 않은 데가 없게 된다. 이것을 '현신으로 얻는 세 번째 즐거움'이라고 한다.

또 그는 기쁨도 즐거움도 모두 버리는데, 먼저 걱정과 기쁨은 멸하였으며, 괴로움도 없고 즐거움도 없는 평정〔護〕·기억〔念〕·청정淸淨으로 제4선에 들어간다. 그의 몸과 마음에는 청정함이 갖추어져 가득 차 넘치고 두루하지 않음이 없게 된다. 마치 사람이 깨끗이 목욕하고 하얀 새 천으로 그 몸을 감싸 온몸을 깨끗하게 하는 것과 같다. 마납아, 비구도 이와 같아 제4선에 들어가면 그 마음의 청정이 온몸에 충만하여 두루하지 않음이 없게 된다. 또 제4선에 들어가면 마음에 더해지거나 덜해짐이 없고 또 기울거나 움직이지도 않으며 사랑하거나 미워하는 일도 없어 움직임이 없는 땅에 머무르게 된다. 마치 밀실의 안팎을 틈새 없이 바르고 굳게 문을 닫아 바람이나 먼지가 새어들지 못하게 하고 그 안에서 등불을 밝혀 건드리지 않으면 그 등의 불꽃은 고요히 움직이지 않는 것과 같다. 마납아, 비구도 이와 같아 제4선에 들어가면 마음에 더함도 덜함도 없고 또 기울거나 움직임도 없으며 사랑도 미움도 없어진 움직임이 없는 땅에 머무른다. 이것을 '현신으로써 얻는 네 번째 즐거움'이라고 한다. 왜냐하면 이것은 게으름 없이 정근하고 생각이 착란하지 않으며 고요한 것을 좋아해 한가하게 살므로 얻어진 것이기 때문이다.

그는 안정된 마음을 얻어 청정하고 더러움이 없으며 부드럽고 길들여져 움직임이 없는 경지에 머무른다. 그는 스스로 그 몸속에서 변화를 부리려는 마음을 일으켜 다른 몸을 변화로 만들어내기도 하는데, 변화로 만들어 낸 몸은 지절支節이 구족하고 모든 근根이 빠짐이 없다. 그리고 그는 이렇게 관觀한다.

'4대大로 이루어진 이 색신色身에서 저 몸을 만들었으나 이 몸과 저 몸은 다르다. 그러나 이 몸에서 마음을 일으켜 저 몸을 변화로 만들어 낸 것이므로 모든 근이 구족하고 지절도 빠짐이 없다.'

비유하면 어떤 사람이 칼집에서 칼을 빼는 것과 같다. 그는 이렇게 생각한다.

'칼집과 칼은 다르다. 그러나 그 칼은 칼집에서 나왔다.'

또 어떤 사람이 삼실을 꼬아 노끈을 만드는 것과 같다. 그는 이렇게 생각한다.

'삼과 노끈은 다르다. 그러나 노끈은 삼에서 나왔다.'

또 어떤 사람이 상자에서 뱀을 끄집어내는 것과 같다. 그는 이렇게 생각한다.

'상자와 뱀은 다르다. 그러나 뱀은 상자에서 나왔다.'

또 어떤 사람이 상자에서 옷을 꺼내는 것과 같다. 그는 이렇게 생각한다.

'상자와 옷은 다르다. 그러나 상자에서 옷이 나왔다.'

마납아, 비구도 이와 같다. 이것은 비구가 최초로 얻는 훌륭한 법〔勝法〕이다. 왜냐하면 이것은 정진하고 생각이 착란하지 않으며 고요한 것을 즐겨 한가히 살므로 얻어진 것이기 때문이다.

그는 이미 정심定心이 청정하여 더러움이 없고 부드럽게 길들여져 움직임이 없는 경지에 머무른다. 이미 4대로 이루어진 색신 속에서 마음을 일으켜 변화로 몸을 만들어냈는데, 그것은 모든 근과 지절이 구족하다. 그러면 그는 이렇게 관한다.

'이 몸은 4대가 모여 된 것이며, 저 몸은 변화로 만들어진 것이다. 이 몸과 저 몸은 다르다. 그러나 이 마음은 이 몸 가운데 있고 이 몸에 머물다가 변화로 만들어진 몸에까지 간다.'

비유하면 이렇다. 유리와 마니摩尼를 티 없이 밝고 깨끗하게 다듬어 만일 푸른색·노란색·붉은색 실로 꿰면 눈이 있는 사람은 손바닥 위에 놓고 보아, 구슬과 실은 다르지만 실이 구슬에 의지하여 이 구슬에서 저 구슬에까지 간 것임을 알 것이다. 마납아, 비구가 마음이 이 몸에 의지해 머무르면서 저 변화로 만들어진 몸에까지 이르는 것을 관찰하는 것도 이와 같다. 이것은 비구의 두 번째 훌륭한 법이다. 왜냐하면 이것은 정근하고 생각이 착란하지 않으며 혼자 있기를 즐겨해 한가하게 살므로 얻어진 것이기 때문이다.

그는 정심定心이 청정하여 더러움이 없고 부드럽게 길들여져 움직임이 없는 경지에 머무른다. 그는 또 일심으로 닦고 익혀 신통지神通智를 증득하여 능히 갖가지 조화를 부린다. 한 몸을 변화시켜 무수한 몸이 되고 무수한 몸을 합해 한 몸이 되기도 한다. 석벽도 걸림이 없이 날아다니되 마치 공중을 날아다니는 새와 같고 땅에서처럼 물 위를 걷는다. 몸에서는 연기와 불꽃을 내뿜는 것이 마치 큰 불더미 같고 손으로 해와 달을 만지고 선 채로 범천에까지 이른다. 비유하면 옹기장이가 진흙을 잘 빚어 마음대로 어떤 그릇이나 만들어 많은 이익을 얻는 것과 같다. 또 능숙한 목수가 나무를 잘 다듬어 만들고 싶은 것을 만들어 많은 이익을 얻는 것과 같다. 또 상아 세공사〔牙師〕가 코끼리의 이빨을 능숙히 다루는 것과 같고, 또 금 세공사〔金師〕가 순금〔眞金〕을 잘 제련하여 마음대로 물건을 만들어 많은 이익을 얻는 것과 같다. 마납아, 비구도 이와 같아 정심定心이 청정하여 움직임이 없는 경지에 머무르면서 뜻대로 변화하고 나아가 손으로 해와 달을 어루만지며 서서 범천에까지 이른다. 이것은 비구의 세 번째 훌륭한 법이다.

그는 정심定心이 청정하여 더러움이 없고 부드럽게 길들여져 움직임이 없는 경지에 머무른다. 그는 또 일심으로 닦아 익혀 천이지天耳智를 증득한다. 그의 천이天耳는 깨끗하고 사람의 귀보다 뛰어나 하늘 소리와 사람 소리, 두 가지 소리를 다 듣는다. 마치 성내에 높고 넓고 환히 드러난 큰 강당이 있을 때 귀 밝은 사람이 그 강당 안에 있으면 그 안에서 나는 소리를 애써 힘들이지 않고도 모두 듣는 것과 같다. 비구도 이와 같아 마음이 안정되었기 때문에 하늘 귀가 청정하여 두 가지 소리를 다 듣는다. 마납아, 이것은 비구의 네 번째 훌륭한 법이다.

그는 정심이 청정하여 더러움이 없고 부드럽게 길들여져 움직임이 없는 경지에 머무른다. 그는 또 일심으로 닦아 익혀 타심지他心智를 증득한다. 그는 남의 마음속에 욕심이 있는지 없는지와 번뇌가 있는지 없는지, 어리석음이 있는지 없는지와 마음이 넓은지 좁은지, 마음이 큰지 작은지와 마음이 안정되었는지 어지러운지, 마음이 막혔는지 풀렸는지와 훌륭한 마음과 용렬한 마음, 위없는 마음에 이르기까지 모두 다 안다. 마치 사람이 맑은 물에 자신을 비추면 좋고 나쁨을 틀림없이 아는 것과 같다. 비구도 이와 같이 마음이 깨끗하기 때문에 능히 남의 마음을 안다. 마납아, 이것은 비구의 다섯 번째 훌륭한 법이다.

그는 정심이 청정하여 더러움이 없고 부드럽게 길들여져 움직임이 없는 경지에 머무른다. 일심으로 닦아 익혀서 숙명지宿命智를 증득하고 곧 능히 전생의 무수한 갖가지 일들을 기억해 안다. 능히 한 생에서부터 무수한 생에 이르기까지 겁수劫數와 겁의 성패와 여기서 죽어 저기서 나는 것과 성명·종족·음식의 좋고 나쁨·수명의 길고 짧음·고락의 경험·형상과 모습을 모두 기억해 안다. 비유하면 이렇다. 어떤 사람이 자기 마을에서 다른 나라로 가 거기서 다니기도 하고 서기도 하며 말도 하고 잠자코 지내기도 하다가 다시 그 나라에서 다른 나라로 갔다. 이렇게 여기저기를 전전하다가 다시 본토에 돌아온 그는 애써 마음을 쏟지 않고도 돌아다닌 모든 나라와 여기서 저기로 가고 저기서 여기로 오며 걷고 머물고 말하고 침묵했던 것을 모두 기억한다. 마납아, 비구도 이와 같다. 능히 정심이 청정하여 더러움이 없고 움직임이 없는 경지에 머무른다. 그래서 숙명지로써 능히 전생의 무수한 겁에 있었던 일들을 다 기억한다. 이것은 비구가 첫 번째 승勝[7]을 얻은 것이다. 무명無明이 영원히 소멸되고 큰 지혜〔大明〕의 법이 생겨나며 어둠이 소멸되고 광요光耀의 법이 생겨난다. 이것이 비구의 숙명지의 밝음〔明〕이다. 왜냐 하면 이것은 정근하고 생각에 착란이 없으며 혼자 있기를 즐겨해 한가히 살므로 얻어진 것이기 때문이다.

그는 정심이 청정하여 더러움이 없고 부드럽게 길들여져 움직임이 없는 경지에 머무른다. 그는 또 일심으로 닦아 익혀 생사를 아는 지혜〔見生死智〕를 증득한다. 그는 깨끗한 천안天眼으로 모든 중생이 여기서 죽어 저기에 나고 저기서 죽어 여기에 나는 것을 본다. 형색의 아름답고 추함과 선과 악의 모든 과보와 존귀하고 비천한 것과 짓는 업에 따른 보응報應의 인연을 모두 안다.

'이 사람은 몸으로 악을 행하고 입으로 악을 말하고 뜻으로 악을 생각하며 현성을 비방하고 삿되고 거꾸로 된 소견을 믿었으므로 몸

---

7 다음에 제 2 명明·제 3 명을 거론하며 비구가 3명明을 얻게 되는 과정을 말하고 있는 것으로 보아 '승勝'은 '명明'이 되어야 내용상 옳을 듯하다.

이 무너지고 목숨이 끝나면 세 갈래 악도惡道에 떨어진다. 이 사람은 몸으로 선을 행하고 입으로 선을 말하고 뜻으로 선을 생각하며 현성을 비방하지 않고 바른 소견을 믿고 행하였으므로 몸이 무너지고 목숨이 끝나면 천상이나 인간에 태어난다.'

이렇게 깨끗한 천안으로써 모든 중생이 업연業緣에 따라 5도道로 오가는 것을 본다. 비유하면 성 안의 높고 넓은 평지에 사람들이 많이 다니는 사거리에 높은 누각을 지어 놓고 눈 밝은 사람이 그 위에 올라가 모든 행인을 살핀다면 그들이 동·서·남·북으로 가는 것과 그들의 거동과 하는 짓을 모두 보게 되는 것과 같다. 마납아, 비구도 이와 같아 정심이 청정하여 움직임이 없는 경지에 머무르고 생사를 보는 지혜를 증득한다. 그는 깨끗한 천안으로써 모든 중생들이 그가 지은 선악의 업에 따라 생生을 받아 다섯 갈래 세계에 오가는 것을 보고 그것을 다 안다. 이것은 비구가 두 번째 명明을 얻은 것이다. 무명을 끊고 혜명慧明을 내며 어둠을 버리고 지혜의 광명을 낸다. 이것이 중생의 생사를 보는 지혜의 밝음이다. 왜냐하면 이것은 정근하여 생각이 착란하지 않고 혼자 있기를 즐겨해 한가히 살므로 얻어진 것이기 때문이다.

그는 정심이 청정하여 더러움이 없고 부드럽게 길들여져 움직이지 않는 경지에 머무른다. 그는 또 일심으로 닦아 익혀 무루지無漏智를 증득한다. 그는 여실히 괴로움에 대한 성스러운 진리〔苦聖諦〕를 알고 유루有漏가 모이는 것을 알며 여실히 유루有漏가 없어지는 것을 알고 여실히 누진漏盡으로 나아가는 길을 안다. 그는 욕루欲漏·유루有漏·무명루無明漏를 이와 같이 알고 이와 같이 보아서 그 마음이 해탈을 얻고 해탈의 지혜를 얻는다. 생사가 이미 다하고 범행은 이미 서며 할 일을 다해 마치고 뒷세상의 목숨을 받지 않는다. 비유하면 맑은 물속에 나무와 돌과 고기와 자라 따위의 족속〔水性〕들이 동서로 돌아다닐 때 눈이 있는 사람은 '이것은 나무와 돌이며, 이것은 고기와 자라다'라고 분명히 보는 것과 같다. 마납아, 비구도 이와 같아 정심이 청정하기 때문에 움직임이 없는 경지에 머물러 무루지를 증득하고 나아가 뒤의 목숨을 받지 않게 된다. 이것은 비구가 세 번째 명明을 얻은 것이다. 무명을 끊고 혜명을 내며 어둠을 버리고 큰 지혜의 광명을 낸다. 이것을 번뇌가 없는 지혜의 밝음이라고 한다. 왜냐하면 이것은 정근하여 생각이 착란하지 않고 혼자 있기를 즐겨해 한가히 살므로 해서 얻어진 것이기 때문이다. 마납아, 이것을 '위없는 명행明行의 구족'이라고 한다. 너의 생각에는 어떠하냐? 이러한 명행을 옳다고 하겠느냐, 그르다고 하겠느냐?"

부처님께서 다시 마납에게 말씀하셨다.

"어떤 사람은 위없는 명행의 구족을 얻지 못해 네 가지 방편方便을 행한다. 어떤 것을 네 가지라고 하는가? 마납아, 어떤 사람은 위없는 구족을 얻지 못해 도끼를 들고 광주리를 지고 산에 들어가 약을 구하고 나무뿌리를 먹는다. 마납아, 이것을 위없는 명행구족을 얻지 못해 쓰는 첫 번째 방편이라고 한다. 어떠냐? 마납아, 이것이 첫 번째 방편인데 너와 너의 스승은 이 법을 실천하느냐?"

그는 대답했다.

"실천하지 않습니다."

부처님께서 말씀하셨다.

"너는 참으로 비천하고 한미〔卑微〕하여 참과 거짓도 모르면서 석자釋子를 비방하고 업신여겼다. 이는 스스로 죄의 뿌리를 심어 지옥의 근본을 키우는 것이다. 마납아, 또 어떤 사람은 위없는 명행구족을 얻지 못해 손에 물병을 들고 지팡이를 가지고 산림 속으로 들어가 저절로 떨어진 과일을 주워 먹는다. 마납아, 이것을 위없는 명행구족을 얻지 못해 쓰는 두 번째 방편이라고 한다. 어떠냐? 마납아, 너와 너의 스승은 이 법을 실천하느냐?"

그는 대답했다.

"실천하지 않습니다."

부처님께서 마납에게 말씀하셨다.

"너는 참으로 비천하고 한미하여 참과 거짓도 모르면서 석자를 비방하고 업신여겼다. 이는 스스로 죄의 뿌리를 심어 지옥의 근본을 키우는 것이다. 마납아, 또 어떤 사람은 위없는 명행구족을 얻지 못해 이전에 캔 약과 떨어진 과일을 버리고 다시 마을로 돌아와 사람들에게 의지해 살면서 초막 암자를 세우고 풀과 나무의 잎을 먹는다. 마납아, 이것을 위없는 명행구족을 얻지 못해서 쓰는 세 번째 방편이라고 한다. 어떠냐? 마납아, 너와 너의 스승은 이 법을 실천하느냐?"

그는 대답했다.

"실천하지 않습니다."

부처님께서 마납에게 말씀하셨다.

"너는 참으로 비천하고 한미하여 참과 거짓도 모르면서 석자를 비방하고 업신여겼다. 이는 스스로 죄의 뿌리를 심어 지옥의 근본을 키우는 것이다. 이것을 세 번째 방편이라고 한다.[8] 마납아, 또 어떤 사람은 위없는 명행구족을 얻지 못해 약초도 먹지 않고 떨어진 과일도 먹지 않으며 풀잎도 먹지 않고 마을이나 성에다 큰 집을 짓고 살면 동·서·남·북으로 지나가는 행인들이 힘닿는 대로 공급한다. 이것

8 문맥상 '이것을 세 번째 방편이라 한다[是爲第三方便]'는 생략하고 읽는 것이 옳을 것으로 생각된다. 내용으로 보아도 옳지 않고 반복되고 있는 문장 구조상에도 빠지는 것이 자연스럽다.

을 위없는 명행구족을 얻지 못해서 쓰는 네 번째 방편이라고 한다. 어떠냐? 마납아, 너와 너의 스승은 이 법을 실행하느냐?"

그는 대답했다.

"실행하지 않습니다."

부처님께서 마납에게 말씀하셨다.

"너는 참으로 비천하고 한미하여 참과 거짓도 모르면서 석자를 비방하고 업신여겼다. 이는 스스로 죄의 뿌리를 심어 지옥의 근본을 키우는 것이다. 어떠냐? 마납아, 옛날의 여러 바라문과 선인仙人들은 모두들 재주가 많아 본래 외우고 익힌 것에 대해 찬탄하고 칭설稱說하였는데, 그것이 지금은 너희 바라문들이 외우고 칭설해야 할 것이 되었다. 그들은 곧 첫째 아타마阿咤摩이며, 둘째 바마婆摩이며, 셋째 바마제바婆摩提婆이며, 넷째 비파밀다鼻波密多이며, 다섯째 이두뢰실伊兜瀨悉이며, 여섯째 야바제가耶婆提伽이며, 일곱째 바바바실타婆婆婆悉吒이며, 여덟째 가섭迦葉이며, 아홉째 아루나阿樓那이며, 열째 구담瞿曇이며, 열한째는 수이바首夷婆이며, 열두째 손타라損陀羅이다.

이러한 여러 큰 선인仙人 바라문들도 지금 너의 스승이나 제자들이 살고 있는 곳처럼 모두 해자〔塹〕를 파고 당각堂閣을 세웠느냐?"

그는 대답했다.

"아닙니다."

"저 모든 큰 선인들도 지금 너의 스승이나 제자들이 살고 있는 곳처럼 성곽城郭을 세우고 집에 둘러싸인 채 그 가운데에서 살았느냐?"

그는 대답했다.

"아닙니다."

"저 모든 큰 선인들도 지금 너의 스승이나 무리들처럼 높은 침상과 겹이불 위에서 부드러운 옷을 입고 살았느냐?"

"아닙니다."

"저 모든 큰 선인들도 지금 너의 스승이나 제자들처럼 혹은 금·은·영락과 갖가지 빛깔의 화만과 미녀美女를 즐겼느냐?

저 모든 큰 선인들도 지금의 너의 스승이나 제자들처럼 혹은 보배 수레를 타고 창을 든 자를 앞장세우며 흰 일산으로 몸을 가리고 손에는 보배 총채를 잡으며 갖가지 빛깔의 보배 신을 신고 또 새하얀 옷을 입었느냐?"

그는 대답했다.

"아닙니다."

"마납아, 너는 참으로 비천하고 한미하여 참과 거짓도 모르면서 석자를 비방하고 업신여겼다. 이는 스스로 죄의 뿌리를 심어 지옥의 근본을 키우는 것이다. 어떠냐? 마납아, 저 모든 큰 선인과 옛날의 바라문들이 본래 외우고 익혔던 것에 대해 찬탄하고 칭설했던 것이 지금은 바라문들이 칭설하고 외워야 할 것이 되었다. 만일 아마타 등 선인들의 말을 전해 다른 사람을 가르치는 것으로써 범천에 나기를 바란다면 그것은 있을 수 없는 일이다. 마납아, 그것은 마치 바사닉왕이 사람들과 의논한 것이나 혹은 여러 왕과 혹은 대신과 바라문과 거사와 의논한 것을 다른 하인〔細人〕이 듣고는 사위성에 들어가 사람을 만나 곧 '바사닉왕은 이런 말을 했다'고 말하는 것과 같다. 어떠냐? 마납아, 왕은 이 사람과 함께 의논한 적이 있느냐?"

그는 대답했다.

"아닙니다."

"마납아, 이 사람이 왕의 말을 외워 남에게 말한다고 해서 왕이나 대신 노릇을 할 수 있겠느냐?"

그는 대답했다.

"그럴 수 없습니다."

"마납아, 너희들이 오늘날 옛날의 큰 선인 바라문들이 한 말을 전하여 남에게 가르치는 것으로써 범천에 태어나려고 하나 그것은 있을 수 없는 일이다. 어떠냐? 마납아, 너희들은 남의 공양을 받고 능히 법에 따라 실천하느냐?"

그는 대답했다.

"그렇습니다. 구담이시여, 남의 공양을 받으면 마땅히 법에 따라 실천합니다."

"마납아, 너의 스승 비가라사라 바라문은 왕이 봉封해 준 마을을 받고도 바사닉왕과 함께 이야기할 때 왕에게 긴요한 말은 해주지 않고 무익한 말만 했으며 바른 일로써 서로 충고하고 깨우쳐 주지 않았다. 너는 이제 스스로 너와 너의 스승의 잘못을 살펴보아라. 그러나 그 일은 우선 두고 일단 네가 여기 온 이유를 생각해 보라."

마납은 곧 눈을 들어 여래의 몸을 살피면서 모든 상호相好를 찾아보았다. 다른 상호는 다 볼 수 있었으나 오직 두 가지 상만은 볼 수가 없었다. 그래서 곧 마음에 의심을 품었다. 그때 세존께서 잠자코 생각하셨다.

'이제 이 마납이 두 가지 상을 보지 못해 의심을 품는구나.'

곧 넓고 긴 혀의 상을 내어 귀를 핥고 얼굴을 덮었다. 그래도 저 마납은 다시 한 가지 상을 의심했다. 세존께서는 다시 생각하셨다.

'이제 이 마납이 아직 한 가지 상을 보지 못해 의심하는구나.'

곧 신력으로 저 마납 혼자만 음마장陰馬藏을 볼 수 있게 하였다. 마납은 상을 전부 다 보고 나서야 여래에 대해서 다시는 의심하지 않게 되었다. 그는 곧 자리에서 일어나 부처님을 돌고 물러갔다.

그 무렵 비가라 바라문은 문 밖에 서 있다가 멀리서 그 제자가 오는 것을 보고는 그를 맞이하며 물었다.

"네가 구담을 살펴보니 진실로 상을 갖추었더냐? 또 공덕功德과 신력神力이 듣던 바와 같더냐?"

그는 곧 스승에게 여쭈었다.

"구담 사문은 32상을 다 구족하고 있었고, 공덕과 신력도 듣는 바와 같았습니다."

스승은 또 물었다.

"너는 구담과 잠시라도 이야기해 보았느냐?"

그는 대답했다.

"실로 구담과 여러 이야기를 나누었습니다."

스승은 또 물었다.

"너는 구담과 무슨 일을 이야기하였느냐?"

마납은 부처님과 이야기한 것을 낱낱이 그 스승에게 여쭈었다.

스승이 말했다.

"나의 총명한 제자가 이렇게 하였으니 우리가 지옥에 들어갈 날도 멀지 않았구나. 왜냐하면 너는 모든 탐욕이 좋다고 말하여 구담을 헐뜯어서 그를 불쾌하게 하였고 그가 나를 멀리하게 하였기 때문이다. 너는 총명한 제자라면서 이 지경으로 만들었으니 머지않아 나를 지옥에 들어가게 한 것이다."

그리하여 그 스승은 분노에 찬 마음으로 곧 마납을 차서 수레에서 떨어뜨리고 자기는 수레에 올랐다. 저 마납은 수레에서 떨어질 때에 그만 백라白癩병이 생겼다.

그때 비가라사라 바라문은 하늘을 우러러 해를 보았다. 그리고 잠자코 스스로 생각했다.

'오늘은 사문 구담을 만나기에 적당한 때가 아니다. 내일까지 기다

렸다가 찾아가 만나 보리라.'

비가라사라 바라문은 이튿날 아침에 보배 수레를 엄숙하게 치장하고 5백 명 제자에게 앞뒤로 둘러싸여 이차伊車 숲으로 나아갔다. 그리고 수레에서 내려 걸어서 세존께서 계신 곳에 이르러 안부를 물은 뒤 한쪽에 앉았다. 거기서 여래의 몸을 우러러보았는데 모든 상을 다 보았으나 오직 두 가지 상만은 보지 못했다.

이렇게 바라문이 두 가지 상을 의심하자 부처님께서는 그의 생각을 아시고 곧 넓고 긴 혀의 상을 내어 귀를 핥고 얼굴을 덮었다. 바라문은 또 한 가지 상을 의심했다. 부처님께서는 그 생각을 아시고 곧 신력으로서 음마장陰馬藏을 볼 수 있게 하셨다. 그제야 바라문은 여래의 32상을 빠짐없이 보고 마음이 곧 열려 다시는 의심하지 않게 되었다. 그래서 곧 부처님께 여쭈었다.

"만일 제가 길을 가다가 길에서 부처님을 만날 때, 잠깐이라도 수레를 멈추거든 곧 저는 이미 세존을 경례했다고 아십시오. 왜냐하면 저는 봉읍封邑을 받은 사람이기 때문입니다. 만일 제가 수레에서 내리면 반드시 이 봉읍을 잃고 나쁜 소문이 퍼질 것입니다."

그는 또 부처님께 여쭈었다.

"만일 제가 수레에서 내리면서 칼을 풀고 일산을 물리고 또 깃대와 물병과 신발을 치우거든 곧 저는 이미 여래를 예경했다고 아십시오. 왜냐하면 저는 봉읍을 받아 다섯 가지 위의威儀가 있는 사람이기 때문입니다. 만일 제가 예배한다면 곧 봉읍을 잃고 나쁜 소문이 퍼질 것입니다.

그는 또 부처님께 여쭈었다.

"만일 제가 여러 사람 속에 있다가 부처님을 보고 일어나서는 만일 오른 쪽 어깨를 드러내고 스스로 성명을 대거든 곧 저는 이미 여래를 예경했다고 아십시오. 왜냐하면 저는 봉읍을 받은 사람이기 때문입니다. 만일 예배한다면 곧 봉읍을 잃고 나쁜 소문이 퍼질 것입니다."

그는 또 부처님께 여쭈었다.

"저는 부처님께 귀의하고 법에 귀의하고 스님들께 귀의합니다. 제가 정법 가운데에서 우바새가 되는 것을 허락해 주십시오. 저는 지금부터 살생하지 않고 도둑질하지 않으며 음탕하지 않고 속이지 않으며 술을 마시지 않겠습니다. 원컨대 세존과 모든 대중께서는 제 초청을 들어주십시오."

세존께서는 잠자코 그 청을 받아 주셨다. 바라문은 부처님께서 잠자코 계시는 것을 보고 허락하신 줄을 알았다. 곧 자리에서 일어나 저도 모르는 사이에 부처님께 예배하고 세 번 돌고 떠나갔다.

그는 돌아가서 음식을 장만하였고 공양 준비가 다 되자 다시 돌아와 공양 때가 되었다고 여쭈었다.

세존께서는 가사를 입고 발우를 가지고 모든 대중 1,250명과 함께 그의 집으로 가 자리에 앉으셨다.

그러자 바라문은 손수 갖가지 맛난 음식을 부처님과 스님들에게 바쳤다. 공양이 끝나자 발우를 거두고 물을 돌리기를 마쳤다. 그때 바라문은 오른손으로 제자 아마주의 손을 잡고 세존 앞에 나아가 여쭈었다.

"원하건대, 여래시여, 이 자의 참회를 받아주십시오. 원하건대, 여래시여, 이 자의 참회를 받아주십시오."

이렇게 세 번 말하고 다시 부처님께 여쭈었다.

"마치 잘 길들여진 코끼리나 말이 잠깐 미끄러져 넘어졌다가도 다시 바른 길로 돌아오는 것처럼 이 사람도 비록 실수가 있었으나 부디 그 참회를 받아주십시오."

부처님께서 바라문에게 말씀하셨다.

"마땅히 너의 수명을 연장시키고 현세에서 안온하게 하며 네 제자의 백라병도 낫게 해 주리라."

부처님의 말씀이 끝나자마자 그 제자의 백라병은 곧 나았다. 그때 바라문은 작은 자리를 가져다 부처님 앞에 앉았다. 세존께서는 곧 바라문을 위하여 설법하시고 가르쳐 보여 이롭고 기쁘게 하셨으니, 그것은 시론施論·계론戒論·생천론生天論이었다. 욕심은 더러운 때〔穢汙〕이고, 상루上漏는 우환거리〔患〕가 되며 출요出要가 제일이라 하시면서 청정함에 대하여 자세히 말씀하셨다. 세존께서는 바라문의 마음이 이미 부드럽게 다루어지고 청정하고 때가 없어 도道의 가르침을 받아들일 수 있음을 아셨다. 그래서 모든 부처님들이 늘 그러하셨던 법과 같이 괴로움에 대한 성스러운 진리〔苦聖諦〕·괴로움의 발생에 대한 성스러운 진리〔苦集聖諦〕·괴로움의 소멸에 대한 성스러운 진리〔苦滅聖諦〕·괴로움의 벗어남에 대한 진리〔苦出要諦〕를 말씀하셨다. 그러자 바라문은 곧 그 자리에서 번뇌의 때를 멀리 여의고 법안法眼이 깨끗해졌다. 그것은 마치 정결한 흰 천이 쉽게 염색되는 것과 같았다. 비가라사라 바라문도 그와 같아 법을 보고 법을 얻어 도과道果가 확고해졌고 다른 도를 믿지 않고 두려움이 없게 되었다. 그는 곧 부처님께 여쭈었다.

"저는 이제 다시금 부처님과 법과 비구들께 귀의합니다. 제가 정법 가운데서 우바새가 되는 것을 허락해 주십시오. 저는 지금부터 목숨이 다할 때까지 살생하지 않고 도둑질하지 않으며 간음하지 않고 속이지 않으며 술을 마시지 않겠습니다. 오직 원하건대, 세존과 모든 대중께서는 저를 가엾이 여기시어 7일 동안의 초청을 들어주십시오."

세존께서는 잠자코 그것을 허락하셨다. 그리하여 바라문은 곧 7일 동안 부처님과 대중에게 갖가지로 공양하였다. 세존께서는 7일을 지내고 나서 세상에 나와 노니셨다.

부처님께서 떠나신 지 오래지 않아 비가라사라 바라문은 병들어 목숨을 마쳤다. 그때 비구들은 이 바라문이 7일 동안 부처님께 공양하고는 곧 목숨을 마쳤다는 소식을 듣고 각각 궁금해 하였다.

'그는 목숨을 마치고 어느 세계에 태어났을까?'

여러 비구들은 세존께 나아가 예배하고 한쪽에 앉아 여쭈었다.

"저 바라문은 7일 동안 부처님께 공양하고 나서 몸이 무너지고 목숨이 끝났는데, 장차 어느 곳에 가서 태어났겠습니까?"

부처님께서 비구들에게 말씀하셨다.

"이 족성자族姓子는 모든 착함을 다 모아 법을 구족하였고 법을 어기지 않고 행하여 5하결下結을 끊었다. 그는 저 세상에서 반열반般涅槃에 들 것이며 이 세상으로 돌아오지 않을 것이다."

그러자 모든 비구는 부처님 말씀을 듣고 기뻐하며 받들어 행하였다.

불설장아함경 제 14 권

〔제 3 분〕 ②

2. 범동경梵動經[1]

이와 같이 나는 들었다.

어느 때 부처님께서 마갈국(摩竭國 : 마가다국)을 유행하실 때에 큰 비구 대중 1,250명과 함께 계셨다. 부처님께서는 인간 세상을 유행하시다가 죽림竹林에 이르러 왕의 전당에 머무셨다.

그때 선념善念이라는 범지梵志가 있었는데 선념의 제자 이름은 범마달梵摩達이었다. 그들 스승과 제자는 항상 부처님의 뒤를 따라다녔다. 그런데 선념 범지는 무수한 방편으로써 부처님과 법과 비구 대중을 헐뜯었고 그 제자 범마달은 무수한 방편으로써 부처님과 법과 비

---

1 이 경의 이역본으로는 오吳나라 지겸支謙이 한역한 『불설범망육십이견경佛說梵網六十二見經』이 있다.

구 대중을 칭찬했다. 그 스승과 제자 두 사람은 각각 다른 마음을 품고 서로 엇나갔다. 왜냐하면 그들은 습관이 다르고 소견이 다르고 가까이 하는 사람이 달랐기 때문이었다.

그때 많은 비구들은 걸식한 뒤에 강당에 모여 이렇게 이야기했다.

"참으로 기이하고 참으로 특별하다. 세존께서는 큰 신력을 지녔고 위덕을 구족하여 중생의 마음과 좋아하는 바를 다 아신다. 저 선념 범지와 그 제자 범마달은 여래와 비구 대중을 따라다니는데 선념 범지는 무수한 방편으로 부처님과 법과 스님들을 비방하고 제자 범마달은 무수한 방편으로 여래와 법과 스님들을 칭찬한다. 그 스승과 제자 두 사람은 각각 다른 마음을 품었다. 그것은 소견이 다르고 습관이 다르고 가까이 하는 사람이 다르기 때문이다."

세존께서는 고요한 방 안에서 사람의 귀보다 뛰어난 청정한 천이天耳로써 모든 비구들이 말하는 이러한 이야기를 들으셨다. 세존께서는 고요한 방에서 일어나 강당으로 나아가 대중 앞에 앉아 다 알고 계시면서도 일부러 물으셨다.

"비구들아, 너희들은 무슨 인연으로 이 강당에 모였고 무슨 이야기들을 하고 있는가?"

모든 비구들은 부처님께 여쭈었다.

"저희들은 걸식한 뒤에 이 강당에 모여 여럿이 이야기했습니다.

'참으로 기이하고 참으로 특별하다. 여래께서는 큰 신통력이 있고 위덕을 구족하여 중생들이 마음으로 지향해 나가는 것을 아신다. 지금 선념 범지와 그 제자 범마달은 항상 여래와 스님들을 따라 다니는데, 선념 범지는 무수한 방편으로 여래와 스님들을 헐뜯고 그 제자 범마달은 무수한 방편으로 여래와 법과 스님들을 찬양한다. 그들이 이렇게 하는 것은 소견이 다르고 습관이 다르고 가까이 하는 사람이

다르기 때문이다.'

아까부터 강당에 모여 이런 일을 이야기하였습니다."

세존께서 비구들에게 말씀하셨다.

"만일 방편으로써 여래와 법과 스님들을 헐뜯더라도 너희들은 분노에 찬 마음을 품고 저들을 해칠 뜻을 가져서는 안 된다. 왜냐하면 만일 나와 법과 비구들을 비방한다고 해서 너희들이 분노에 찬 마음을 품고 해칠 뜻을 일으킨다면 너희들은 곧 스스로 궁지에 빠지게 되기 때문이다. 그러므로 너희들은 분노에 찬 마음을 품고 저들을 해칠 뜻을 가져서는 안 된다. 비구들아, 만일 부처와 법과 스님들을 칭찬하더라도 너희들은 그 가운데서 또한 기뻐하며 경사스럽게 여길 것 없다. 왜냐하면 만일 너희들이 환희심을 가지면 곧 궁지에 빠지게 되기 때문이다. 그러므로 너희들은 기쁜 마음을 내어서도 안 된다. 무슨 까닭인가? 그것은 소소한 인연으로서 위의威儀를 지키고 계행을 따르는 것일 뿐인데, 범부들이 들은 것이 적고 깊은 뜻을 몰라 곧 저의 소견으로써 제가 본 그대로 찬탄하기 때문이다.

어떤 것을 '소소한 인연으로서 위의를 지키고 계행을 따르는 것일 뿐인데, 범부들이 들은 것이 적어 곧 저의 소견으로써 제가 본 그대로를 찬탄한다'고 하는가? 그들은 이렇게 찬탄한다.

'사문 구담은 살생을 소멸하여 살생을 없앴으며 칼과 몽둥이를 버리고 부끄러워하는 마음을 품고 일체를 사랑하고 불쌍히 여긴다.'

이것은 소소한 인연으로서 위의를 지키고, 계행을 따르는 일일 따름인데, 들은 것이 적은 저 범부들은 이것을 가지고 부처를 찬탄한다.

또 이렇게 찬탄한다.

'사문 구담은 주지 않는 것을 가지려는 마음을 소멸하고 주지 않는

것을 가지려는 마음을 없애 도둑질할 마음이 없다.'

또 이렇게 찬탄한다.

'사문 구담은 음욕을 버리고 범행을 깨끗이 닦으며 한결같이 계를 지키고 음탕함을 익히지 않으며 행하는 바가 청결하다.'

또 이렇게 찬탄한다.

'사문 구담은 거짓말을 버려 없애고 하는 말마다 진실하고 성실하여 세상 사람을 속이지 않는다.'

또 이렇게 찬탄한다.

'사문 구담은 두 말〔兩語〕을 버려 없앴다. 그리하여 이쪽 사람의 말로 저쪽 사람을 헐뜯지 않고 저쪽 사람의 말로 이쪽 사람을 헐뜯지 않는다. 다툼이 있으면 잘 화합시키고 이미 화합하면 그 기쁨을 더하게 한다. 또 말을 하면 화합하는 말만 하고 성실하게 남의 마음을 살펴 때에 맞게 말씀하신다.

사문 구담은 악한 말〔惡口〕을 버려 없앴다. 만일 추한 말로 사람을 손상하면 그 맺힌 원한은 늘어나고 원한과 미움이 자라게 되는데 그런 추한 말을 전혀 하지 않는다. 언제나 사람의 마음을 즐겁게 하고 여러 사람들이 사랑하고 즐거워하며 항상 들어도 싫증나지 않는 그런 착한 말만 한다.

사문 구담은 꾸밈말을 버리고 없앴다. 때에 맞는 말 · 진실한 말 · 이로운 말 · 법다운 말 · 율律다운 말 · 잘못을 그치게 하는 말 이런 말만 한다.

사문 구담은 술 마시기를 버리고 향화香華로 몸을 치장하지 않으며 노래와 춤을 구경하지 않고 높은 평상에 앉지 않는다. 때 아닌 때에 먹지 않고 금 · 은을 지니지 않는다. 아내와 자식과 남녀의 종을 두지 않고 코끼리 · 말 · 돼지 · 염소 · 닭 · 개 및 모든 새나 짐승을 기르지 않고 상병象兵·마병馬兵·차병車兵·보병步兵을 기르지 않는다. 밭과 집을 가지지 않고 5곡을 심지 않으며, 주먹으로 남과 맞서지 않고 말과 저울로써 남을 속이지 않는다. 또한 판매하거나 계약하지도 않는다. 또한 저당을 잡고 빚을 주어 함부로 이익을 내지 않으며 또 음모를 꾸미거나 면전面前과 배후背後를 다르게 하지 않는다. 때가 아니면 행하지 않으며 몸을 위하고 목숨을 기르기 위해 알맞게 먹는다. 그가 가는 곳마다 옷과 발우가 몸을 따르는 것은 마치 나는 새의 몸에 날개가 있는 것과 같다.'

이것은 계를 가지는 소소한 인연일 뿐인데, 들은 것이 적은 저 범부는 이것을 가지고 부처를 찬탄한다.

'다른 사문 바라문들은 남이 시주한 것〔信施〕을 받고도 다시 저축하기를 구하며 의복과 음식에 만족할 줄을 모르지만 사문 구담은 그러한 일이 없다.

다른 사문 바라문들은 남이 시주한 것을 먹으면서도 자기의 생업을 경영하고 나무를 심어 귀신이 의지할 곳을 만들지만 사문 구담은 그러한 일이 없다.

다른 사문 바라문들은 남이 시주한 것을 먹으면서도 다시 방편을 지어 온갖 이양利養·상아象牙·잡보雜寶·높고 넓은 큰 평상과 온갖 무늬가 있는 비단·털로 짠 담요·돗자리·이불 등을 구하지만 사문 구담은 그러한 일이 없다.

다른 사문 바라문들은 남이 시주한 것을 먹으면서 다시 방편을 써서 자신을 치장한다. 소유酥油를 몸에 문지르고 향수에 목욕하며 향가루를 몸에 바르고 향수로 머리를 빗으며 아름다운 화만華鬘을 걸치고 눈을 감색으로 물들이며 얼굴을 문질러 장엄하고 깨끗한 고리를 차고 끈을 묶고 거울에 제 자신을 비추어 본다. 보배 가죽신을 신고 새하얀 옷을 입으며 일산을 쓰고 총채를 잡으며 깃발로 장엄하게 꾸민다. 그러나 사문 구담은 그러한 일이 없다.

다른 사문 바라문들은 오로지 잡기를 즐겨 바둑·장기·8도道·10도·백천 도에 이르기까지 갖가지 놀이를 스스로 즐긴다. 그러나 사문 구담은 그러한 일이 없다.

다른 사문 바라문들은 남이 시주한 것을 먹으면서 도에 방해되는 무익한 이야기만 한다. 왕들의 전쟁과 군마에 관한 일, 뭇 대신과 관리들이 수레나 말을 타고 드나들며 동산에서 유희하는 일을 말할 뿐이다. 또 눕고 일어나고 걸어 다니는 일, 여자에 관한 일, 의복과 음식과 친척의 일을 이야기하며, 또 바다에 들어가 보물 캐는 일을 이야기한다. 그러나 사문 구담은 그러한 일이 없다.

다른 사문 바라문들은 남이 시주한 것을 먹으면서 무수한 방편을 써서 나쁜 직업으로 생활하고 아름다운 말로 아첨하며, 대놓고 서로 헐뜯고 이익으로써 이익을 구한다. 그러나 사문 구담은 그러한 일이 없다.

다른 사문 바라문들은 남이 시주한 것을 먹으면서 서로 다툼만 일삼는다. 혹은 동산에서, 혹은 욕지浴池에서, 혹은 당堂에서 서로 시비하며 이렇게 말한다.

〈나는 경률經律을 알지만 너는 모른다. 나는 바른 길을 가지만 너는 삿된 길을 가며 앞의 것을 뒤에 붙이고 뒤의 것을 앞에 붙인다. 나는 잘 참지만 너는 잘 참지 못한다. 네가 하는 말은 모두 정직하지 않다. 만일 의심되는 것이 있거든 내게 와서 물으라. 내가 모두 답해 주리라.〉

그러나 사문 구담은 그러한 일이 없다.

다른 사문 바라문들은 남이 시주한 것을 먹으면서도 다시 방편을 써서 스스로 심부름꾼이 되기를 구한다. 혹은 왕이나 왕의 대신·바라문·거사居士를 위해 심부름꾼이 되어 여기서 저기로 가고 저기서 여기로 오며 이 소식을 가져다 저 사람에게 주고 저 소식을 가져다 이 사람에게 주되 혹은 스스로 하기도 하고 혹은 남을 시켜서 하기도 한다. 그러나 사문 구담은 그러한 일이 없다.

다른 사문 바라문들은 남이 시주한 것을 먹으면서 다만 전쟁에서 싸우는 일만 익힌다. 혹은 칼이나 몽둥이 활 쏘는 법을 익히고, 혹은 닭·개·돼지·염소·코끼리·말·소·낙타 따위의 짐승들을 싸움 붙이기도 하며, 혹은 남녀 간에 싸움 붙이기도 한다. 피리 소리·북소리·노래 소리·춤추는 소리 등 여러 가지 소리를 내고, 혹은 깃대에 오르고 거꾸로 떨어지는 재주 등 갖가지 재주부리기를 익히지 않는 것이 없다. 그러나 사문 구담은 그러한 일이 없다.

다른 사문 바라문들은 남이 시주한 것을 먹으면서 도에 방해되는 법을 행하고 삿된 방법으로 생활한다. 남녀의 길흉과 잘 생기고 못생긴〔好醜〕 관상을 보고 점치며 또 짐승의 관상까지 보면서 이익을 구한다. 그러나 사문 구담은 그러한 일이 없다.

다른 사문 바라문들은 남이 시주한 것을 먹으면서 도에 방해되는 법을 행하고 삿된 방법으로 생활한다. 귀신을 부르고 혹은 쫓으며 갖가지 기도와 무수한 방법으로 사람들을 두렵게 하여 모으기도 하고 능히 흩어지게도 하며 괴롭게도 하고 즐겁게도 한다. 또 능히 사람을 위해 태胎를 편안하게도 하고 태의胎衣가 밖으로 나오게도 하며, 또 능히 사람을 저주해 나귀로 만들기도 하고 또 사람을 귀머거리나 장님, 벙어리로 만들기도 한다. 또 여러 가지 기술을 보여주고 손을 모으고 일월日月을 향하는 등 온갖 고행을 하는 것으로써 이양을 구한다. 그러나 사문 구담은 그러한 일이 없다.

다른 사문 바라문들은 남이 시주한 것을 먹으면서 도에 방해되는 법을 행하고 삿된 방법으로 생활한다. 혹은 사람을 위해 병을 치료하는 주문을 외우기도 하고, 혹은 나쁜 주문을 외우기도 하며, 혹은 선한 주문을 외우기도 한다. 혹은 의방·침·뜸·약석藥石으로써 여러 가지 병을 고쳐주기도 한다. 그러나 사문 구담은 그러한 일이 없다.

다른 사문 바라문들은 남이 시주한 것을 먹으면서 도에 방해되는 법을 행하고 삿된 방법으로 생활한다. 혹은 홍수나 화재를 방지하는 주문을 외우기도 하고 혹은 귀신의 주문을 외우기도 하며 혹은 찰리의 주문을 외우기도 한다. 혹은 코끼리 주문, 지절支節의 주문, 집을 편안케 하는 부적과 주문을 외우기도 하고, 혹은 불에 데고 쥐에게 물린 독을 풀어주는 주문을 외우기도 한다. 혹은 죽고 사는 것을 점치는 글을 외우고, 꿈 풀이 하는 글을 외우며, 손금이나 관상을 보고 천문서를 외우며, 혹은 모든 소리에 대한 글을 외운다. 그러나 사문 구담은 그러한 일이 없다.

다른 사문 바라문들은 남이 시주한 것을 먹으면서도 도에 방해되는 법을 행하고 삿된 방법으로 생활한다. 천기를 살펴 비가 올지 오지 않을지, 곡식이 귀할지 천할지, 병이 많을지 적을지, 세상이 혼란스러울지 안온할지를 말해 준다. 혹은 지진·혜성·월식·일식을 말하기도 하고 혹은 별이나 일식·월식〔星蝕〕에 대해 말하기도 하며, 혹은 불식不蝕을 말하기도 하고 어느 곳에 무엇이 있는지를 다 능히 말한다. 그러나 사문 구담은 그런 일이 없다.

다른 사문 바라문들은 남이 시주한 것을 먹으면서도 도에 방해되는 법을 행하고 삿된 방법으로 생활한다. 혹은 〈이 나라가 마땅히 이기고 저 나라는 그렇지 못하리라〉고 말하기도 하고 혹은 〈저 나라가 마땅히 이기고 이 나라는 그렇지 못하리라〉고 말하기도 하며, 길흉

을 점쳐 그 성쇠를 말하기도 한다. 그러나 사문 구담은 그러한 일이 없다.'

모든 비구들이여, 이것은 계를 가지는 소소한 인연들인데 저 들은 것이 적은 범부들은 이것을 가지고 부처님을 찬탄한다."

부처님께서 모든 비구들에게 말씀하셨다.

"그것과는 다른 법으로서 깊고 미묘한 큰 법의 광명이 있다. 오직 현성賢聖의 제자만이 능히 이 법을 가지고 여래를 찬탄한다. 어떤 것이 '깊고 미묘한 큰 광명의 법으로서 현성의 제자만이 능히 이 법을 가지고 여래를 찬탄한다'는 것인가? 모든 사문 바라문들이 갖가지로 무수하게 나름대로 주장하는 본겁 본견本劫本見과 말겁 말견末劫末見은 모두 62견에 들어가며, 갖가지로 무수하게 나름대로 주장하는 본겁 본견과 말겁 말견은 다 62견에서 벗어나지 못한다. 저 사문 바라문은 어떤 인연으로 본겁 본견과 말겁 말견에 대해서 갖가지 무수한 나름대로의 주장이 모두 이 62견에 들어가 벗어나지 못하는가? 모든 사문 바라문이 갖가지로 무수하게 나름대로 주장하는 본겁 본견은 다 18견에 들어가고, 갖가지로 무수하게 나름대로 주장하는 본겁 본견은 다 18견을 벗어나지 못한다. 저 사문 바라문들은 어떤 인연으로 본겁 본견에 대해서 갖가지 무수한 나름대로의 주장이 다 18견에 들어가 벗어나지 못하는가?

여러 사문 바라문들은 본겁 본견에 있어서 상론常論을 일으켜 말한다.

'나와 세간은 항상 존재한다.'

이런 주장은 다 4견에 들어간다. 본겁 본견에 대해서 '나와 세간은 항상 존재한다' 고 말하는 것은 다 4견에 들어가 벗어나지 못한다. 저 사문 바라문은 어떤 인연으로 본겁 본견에 대해서 상론常論을 일으켜 '나와 세간은 항상 존재한다'고 말하고, 모두 4견에 들어가 벗어나지 못하는가?

혹 어떤 사문 바라문은 갖가지 방편으로 정의삼매定意三昧에 들어 삼매의 마음으로써 20번의 성겁成劫과 패겁敗劫을 기억하고 이렇게 말한다.

'나와 세간은 항상 존재한다. 이것이 진실이고 다른 것은 거짓이다. 무슨 까닭인가? 나는 갖가지 방편으로 정의삼매에 들어 삼매의 마음으로써 20번의 성겁과 패겁을 기억하고 있는데, 그 동안 중생은 늘지도 않았고 줄지도 않았으며 항상 모이고 흩어지지 않았기 때문이다. 나는 이것으로써 나와 세간은 영원하며, 이것이 진실이고 다른 것은 거짓인 줄을 안다.'

이것이 초견初見이다. 사문 바라문들은 이로 인해 본겁 본견에 대해서 '나와 세간은 영원하다'고 헤아리는데, 이런 주장은 4견에서 벗어나지 못한다.

혹 어떤 사문 바라문들은 갖가지 방편으로 정의삼매에 들어 삼매의 마음으로써 40번의 성겁과 패겁을 기억하고 이렇게 말한다.

'나와 세간은 영원하다. 이것이 진실이고 다른 것은 거짓이다. 무슨 까닭인가? 나는 갖가지 방편으로써 정의삼매에 들어 삼매의 마음으로써 40번의 성겁과 패겁을 기억하고 있는데, 그 동안 중생들은 늘지도 않았고 줄지도 않았으며 항상 모여 있고 흩어지지 않았기 때문이다. 나는 이것으로써 나와 세간은 영원하며 이것이 진실이고 다른 것은 거짓인 줄을 안다.'

이것이 제2견이다. 여러 사문 바라문들은 이로 인해 본겁 본견에 대해서 '나와 세간은 영원하다'고 헤아리는데, 그런 주장은 4견에서 벗어나지 못한다.

혹 어떤 사문 바라문은 갖가지 방편으로 정의삼매에 들어 삼매의 마음으로써 80번의 성겁과 패겁을 기억하고 이렇게 말한다.

'나와 세간은 영원하다. 이것이 진실이고 다른 것은 거짓이다. 무슨 까닭인가? 나는 갖가지 방편으로써 정의삼매에 들어 삼매의 마음으로써 80번의 성겁과 패겁을 기억하고 있는데, 그 동안 중생들은 늘지도 않았고 줄지도 않았으며 항상 모여 있고 흩어지지 않았기 때문이다. 나는 이것으로써 나와 세간은 영원하며 이것이 진실이고 다른 것은 거짓인 줄을 안다.'

이것이 제3견이다. 여러 사문 바라문들은 이로 인해 본겁 본견에 대해서 '나와 세간은 영원하다'고 헤아리는데, 이런 주장은 4견에서 벗어나지 못한다.

혹 어떤 사문 바라문은 민첩한 지혜가 있어 잘 관찰한다. 민첩한 지혜 방편으로 관찰하여 '자세히 밝혔다'고 여기고는 자기 소견과 자기의 말재주로써 이렇게 말한다.

'나와 세간은 영원하다.'

이것이 제4견이다. 사문 바라문들은 이로 인해 본겁 본견에 대해서 '나와 세간은 영원하다'고 헤아리는데, 그런 주장은 4견에서 벗어나지 못한다. 이 사문 바라문들은 본겁 본견에 대해서 '나와 세간은 영원하다'고 헤아리는데 이와 같은 일체 견해는 모두 4견에 들어가는 것이고, '나와 세간은 영원하다'는 견해는 이 4견에서 벗어나지 못한다.

오직 여래만이 이 견처見處와 이러한 가짐〔持〕과 이러한 고집〔執〕을 알고 또한 그 보응報應을 안다. 여래가 아는 것은 또 이것을 넘어서지만 비록 알아도 집착하지 않고 집착하지 않기 때문에 곧 적멸寂滅을 얻는다. 수受의 집集·멸滅·미味·과過·출요出要를 알고 평등관으로써 남김없이 해탈하였기 때문에 여래라고 이름하는 것이다.

이것이 바로 전혀 다른 깊고 미묘한 큰 법의 광명이며, 현성의 제자로 하여금 진실 평등하게 여래를 찬탄하게 하는 것이다.

또 다시 깊고 미묘한 큰 법의 광명이 있어 현성의 제자로 하여금 진실 평등하게 여래를 찬탄하게 한다. 어떤 것이 그것인가? 여러 사문 바라문들은 본겁 본견에 대해서 이렇게 주장한다.

'나와 세간은 반은 항상하고 반은 무상하다.'

저 사문 바라문들은 이로 인해 본겁 본견에 대해서 '나와 세간은 반은 영원하고 반은 무상하다'고 헤아리는데, 이러한 주장은 4견에서 벗어나지 못한다.

혹은 이런 때도 있었다. 이 겁劫이 처음으로 시작되던 때에 어떤 중생이 복福이 다하고 목숨〔命〕이 다하고 행行이 다해 광음천光音天에서 목숨이 끝나 허공의 범천에 태어났다. 그는 곧 그곳에서 애착심을 내어 다른 중생도 함께 그곳에 태어났으면 하고 원했다. 이 중생이 애착의 원을 일으킨 뒤에 다시 다른 중생이 목숨과 행과 복이 다해 광음천光音天에서 목숨을 마치고 범천에 태어났다. 그러자 먼저 범천에 태어난 중생은 곧 이렇게 생각했다.

'나는 이곳의 범梵이며, 대범大梵이다. 나는 저절로 있게 되었으며 아무도 나를 만든 자는 없다. 나는 모든 뜻을 알고 1천세계를 맡아 그 가운데서 자재自在하며 가장 존귀하고 잘 변화하며 미묘하기 제일이다. 나는 중생의 아버지로서 나 혼자 먼저 있었고 다른 중생은 뒤에 왔으니, 뒤에 온 중생은 모두 내가 조화로 만든 것이다.'

그 뒤에 온 중생들도 또 이렇게 생각했다.

'저분은 대범이다. 저분은 스스로 생겨난 자이며 저분을 만든 자는 아무도 없다. 그는 모든 뜻을 알고 1천세계를 맡아 그 가운데서 자재하며 가장 존귀하고 잘 변화하며 미묘하기 제일이다. 중생의 아버지

로서 저분 혼자 먼저 있었고 그 뒤에 우리가 있게 되었다. 우리들 중생은 저분이 조화로 만든 것이다.'

저 범천의 중생들은 목숨과 행이 다해 이 세상에 와서 태어났다. 그들은 점차 자라나서는 수염과 머리를 깎고 세 가지 법의를 입고 집을 떠나 도를 닦았다. 그들은 정의삼매에 들어 삼매의 마음을 따라 자기 자신의 본생을 기억하고 이렇게 말했다.

'저 대범천은 스스로 생겨난 자이며 저분을 만든 자는 없다. 모든 뜻을 다 알고 1천세계를 맡아 그 가운데서 자재하며 가장 존귀하고 잘 변화하며 미묘하기 제일이다. 저분은 중생의 아버지로서 항상 존재하며 변하지 않는다. 그러나 우리는 저 범천이 조화로 만들었으므로 무상하여 변하고 바뀌며 오래 머무르지 못한다. 그러므로 마땅히 나와 세간은 반은 영원하고 반은 무상하며 이것이 진실이고 다른 것은 거짓인 줄을 안다.'

이것이 초견初見이다. 사문 바라문들은 이로 인해 본겁 본견에 대해서 '반은 영원하고 반은 무상하다'고 주장하는데, 이런 주장은 4견에서 벗어나지 못한다.

혹 어떤 중생은 쓸데없는 우스갯소리와 게으름을 좋아하고 자주 우스갯소리를 하며 스스로 즐겼다. 그는 우스갯소리를 하며 즐기다가 몸이 매우 피로해 곧 의식을 잃었고, 의식을 잃음으로써 곧 목숨을 마치고 이 세상에 태어났다. 그는 점점 자라서는 수염과 머리를 깎고 세 가지 법의를 입고 집을 나가 도를 닦았다. 그는 정의삼매에 들어 삼매의 마음으로써 자기 자신의 본생을 기억하고 이렇게 말했다.

'저곳에 있는 다른 중생들은 자주 태어나지 않고 자주 우스갯소리를 하며 즐기지 않았기 때문에 항상 그곳에 있고 영원히 머물며 변화하지 않는다. 그러나 나는 자주 우스갯소리를 한 까닭에 이 무상한 곳에 태어나 변하고 바뀌는 몸〔變易法〕이 되었다. 그러므로 나는 나와 세간은 반은 영원하고 반은 무상하며, 이것이 진실이고 다른 것은 거짓인 줄을 안다.'

이것이 제2견이다. 사문 바라문들은 이로 인해 본겁 본견에 대해서 '나와 세간은 반은 영원하고 반은 무상하다'고 주장하는데, 이것은 4견에서 벗어나지 못한다.

혹 어떤 중생은 이리저리 서로 쳐다보다가 곧 뜻을 잃고는 그것으로 말미암아 목숨을 마치고 이 세상에 태어났다. 그는 점점 자라나서는 수염과 머리를 깎고 세 가지 법의를 입고 집을 나와 도를 닦아 정의삼매에 들어갔다. 그는 삼매의 마음으로써 본래 태어났던 곳〔本所生〕을 기억하고는 곧 이렇게 말했다.

'저 중생들은 이리저리 서로 쳐다보지 않았으므로 뜻을 잃지 않았다. 그러므로 항상 머물러 변하지 않는다. 그러나 우리들은 그곳에서 자주 서로 보았고 자주 서로 보고는 곧 뜻을 잃었기에 이 무상한 곳에 태어나 변하고 바뀌는 몸이 되었다. 나는 이것으로써 나와 세간은 반은 영원하고 반은 무상하며, 이것은 진실이고, 다른 것은 거짓인 줄을 안다.'

이것이 제3견이다. 여러 사문 바라문들은 이로 인해 본겁 본견에 대해서 '나와 세간은 반은 영원하고 반은 무상하다'고 주장하는데 이런 주장은 4견에서 벗어나지 못한다.

혹 어떤 사문 바라문은 민첩한 지혜智慧가 있어 능히 잘 관찰한다. 그는 민첩하게 관찰하는 지혜로써 관찰하고 자기의 지혜와 말재주로써 말한다.

'나와 세간은 반은 영원하고 반은 무상하다. 이것은 진실이고 다른 것은 거짓이다.'

이것이 제4견이다. 모든 사문 바라문들은 이로 인해 본겁 본견에 대해서 '나와 세간은 반은 영원하고 반은 무상하다'고 주장하는데 이것은 4견에서 벗어나지 못한다.

여러 사문 바라문들은 본겁 본견에 대해서 '나와 세간은 반은 영원하고 반은 무상하다'고 주장하는데, 이런 주장들은 다 4견에 들어가 벗어나지 못한다고 하는 것이다.

오직 부처님만이 이 견처見處와 이러한 가짐과 이러한 고집을 알고 또한 그 보응을 안다. 여래가 아는 바는 또 이것을 넘어서지만 비록 알더라도 집착하지 않고 집착하지 않기 때문에 곧 적멸을 얻는다. 그래서 수受의 집集·멸滅·미味·과過·출요出要를 알고 평등관으로써 남김없이 해탈하였기 때문에 여래라고 이름하는 것이다. 이것이 바로 전혀 다른 깊고 미묘한 큰 법의 광명이며, 현성의 제자로 하여금 진실 평등하게 여래를 찬탄하게 하는 것이다.

또 다시 깊고 미묘한 큰 법의 광명이 있어서 현성의 제자로 하여금 진실 평등하게 여래를 찬탄하게 한다. 어떤 법이 그것인가? 여러 사문 바라문은 본겁 본견에 대해서 이렇게 주장한다.

'나와 세간은 끝〔邊〕이 있다, 끝이 없다.'

저 사문 바라문들은 이로 인해 본겁 본견에 대해서 '나와 세간은 끝이 있다, 끝이 없다'는 등의 주장을 하는데, 이런 주장은 4견에서 벗어나지 못한다.

어떤 사문 바라문은 갖가지 방편으로 정의삼매에 들어가 삼매의 마음으로써 세간을 관찰하고는 '끝이 있다'는 생각을 일으킨다. 그는 이렇게 말한다.

'이 세간은 끝이 있다. 이것이 진실이고 다른 것은 거짓이다. 무슨 까닭인가? 나는 갖가지 방편으로 정의삼매에 들어 삼매의 마음으로써 세간에 끝이 있음을 관찰하였기 때문이다. 그러므로 세간은 끝이 있으며, 이것이 진실이고 다른 것은 거짓인 줄을 안다.'

이것이 초견이다. 사문 바라문들은 이로 인해 본겁 본견에 대해서 '나와 세간은 끝이 있다'고 주장하는데 이런 주장은 4견에서 벗어나지 못한다.

혹 어떤 사문 바라문은 갖가지 방편으로 정의삼매에 들어 삼매의 마음으로써 세간을 관찰하고는 '끝이 없다'는 생각을 일으킨다. 그는 이렇게 말한다.

'세간은 끝이 없다. 이것이 진실이고 다른 것은 거짓이다. 무슨 까닭인가? 나는 갖가지 방편으로 정의삼매에 들어 삼매의 마음으로써 세간이 끝이 없음을 관찰하였기 때문이다. 그러므로 세간은 끝이 없으며, 이것이 진실이고 다른 것은 거짓인 줄을 안다.'

이것이 제2견이다. 여러 사문 바라문들은 이로 인해 본겁 본견에 대해서 '나와 세간은 끝이 없다'고 주장하는데, 이런 주장은 4견에서 벗어나지 못한다.

혹 어떤 사문 바라문은 갖가지 방편으로 정의삼매에 들어 삼매의 마음으로써 세간을 관찰하고는 '상방上方은 끝이 있고, 4방은 끝이 없다'고 생각한다. 그는 이렇게 말한다.

'세간은 끝이 있기도 하고 끝이 없기도 하다. 이것이 진실이고 다른 것은 거짓이다. 무슨 까닭인가? 나는 갖가지 방편으로 정의삼매에 들어 삼매의 마음으로써 상방은 끝이 있고 4방은 끝이 없음을 관찰하였기 때문이다. 그러므로 나는 세간이 끝이 있기도 하고 끝이 없기도 하며, 이것이 진실이고 다른 것은 거짓인 줄을 안다.'

이것이 제3견이다. 여러 사문 바라문들은 이로 인해 본겁 본견에 대해 '나와 세간은 끝이 있기도 하고 끝이 없기도 하다'고 주장하는데, 이런 주장은 4견에서 벗어나지 못한다.

혹 어떤 사문 바라문은 민첩한 지혜가 있어 잘 관찰한다. 그는 민첩하게 관찰하는 지혜로 관찰하고 자기의 지혜와 말재주로써 말한다.

'나와 세간은 끝이 있는 것도 아니며 끝이 없는 것도 아니다. 이것이 진실이고 다른 것은 거짓이다.'

이것이 제4견이다. 여러 사문 바라문은 이로 인해 본겁 본견에 대해서 '나와 세간은 끝이 있기도 하고 끝이 없기도 하다. 이것이 진실이고 다른 것은 거짓이다'라고 주장하는데 이런 주장은 4견에서 벗어나지 못한다.

이 여러 사문 바라문들은 본겁 본견에 대해서 '나와 세간은 끝이 있다, 끝이 없다'는 등의 주장을 하는데, 그것들은 다 4견에 들어가 벗어나지 못한다고 하는 것이다.

오직 부처님만이 능히 이 견처見處와 이러한 가짐과 이러한 고집을 알고 그 응보도 안다. 여래가 아는 바는 또 이것을 넘어서지만 비록 알아도 집착하지 않고 집착하지 않기 때문에 곧 적멸을 얻는다. 수受의 집集·멸滅·미味·과過·출요出要를 알고 평등관으로써 남김없이 해탈하였기 때문에 여래라고 이름하는 것이다. 이것이 깊고 미묘한 큰 법의 광명이며, 현성의 제자로 하여금 진실 평등하게 여래를 찬탄하게 하는 것이다.

또 다시 깊고 미묘한 큰 법의 광명이 있어 현성의 제자로 하여금 진실 평등하게 여래를 찬탄하게 한다. 어떤 것이 그것인가? 여러 사문 바라문들은 본겁 본견에 대해서 이문이답異問異答[2]을 한다. 이 사

2 일종의 궤변론법이다. 팔리본에서는 이러한 부류를 불사교란논자(不死矯亂論者, amarā-vikkhepika)라고 하였다.

람 저 사람이 물을 때 다른 질문, 다른 대답을 하는데, 그것은 4견에서 벗어나지 못한다. 사문 바라문들은 이로 인해 본겁 본견에 대해서 다른 질문, 다른 대답을 하는데 그것은 다 4견에서 벗어나지 못한다.

어떤 사문 바라문은 이러한 주장을 하고 이러한 견해를 가진다.

'나는 선악에 과보가 있는지 없는지를 보지도 못했고 알지도 못한다. 나는 보지도 못하고 알지도 못하기 때문에 이렇게 말한다.

〈선악에는 과보가 있는가, 과보가 없는가?〉

세간에는 널리 알고 많이 듣고 총명하고 지혜로우며 항상 한적한 것을 즐기고 그때 그때 하는 말이 미묘하고 자세하여 세상 사람들이 존중하며 능히 지혜로써 모든 소견을 잘 분별하는 사문 바라문이 있다. 만일 그런 자들이 나에게 깊은 뜻을 묻는다면 나는 대답할 수 없어 저들에게 부끄러움을 느끼고 저들을 두려워하게 될 것이다. 그러니 마땅히 이런 대답으로써 귀의할 데를 삼고 섬〔洲〕을 삼고 집을 삼고 구경도究竟道를 삼자. 그가 만일 내게 물으면 마땅히 이렇게 대답하리라.

〈이 일은 이러하다. 이 일은 사실이다. 이 일은 다르다. 이 일은 다르지 않다. 이 일은 다른 것도 아니며 다르지 않은 것도 아니다〉.'

이것이 초견이다. 사문 바라문들은 이로 인해 다른 질문, 다른 대답을 하는데, 그것은 4견에서 벗어나지 못한다.

혹 어떤 사문 바라문은 이러한 주장을 하고 이러한 견해를 가진다.

'나는 다른 세상이 있는지 다른 세상이 없는지 보지도 못했고 알지도 못한다. 세간의 여러 사문 바라문은 천안지天眼智와 타심지他心智로써 능히 먼 일을 본다. 그가 다른 사람에게 가까이 가더라도 다른 사람은 그를 보지 못한다. 이러한 사람들은 능히 다른 세상이 있는지 다른 세상이 없는지를 안다. 그러나 나는 다른 세상이 있는지 다른 세상이 없는지를 보지도 못했고 알지도 못한다. 만일 내가 말한다면 그것은 곧 거짓말이 된다. 나는 거짓말을 두려워하고 싫어한다. 그러니 이것으로써 귀의할 데를 삼고 섬을 삼고 집을 삼고 구경도를 삼자. 그가 만일 물으면 마땅히 이렇게 대답하리라.

〈이 일은 이러하다. 이 일은 사실이다. 이 일은 다르다. 이 일은 다르지 않다. 이 일은 다른 것도 아니며 이 일은 다르지 않은 것도 아니다.〉'

이것이 제2견이다. 여러 사문 바라문들은 이로 인해 다른 질문, 다른 대답을 하는데 그것은 4견에서 벗어나지 못한다.

어떤 사문 바라문은 이러한 소견을 가지고 이러한 주장을 한다.

'나는 어떤 것이 선善이고 어떤 것이 불선不善인가를 알지도 못하고 보지도 못했다. 나는 이러한 주장이 선인지 불선인지 알지도 못하고 보지도 못했다. 나는 곧 여기서 애착을 일으키고 애착으로부터 화를 낸다. 애착이 있고 성냄이 있으면 곧 수受[3]가 생기게 된다. 나는 수를 없애고자 한다. 그러므로 집을 나와 행을 닦는다.'

그는 수를 미워하고 두려워하여 이것으로써 귀의할 데를 삼고 섬을 삼고 집을 삼고 구경도를 삼을 것이다. 만일 누군가 물으면 그는 마땅히 이렇게 답할 것이다.

'이 일은 이러하다. 이 일은 사실이다. 이 일은 다르다. 이 일은 다르지 않다. 이 일은 다른 것도 아니고 다르지 않은 것도 아니다.'

이것이 제3견이다. 여러 사문 바라문들은 이로 인해 다른 질문, 다른 대답을 하는데 그것은 4견에서 벗어나지 못한다.

---

3 본문의 맥락을 살펴보고 또 팔리본과 대조해 보았을 때 '취(取, upādāna)'의 의미가 합당하다고 생각된다. 신역에서 '5취온取蘊'이라 한역된 것이 구역에서는 '5수음受陰'으로 한역된 것과 같은 경우이다.

혹 어떤 사문 바라문은 어리석고 어둡고 미련하여 묻는 사람이 있으면 그는 그 말을 따라 이렇게 대답한다.

'이 일은 이러하다. 이 일은 사실이다. 이 일은 다르다. 이 일은 다르지 않다. 이 일은 다른 것도 아니고 다르지 않은 것도 아니다.'

이것이 제4견이다. 여러 사문 바라문들은 이로 인해 다른 질문, 다른 대답을 하는데 그것은 4견에서 벗어나지 못한다.

어떤 사문 바라문들은 본겁 본견에 대해서 그로 인해 다른 질문, 다른 대답들을 하는데 그것은 다 4견에 들어가 벗어나지 못한다고 하는 것들이다.

오직 부처만이 능히 이 견처와 이러한 가짐과 이러한 고집을 알고 또 그 응보도 안다. 여래가 아는 것은 또 이것을 넘어서지만 비록 알아도 집착하지 않고 집착하지 않기 때문에 곧 적멸을 얻는다. 수受의 집集·멸滅·미味·과過·출요出要를 알고 평등관으로써 남김없이 해탈하였기 때문에 여래라고 이름한다. 이것이 깊고 미묘한 큰 법의 광명이며, 현성의 제자들로 하여금 진실 평등하게 여래를 찬탄하게 하는 것이다.

또 다시 깊고 미묘한 큰 법의 광명이 있어 현성의 제자들로 하여금 진실 평등하게 여래를 찬탄하게 한다. 어떤 것이 그것인가? 어떤 사문 바라문은 본겁 본견에 있어서 '이 세간은 원인 없이 생겼다'고 말하는데 그것은 다 2견에 들어간다. 본겁 본견에 대해서 '이 세간은 원인 없이 생겼다'고 하는 것은 2견에서 벗어나지 못한다. 저 사문 바라문은 무슨 일로 인해 본겁 본견에 대해서 원인 없이 생겨났다고 하며, 이 2견에서 벗어나지 못한다고 하는가?

혹 어떤 중생[4]은 생각도 없고 앎도 없다. 만일 그 중생이 생각을 일으키면 곧 목숨을 마치고 이 세간에 태어난다. 그가 점점 자라나면 수염과 머리를 깎고 세 가지 법의를 입고 집을 나와 도를 닦는다. 그는 정의삼매에 들어 삼매의 마음으로써 본래 어디서 태어났는지를 기억하고 나서 이렇게 말한다.

'나는 본래 없었는데 이제 갑자기 생겨났다. 이 세간은 본래 없었는데 이제 있게 되었다. 이것이 진실이고 다른 것은 거짓이다.'

이것이 초견이다. 여러 사문 바라문들은 이로 인해 본겁 본견에 대해서 '원인 없이 생겨났다'고 주장하는데, 이런 주장은 2견에서 벗어나지 못한다.

혹 어떤 사문 바라문은 민첩한 지혜로 능히 잘 관찰한다. 그는 민첩하게 관찰하는 지혜로써 관찰하고 나서 자기의 지혜와 말재주로써 이렇게 말한다.

'이 세간은 원인 없이 생겼다. 이것이 진실이고 다른 것은 거짓이다.'

이것이 제2견이다. 여러 사문 바라문들은 이로 인해 본겁 본견에 대해서 '이 세간은 원인 없이 생겼다'고 주장하는데 이런 주장은 2견에서 벗어나지 못한다.

여러 사문 바라문들은 본겁 본견에 대해서 '원인 없이 생겼다'고 주장을 하는데 그것은 다 2견에 들어가 벗어나지 못한다고 하는 것들이다.

오직 부처만이 능히 안다는 것은 또한 위의 내용과 같다. 여러 사문 바라문들은 본겁 본견에 대해서 무수한 온갖 주장을 나름대로 펴는데 그것은 다 18견에 들어간다. 본겁 본견에 대해서 무수한 나름대로의 주장은 이 18견에서 벗어나지 못한다.

---

4 이 세간의 중생이 아니라 무상천無想天의 신神을 말한다.

오직 부처님만이 능히 아는데 그 내용은 또한 위에서 말한 것과 같다.

또 다른 깊고 미묘한 큰 법의 광명이 있다. 어떤 것이 그것인가? 여러 사문 바라문들은 말겁 말견末劫末見에 대해서 무수한 온갖 주장을 나름대로 펴는데 그것은 모두 44견에 들어간다. 또 말겁 말견에 대해서 무수한 나름대로의 주장은 44견에서 벗어나지 못한다.

저 사문 바라문들은 무슨 일로 말겁 말견에 대해서 수없이 많은 주장을 나름대로 펴는 것이며, 또 44견에서 벗어나지 못하는가?

여러 사문 바라문들은 말겁 말견에 대해서 유상론有想論[5]을 일으켜 세간에는 생각이 있다고 주장하는데 그것은 다 16견에 들어간다. 말겁 말견에서 상론想論을 일으켜 세간에는 생각이 있다고 주장하지만 그것은 다 16견에서 벗어나지 못한다. 저 사문 바라문들은 무슨 일로 인해 말겁 말견에 있어서 상론을 내어 세간에는 생각이 있다고 주장하며, 또 모두 16견에 들어가 벗어나지 못하는가?

여러 사문 바라문들은 이와 같은 주장을 하고 이와 같은 견해를 말한다.

'나는 이 생을 마친 뒤 몸도 있고 생각도 있는 존재〔有色有想〕로 태어난다. 이것이 진실이고 다른 것은 거짓이다.'

이것이 초견이다. 여러 사문 바라문들은 이로 인해 말겁 말견에 대해서 상론想論을 내어 세간에는 생각이 있다고 주장하는데, 이런 주장은 16견에서 벗어나지 못한다.

어떤 자는 말한다.

'나는 이 생을 마친 뒤에 몸은 없고 생각만 있는 존재〔無色有想〕로

5 사후에도 지각하는 의식은 존재한다는 주장이다.

태어난다. 이것이 진실이고 다른 것은 거짓이다.'

어떤 자는 말한다.

'나는 이 생을 마친 뒤에 몸이 있을 수도 있고 몸이 없을 수도 있지만 생각은 있는 존재〔有色無色有想〕로 태어난다. 이것이 진실이고 다른 것은 거짓이다.'

어떤 자는 말한다.

'나는 이 생을 마친 뒤에 몸이 있는 것도 아니고 몸이 없는 것도 아니지만 생각은 있는 존재〔非有色非無色有想〕로 태어난다. 이것이 진실이고 다른 것은 거짓이다.'

어떤 자는 말한다.

'나는 이 생을 마친 뒤에 끝도 있고 생각도 있는 존재〔有邊有想〕로 태어난다. 이것이 진실이고 다른 것은 거짓이다.'

어떤 자는 말한다.

'나는 이 생을 마친 뒤에 끝이 없고 생각만 있는 존재〔無邊有想〕로 태어난다. 이것이 진실이고 다른 것은 거짓이다.'

어떤 자는 말한다.

'나는 이 생을 마친 뒤에 끝이 있기도 하고 끝이 없기도 하면서 생각은 있는 존재〔有邊無邊有想〕로 태어난다. 이것이 진실이고 다른 것은 거짓이다.'

어떤 자는 말한다.

'나는 이 생을 마친 뒤에 끝이 있는 것도 아니고 끝이 없는 것도 아니면서 생각이 있는 존재〔非有邊非無邊有想〕로 태어난다. 이것이 진실이고 다른 것은 거짓이다.'

또 어떤 자는 말한다.

'나는 이 생을 마친 뒤에 한결같이 즐거움이 있고 생각이 있는 존

재〔一向有樂有想〕로 태어난다. 이것이 진실이고 다른 것은 거짓이다.'

어떤 자는 말한다.

'나는 이 생을 마친 뒤에 한결같이 고통이 있고 생각이 있는 존재〔一向有苦有想〕로 태어난다. 이것이 진실이고 다른 것은 거짓이다.'

어떤 자는 말한다.

'나는 이 생을 마친 뒤에 즐거움도 있고 고통도 있으면서 생각이 있는 존재〔有樂有苦有想〕로 태어난다. 이것이 진실이고 다른 것은 거짓이다.'

어떤 자는 말한다.

'나는 이 생을 마친 뒤에 고통스럽지도 않고 즐겁지도 않으면서 생각이 있는 존재〔不苦不樂有想〕으로 태어난다. 이것이 진실이고 다른 것은 거짓이다.'

어떤 자는 말한다.

'나는 이 생을 마친 뒤에 한 가지 생각만 있는 존재〔有一想〕로 태어난다. 이것이 진실이고 다른 것은 거짓이다.'

어떤 자는 말한다.

'나는 이 생을 마친 뒤에 여러 가지 생각이 있는 존재〔有若干想〕로 태어난다. 이것이 진실이고 다른 것은 거짓이다.'

어떤 자는 말한다.

'나는 이 생을 마친 뒤에 생각이 적은 존재〔少想〕로 태어난다. 이것이 진실이고 다른 것은 거짓이다.'

어떤 자는 말한다.

'나는 이 생을 마친 뒤에 한량없는 생각이 있는 존재〔有無量想〕로 태어난다. 이것이 진실이고 다른 것은 거짓이다.'

이것이 16견이다. 여러 사문 바라문들은 말겁 말견에 대해서 상론

想論을 일으켜 세간에는 생각이 있다고 주장하는데 이것은 16견에서 벗어나지 못한다.

오직 부처님만이 능히 아는데, 그 내용은 또한 위에서 말한 것과 같다.

또 다시 깊고 미묘한 큰 법의 광명이 있다. 그것은 어떤 법인가? 여러 사문 바라문들은 말겁 말견에 있어서 무상론無想論[6]을 일으켜 세간에는 생각이 없다〔無想〕고 주장하는데 그것은 다 8견에 들어간다. 말겁 말견에 대해서 무상론을 일으키는 것은 이 8견에서 벗어나지 못한다. 저 사문 바라문들은 무슨 일로 인하여 말겁 말견에 대해 무상론을 일으켜 세간에는 생각이 없다고 주장하고, 또 8견에서 벗어나지 못하는가? 여러 사문 바라문들은 이러한 견해를 가지고 이러한 주장을 한다.

'나는 이 생을 마친 뒤에 몸은 있고 생각은 없는 존재〔有色無想〕로 태어난다. 이것이 진실이고 다른 것은 거짓이다.'

어떤 자는 말한다.

'나는 이 생을 마친 뒤에 몸도 없고 생각도 없는 존재〔無色無想〕로 태어난다. 이것이 진실이고 다른 것은 거짓이다.'

어떤 자는 말한다.

'나는 이 생을 마친 뒤에 몸이 있기도 하고 몸이 없기도 하지만 생각은 없는 존재〔有色無色無想〕로 태어난다.

이것이 진실이고 다른 것은 거짓이다.'

어떤 자는 말한다.

'나는 이 생을 마친 뒤에 몸이 있는 것도 아니고 몸이 없는 것도

---

6 사후에는 지각하는 의식이 존재하지 않는다는 주장이다.

아니지만 생각 없는 존재〔非有色非無色無想〕로 태어난다. 이것이 진실이고 다른 것은 거짓이다.'

어떤 자는 말한다.

'나는 이 생을 마친 뒤에 끝이 있고 생각이 없는 존재〔有邊無想〕로 태어난다. 이것이 진실이고 다른 것은 거짓이다.'

어떤 자는 말한다.

'나는 이 생을 마친 뒤에 끝도 없고 생각도 없는 존재〔無邊無想〕로 태어난다. 이것이 진실이고 다른 것은 거짓이다.'

어떤 자는 말한다.

'나는 이 생을 마친 뒤에 끝이 있기도 하고 끝이 없기도 하지만 생각이 없는 존재〔有邊無邊無想〕로 태어난다.

이것이 진실이고 다른 것은 거짓이다.'

어떤 자는 말한다.

'나는 이 생을 마친 뒤에 끝이 있는 것도 아니고 끝이 없는 것도 아니지만 생각이 없는 존재〔非有邊非無邊無想〕로 태어난다. 이것이 진실이고 다른 것은 거짓이다.'

이것이 8견이다. 만일 사문 바라문들이 이로 인해 말겁 말견에 있어서 무상론을 일으켜 세간에는 생각이 없다고 주장한다면 그것은 다 8견에 들어가 거기에서 벗어나지 못한다.

다만 부처님만이 아는데, 그 내용은 또한 위에서 말한 것과 같다.

또 다시 깊고 미묘한 큰 법의 광명이 있다. 그것은 어떤 법인가? 혹 어떤 사문 바라문은 말겁 말견에 있어서 비상비비상론非想非非想論을 일으켜 이 세간에는 생각이 있는 것도 아니고 생각이 없는 것도 아니라고 주장하는데 그것은 다 8견에 들어간다. 말겁 말견에 있어서 비상비비상론을 일으켜 세간에는 생각이 있는 것도 아니고 생각이 없는 것도 아니라고 주장하는 것은 8견에서 벗어나지 못한다. 저 사문 바라문들은 무슨 일로 인하여 말겁 말견에 있어서 비상비비상론을 일으켜 세간에는 생각이 있는 것도 아니고 생각이 없는 것도 아니라고 주장하고 또 8견에서 벗어나지 못하는가? 여러 사문 바라문들은 이러한 주장을 하고 이러한 견해를 가진다.

'나는 이 생을 마친 뒤에 몸은 있으나 생각이 있는 것도 아니고 생각이 없는 것도 아닌 존재〔有色非有想非無想〕로 태어난다. 이것이 진실이고 다른 것은 거짓이다.'

또 어떤 자는 말한다.

'나는 이 생을 마친 뒤에 몸이 없으나 생각이 있는 것도 아니고 생각이 없는 것도 아닌 존재〔無色非有想非無想〕로 태어난다. 이것이 진실이고 다른 것은 거짓이다.'

어떤 자는 말한다.

'나는 이 생을 마친 뒤에 몸이 있기도 하고 몸이 없기도 하며 생각이 있는 것도 아니고 생각이 없는 것도 아닌 존재〔有色無色非有想非無想〕로 태어난다. 이것이 진실이고 다른 것은 거짓이다.'

어떤 자는 말한다.

'나는 이 생을 마친 뒤에 몸이 있는 것도 아니고 몸이 없는 것도 아니며 생각이 있는 것도 아니고 생각이 없는 것도 아닌 존재〔非有色非無色非有想非無想〕로 태어난다. 이것이 진실이고 다른 것은 거짓이다.'

어떤 자는 말한다.

'나는 이 생을 마친 뒤에 끝은 있으나 생각이 있는 것도 아니고 생각이 없는 것도 아닌 존재〔有邊非有想非無想〕로 태어난다. 이것이 진실이고 다른 것은 거짓이다.'

어떤 자는 말한다.

'나는 이 생을 마친 뒤에 끝은 없으나 생각이 있는 것도 아니고 생각이 없는 것도 아닌 존재〔無邊非有想非無想〕로 태어난다. 이것이 진실이고 다른 것은 거짓이다.'

어떤 자는 말한다.

'나는 이 생을 마친 뒤에 끝이 있기도 하고 끝이 없기도 하며 생각이 있는 것도 아니고 생각이 없는 것도 아닌 존재〔有邊無邊非有想非無想〕로 태어난다. 이것이 진실이고 다른 것은 거짓이다.'

어떤 자는 말한다.

'나는 이 생을 마친 뒤에 끝이 있는 것도 아니고 끝이 없는 것도 아니며 생각이 있는 것은 아니고 생각이 없는 것도 아닌 존재〔非有邊非無邊非有想非無想〕로 태어난다. 이것이 진실이고 다른 것은 거짓이다.'

이것이 8견이다. 만일 사문 바라문이 이로 인해 말겁 말견에 대해서 비유상비무상론을 일으켜 세간에는 생각이 있는 것도 아니고 생각이 없는 것도 아니라고 주장한다면 그것은 다 8견에 들어가 거기에서 벗어나지 못한다.

오직 부처님만이 능히 아는데, 그 내용은 또한 위에서 말한 것과 같다.

또 다시 깊고 미묘한 큰 법의 광명이 있다. 그것은 어떤 법인가? 여러 사문 바라문들은 말겁 말견에 있어서 단멸론斷滅論을 일으켜 중생은 남김없이 단멸한다고 주장하는데 그것은 다 7견에 들어간다. 말겁 말견에 있어서 단멸론을 일으켜 중생은 남김없이 단멸한다고 주장하는 것은 7견에서 벗어나지 못한다. 저 사문 바라문들은 무슨 일로 인하여 말겁 말견에 있어서 단멸론을 일으켜 중생은 남김없이 단멸한다고 주장하고, 또 7견에서 벗어나지 못하는가? 여러 사문 바라문들은 이러한 주장을 하고 이러한 견해를 가진다.

'내 몸의 4대大와 6입入은 부모로부터 나서 젖을 먹고 길러지고 옷과 음식으로 자라나며 보살핌과 보호를 받는다. 그러나 이것은 무상하여 반드시 없어져〔磨滅〕버린다. 그러므로 단멸이라고 이름한다.'

이것이 제1견이다.

혹 어떤 사문 바라문은 이렇게 말한다.

'지금의 나를 단멸한다고 말할 수는 없다. 그러나 나는 욕계천欲界天에서 남김없이 단멸한다. 그러므로 단멸이라고 한다.'

이것이 제2견이다.

어떤 사문 바라문은 이렇게 말한다.

'이것은 단멸이 아니다. 그러나 모든 근根이 갖추어져 있는 화신化身은 색계色界에서 남김없이 단멸한다. 이것을 단멸이라 한다.'

어떤 자는 말한다.

'이것은 단멸이 아니다. 그러나 나는 무색공처無色空處에서 단멸한다.'

어떤 자는 말한다.

'이것은 단멸이 아니다. 그러나 나는 무색식처無色識處에서 단멸한다.'

어떤 자는 말한다.

'이것은 단멸이 아니다. 그러나 나는 무색불용처無色不用處에서 단멸한다.'

어떤 자는 말한다.

'이것은 단멸이 아니다. 그러나 나는 무색유상무상처無色有想無想處에서 단멸한다.'

이것이 제7단멸이다. 이것을 7견見이라고 한다. 여러 사문 바라문들은 이로 인해 말겁 말견에 대해서 '이 중생의 무리들은 남김없이 단멸한다'고 말하는데 그것은 7견에서 벗어나지 못한다.

오직 부처님만이 능히 아시는데, 그 내용은 또한 위에서 말한 것과 같다.

또 다른 깊고 미묘한 큰 법의 광명이 있다. 그것은 어떤 법인가? 여러 사문 바라문들은 말겁 말견에 대해서 현세의 니원론(尼洹論 : 涅槃論)을 일으켜 중생은 현세에 니원을 얻는다고 주장한다. 그것은 모두 5견에 들어간다. 말겁 말견에 대해서 현세에 니원이 있다고 주장하지만 그것은 5견에서 벗어나지 못한다. 저 사문 바라문들은 무슨 일로 인해 말겁 말견에 대해서 중생은 현세에 니원을 얻는다고 하며, 그 또한 5견에서 벗어나지 못하는가? 여러 사문 바라문들은 이러한 견해를 가지고 이렇게 주장한다.

'나는 현세에서 5욕欲을 마음대로 누린다. 이것이 내가 현세에 니원을 얻은 것이다.'

이것이 제1견이다.

또 어떤 사문 바라문은 이렇게 말한다.

'그것이 현세에 니원이 아닌 것은 아니지만, 다시 제일 미묘한 현세의 니원이 있다. 이것은 네가 모르는 것으로 오직 나만이 안다. 나는 욕심〔欲〕과 악하고 착하지 못한 법을 버리고, 각覺도 있고 관觀이 있으며, 여의는 데서 생기는 기쁨〔喜〕과 즐거움〔樂〕이 있는 초선初禪에 들어간다. 이것을 현세의 니원이라고 한다.'

이것이 제2 견이다.

또 어떤 사문 바라문은 이렇게 말한다.

'그것이 현세에 니원이 아닌 것은 아니지만, 다시 제일 미묘한 현세의 니원이 있다. 이것은 네가 모르는 것으로 오직 나만이 안다. 나는 각覺과 관觀을 멸하고 안으로 기쁜 한마음〔一心〕이 되어 각도 없고 관도 없으며, 선정에서 생기는 기쁨과 즐거움〔定生喜樂〕이 있는 제2선에 들어간다. 이것을 현세의 니원이라고 한다.'

이것이 제3견이다.

또 어떤 사문 바라문은 이렇게 말한다.

'그것이 현세의 니원이 아닌 것은 아니지만 다시 제일 미묘한 현세의 니원이 있다. 이것은 네가 모르는 것으로 오직 나만이 안다. 나는 염念을 없애고 기쁨을 버리고 즐거움에 머무르며 한마음으로 바른 생각을 가진다. 그리하여 현성께서 말씀하신 몸의 즐거움을 스스로 알아 제3선에 들어간다. 이것을 현세의 니원이라고 한다.'

이것이 제4견이다.

또 어떤 사문 바라문은 이렇게 말한다.

'그것이 현세의 니원이 아닌 것은 아니지만 다시 제일 미묘한 현세의 니원이 있다. 이것은 네가 모르는 것으로 오직 나만이 안다. 나는 즐거움도 멸하고 괴로움도 멸하는데, 먼저 걱정과 기쁨은 멸하였으며, 괴롭지도 않고 즐겁지도 않은 바른 생각으로 청정한 제4선에 들어간다. 이것을 첫째가는 니원이라 한다.'

이것이 제5견이다. 만일 사문 바라문들이 말겁 말견에 대해서 현세의 니원론을 주장한다면 그것은 5견에서 벗어나지 못한다.

오직 부처님만이 능히 아는데, 그 내용은 또한 위에서 말한 것과 같다.

여러 사문 바라문들이 말겁 말견에 있어서 여러 가지를 마음대로 주장하지만 모두 44견에서 벗어나지 못한다. 오직 부처님만이 능히 이 모든 견처見處를 아는데, 그 내용은 또한 위에서 말한 것과 같다.

여러 사문 바라문들이 여러 가지로 무수하게 마음대로 주장하는 본겁 본견과 말겁 말견은 다 이 62견에 들어가고, 여러 가지로 무수하게 마음대로 주장하는 본겁 본견과 말겁 말견은 62견에서 벗어나지 못한다.

오직 여래만이 이러한 견해들을 아는데, 그 내용은 또한 위에서 말한 것과 같다.

여러 사문 바라문들은 본겁 본견에 대해서 상론常論을 세워 '나와 세간은 영원하다'고 주장한다. 저 사문 바라문들은 여기서 지혜를 내는데, 그것은 이른바 다른 믿음·다른 욕심·다른 들음·다른 인연·다른 깨달음·다른 소견·다른 선정〔定〕·다른 인식〔忍〕이다. 그들은 이것으로 인하여 지혜를 내고는 널리 펴 나타내는데 이것을 곧 이름하여 수受라고 한다. 나아가서는 현세의 니원론에 이르기까지도 그와 같다.

여러 사문 바라문들은 상론을 세워 '세간은 항상 영원하다'고 주장한다. 그들은 수受의 연을 인하여 애착을 일으키고 애착을 내면서도 스스로 깨닫지 못해 그만 애착에 물들고 애착에 굴복한다. 나아가서는 현세의 니원론에 이르기까지도 그와 같다.

여러 사문 바라문들은 본겁 본견에 대해서 상론을 세워 '세간은 영원하다'고 주장한다. 그것은 그들이 접촉〔觸〕의 인연을 말미암기 때문이다. 접촉의 인연을 떠나서 그런 주장을 세운다는 것은 있을 수 없는 일이다. 나아가서는 현세의 니원론에 이르기까지도 그와 같다.

모든 사문 바라문들은 본겁 본견과 말겁 말견에 있어서 각각 본 대로 말하는데, 그것은 다 62견에 들어간다. 각각 그 소견을 따라 말하는 것은 모두 그 가운데 의지하고 그 가운데 들어있어 그것을 벗어나지 못한다. 이는 마치 노련한 어부가 섬세한 그물로 작은 못을 덮은 것과 같다. 마땅히 알라. 못 가운데 있는 모든 고기들은 다 그물

속에 들어가고 피할 곳이 없으며 벗어나지 못할 것이다. 모든 사문 바라문들도 그와 같다. 본겁 본견과 말겁 말견에 대한 갖가지 주장은 다 62견에 들어가 벗어나지 못한다.

만일 비구가 6촉觸의 발생〔集〕·소멸〔滅〕·맛〔味〕·허물〔過〕·벗어남〔出要〕에 대해서 여실히 안다면 그것은 곧 가장 뛰어난 것으로서 저들의 모든 소견에서 벗어나게 될 것이다. 여래가 스스로 생사가 이미 다한 것을 알면서도 그 몸을 가지고 있는 까닭은 모든 하늘과 사람을 복되게 하고 제도하기 위함이다. 만일 몸이 없다면 곧 모든 하늘과 세상 사람들은 믿을 곳이 없을 것이다. 마치 다라수多羅樹는 한 번 끊어내면 다시는 나지 않는 것처럼 부처님도 그와 같이 이미 생사를 끊어 영원히 다시 태어나지 않는 것이다."

부처님께서 이 법을 연설하실 때 대천大千세계는 세 차례나 반복해 여섯 가지로 진동했다.

그때 아난은 부처님 뒤에서 부채를 들고 부처님을 부쳐드리고 있다가 오른 팔을 드러내고 길게 꿇어앉아 손을 모으고 부처님께 여쭈었다.

"이 법은 참으로 심오합니다. 마땅히 무엇이라 이름하고 어떻게 받들어 가져야 하겠습니까?"

부처님께서 아난에게 말씀하셨다.

"마땅히 이 경을 이름하여 의동義動·법동法動·견동見動·마동魔動·범동梵動[7]이라 하라."

아난은 부처님의 말씀을 듣고 기뻐하며 받들어 행하였다.

---

7 동動에 해당하는 팔리어는 cāra이다. 그런데 한역본 '의동義動~범동梵動'에 해당하는 부분이 팔리본에는 'Attha-jāla~Brahma-jāla'로 되어 있는데, 이를 한역하면 '의망義網~범망梵網'이 되는 셈이다.

불설장아함경 제 15 권

〔제 3 분〕 ③

3. 종덕경種德經

이와 같이 나는 들었다.

어느 때 부처님께서 앙가국鴦伽國에 계시면서 큰 비구 대중 1,250명과 함께 인간세계를 유행하시다가 첨파성瞻婆城에 있는 가가伽伽못가에 머물고 계셨다.

당시 첨파성에는 종덕種德이라는 바라문이 살고 있었다. 그 성은 인민이 많고 번성하였으며 풍족하고 즐거웠다. 바사닉왕波斯匿王은 이 성을 종덕 바라문에게 봉封해 주어 범분梵分으로 삼았다. 그 바라문은 7대를 내려오면서 부모가 올바르고 진실하여〔眞正〕남의 업신여김이나 비방을 받지 않았다. 이학異學의 3부部를 외워 통달하였고 온갖 경서를 다 능히 분별하였으며 세상 서적의 깊은 뜻도 두루 익히지 않은 것이 없었다. 또 대인大人의 상법相法과 길흉을 점치는 법과 제사 의례에도 능하였으며, 5백 명의 제자를 두어 언제나 가르치고 있었다.

그때 첨파성에 사는 모든 바라문·장자長者·거사居士들이 모두 이 소문을 들었다.

'사문 구담瞿曇 석가 종족의 아들이 집을 나와 도를 이루었는데, 앙가국에서 인간세계를 유행하시다가 첨파성에 있는 가가伽伽못 가에 이르러 머물고 계신다. 그의 큰 이름은 천하에 두루 퍼졌고 여래如來·지진至眞·등정각等正覺 등의 10호를 구족했으며 모든 하늘·세상 사람·악마 혹은 악마의 하늘과 사문 바라문들 가운데서 스스로 증득하고 또 남을 위해 설법하는데, 그 말은 처음과 중간과 끝이 다 바르고 참되며 의미가 구족하고 범행도 청정하다.'

그들은 말했다.

"이러한 진인眞人[1]은 마땅히 찾아가 뵈어야 한다. 이제 우리도 함께 찾아가 뵙는 것이 좋겠다."

이렇게 말하고는 곧 서로를 이끌고 첨파성을 나가 무리지어 부처님 계시는 곳으로 나아가고 있었다.

그때 종덕 바라문은 높은 대臺에 올라 멀리서 여러 사람들이 무리지어 서로 따라가는 것을 보고 시자에게 물었다.

"저 사람들은 무슨 일로 저렇게 무리지어 서로 따라가며 대체 어디로 가는 것인가?"

시자가 대답했다.

"제가 듣기로는 사문 구담 석가 종족의 아드님께서 집을 나와 도를 이루셨는데 앙가국에서 인간세계를 유행하시다가 첨파성의 가가못

---

1 여래 10호 중의 하나인 지진至眞, 즉 아라한과 같은 의미로 쓰였다.

가에 이르러 머물고 계신다고 합니다. 그의 큰 이름은 천하에 두루 퍼졌고 여래·지진·등정각 등의 10호를 구족했으며, 모든 하늘·세상 사람·악마 혹은 악마의 하늘과 사문 바라문들 가운데서 스스로 증득하고 또 남을 위해 설법하시는데, 그 말씀은 처음과 중간과 끝이 다 바르고 참되며, 의미가 구족하고 범행도 청정하다고 합니다. 그래서 이 첨파성의 모든 바라문·장자·거사들은 서로 무리 지어 따라가 구담 사문을 뵙고 싶어 한다고 합니다."

종덕 바라문은 곧 시자에게 명령했다.

"너는 빨리 가서 모든 사람들에게 '그대들은 기다리시오. 내가 거기에 도착하면 그때 함께 저 구담의 처소로 갑시다'라고 전하여라."

그 시자는 곧 여러 사람에게 가서 "여러분 잠깐 기다리시오. 내가 거기에 도착하면 그때 함께 구담의 처소로 갑시다"라고 종덕의 말을 전했다.

그러자 모든 사람들이 시자에게 대답했다.

"너는 빨리 돌아가 바라문에게 '지금이 바로 그때이니 함께 갑시다'라고 여쭈어라."

시자가 돌아와 여쭈었다.

"모든 사람들이 멈춰 서서 '지금이 바로 그때이니 함께 갑시다'라고 합니다."

그러자 종덕 바라문은 곧 대에서 내려와 중문에 섰다. 그때 다른 5백 바라문들이 사소한 인연으로 먼저 문 앞에 모여 있다가 종덕 바라문이 오는 것을 보고는 모두들 일어나 맞이하면서 물었다.

"큰 바라문이여, 어디를 가려고 하십니까?"

종덕이 대답했다.

"사문 구담 석가 종족의 아드님이 집을 나와 도를 이룬 뒤 앙가국에서 인간 세계를 유행하시다가 지금 첨파성에 있는 가가못 가에 이르러 머물고 계신다고 한다. 그의 큰 이름은 천하에 두루 퍼졌고 여래·지진·등정각 등의 10호를 구족했으며, 모든 하늘·세상 사람·악마 혹은 악마의 하늘과 사문 바라문들 가운데서 스스로 증명하고 남을 위해 설법하시는데 그 말씀은 처음과 중간과 끝이 다 참되고 바르며 의미가 구족하고 범행은 청정하다고 한다. 이러한 진인眞人은 마땅히 찾아가 뵈어야 한다. 나는 이제 그곳으로 가서 만나 뵙고자 한다."

그러자 5백 바라문이 종덕에게 말했다.

"보러 가지 마십시오. 왜냐하면 그가 마땅히 당신께 찾아와야 하기 때문이니, 당신께서 찾아가시면 안 됩니다. 이제 큰 바라문께서는 7대를 내려오면서 부모가 올바르고 진실해서 남의 업신여김이나 비방을 받지 않았습니다. 이런 법을 성취하셨으니 그가 마땅히 당신께 와야 하는 것입니다. 그러므로 그에게 가시면 안 됩니다. 또 큰 바라문께서는 이학異學의 3부 경전을 외워 통달했고 온갖 경서를 다 잘 분별하며 세상 서적의 깊은 뜻도 두루 익히지 않은 것이 없습니다. 또 능히 대인의 상법과 길흉의 점치기와 제사 의례儀禮에도 능하십니다. 이런 법을 성취하셨으니 그가 당신께 와야지 당신께서 그에게 가시면 안 됩니다. 또 큰 바라문께서는 얼굴이 단정하고 범천과 같은 몸〔色像〕을 지니셨습니다. 이러한 법을 성취하셨으니 그가 당신께 와야지 당신께서 그에게 가시면 안 됩니다. 또 큰 바라문께서는 계덕戒德이 뛰어나고 지혜를 성취하셨습니다. 이러한 법을 성취하셨으니 그가 당신께 와야지 당신께서 그에게 가시면 안 됩니다.

또 큰 바라문께서는 말이 부드럽고 온화하며 변재辯才가 구족하고 의미가 청정합니다. 이런 법을 성취하셨으니 그가 당신께 와야지, 당신께서 그에게 가시면 안 됩니다. 또 큰 바라문께서는 큰 스승으로서 제자가 매우 많습니다. 이런 법을 성취하셨으니 그가 당신께 와야지, 당신께서 그에게 가시면 안 됩니다. 또 큰 바라문께서는 항상 5백 바라문을 가르치고 계십니다. 이런 법을 성취하셨으니 그가 당신께 와야지, 당신께서 그에게 가시면 안 됩니다. 또 큰 바라문께서는 사방의 학자들이 모두 찾아와 가르침을 청하며, 모든 기술과 제사의 법을 물을 때 모두 자세히 대답하실 수 있습니다. 이런 법을 성취하셨으니 그가 당신께 와야지, 당신께서 그에게 가시면 안 됩니다.

또 큰 바라문께서는 바사닉왕과 병사왕瓶沙王의 공경과 공양을 받습니다. 이런 법을 성취하셨으니 그가 당신께 와야지, 당신께서 그에게 가시면 안 됩니다. 또 큰 바라문께서는 창고에 재산과 보물이 가득하게 많습니다. 이런 법을 성취하셨으니 그가 마땅히 당신께 와야지, 당신께서 그에게 가시면 안 됩니다. 또 큰 바라문께서는 지혜가 밝고 언변이 좋아 두려울 것이 없습니다. 이런 법을 성취하셨으니 그가 당신께 와야지, 당신께서 그에게 가시면 안 됩니다."

종덕은 모든 바라문들에게 말했다.

"그렇다, 그렇다. 그대들의 말과 같다. 나는 진실로 그러한 덕을 갖추고 있으며, 그런 덕이 없지 않다. 그러나 그대들은 마땅히 내 말을 들으라. 사문 구담께서는 모든 공덕을 가지고 있으니 우리가 마땅히 그분께 가야지, 그분이 우리에게 오시게 해서는 안 된다. 사문 구담께서는 7대를 내려오면서 부모가 올바르고 진실해서 남의 업신여김이나 비방을 받지 않으셨다. 그분이 이러한 법을 성취하셨으니 우리가 그분께 가야지, 그분이 우리에게 오시게 해서는 안 된다. 또 사문 구담께서는 얼굴이 단정한 찰리刹利 종족의 출신이다. 이러한 법을 성취하셨으니 우리가 그분께 가야지, 그분이 우리에게 오시게 해서는 안 된다. 또 사문 구담께서는 존귀한 집에서 태어나 집을 나와 도를 이루셨다. 이런 법을 성취하셨으니 우리가 그분께 가야지, 그분이 우리에게 오시게 해서는 안 된다. 또 사문 구담께서는 빛나는 몸을 구족하고 종성種姓이 진실하고 올바른데도 집을 나와 도를 닦으셨다. 이런 법을 성취하셨으니 우리가 그분께 가야지, 그분이 우리에게 오시게 해서는 안 된다. 또 사문 구담께서는 재물이 많은 가문에서 태어나 큰 위력이 있으면서도 집을 나와 도를 닦으셨다. 이런 법을 성취하셨으니 우리가 그분께 가야지, 그분이 우리에게 오시게 해서는 안 된다.

또 사문 구담께서는 현성賢聖의 계를 갖추었고 지혜를 성취하셨다. 이런 법을 성취하셨으니 우리가 그분께 가야지 그분이 우리에게 오게 해서는 안 된다. 또 사문 구담께서는 말을 잘하고, 부드럽고 온화하며 또한 고상하시다. 이런 법을 성취하셨으니 우리가 그분께 가야지, 그분이 우리에게 오시게 해서는 안 된다. 또 사문 구담께서는 대중의 도사導師로서 제자가 많다. 이런 법을 성취하셨으니 우리가 그분께 가야지 그분이 우리에게 오시게 해서는 안 된다. 또 사문 구담께서는 영원히 욕애欲愛를 없애고 경박하거나 사납지 않으시며 걱정과 두려움을 이미 없애 털이 곤두서는 일이 없으시다. 환희하고 화열和悅하며 사람을 보면 착함을 칭찬하고 행과 과보에 대해 잘 말씀하시며 남의 도를 헐뜯지 않으신다. 이런 법을 성취하셨으니 우리가 그분께 가야지, 그분이 우리에게 오시게 해서는 안 된다.

또 사문 구담께서는 항상 저 바사닉왕과 병사왕의 공경과 공양을 받으신다. 이런 법을 성취하셨으니 우리가 그분께 가야지, 그분이 우리에게 오시게 해서는 안 된다. 또 사문 구담께서는 비가라사라 바라문의 예경과 공양을 받으시고, 또 범梵 바라문·다리차多利遮 바라문・거치鋸齒 바라문・수가마납도야자首迦摩納都耶子의 공양을 받는다. 이런 법을 성취하셨으니 우리가 그분께 가야지, 그분이 우리에게 오게 해서는 안 된다. 또 사문 구담께서는 모든 성문聲聞 제자들에게 존경받고 예경과 공양을 받으시며, 또 모든 하늘과 다른 귀신 무리들의 공경을 받고 석종釋種・구리俱利・명녕冥寧・발지跋祇・말라末羅・소마酥摩 등 여러 종족이 모두 높이 떠받든다. 이런 법을 성취하셨으니 우리가 그에게로 가야지, 그가 우리에게 오게 해서는 안 된다. 또 사문 구담께서는 바사닉왕과 병사왕에게 3귀歸와 5계戒를 주셨다. 이 법을 성취하셨으니 우리가 그분께 가야지, 그분이 우리에게 오시게 해서는 안 된다. 또 사문 구담께서는 비가라사라 바라문 등에게 3귀歸와 5계를 주셨다. 이런 법을 성취하셨으니 우리가 그분께 가야지, 그분이 우리에게 오시게 해서는 안 된다. 또 사문 구담께서는 제자들에게 3자귀自歸와 5계를 주셨고, 모든 하늘과 석가 종족과 구리 종족들에게 3귀와 5계를 주셨다. 이 법을 성취하셨으니 우리가 그분께 가야지, 그분이 우리에게 오시게 해서는 안 된다. 또 사문 구담께서는 유행하실 때에도 모든 사람의 공경과 공양을 받는다. 이런 법을 성취하셨으니 우리가 그에게로 가야지, 그분이 우리에게 오시게 해서는 안 된다. 또 사문 구담께서는 성곽이나 촌락에서 가는 곳마다 사람들의 공양을 받으신다. 이런 법을 성취하셨으니 우리가 그분께 가야지, 그분이 우리에게 오시게 해서는 안 된다.

또 사문 구담께서는 가시는 곳마다 비인非人과 귀신들도 감히 건드리지 못한다. 이런 법을 성취하셨으니 우리가 그분께 가야지, 그분이 우리에게 오게 해서는 안 된다. 또 사문 구담께서는 가시는 곳마다 그곳의 백성들은 다 광명을 보고 하늘의 음악 소리를 듣는다. 이런 법을 성취하셨으니 우리가 그분께 가야지, 그분이 우리에게 오시게 해서는 안 된다. 또 사문 구담께서는 가시는 곳마다 만일 거기서 떠나시려고 할 때에는 모든 사람들이 사모하고 울면서 보낸다. 이런 법을 성취하셨으니 우리가 그분께 가야지 그분이 우리에게 오시게 해서는 안 된다. 또 사문 구담께서는 처음 집을 나오셨을 때 그 부모는 울면서 애석해 하였고 그리워하면서 서러워했다. 이 법을 성취하셨으니 우리가 그분께 가야지, 그분이 우리에게 오시게 해서는 안 된다. 또 사문 구담께서는 젊어서 집을 나와 모든 장식과 코끼리·말·보배수레·5욕欲·영락을 버리셨다. 이런 법을 성취하셨으니 우리가 그분께 가야지, 그분이 우리에게 오시게 해서는 안 된다. 또 사문 구담께서는 전륜왕의 지위를 버리고 세속을 벗어나 도를 닦으셨다. 만일 그가 세속에 있었더라면 4천하의 임금이 되어 만백성을 통치했을 것이며, 우리도 다 그의 신하가 되었을 것이다. 이런 법을 성취하셨으니 우리가 그분께 가야지, 그분이 우리에게 오시게 해서는 안 된다.

또 사문 구담께서는 범법梵法을 밝게 알아 능히 남을 위하여 설명하고 또 범천과 오가면서 서로 이야기를 나눈다. 이런 법을 성취하셨으니 우리가 그분께 가야지, 그분이 우리에게 오시게 해서는 안 된다. 또 사문 구담께서는 32상相을 다 구족하셨다. 이런 법을 성취하셨으니 우리가 그분께 가야지, 그분이 우리에게 오시게 해서는 안 된다. 또 사문 구담께서는 지혜를 통달하여 겁내는 일이 없으시다. 이런 법을 성취하셨으니 우리가 그분께 가야지, 그분이 우리에게 오시게 해서는 안 된다.

저 사문 구담께서는 지금 첨파성의 가가못 가에 와 계신다. 우리보다 높은 분이시고 또 귀한 손님이시니 마땅히 가서 친히 뵈어야 한다."

5백 바라문은 종덕에게 말했다.

“참으로 기이하고 참으로 특별합니다. 그분의 공덕이 그와 같단 말입니까? 만일 그분이 그 모든 공덕 중에 하나만 성취했더라도 그분을 오시게 해서는 안 되는데, 하물며 지금 전부 다 갖춤이겠습니까? 우리는 마땅히 서로를 이끌고 함께 찾아가 문안 드려야 하겠습니다.”

종덕이 대답했다.

“그대들이 가고자 한다면 지금이 바로 그때이다.”

그리고 종덕은 곧 보배 수레를 장엄하게 꾸미고 5백 바라문과 첨파성의 모든 바라문 · 장자 · 거사들에게 앞뒤로 둘러싸여 함께 가가못으로 갔다. 그리고 못에서 멀지 않은 곳에서 스스로 생각하였다.

‘내가 만일 구담에게 물을 때 그것이 혹 그의 마음에 맞지 않는다면 저 사문 구담은 반드시 〈마땅히 이렇게 물으라. 그렇게 물어서는 안 된다〉며 나를 꾸짖을 것이다. 여러 사람들이 그 말을 듣고 나를 무지하다고 하면 내 이름은 손상될 것이다. 만일 사문 구담이 나의 뜻을 물을 때 내 대답이 혹 그의 마음에 맞지 않으면, 저 사문은 반드시 〈마땅히 이렇게 대답하라. 그렇게 대답해서는 안 된다〉라고 하며 나를 꾸짖을 것이다. 여러 사람이 이 말을 듣고 나를 무지하다고 하면 내 이름은 손상될 것이다. 만일 내가 잠자코 여기서 돌아가면 여러 사람들은 〈이 자는 무지하여 끝내 사문 구담에게 가지 못한다〉고 말할 것이다. 그리하여 내 명예는 손상될 것이다. 만일 사문 구담이 나에게 바라문의 법을 묻는다면 나의 답은 구담의 뜻에 맞을 수 있을 것이다.’

종덕은 가가못 가에서 이렇게 생각하고 곧 앞으로 나아가다가 수레에서 내려 걸어갔다. 그래서 세존께서 계시는 곳에 이르러 문안을 드리고 한쪽에 앉았다.

그때 첨파성의 여러 바라문 · 장자 · 거사들 중에는 부처님께 절하고 앉는 자가 있는가 하면 안부를 묻고 앉는 자도 있었고, 성명을 대고 앉는 자가 있는가 하면 합장하고 부처님을 향해 앉는 자도 있었으며, 혹은 잠자코 앉는 자도 있었다. 그들이 모두 앉자 부처님께서는 종덕 바라문의 마음속 생각을 아시고 말씀하셨다.

"그대의 생각대로 하겠습니다."

부처님께서 종덕에게 물으셨다.

"당신들 바라문들은 몇 가지 법을 성취하여야 스스로 바라문이라고 칭하는 그 말이 진실이고 거짓말이 아닐 수 있는가?"

종덕은 잠자코 생각했다.

'참으로 기이하고 참으로 특별하시다. 사문 구담께서는 큰 신통력이 있어 사람의 마음을 아시고 내가 생각한 대로 나의 뜻을 물으시는구나.'

종덕 바라문은 몸을 단정히 하고 바로 앉아 사방으로 대중을 돌아보며 기쁘게 웃었다. 그리고 곧 부처님께 대답했다.

"우리 바라문이 다섯 가지 법을 성취하면 스스로 바라문이라고 칭하니, 그 말은 진실이며 거짓말이 아닙니다. 어떤 것을 다섯 가지라고 하는가 하면 첫째, 바라문은 7대를 내려오는 동안 부모가 올바르고 진실해서 남에게 업신여김이나 비방을 받지 않는 것입니다. 둘째, 이학異學의 3부 경서를 다 외우고 온갖 경서를 모두 분별하며 세속 서적의 깊은 뜻도 두루 익히지 않은 것이 없고, 또 대인의 상법과 길흉을 밝게 살피는 것과 제사 의례까지도 능한 것입니다. 셋째, 얼굴이 단정한 것입니다. 넷째, 계를 온전히 지키는 것입니다. 다섯째, 지혜가 통달한 것입니다. 이것을 다섯 가지라고 합니다. 구담이시여, 바라문이 이 다섯 가지 법을 성취했다면 스스로를 바라문이라고 칭하니, 그 말은 진실이고 거짓이 아닙니다."

부처님께서 말씀하셨다.

"훌륭하다, 종덕이여. 만일 바라문으로서 다섯 가지 법 중에서 하나를 버리고 네 가지를 이루었다면, 그도 하는 말이 진실하고 거짓이 없을 것이니 바라문이라고 이름할 수 있겠는가?"

종덕이 부처님께 여쭈었다.

"있습니다. 그 까닭이 무엇이겠습니까? 구담이시여, 그 종성種姓이 무슨 필요가 있겠습니까? 만일 바라문으로서 이학의 3부 경서를 외워 통달하고 온갖 경서를 다 잘 분별하며 세상 서적의 깊은 뜻도 두루 익히지 않은 것이 없고, 또 능히 대인의 상법과 길흉을 밝게 살피고 제사 의례에 능하며, 얼굴이 단정하고 지계가 구족하며 지혜가 통달하였다고 합시다. 만일 이 네 가지 법이 있다면 말이 진실하고 거짓이 없을 것이니 바라문이라고 말할 수 있습니다."

부처님께서 종덕에게 말씀하셨다.

"훌륭하다, 훌륭하다. 만일 이 네 가지 법 중에서 하나를 버리고 세 가지를 성취한 자가 있다면 또한 말이 진실하고 거짓이 없을 것이니 바라문이라고 이름할 수 있겠는가?"

종덕이 대답했다.

"있습니다. 그 까닭이 무엇이겠습니까? 그 종성과 경전을 외우는 두 가지가 무슨 필요가 있겠습니까? 만일 바라문으로서 얼굴이 단정하고 계를 지키며 지혜가 통달하였다고 합시다. 만일 이 세 가지를 이루었다면 말이 진실하고 거짓이 없을 것이니 바라문이라고 말할 수 있습니다."

부처님께서 말씀하셨다.

"훌륭하다, 훌륭하다. 어떤가? 만일 이 세 가지 법 중에서 한 가지를 버리고 두 가지를 이룬 사람이 있다면 그 사람도 말이 진실하고 거짓이 없을 것이니 바라문이라고 말할 수 있겠는가?"

종덕이 대답했다.

"있습니다. 그 까닭이 무엇이겠습니까? 종성과 경전 외우는 것과 얼굴 단정한 것이 무슨 필요가 있겠습니까?"

5백 바라문들이 제각기 소리를 높여 종덕 바라문에게 말했다.

"무엇 때문에 종성과 경전 외우는 것과 얼굴 단정한 것을 소용없다고 치부하십니까?"

세존께서는 5백 바라문에게 말씀하셨다.

"만일 종덕 바라문이 그 얼굴이 누추하고 종성種姓이 보잘것없으며 글을 외우지도 못하고 변재와 지혜가 없어 잘 대답하지 못하며 나와 더불어 이야기할 수 없는 자라고 생각한다면 너희들이 말참견을 해도 좋다. 그러나 만일 종덕이 얼굴이 단정하고 종성이 구족하며 글을 외워 통달했고, 지혜와 변재가 있어 문답을 잘하며 나와 더불어 충분히 이야기할 수 있는 사람이라고 생각한다면 너희들은 모두 잠자코 이 사람의 말을 들으라."

종덕 바라문이 부처님께 여쭈었다.

"원컨대 구담이시여, 잠깐만 기다려 주십시오. 제가 직접 법으로써 이 사람들을 가르치겠습니다."

종덕은 5백 바라문들에게 물었다.

"앙가마납鴦伽摩納[2]은 지금 이 대중들 속에 있다. 이는 나의 생질〔外甥〕이다. 그대들은 보았는가? 이제 모든 대중들이 다 여기에 모였는데 오직 구담을 제외하고는 그 누구도 마납만큼 얼굴 단정한 사람이 없을 것이다. 그런데 이 마납은 살생하고 도둑질하며 음탕하고 무

---

2 앙가鴦伽는 사람의 이름이고, 마납(摩納, mānavaka)은 나이 어린 바라문을 일컫는 말이다.

례하며 허망한 말로 남을 속이고 불을 질러 사람을 태우며 도를 끊고 악을 행한다. 모든 바라문들이여, 이 앙가마납은 모든 악을 다 갖추고 있다. 그러니 경전 외우는 것과 얼굴 단정한 것이 결국 무슨 소용이 있겠는가?"

5백 바라문들이 잠자코 대답하지 못하자, 종덕이 부처님께 여쭈었다.

"만일 계를 온전히 지키고 지혜가 통달한 자라면 하는 말이 진실하고 거짓이 없을 것이니 바라문이라고 부를 수 있습니다."

부처님께서 말씀하셨다.

"훌륭하다, 훌륭하다. 어떤가? 종덕이여, 만일 그 두 가지 법 중에서 한 가지를 버리고 한 가지를 이루었다면 또한 하는 말이 진실하고 거짓이 없을 것이니 바라문이라고 부를 수 있겠는가?"

그는 대답했다.

"할 수 없습니다. 왜냐하면 계가 곧 지혜이며 지혜가 곧 계이기 때문입니다. 계가 있고 지혜가 있은 뒤에야 말이 진실하고 거짓이 없을 것이니 저는 그를 바라문이라고 부르겠습니다."

부처님께서 말씀하셨다.

"훌륭하다, 훌륭하다. 그대의 말과 같다. 계가 있으면 곧 지혜가 있고 지혜가 있으면 곧 계가 있게 된다. 계는 능히 지혜를 깨끗하게 하고 지혜는 능히 계를 깨끗하게 한다. 종덕이여, 그것은 마치 사람이 손을 씻을 때 왼손과 오른손이 서로를 필요로 하여 왼손이 오른손을 깨끗이 해주고 오른손이 왼손을 깨끗이 해주는 것과 같다. 이것도 그와 같아서 지혜가 있으면 곧 계가 있고 계가 있으면 곧 지혜가 있게 된다. 계는 능히 지혜를 깨끗하게 해 주고 지혜는 능히 계를 깨끗하게 해 준다. 바라문이여, 계와 지혜를 구족하면 나는 그를 비구라 말한다."

종덕 바라문이 부처님께 여쭈었다.

"어떤 것을 계戒라고 합니까?"

부처님께서 말씀하셨다.

"자세히 듣고 자세히 들어 잘 생각하고 기억하라. 나는 마땅히 그대를 위해 하나하나 분별해 주겠다."

그는 대답했다.

"예, 기꺼이 듣기를 원합니다."

세존께서는 바라문에게 말씀하셨다.

"만일 여래가 세상에 나타나면 그는 응공應供·정변지正遍知·명행성明行成·선서善逝·세간해世間解·무상사無上士·조어장부調御丈夫·천인사天人師·불세존佛世尊이 될 것이다. 모든 하늘과 세상 사람과 사문과 바라문 가운데서 그는 스스로 증득한 것을 남을 위해 설법한다. 그 말은 처음과 중간과 끝이 다 바르고 참되며 의미가 구족하고 범행이 청정하다. 만일 장자나 장자의 아들이 이 법을 들으면 신심信心이 청정하게 될 것이고, 신심이 청정해지면 이렇게 생각할 것이다.

'집에 있으면 저렇게 되기가 어렵다. 집은 마치 족쇄와 같아서 범행을 닦고자 하여도 마음대로 되지 않는다. 나는 이제 차라리 수염과 머리를 깎고 3법의를 입고 집을 나가 도를 닦으리라.'

그리하여 그는 다른 날 집과 재산과 친족을 버리고 3법의를 입고 모든 장신구를 버린다. 그리하여 비구比丘[3]들이 갖추어야 할 계율을 외우며 살생할 생각을 버리고 살생하지 않으며 나아가 심법心法으로

3 고려대장경에는 비구比丘로 되어 있으나 송·원·명 3본에는 비니毗尼로 되어있다. 비니毗尼, vinaya는 비나야毗奈耶로도 음역하며 계율戒律을 말한다. 송·원·명 3본에 의거하여 번역하면 '비니를 외우고 계율을 구족하며'가 된다.

4선禪을 닦으면 현세에서 기쁨과 즐거움을 얻습니다. 어떻게 그렇게 되는가? 그것은 부지런히 노력〔精勤〕하고 마음을 오로지해 잊지 않으며 홀로 있기를 좋아하며 한가하게 사는 데서 얻는 것입니다. 바라문이여, 이것을 계戒의 구족이라고 한다."

또 여쭈었다.

"어떤 것을 혜慧라고 합니까?"

부처님께서 말씀하셨다.

"만일 비구가 삼매三昧에 들어 청정하고 더러움이 없으며 부드럽게 길들여진 마음으로 부동처不動處에 머무르면 나아가 3명明을 얻고 무명無明을 없애 혜명慧明을 내고 어두움을 멸하게 되며, 큰 법의 광명을 내고 누진漏盡의 지혜를 내게 됩니다. 어떻게 그렇게 되는가? 그것은 부지런히 노력하고 마음을 오로지 해 잊지 않으며 홀로 있기를 좋아하며 한가하게 사는 데서 얻는 것입니다. 바라문이여, 이것을 지혜의 구족이라고 합니다."

그때 종덕 바라문이 부처님께 여쭈었다.

"이제 저는 부처님과 법과 거룩한 대중께 귀의합니다. 원하건대 제가 정법 가운데서 우바새가 되는 것을 허락해 주십시오. 지금부터 목숨이 다할 때까지 살생하지 않고 도둑질하지 않으며, 음탕하지 않고 속이지 않으며, 술을 마시지 않겠습니다."

종덕 바라문은 부처님의 말씀을 듣고 기뻐하며 받들어 행했다.

4. 구라단두경究羅檀頭經

이와 같이 나는 들었다.

어느 때 부처님께서는 구살라국俱薩羅國에서 큰 비구 대중 1,250명과 함께 계셨다. 부처님께서 인간세계를 유행遊行하시다가 구살라국에 있는 가누바제伕耄婆提라는 바라문촌의 북쪽에 이르러 시사파尸舍婆숲에 머무셨다. 당시 가누바제 마을에는 구라단두究羅檀頭라는 바라문이 살고 있었다. 그 마을은 풍요로워서 인민들이 치성熾盛하였으며 동산과 욕지浴池와 숲이 맑고 시원하였다. 바사닉왕은 곧 이 마을을 구라단두 바라문에게 봉封해 주어 범분梵分으로 삼았다. 이 바라문은 7대를 내려오는 동안 부모가 올바르고 진실해서 남에게 업신여김이나 비방을 받지 않았고 이학의 3부 경전을 다 외워 통달하였으며 온갖 경서를 다 잘 분별하고 세상 서적의 그윽한 뜻도 두루 익히지 않은 것이 없었다. 또 대인大人을 상보는 법과 길흉을 점치는 것과 제사 의례에도 능통하였으며, 5백 의 제자를 두어 언제나 가르치고 있었다. 당시 그 바라문은 큰 제사를 차리기 위하여 5백 마리 수소와 5백 마리 암소와 5백 마리 수송아지와 5백 마리 암송아지와 5백 마리 암염소와 5백 마리 숫염소를 잡아 제사에 쓰려고 하였다.

가누바제 마을의 모든 바라문·장자·거사들은 이런 소문을 들었다.

'사문 구담 석가 종자의 아들이 집을 나와 도를 이룬 뒤 구살라국에서 인간 세계를 유행하시다가 가누바제 마을의 북쪽에 있는 시사파숲에 이르러 머물고 계신다. 그의 큰 이름은 천하에 두루 퍼졌고 여래·지진·등정각 등의 10호를 구족했으며, 모든 하늘·세상 사람·악마 혹은 악마의 하늘과 사문 바라문들 가운데서 스스로 증득하고 남을 위해 설법하는데, 그 말은 처음과 중간과 끝이 다 바르고 참되며 의미가 구족하고 범행도 청정하다.'

그들이 말했다.

"이러한 진인眞人은 마땅히 찾아가 뵈어야 한다. 이제 우리도 함께 찾아뵙는 것이 좋겠다."

그리고 그들은 곧 서로를 이끌고 가누바제 마을을 나가 무리지어 서로 따르며 부처님 계시는 곳으로 나아가고 있었다.

그때 구라단두 바라문은 높은 누각 위에서 멀리 여러 사람들이 무리 지어 서로 따라가는 것을 보고 시자에게 물었다.

"저 사람들은 무슨 일로 저렇게 무리 지어 서로 따라가며, 또 대체 어디로 가는 것인가?"

시자가 대답했다.

"제가 듣기로는 사문 구담 석가 종족의 아드님께서 집을 나와 도를 이룬 뒤 구살라국에서 인간세계를 유행하시다가 가누바제 마을 북쪽에 있는 시사파숲에 이르러 머물고 계신다고 합니다. 그의 큰 이름은 천하에 두루 퍼졌고, 여래·지진·등정각 등의 10호를 구족했으며, 모든 하늘·세상 사람·악마 혹은 악마의 하늘과 사문 바라문들 가운데서 스스로 증득하고 남을 위해 설법하시는데 그의 말은 처음과 중간과 끝이 다 바르고 참되며 의미가 구족하고 범행도 청정하다고 합니다. 그래서 이 마을의 모든 바라문·장자·거사들이 다 모여 서로를 따라 사문 구담을 뵈러 가는 것입니다."

구라단두 바라문은 곧 시자에게 명령하였다.

"너는 빨리 가서 모든 사람에게 '그대들은 잠깐 기다리시오. 내가 거기 도착하면 그때 함께 저 사문 구담의 처소로 갑시다'라고 내 말을 전하라."

그 시자는 명령을 받고 곧 가서 여러 사람들에게 "여러분 잠깐만 기다리시오. 내가 거기에 도착하면 그때 함께 구담의 처소로 갑시다"라고 말했다.

여러 사람들은 시자에게 말했다.

"너는 빨리 돌아가서 바라문에게 '지금이 바로 그때이니 함께 갑시다'라고 말해라."

시자가 돌아와 바라문에게 말했다.

"여러 사람들이 멈춰 서서 '지금이 바로 그때입니다. 함께 갑시다'라고 말합니다."

그러자 바라문은 곧 누각에서 내려와 중문中門에 나와 섰다. 다른 5백 바라문들도 중문 밖에 앉아 구라단두를 도와 큰 제사를 준비하다가 구라단두가 나오는 것을 보고 모두 일어나 맞으면서 물었다.

"큰 바라문이여, 어디를 가려고 하십니까?"

그는 대답했다.

"내가 들으니, 사문 구담 석가 종족의 아드님께서 집을 나와 도를 이루신 뒤 구살라국에서 인간세계를 유행하시다가 가누바제 마을 북쪽에 있는 시사파숲에 이르러 머물러 계신다고 한다. 그의 큰 이름은 천하에 두루 퍼졌고, 여래·지진·등정각 등의 10호를 구족하셨으며, 모든 하늘·세상 사람·악마 혹은 악마의 하늘과 사문 바라문들 가운데서 스스로 증득하고 남을 위해 설법하시는데, 그 말씀은 처음과 중간과 끝이 다 참되고 바르며 의미가 구족하고 범행은 청정하시다고 한다. 이러한 진인眞人은 마땅히 가서 뵈어야 한다.

모든 바라문이여, 나는 또 구담께서는 세 종류의 제사와 16사구祀具[4]를 아신다고 들었다. 그것은 지금 우리 대중 가운데 있는 노숙한 학자들도 알지 못하는 것이다. 나는 지금 큰 제사를 지내려고 한다. 소와 염소는 이미 준비되었으니 구담의 처소로 나아가 세 종류의 제

---

4 올바른 제사를 지내기 위해 갖추어야 할 열여섯 가지 조건을 말한다.

사와 16사구祀具를 여쭙고자 한다. 우리가 이 제사법을 다 배우게 되면 공덕은 구족하고 명성이 널리 퍼질 것이다."

그러자 5백 바라문은 구라단두에게 말했다.

"대사大師께서는 가지 마십시오. 왜냐하면 그가 당신께 와야 하기 때문이니 당신께서 그에게 가시면 안 됩니다. 대사께서는 7대를 내려오는 동안 부모가 올바르고 진실해서 남의 업신여김이나 비방을 받지 않았습니다. 이런 법을 성취하셨으니 그가 마땅히 당신께 와야지 당신께서 그에게 가시면 안 됩니다."

또 말했다.

"대사께서는 이학의 3부 경전을 다 외워 통달했고 온갖 경서를 다 분별하였으며 세상 서적의 깊은 뜻도 두루 익히지 않은 것이 없습니다. 또 대인의 관상 보는 법, 길흉을 점치는 법, 제사 의례 등에도 능하십니다. 이런 법을 성취하셨으니 그가 당신께 와야지 당신께서 그에게 가시면 안 됩니다. 또 대사께서는 얼굴이 단정하고 범천과 같은 몸을 가졌습니다. 이런 법을 성취하셨으니 그가 당신께 와야지 당신께서 그에게 가시면 안 됩니다. 또 대사께서는 계덕戒德이 매우 뛰어나고 지혜를 성취했습니다. 이런 법을 성취하셨으니 그가 당신께 와야지 당신께서 그에게 가시면 안 됩니다. 또 대사께서는 하시는 말씀이 부드럽고 온화하며 변재辯才를 구족했고 그 의미도 청정합니다. 이런 법을 성취하셨으니 그가 당신께 와야지 당신께서 그에게 가시면 안 됩니다.

또 대사께서는 대중의 스승〔導首〕으로서 제자가 매우 많습니다. 이런 법을 성취하셨으니 그가 당신께 와야지 당신께서 그에게 가시면 안 됩니다. 또 대사께서는 항상 5백 바라문을 가르치고 계십니다. 이런 법을 성취하셨으니 그가 당신께 와야지 당신께서 그에게 가시면 안 됩니다. 또 대사께서는 사방의 학자들이 모두 찾아와 가르침을 청하고 모든 기술과 제사의 법을 물으면 다 자세히 대답하실 수 있습니다. 이런 법을 성취하셨으니 그가 당신께 와야지 당신께서 그에게 가시면 안 됩니다. 또 대사께서는 저 바사닉왕이나 병사왕의 공경과 공양을 받습니다. 이런 법을 성취하셨으니 그가 당신께 와야지 당신께서 그에게 가시면 안 됩니다. 또 대사께서는 부자로서 창고에는 재산과 보물이 가득 차 넘칩니다. 이런 법을 성취하셨으니 그가 마땅히 당신께 와야지, 당신께서 그에게 가시면 안 됩니다. 또 대사께서는 지혜가 밝고 말이 유창하여 두려울 것이 없습니다. 이런 법을 성취하셨으니 그가 당신께 와야지 당신께서 그에게 가시면 안 됩니다. 대사께서는 이러한 열한 가지 법을 구족하셨으니 그가 당신께 와야지 당신께서 그에게 가시면 안 됩니다."

그러자 구라단두가 말했다.

"그렇다, 그렇다. 그대들의 말과 같다. 나는 진실로 그러한 덕을 갖추고 있으니, 그런 덕이 없지 않다. 그러나 너희들은 다시 내 말을 들으라. 사문 구담께서 성취한 공덕으로 볼 때 우리가 그분께 가야지 그분이 우리에게 오시게 해서는 안 된다. 사문 구담께서는 7대를 내려오는 동안 부모가 올바르고 진실해서 남에게 업신여김이나 비방을 받지 않으셨다. 그가 이런 법을 성취하셨으니 우리가 그에게 가야지 그가 우리에게 오시게 해서는 안 된다. 또 사문 구담께서는 얼굴이 단정한 찰리 종족의 출신이시다. 이러한 법을 성취하셨으니 우리가 그분께 가야지 그분이 우리에게 오시게 해서는 안 된다. 또 사문 구담께서는 존귀한 집안에서 태어나셨으면서도 집을 나와 도를 닦으셨다. 이런 법을 성취하셨으니 우리가 그분께 가야지 그분이 우리에게 오시게 해서는 안 된다. 또 사문 구담께서는 빛나는 몸을 구족하시고 종성種姓이 진실하고 올바른데도 집을 나와 도를 닦으셨다. 이런 법을 성취하셨으니 우리가 그분께 가야지 그분이 우리에게 오시게 해서는 안 된다. 또 사문 구담께서는 부잣집에 태어나 큰 위력이 있으면서도 집을 나와 도를 닦으셨다. 이런 법을 성취하셨으니 우리가 그분께 가야지 그분이 우리에게 오시게 해서는 안 된다.

또 사문 구담께서는 현성의 계를 갖추었고 지혜를 성취하셨다. 이런 법을 성취하셨으니 우리가 그분께 가야지 그분이 우리에게 오시게 해서는 안 된다. 또 사문 구담께서는 말을 잘하고 부드럽고 온화하며 고상하시다. 이런 법을 성취하셨으니 우리가 그분께 가야지 그분이 우리에게 오시게 해서는 안 된다. 또 사문 구담께서는 대중들의 도사導師로서 제자가 많다. 이런 법을 성취하셨으니 우리가 그분께 가야지 그분이 우리에게 오시게 해서는 안 된다. 또 사문 구담께서는 욕애欲愛를 아주 없애 경박하거나 사납지 않으시며 걱정이나 두려움을 이미 없애 털이 곤두서는 일이 없으시다. 또 기뻐하고 화열和悅하여 사람을 보면 착함을 칭찬하시고 행과 과보果報를 잘 말씀하시며 남의 도道를 비방하지 않으신다. 이런 법을 성취하셨으니 우리가 그분께 가야지 그분이 우리에게 오시게 해서는 안 된다.

또 사문 구담께서는 항상 바사닉왕과 병사왕의 예경과 공양을 받으신다. 이런 법을 성취하셨으니 우리가 그분께 가야지 그분이 우리에게 오시게 해서는 안 된다. 또 사문 구담께서는 비가라사라 바라문의 예경과 공양을 받고 또 범梵 바라문·다리차多利遮 바라문·종덕種德 바라문·수가마납도야자首伽摩納兜耶子의 공경과 공양을 받는다. 이런 법을 성취하셨으니 우리가 그분께 가야지 그분이 우리에게 오시게 해서는 안 된다.

또 사문 구담께서는 모든 성문聲聞 제자들에게 추앙받고 예경과 공양을 받으시며, 모든 하늘과 귀신의 공경을 받고 석종釋種·구리俱梨·명녕冥寧·발지跋祇·말라末羅·소마蘇摩 등의 여러 종족이 모두 높이 떠받든다. 이런 법을 성취하셨으니 우리가 그분께 가야지 그분이 우리에게 오시게 해서는 안 된다. 또 사문 구담께서는 바사닉왕과 병사왕에게 3귀歸와 5계戒를 주셨다. 이런 법을 성취하셨으니 우리가 그분께 가야지 그분이 우리에게 오시게 해서는 안 된다. 또 사문 구담께서는 비가라사라 바라문 등에게 3귀와 5계를 주셨다. 이런 법을 성취하셨으니 우리가 그분께 가야지 그분이 우리에게 오시게 해서는 안 된다. 또 사문 구담께서는 제자들에게 3귀와 5계를 주셨고 모든 하늘과 석가 종족과 구리 종족 등에게도 3귀와 5계를 주셨다. 이런 법을 성취하셨으니 우리가 그분께 가야지 그분이 우리에게 오시게 해서는 안 된다.

또 사문 구담께서는 유행하시는 곳마다 모든 사람에게 공경과 공양을 받으신다. 이런 법을 성취하셨으니 우리가 그분께 가야지 그분이 우리에게 오시게 해서는 안 된다. 또 사문 구담께서 이르시는 성곽이나 촌읍에서는 가시는 곳마다 사람들이 몰려와 공경하고 공양한다. 이런 법을 성취하셨으니 우리가 그분께 가야지 그분이 우리에게 오시게 해서는 안 된다. 또 사문 구담께서는 이르시는 곳마다 비인非人과 귀신들도 감히 건드리지 못한다. 이런 법을 성취하셨으니 우리가 그분께 가야지 그분이 우리에게 오시게 해서는 안 된다. 또 사문 구담께서 가시는 곳마다 그곳의 백성들은 다 광명을 보고 하늘 음악 소리를 듣는다. 이런 법을 성취하셨으니 우리가 그분께 가야지 그분이 우리에게 오시게 해서는 안 된다. 또 사문 구담께서는 가시는 곳마다 그곳을 떠나려 할 때에는 모든 사람이 알뜰히 사모하고 눈물을 흘리면서 보내드린다. 이런 법을 성취하셨으니 우리가 그분께 가야지 그분이 우리에게 오시게 해서는 안 된다. 또 사문 구담께서는 처음 집을 떠나셨을 때 그 부모와 종친宗親들이 울면서 그리워하고 서러워했다. 이런 법을 성취하셨으니 우리가 그분께 가야지 그분이 우리에게 오시게 해서는 안 된다. 또 사문 구담께서는 젊어서 집을 나와 모든 장식과 코끼리·말·보배 수레·5욕·영락을 버리셨다. 이런 법을 성취하셨으니 우리가 그분께 가야지 그분이 우리에게 오시게 해서는 안 된다.

또 사문 구담께서는 전륜왕의 지위를 버리고 집을 떠나 도를 닦으셨다. 만일 그분이 집에 계셨더라면 4천하의 왕이 되어 백성을 통치했을 것이고 우리도 모두 그의 신하가 되었을 것이다. 이런 법을 성취하셨으니 우리가 그분께 가야지 그분이 우리에게 오시게 해서는 안 된다.

또 사문 구담께서는 범법梵法을 밝게 알아 능히 남을 위하여 설명하고 또 범천과 오가면서 서로 이야기를 나눈다. 이런 법을 성취하셨으니 우리가 그분께 가야지 그분이 우리에게 오시게 해서는 안 된다. 또 사문 구담께서는 세 종류의 제사와 16사구를 밝게 알고 계신다. 그것은 우리 노숙한 학자들도 모르는 것이다. 이런 법을 성취하셨으니 우리가 그분께 가야지 그분이 우리에게 오시게 해서는 안 된다. 또 사문 구담께서는 32상을 다 구족하셨다. 이런 법을 성취하셨으니 우리가 그분께 가야지 그분이 우리에게 오시게 해서는 안 된다. 또 사문 구담께서는 지혜가 통달하여 겁내는 일이 없으시다. 이런 법을 성취하셨으니 우리가 그분께 가야지 그분이 우리에게 오시게 해서는 안 된다. 저 구담께서는 이 가누바제 마을에 와 계신다. 우리보다 높은 분이시고, 또 귀한 손님이시니 마땅히 찾아가 뵈어야 한다."

그때 5백 바라문이 구라단두에게 여쭈었다.

"참으로 기이하고 참으로 특별합니다. 그분의 공덕이 그와 같단 말입니까? 만일 구담께서 그 모든 공덕 가운데 하나만 성취하셨더라도 그분을 이곳으로 오시게 해서는 안 되는 것인데, 더구나 지금 전부를 갖춤이겠습니까? 우리는 마땅히 서로를 이끌고 함께 찾아가 문안 드려야 할 것입니다."

구라단두가 말했다.

"가고 싶은 자는 지금이 바로 그때임을 알라."

그리고 바라문은 곧 보배 수레를 장엄하게 꾸미고 5백 바라문과 가누바제의 모든 바라문·장자·거사들에게 앞뒤로 둘러싸여 시사파 숲으로 나아갔다. 근처에 도착하자 수레에서 내려 걸어서 세존께서 계시는 곳으로 가서 인사를 마치고 한쪽에 앉았다.

이 때 모든 바라문·장자·거사들 중에는 부처님께 절하고 앉는 자가 있는가 하면 문안을 드리고 앉는 자도 있었고, 제 이름을 대고 앉는 자도 있었고 혹은 손을 모으고 부처님을 향해 앉는 자도 있었으며, 혹은 잠자코 앉는 자도 있었다.

모두 앉자 구라단두가 부처님께 여쭈었다.

"여쭙고 싶은 것이 있습니다. 만일 짬을 내어 들어주시겠다면 감히 여쭈겠습니다."

부처님께서 말씀하셨다.

"마음대로 물어라."

바라문이 부처님께 여쭈었다.

"저는 구담께서 세 종류의 제사와 16사구祀具를 밝게 아신다고 들었습니다. 그것은 우리 노숙한 학자들도 잘 모르는 것입니다. 저희들은 이제 큰 제사를 지내려고 합니다. 이미 5백 마리 수소와 5백 마리 암소, 5백 마리 수송아지와 5백 마리 암송아지, 5백 마리 숫염소와

5백 마리 암염소를 준비하였고, 그것으로 제사를 지내려고 합니다. 그래서 오늘 일부러 찾아와 세 종류 제사법과 16사구를 묻는 것입니다. 만일 이 제사를 성취한다면 큰 과보를 얻고 명성이 널리 퍼지며 하늘과 인간의 공경을 받게 될 것입니다."

세존께서 구라단두 바라문에게 말씀하셨다.

"그대는 이제 자세히 듣고 자세히 들어 잘 생각하고 기억하라. 마땅히 그대를 위해 말하겠다."

바라문이 말했다.

"예. 구담이시여, 듣기를 원합니다."

부처님께서 구라단두에게 말씀하셨다.

"아주 먼 옛날 머리에 물을 붓는 관정의식을 하고 왕위에 나아간 찰리 종족의 왕이 있었다. 그는 큰 제사를 지내려고 바라문 대신들을 모아 그들에게 말했다.

'나는 지금 많은 재보를 구족하고 있고 다섯 가지 욕망을 마음껏 누리고 있다. 나이는 이미 늙었지만 군사가 강성하여 겁날 것이 없고 창고도 가득 차 넘친다. 그래서 이제 큰 제사를 지내려고 하니 너희들은 제사지내는 법을 말하라. 필요한 것이 무엇인가?'

대신들이 왕에게 말했다.

'그렇습니다, 대왕이시여. 왕의 말씀과 같이 나라는 부유하고 군사는 강성하며 창고는 가득 차 넘칩니다. 다만 모든 백성들이 많은 악심을 품고 온갖 법답지 못한 일을 행하고 있습니다. 만일 이런 때에 제사를 지낸다면 제사의 법을 이루지 못할 것입니다. 마치 도적을 시켜 도적을 쫓으면 사명을 이루지 못하는 것과 같습니다. 대왕이여, 〈이들은 내 백성이니 칠 수 있고 죽일 수 있으며 꾸짖을 수 있고 못하게 할 수 있다〉는 그런 생각은 마십시오. 왕을 가까이 모시는 자에게는 마땅히 그 필요한 물건을 공급해 주고 백성들을 관리하는 자에게는 마땅히 재물을 주며 농사를 짓는 모든 자들에게는 마땅히 소와 송아지와 종자를 주어 그들로 하여금 각각 스스로 경영하게 하십시오. 왕이시여, 백성을 핍박하지 않으면 곧 백성들은 안온할 것이며 그 자손을 기르면서 서로 즐겁게 지낼 것입니다.'"

부처님께서 구라단두에게 말씀하셨다.

"왕은 모든 신하의 말을 듣고 모든 측근들에게는 옷과 양식을 주고 모든 상인들에게는 재보를 주며 농사를 짓는 자들에게는 소와 씨앗을 주었다. 이 때 백성들은 저마다 스스로 경영하며 서로 침노하거나 괴롭히지 않았고 자손을 기르면서 서로 즐겁게 지냈다."

부처님께서 말씀하셨다.

"왕은 다시 모든 신하를 불러 말했다.

'내 나라는 부유하고 군사도 강성하며 창고도 가득 차 넘치고 있다. 또 나는 모든 백성들에게 필요한 것을 공급하여 부족한 것이 없게 하였다. 그래서 그들은 자손을 기르면서 서로 즐겁게 지내고 있다. 나는 이제 큰 제사를 지내고자 한다. 너희들은 제사법을 말하라. 무엇이 필요한가?'

모든 신하들은 왕에게 말했다.

'그렇습니다, 그렇습니다. 왕의 말씀과 같이 나라는 부유하고 군사도 강성하며 창고는 가득 차 넘칩니다. 모든 백성들에게 필요한 것을 공급하여 부족한 것이 없게 하셨고, 그들은 자손을 기르면서 서로 즐겁게 지냅니다. 왕이시여, 제사를 지내고자 하신다면 궁 안에 알리는 것이 좋겠습니다.'

왕은 신하들의 말을 듣고 궁 안에 들어가 말했다.

'내 나라는 부유하고 군사도 강성하며 창고에는 많은 재보가 가득

차 넘친다. 나는 큰 제사를 지내고자 한다.'

그러자 모든 부인들이 왕에게 말했다.

'그렇습니다, 그렇습니다. 대왕의 말씀과 같이 나라는 부유하고 군사도 강성하며 창고도 가득 차 넘치도록 많은 보배가 있습니다. 큰 제사를 지내고자 하신다면 지금이 바로 그때입니다.'

왕이 궁에서 나와 모든 신하에게 알렸다.

'내 나라는 부유하고 군사는 강성하며 창고는 가득 차 넘친다. 모든 백성들에게는 부족함이 없게 하였고 그들은 자손을 기르면서 서로 즐겁게 지내고 있다. 나는 이제 큰 제사를 지내겠다고 궁 안에도 이미 알렸다. 너희들은 그 제사에 어떤 물건이 필요한지를 나에게 모두 말하라.'

모든 대신들이 왕에게 말했다.

'그렇습니다, 그렇습니다. 왕의 말씀과 같이 큰 제사를 지내겠다고 이미 궁 안에 알리셨습니다. 그러나 아직 태자와 황자皇子, 대신과 장군들에게는 말하지 않았습니다. 왕께서는 마땅히 그들에게도 알리십시오.'

왕은 모든 신하의 말을 듣고 곧 태자와 황자 및 모든 신하와 장군들에게 말했습니다.

'내 나라는 부유하고 군사도 강성하며 창고도 가득 차 넘친다. 나는 큰 제사를 지내고자 한다.'

태자·황자·대신·장군들이 곧 왕에게 말했다.

'그렇습니다, 그렇습니다. 대왕이시여, 지금 나라는 부유하고 군사도 강성하며 창고는 가득 차 넘칩니다. 제사를 지내고자 하신다면 지금이 바로 그때입니다.'

왕은 다시 대신들에게 말했습니다.

'내 나라는 부유하고 군사는 강하며 많은 재보가 있다. 나는 큰 제사를 지내겠다고 이미 궁 안과 태자·황자 나아가 장군들에게까지 알렸다. 이제 큰 제사를 지내고자 한다. 여기 무엇이 필요한가?'

모든 신하들이 왕에게 말했습니다.

'대왕의 말씀과 같습니다. 제사를 지내고자 하신다면 지금이 바로 그때입니다.'

왕은 그 말을 듣고 곧 성 동쪽에 새 집을 세웠다. 왕은 새 집에 들어가 사슴 가죽으로 만든 옷을 입고 향기로운 소유酥油를 몸에 바르고 또 사슴뿔을 머리에 쓰고 쇠똥을 땅에 바르고는 그 위에서 앉고 누웠다. 첫째 부인과 바라문 대신은 한 마리 누런 암소를 골라 젖을 짜 한 그릇의 우유는 왕이 먹고 한 그릇은 부인이 먹고 한 그릇은 대신이 먹고 한 그릇은 대중에게 공양했다. 그리고 나머지는 송아지에게 주었다.

그때 왕은 8법을 성취하고 대신은 4법을 성취하고 있었다. 왕이 성취하고 있던 8법이란 무엇인가? 그 찰리왕은 7대를 내려오면서 부모가 올바르고 진실해서 남에게 업신여김이나 비방을 받지 않았다. 이것이 첫 번째 법의 성취이다. 그 왕은 얼굴이 단정한 찰리 종족이다. 이것이 두 번째 법이다. 그 왕은 계율과 덕망을 풍성하게 갖추었고 지혜를 구족했다. 이것이 세 번째 법이다. 그 왕은 갖가지 기술을 익혀 코끼리와 말과 수레를 탈 줄 알고 칼·창·활을 쓰는 전투법 등 모르는 것이 없었다. 이것이 네 번째 법이다. 그 왕은 큰 위력이 있어 모든 작은 왕을 포섭하였고 그에게 굴복하지 않은 자가 없었다. 이것이 다섯 번째 법이다. 그 왕은 말을 잘하고 그 말은 부드러우며 의미를 구족했다. 이것이 여섯 번째 법이다. 그 왕은 많은 재보가 있어 창고에 가득 차 넘친다. 이것이 일곱 번째 법이다. 그 왕은 지혜로운 계책이 있고 용감하며 또 겁내는 것이 없었다. 이것이 여덟 번째 법이다. 그 찰리 종족의 왕은 이 8법을 성취하고 있다.

대신이 성취하고 있던 4법이란 무엇인가? 저 바라문 대신은 7대를 내려오는 동안 그 부모가 올바르고 진실해서 남에게 업신여김이나 비방을 받지 않았다. 이것이 첫 번째 법이다. 저 대신은 이학異學의 3부 경전을 외워 통달하였고 온갖 경서를 잘 분별하며 세속 서적의 깊은 뜻까지도 다 익히지 않은 것이 없었다. 또 대인의 관상 보는 법, 길흉을 점치는 법과 제사 의례에도 능했다. 이것이 두 번째 법이다. 그 대신은 말을 잘했고 그 말은 부드러우며 의미를 구족했다. 이것이 세 번째 법이다. 그 대신은 지혜로운 계책이 있고 용감하여 겁내는 것이 없었고 모든 제사법을 모르는 것이 없었다. 이것이 네 번째 법이다. 그때 그 왕은 8법을 성취하고 바라문 대신은 4법을 성취하고 있었으며, 그 왕에게는 그를 돕는 네 부류[5]가 있었다. 그래서 세 가지 제사법과 16사구를 갖추게 되었다.

그때 바라문 대신은 그 새로 지은 집에서 열여섯 가지 일〔事〕로써 왕의 마음을 열어주고 왕의 의심을 없애주었다. 열여섯 가지란 무엇인가? 대신이 왕에게 말했다.

'어떤 사람은 말합니다.

〈지금 찰리왕은 큰 제사를 지내고자 한다. 그러나 7대를 내려오는 동안 그 부모가 바르지 못해 항상 남에게 업신여김과 비방을 받는다.〉

비록 이런 말이 있더라도 그것으로 왕을 더럽히지는 못합니다. 무슨 까닭인가? 왕께서는 7대를 내려오는 동안 그 부모가 올바르고 진

5 앞에서 거론된 궁 안의 여러 부인·태자·황자·대신·장군을 말한다.

실해서 남에게 업신여김이나 비방을 받지 않기 때문입니다. 혹 어떤 사람은 말합니다.

〈지금 찰리왕은 큰 제사를 지내고자 한다. 그러나 얼굴이 추하고 더러우며 찰리종족이 아니다.〉

비록 이런 말이 있더라도 그것으로 왕을 더럽히지는 못합니다. 무슨 까닭인가? 왕께서는 얼굴이 단정하며 찰리종족이시기 때문입니다. 어떤 사람은 말합니다.

〈지금 찰리왕은 큰 제사를 지내고자 한다. 그러나 증상增上의 계가 없고 지혜를 갖추지 못했다.〉

비록 이런 말이 있더라도 그것으로 왕을 더럽히지는 못합니다. 무슨 까닭인가? 왕께서는 계덕이 뛰어나고 지혜를 구족했기 때문입니다. 어떤 사람은 말합니다.

〈지금 찰리왕은 큰 제사를 지내고자 한다. 그러나 모든 기술에 능하지 못하고 코끼리와 말과 수레를 탈 줄 모르며 병법을 두루 알지 못한다.〉

비록 이런 말이 있더라도 그것으로 왕을 더럽히지는 못합니다. 무슨 까닭인가? 왕께서는 모든 기술에 능하고 진을 치는 법과 병법을 모르는 것이 없기 때문입니다. 어떤 사람은 말합니다.

〈왕은 큰 제사를 지내고자 한다. 그러나 모든 작은 왕들을 포섭할 큰 위력이 없다.〉

비록 이런 말이 있더라도 그것으로는 왕을 더럽히지 못합니다. 무슨 까닭인가? 왕께서는 큰 위력이 있어서 모든 작은 왕들을 포섭했기 때문입니다. 어떤 사람은 말합니다.

〈왕은 큰 제사를 지내고자 한다. 그러나 말을 잘하지 못하고 그 말은 거칠고 억세며 의미를 구족하지 못했다.〉

비록 이런 말이 있더라도 그것으로는 왕을 더럽히지 못합니다. 무슨 까닭인가? 왕께서는 말을 잘하고 그 말은 부드러우며 의미를 구족했기 때문입니다. 어떤 사람은 말합니다.

〈왕은 큰 제사를 지내고자 한다. 그러나 재보가 많지 않다.〉

비록 이런 말이 있더라도 그것으로는 왕을 더럽히지 못합니다. 무슨 까닭인가? 왕께서는 창고가 가득하여 넘칠 만큼 많은 재보를 가지고 있기 때문입니다. 어떤 사람은 말합니다.

〈왕은 큰 제사를 지내고자 한다. 그러나 지혜로운 계책이 없고 의지가 약하고 겁이 많다.〉

비록 이런 말이 있더라도 그것으로는 왕을 더럽히지 못합니다. 무슨 까닭인가? 왕은 지혜로운 계책이 있고 용감하며 겁이 없기 때문입니다. 어떤 사람은 말합니다.

〈왕은 큰 제사를 지내고자 한다. 그러나 궁 안에 알리지 않았다.〉

비록 이런 말이 있더라도 그것으로는 왕을 더럽히지 못합니다. 무슨 까닭인가? 왕께서는 제사를 지내겠다고 미리 먼저 궁 안에 알렸기 때문입니다. 어떤 사람은 말합니다.

〈왕은 큰 제사를 지내고자 한다. 그러나 태자·황자에게 알리지 않았다.〉

비록 이런 말이 있더라도 그것으로는 왕을 더럽히지 못합니다. 무슨 까닭인가? 왕께서는 제사를 지내겠다고 미리 태자·황자에게 알렸기 때문입니다. 어떤 사람은 말합니다.

〈왕은 큰 제사를 지내고자 한다. 그러나 여러 신하에게 알리지 않았다.〉

비록 이런 말이 있더라도 그것으로는 왕을 더럽히지 못합니다. 무슨 까닭인가? 왕께서는 큰 제사를 지내겠다고 미리 여러 신하에게 알렸기 때문입니다. 어떤 사람은 말합니다.

〈왕은 큰 제사를 지내고자 한다. 그러나 장군들에게 알리지 않았다.〉

비록 이런 말이 있더라도 그것으로는 왕을 더럽히지 못합니다. 무슨 까닭인가? 왕께서는 제사를 지내겠다고 미리 장군들에게 알렸기 때문입니다.

어떤 사람은 말합니다.

〈왕은 큰 제사를 지내고자 한다. 그러나 그의 바라문 대신은 7대를 내려오는 동안 부모가 바르지 않아 항상 남에게 업신여김과 비방을 받는다.〉

비록 이런 말이 있더라도 그것으로는 왕을 더럽히지 못합니다. 무슨 까닭인가? 저는 7대를 내려오는 동안 부모가 진실하고 올발라서 남에게 업신여김이나 비방을 받지 않았기 때문입니다. 어떤 사람은 말합니다.

〈왕은 큰 제사를 지내고자 한다. 그러나 대신이 이학異學의 3부 경전을 통달해 외우지 못하고 여러 가지 경서를 분별하지 못하며 세상 서적의 그윽한 뜻도 두루 익히지 못했고 대인의 관상 보는 법, 길흉을 점치는 법, 제사 의례에도 능하지 못하다.〉

비록 이런 말이 있더라도 그것으로는 왕을 더럽히지 못합니다. 무슨 까닭인가? 저는 이학의 3부 경전을 외워 통달하였고 온갖 경서를 능히 분별하며 세속 서적의 깊은 뜻까지도 두루 익히고 또 대인의 관상 보는 법, 길흉을 점치는 법, 제사 의례에도 능하기 때문입니다. 어떤 사람은 말합니다.

〈왕은 큰 제사를 지내고자 한다. 그러나 대신이 말을 잘하지 못하고 그 말은 추하고 억세며 의미를 갖추지 못했다.〉

비록 이런 말이 있더라도 그것으로는 왕을 더럽히지 못합니다. 무슨 까닭인가? 저는 말을 잘하고 그 말은 부드러우며 의미를 구족했기 때문입니다. 어떤 사람은 말합니다.

〈왕은 큰 제사를 지내고자 한다. 그러나 대신이 지혜로운 계책을 갖추지 못했고 의지가 나약하며 제사의 법을 모른다.〉

비록 이런 말이 있더라도 그것으로는 왕을 더럽히지 못합니다. 무슨 까닭인가? 저는 지혜로운 계책이 있고 용감하며 겁이 없고 모든 제사법을 두루 알기 때문입니다.'"

부처님께서 구라단두에게 말씀하셨다.

"그 왕은 16처處에 대해 의심이 있었는데 그 대신이 16사事로써 왕의 뜻을 열어주었다."

부처님께서 말씀하셨다.

"그때 대신은 그 새로 지은 집에서 열 가지 일에 대한 행行을 왕에게 가르쳐 왕을 기쁘게 하고 이롭게 하였다. 어떤 것을 열 가지라고 하는가? 대신이 말했다.

'왕께서는 제사를 지낼 때 살생한 사람이건 살생하지 않은 사람이건 와서 모인 자에게는 모두 평등하게 베풀어주어야 합니다. 살생한 사람이 오더라도 역시 베풀어주어 그 스스로 잘못을 깨닫게 하고, 살생하지 않은 사람이 와도 또한 그렇게 하기 위해 베풀어주어야 합니다. 이처럼 마음으로 베풀어야 합니다. 또 도둑질 · 간음 · 이간하는 말 · 욕설 · 거짓말 · 꾸밈말을 하며 탐심 · 질투 · 삿된 소견을 가진 사람이 모임에 오더라도 그에게 베풀어 주어 그들 스스로 잘못을 깨닫게 하고, 도둑질하지 않고 나아가 바른 소견을 가진 사람이 와도 그렇게 하기 위해 베풀어 주어야 합니다. 이처럼 마음으로 베풀어야 합니다.'"

부처님께서 바라문에게 말씀하셨다.

"저 대신은 이 10행을 가르쳐 보여 기쁘게 하고 이익되게 하였다."

또 바라문에게 말씀하셨다.

"그때 찰리왕은 그 새 집에서 세 가지 후회하는 마음을 일으켰는데, 대신이 그 마음을 없애주었다. 어떤 것이 세 가지인가? 왕은 후회하며 말했다.

'나는 이제 큰 제사를 지낸다. 이미 큰 제사를 지냈다. 앞으로도 큰 제사를 지낼 것이다. 이렇게 큰 제사를 지내느라 많은 재보를 없앴다.'

이 세 가지 마음을 일으켜 후회하였다. 대신은 말했다.

'왕께서는 이미 큰 제사를 지냈습니다. 이미 보시했고, 앞으로도 보시할 것이며, 지금 보시하고 있습니다. 그러니 이 복된 제사에 후회하는 마음을 내서는 안 됩니다.'

이처럼 왕이 새 집에 들어가 세 가지 후회하는 마음을 낸 것을 대신이 없애 주었다."

부처님께서 바라문에게 말씀하셨다.

"그때 머리에 물을 붓는 의식을 하고 왕위에 나아간 찰리종족의 왕은 보름날 달이 찼을 때 그의 새 집에서 나와 그 집 앞에다가 큰 불더미를 피우고는 손에 기름병을 들고 불 위에 쏟아 부으면서 '주리라, 주리라'하고 소리쳤습니다. 그 왕의 부인은 왕이 보름날 달이 찼을 때 그의 새 집에서 나와 집 앞에 큰 불더미를 피우고는 손에 기름병을 들고 불 위에 쏟아 부으면서 '주리라, 주리라'하고 외치는 소리를 들었습니다. 그 부인과 채녀들은 많은 재보를 가지고 왕에게 가서 말했다.

'이 여러 가지 보물로 왕의 제사를 돕겠습니다.'

바라문이여, 그 왕은 곧 부인과 채녀들에게 말했다.

'그만두라, 그만두라. 너희들은 이미 공양하였다. 내게도 많은 재보가 있어 제사 지내기에 충분하다.'

모든 부인과 채녀들은 가만히 생각했다.

'우리가 이 보물을 가지고 궁중으로 돌아가는 것은 마땅하지 않다. 만일 왕께서 동쪽에서 큰 제사를 지내면 그때 사용하여 도움이 되게 하리라.'

바라문이여, 그 뒤에 왕은 동쪽에서 큰 제사를 지냈다. 그때 부인과 채녀들은 곧 그 보물을 가지고 큰 제사를 지내는 데 도왔다.

그때 태자와 황자는 왕이 보름날 달이 찼을 때 새 집에서 나와 집 앞에다가 큰 불더미를 피우고는 손에 기름병을 들고 불 위에 쏟으면서 '주리라, 주리라'고 외치는 소리를 들었습니다. 그 태자와 황자는 많은 재보를 가지고 왕이 계신 곳으로 찾아가 왕에게 말했다.

'이 보물로써 왕의 큰 제사를 돕겠습니다.'

왕은 말했다.

'그만두라, 그만두라. 너희들은 이미 공양하였다. 내게도 많은 재보가 있어 제사 지내기에 충분하다.'

모든 태자와 황자들은 가만히 생각했다.

'우리들이 이 보물을 가지고 돌아가는 것은 마땅하지 않다. 왕께서 만일 남쪽에서 제사를 지낸다면 마땅히 이것으로써 도와 드리리라.'

이와 마찬가지로 대신들도 보물을 가지고 와서 자원하여 왕의 서쪽 제사를 돕고 장군들도 보물을 가지고 와서 자원하여 왕의 북쪽 제사를 도왔다."

부처님께서 바라문에게 말씀하셨다.

"그 왕은 큰 제사를 지낼 때 소나 염소 및 모든 중생을 죽이지 않고 오직 소酥와 우유·깨 기름·꿀·흑밀黑蜜·석밀石蜜만을 써서 제사를 지냈다."

부처님께서 바라문에게 말씀하셨다.

"저 찰리왕은 큰 제사를 지낼 때 처음에도 기뻤고 중간에도 기뻤으며 나중에도 기뻤다. 이것을 제사를 성취하는 법이라고 한다."

부처님께서 바라문에게 말씀하셨다.

"저 찰리왕은 제사를 마친 뒤 수염과 머리를 깎고 3법의를 입고 집을 나와 도를 닦고 4무량심無量心을 닦다가 몸이 무너지고 목숨이 끝나 범천에 태어났다. 그리고 왕의 부인도 큰 보시를 마친 뒤 또한 머리를 깎고 3법의를 입고 집을 나와 도를 닦고 네 가지 범행梵行을 행하다가 몸이 무너지고 목숨이 끝나서는 범천에 태어났습니다. 바라문 대신도 왕에게 사방에 제사지내도록 가르치고 또 큰 보시를 행한 뒤, 수염과 머리를 깎고 3법의를 입고 집을 나와 도를 닦고 네 가지 범행을 행하다가 몸이 무너지고 목숨이 끝나서는 범천에 태어났습니다."

부처님께서 바라문에게 말씀하셨다.

"왕은 세 종류의 제사법과 16사구를 갖추어 큰 제사를 성취했다. 그대는 어떻게 생각하는가?"

구라단두는 부처님의 말씀을 듣고 잠자코 대답하지 못했다. 그때 5백의 바라문이 구라단두에게 말했다.

"사문 구담의 말은 미묘합니다. 대사께서는 왜 잠자코 대답이 없습니까?"

구라단두는 대답했다.

"사문 구담의 말씀은 미묘합니다. 저도 그렇지 않다는 것이 아닙니다. 잠자코 있었던 까닭은 저 혼자 깊이 생각했을 뿐입니다. 사문 구담께서는 이 일을 이야기하면서 남에게 들었다고 말하지 않았습니다. 그래서 저는 잠자코 생각했습니다.

'사문 구담이 바로 그 찰리왕이 아니었을까? 혹은 저 바라문 대신이 아니었을까?'"

세존께서 구라단두에게 말씀하셨다.

"훌륭하다, 훌륭하다. 그대는 여래를 바로 보았다. 그때 큰 제사를 지낸 그 찰리왕이 어찌 다른 사람이겠는가? 그대는 다른 사람이라 생각하지 마라. 내가 바로 그였다. 나는 그때 아주 크게 은혜[6]를 베풀었다."

구라단두는 부처님께 여쭈었다.

"이 세 종류의 제사와 16사구祀具는 큰 과보를 얻습니다. 그런데 이것보다 더 훌륭한 것이 있습니까?"

부처님께서 말씀하셨다.

"있다."

또 여쭈었다.

"어떤 것이 그것입니까?"

부처님께서 말씀하셨다.

"세 종류의 제사와 16사구로 만일 항상 여러 스님들을 끊임없이 공양하면 이 공덕은 그보다 훌륭하다."

또 여쭈었다.

"세 종류의 제사와 16사구로 만일 항상 여러 스님들을 끊임없이 공양하면 그 공덕이 가장 훌륭하다 하셨는데, 그것보다 더 훌륭한 것이 있습니까?"

---

6 고려대장경에는 '혜慧'로 되어 있고, 원·명 2본에는 '혜惠'로 되어 있다. 의미상 '혜惠'가 옳을 듯하여 원·명 2본에 의거해 번역하였다.

부처님께 말씀하셨다.

"있다."

또 여쭈었다.

"어떤 것이 그렇습니까?"

부처님께서 말씀하셨다.

"비록 세 종류의 제사와 16사구로 여러 스님들을 끊임없이 공양하더라도 초제승招提僧[7]을 위하여 승방이나 당각堂閣을 세우는 것만 못하다. 이 보시가 가장 훌륭하다."

또 여쭈었다.

"세 종류의 제사와 16사구로써 여러 스님들을 끊임없이 공양하고 또 초제승을 위해 승방이나 당각을 세우면 그 복이 가장 훌륭하다 하셨는데, 다시 그보다 훌륭한 것이 있습니까?"

부처님께서 말씀하셨다.

"있다."

또 여쭈었다.

"어떤 것이 그렇습니까?"

부처님께서 말씀하셨다.

"비록 세 종류의 제사와 16사구로써 여러 스님들을 끊임없이 공양하고 또 초제승을 위하여 승방이나 당각을 세우더라도 기뻐하는 마음을 일으켜 입으로 직접 '나는 부처님께 귀의하고 법에 귀의하고 승가에 귀의합니다'라고 말하는 것만 못하다. 이 복이 가장 훌륭하다."

또 여쭈었다.

"이와 같이 3보에 귀의하면 큰 과보를 얻을 것입니다. 그러면 또

---

7 초제승(招提僧, cātuddisa)은 사방승가(四方僧伽)를 말한다.

이보다 더 훌륭한 것이 있습니까?"

부처님께서 말씀하셨다.

"있다."

또 여쭈었다.

"어떤 것이 그렇습니까?"

부처님께서 말씀하셨다.

"만일 기뻐하는 마음으로 5계戒를 받들어 행하여 목숨이 다할 때까지 살생하지 않고 도둑질하지 않으며 간음하지 않고 속이지 않으며 술을 마시지 않으면 이 복이 가장 훌륭하다."

또 여쭈었다.

"이 세 종류의 제사를 지내고 나아가 5계를 지키면 큰 과보를 얻을 것입니다. 다시 그보다 더 훌륭한 것이 있습니까?"

부처님께서 말씀하셨다.

"있다."

또 여쭈었다.

"어떤 것이 그렇습니까?"

부처님께서 말씀하셨다.

"만일 우유를 짜는 동안만큼이라도 사랑하는 마음으로 일체 중생을 생각하면 그 복이 가장 훌륭하다."

또 여쭈었다.

"이 세 종류의 제사를 지내고 나아가 자비심을 가지면 큰 과보를 얻습니다. 다시 그보다 더 훌륭한 것이 있습니까?"

부처님께서 말씀하셨다.

"있다."

또 여쭈었다.

"어떤 것이 그렇습니까?"

부처님께서 말씀하셨다.

"만일 여래·지진·등정각께서 세상에 나타나셨을 때 사람들이 불법 가운데 출가하여 도를 닦아 온갖 덕을 두루 갖추고 나아가 3명明을 구족하면 모든 어리석음과 어둠을 멸하여 지혜의 밝음을 구족할 것이다. 무슨 까닭인가? 방일放逸하지 않고 한적한 것을 즐기기 때문이다. 이 복이 가장 훌륭한 것이다."

구라단두는 다시 부처님께 여쭈었다.

"구담이시여, 저는 제사를 위하여 모든 소와 염소를 각각 5백 마리씩 준비했는데, 이제 그들 마음대로 물이나 풀을 찾아다니도록 다 놓아주겠습니다. 그리고 저는 이제 부처님께 귀의하고 법에 귀의하고 승가에 귀의합니다. 제가 정법 안에서 우바새가 되는 것을 허락해 주십시오. 지금부터 목숨이 다할 때까지 살생하지 않고 도둑질하지 않으며, 간음하지 않고 속이지 않으며 술을 마시지 않겠습니다. 오직 원하건대 세존과 모든 대중께서는 때맞추어 저의 공양 요청을 받아 주십시오."

세존께서는 잠자코 그 청을 허락하셨다. 그러자 바라문은 부처님께서 잠자코 허락하시는 것을 보고 곧 일어나 부처님께 절하고 세 바퀴 돌고는 떠나갔다.

그는 집에 돌아가 갖가지 음식을 마련하였다. 이튿날 때가 되자, 세존께서는 가사를 입고 발우를 가지고 큰 비구 1,250명과 함께 바라문의 집으로 가서 자리에 앉으셨다. 바라문은 손수 음식을 집어 부처님과 스님들에게 공양했다. 다 드시고 나자 발우를 거두고 손 씻을 물을 돌려 공양을 끝마쳤다. 부처님께서는 바라문을 위하여 게송을 지어 말씀하셨다.

제사에서는 불이 으뜸이고
풍송諷誦에서는 시詩가 으뜸이며
사람 중에는 왕이 으뜸이고
모든 물 중에선 바다가 으뜸이며

별 가운데는 달이 으뜸이고
광명 중에서는 해가 으뜸이며
위와 아래, 사방에서
살아가는 모든 생물과

하늘과 세간사람 중
오직 부처만이 가장 으뜸이니
큰 복을 얻고자 하는 사람
마땅히 3보寶에 공양하여라.

구라단두 바라문은 곧 작은 자리 하나를 가지고 와서 부처님 앞에 앉았다. 세존께서는 차례로 설법하고 가르쳐 보여 이롭고 기쁘게 하셨으니, 그것은 시론施論·계론戒論·생천론生天論이었다. 욕심은 큰 걱정거리가 되고 상루上漏는 장애가 되며 출요出要가 제일이라 하시면서 모든 청정한 행을 널리 펴고 나타내 보이셨다. 그때 세존께서는 그 바라문의 마음이 부드러워지고 음개陰蓋가 가벼워져 쉽게 조복調伏될 것임을 아셨다. 그래서 모든 부처님께서 그러했듯이 그를 위해 괴로움에 대한 성스러운 진리[苦聖諦]를 말씀하시고, 다시 괴로움의 발생에 대한 성스러운 진리[集聖諦]·괴로움의 소멸에 대한 성스러운 진리[集滅聖諦]·괴로움의 벗어남에 대한 성스러운 진리[出要聖諦]를 분별해 나타내 보이셨다. 그러자 구라단두 바라문은 그 자리에서 번뇌의 티끌과 때를 멀리 떠나 법안法眼이 깨끗해졌다. 그것은 마치 흰 천이 쉽게 물드는 것과 같았다. 구라단두 바라문도 그와 같아 법을 보고 법을 얻었으며 과果를 거두어 확고히 머무르게 되었다. 그래서 다른 믿음을 따르지 않고 두려움이 없게 되었다. 그리고 부처님께 여쭈었다.

"저는 이제 다시금 부처님과 법·비구대중들께 귀의합니다. 원하건대 제가 정법 가운데서 우바새가 되는 것을 허락해 주십시오. 지금부터 목숨이 다할 때까지 살생하지 않고 도둑질하지 않으며 음탕하지 않고 속이지 않으며 술을 마시지 않겠습니다."

그는 거듭 부처님께 여쭈었다.

"오직 원하건대 부처님이시여, 다시 7일 동안 저의 공양청을 받아주십시오."

세존께서는 잠자코 청을 허락하셨다. 바라문은 7일 동안 손수 음식을 준비하여 부처님과 스님들에게 공양했다. 이레가 지난 뒤 세존께서는 세상으로 유행을 떠나셨다. 부처님께서 떠나신 지 오래지 않아 구라단두 바라문은 병을 얻어 목숨을 마쳤다. 그때 많은 비구들은 구라단두가 이렛동안 부처님께 공양하고 부처님께서 떠나신 지 오래지 않아 병을 얻어 목숨을 마쳤다는 소식을 듣고는 각자 생각했다.

'저 사람은 목숨을 마친 뒤에 어디 가서 태어났을까?'

모든 비구들은 부처님께 나아가 머리를 발에 대어 예배하고 한쪽에 앉았다. 그리고 부처님께 여쭈었다.

"저 구라단두는 이제 목숨을 마쳤습니다. 그는 어디 가서 태어나겠습니까?"

부처님께서 모든 비구들에게 말씀하셨다.

“그 사람은 범행을 깨끗이 닦아 법 중의 법을 성취하였고 또 법에 저촉되는 짓을 하지 않았다. 따라서 그는 5하분결下分結을 끊고 저 세상에서 반열반에 들어 이 세상에는 오지 않을 것이다.”

모든 비구들은 부처님의 말씀을 듣고 기뻐하며 받들어 행하였다.

불설장아함경 제 16 권

〔제 3 분〕 ④

5. 견고경堅固經

이와 같이 나는 들었다.

어느 때 부처님께서는 나난타那難陀[1]성의 파바리엄차波婆利掩次숲속에 큰 비구 대중 1,250명과 함께 계셨다.

그때 견고라는 어떤 장자의 아들이 있었다. 그는 부처님께 나아가 머리를 그 발에 대어 예배하고 한쪽에 앉았다. 장자의 아들 견고가 부처님께 여쭈었다.

"훌륭하십니다, 세존이시여. 오직 원하건대 이제 모든 비구들에게 '만일 바라문이나 장자의 아들이나 거사가 오거든 마땅히 그를 위해

1 팔리어로 Nālandā이고, 또한 나란타那爛陀로도 쓴다.

신통변화〔神足〕를 나타내어 상인上人의 법[2]을 보이라'고 명령하십시오."

부처님께서 견고에게 말씀하셨다.

"나는 결코 모든 비구들에게 바라문이나 장자나 거사들을 위해 신통변화와 상인의 법을 나타내라고 가르치지 않는다. 나는 다만 제자들에게 한적한 곳에서 지내며 고요히 도를 생각하되, 만일 공덕이 있으면 마땅히 스스로 숨기고 만일 잘못이 있으면 마땅히 스스로 드러내라고 가르칠 뿐이다."

그러자 장자의 아들 견고가 다시 부처님께 여쭈었다.

"오직 원하건대 세존이시여, 모든 비구들에게 명령하여 만일 바라문이나 장자나 거사가 오거든 마땅히 그들을 위하여 신통변화를 나타내어 상인의 법을 보이게 하십시오."

부처님께서 다시 견고에게 말씀하셨다.

"나는 결코 모든 비구들에게 바라문이나 장자나 거사들을 위해 신통변화와 상인의 법을 나타내라고 가르치지 않는다. 나는 다만 모든 제자들에게 한적한 곳에서 지내며 고요히 도를 생각하고, 만일 공덕이 있으면 마땅히 스스로 숨기고 만일 잘못이 있으면 마땅히 스스로 드러내라고 가르칠 뿐이다."

장자의 아들 견고가 부처님께 여쭈었다.

"저는 상인의 법에 대해 의심하지 않습니다. 다만 이 나난타성은 국토가 풍요롭고 백성들이 치성熾盛합니다. 만일 이곳에서 신통변화를 나타낸다면 이익이 많을 것이며 부처님과 대중들이 훌륭하게 도화道化를 넓힐 수 있을 것입니다."

---

2 보통 사람을 초월한 법을 말한다.

부처님께서 다시 견고에게 말씀하셨다.

"나는 결코 모든 비구들에게 바라문이나 장자나 거사를 위하여 신통변화와 상인의 법을 나타내라고 가르치지 않는다. 나는 다만 제자들에게 한적한 곳에서 지내며 고요히 도를 생각하고, 만일 공덕이 있으면 마땅히 스스로 숨기고, 만일 잘못이 있으면 마땅히 스스로 드러내라고 가르칠 뿐이다. 무슨 까닭인가? 세 가지 신통변화가 있기 때문이다. 어떤 것을 세 가지라고 하는가? 첫 번째는 신족神足이며, 두 번째는 남의 마음을 관찰하는 것이며, 세 번째는 교계教誡이다.

어떤 것을 신통변화라고 하는가? 장자의 아들아, 비구는 한량없는 신통변화를 익혀 능히 한 몸에서 무수한 몸을 변화로 만들어 내고 무수한 몸을 두루 합해 하나로 만든다. 멀건 가깝건 산과 물과 석벽을 자재하게 다니되 걸림이 없어, 마치 허공을 다니는 것과 같다. 허공에서 결가부좌結加趺坐 하는 것이 마치 나는 새와 같고, 땅을 드나드는 것은 마치 물속을 드나드는 것과 같으며, 혹은 물 위를 걸어가는 것은 마치 땅을 밟고 다니는 것과 같다. 몸에서 연기와 불을 뿜어 내니 마치 큰 불더미 같고, 손으로 해와 달을 어루만지며, 선 채로 범천에까지 이른다. 만일 믿음을 얻은 장자나 거사가 있어 이 비구가 한량없는 신통변화를 나타내고 선 채로 범천에까지 이르는 것을 본다면, 그는 다시 믿음을 얻지 못한 다른 장자나 거사에게 가서 '나는 비구가 한량없는 신통변화를 나타내고 선 채로 범천에까지 이르는 것을 보았다'고 말하겠다. 저 믿음을 얻지 못한 장자나 거사는 믿음을 얻은 자에게 '나는 구라주瞿羅呪 주문이 능히 이렇게 한량없는 신통변화를 나타내고 나아가 선 채로 범천에까지 이른다고 들었다'고 말하겠다."

부처님께서 장자의 아들 견고에게 말씀하셨다.

"저 믿지 않는 자가 이런 말을 한다면 어찌 훼방하는 말이 아니겠는가?"

견고가 부처님께 여쭈었다.

"그것은 실로 훼방하는 말입니다."

부처님께서 말씀하셨다.

"그러므로 나는 모든 비구에게 신통 변화를 나타내라고 명령하지 않는다. 다만 제자들에게 한적한 곳에서 지내며 고요히 도를 생각하고, 만일 공덕이 있으면 마땅히 스스로 숨기고 만일 잘못이 있으면 마땅히 스스로 드러내라고 가르칠 뿐이다. 이와 같이 장자의 아들아, 이것이 곧 나의 비구들이 나타내는 신통변화이다.

어떤 것을 남의 마음을 관찰하는 신통변화〔觀察他心神足〕라고 하는가? 이는 비구가 관찰하는 신통변화를 나타내어 모든 중생들이 생각하는 법을 관찰하며 숨어서 한 행동도 다 능히 분별해 아는 것이다. 만일 능히 믿음을 얻은 장자나 거사가 있어, 비구가 한량없이 관찰하는 신통변화를 나타내어 다른 중생이 마음으로 생각하는 법을 관찰하고 숨어서 한 행동도 다 능히 분별해 아는 것을 본다면, 그는 믿음을 얻지 못한 다른 장자나 거사에게 가서 이렇게 말할 것이다.

'나는 비구가 한량없이 관찰하는 신통변화를 나타내어 다른 중생이 마음으로 생각하는 법을 관찰하고 숨어서 한 행동도 다 능히 아는 것을 보았다.'

저 믿지 않는 장자나 거사는 이 말을 듣고 곧 훼방하는 말을 할 것이다.

'구라주 주문이 있어 능히 남의 마음을 관찰하고 숨어서 한 행동도 다 능히 안다.'

어떤가? 장자의 아들아, 이것이 어찌 훼방하는 말이 아니겠는가?"

견고가 부처님께 여쭈었다.

"이것은 실로 훼방하는 말입니다."

부처님께서 말씀하셨다.

"그러므로 나는 모든 비구에게 신통 변화를 나타내라고 명령하지 않는다. 다만 제자들에게 한적한 곳에서 지내며 고요히 도를 생각하고, 만일 공덕이 있으면 마땅히 스스로 감추고 만일 잘못이 있으면 마땅히 스스로 드러내라고 가르칠 뿐이다. 이와 같이 장자의 아들아, 이것이 곧 나의 비구들이 나타내는 관찰하는 신통변화이다.

또 어떤 것을 교계教誡의 신통변화라고 하는가? 장자의 아들아, 만일 여래·지진·등정각이 세상에 나타나면 10호를 구족하고 모든 하늘·세상사람·악마·혹은 악마의 하늘과 사문 바라문들 가운데에서 스스로 증득하고 남을 위해 설법하는데, 그 말은 처음과 중간과 끝이 다 진실하고 올바르며 의미가 청정하고 범행이 구족하다. 그때 장자나 거사는 가르침을 듣고 거기서 믿음을 얻으며 믿음을 얻은 뒤에는 거기서 관찰하여 스스로 생각한다.

'나는 집에 있는 것이 마땅치 않다. 만일 집에 있으면 갈고리와 쇠사슬 같은 구속이 계속 이어져 청정하게 범행을 닦을 수 없을 것이다. 나는 이제 차라리 수염과 머리를 깎고 3법의를 입고 출가하여 도를 닦으리라.'

그는 모든 공덕을 구족하고 나아가 3명明을 성취하여 모든 어둠을 없애고 큰 지혜의 밝음을 일으킨다. 무슨 까닭인가? 그것은 정근하며 홀로 한적한 곳에서 지내기를 좋아하고 전념하여 잊지 않아 얻은 것이기 때문이다. 장자의 아들아, 이것이 나의 비구들이 나타내는 교계의 신통변화이다."

그때 장자의 아들 견고가 부처님께 여쭈었다.

“이 세 가지 신통변화를 성취한 비구가 있습니까?”

부처님께서 장자의 아들에게 말씀하셨다.

“나는 이 세 가지 신통변화를 성취한 비구가 많이 있다고는 말하지 않는다. 장자의 아들아, 나에게 이런 비구가 있었다. 그는 이 대중 가운데서 스스로 생각했다.

‘이 몸을 이루고 있는 네 가지 요소〔大〕인 지地·수水·화火·풍風은 무엇으로 말미암아 아주 없어지게 될까?’

그 비구는 갑자기 하늘세계로 나아가 사천왕이 사는 곳으로 가서 사천왕에게 물었다.

‘이 몸을 이루고 있는 네 가지 요소인 지·수·화·풍은 무엇으로 말미암아 아주 없어집니까?’

장자의 아들아, 저 사천왕이 비구에게 대답했다.

‘나는 네 가지 요소가 무엇으로 말미암아 아주 없어지는지 모릅니다. 내 위에 도리천忉利天이라는 하늘이 있습니다. 그는 제일 미묘하고 큰 지혜가 있습니다. 그 하늘이라면 네 가지 요소가 무엇으로 말미암아 아주 없어지는가를 알 것입니다.’

그 비구는 그 말을 듣고 곧 하늘세계로 나아가 도리천에 가서 그 하늘신에게 물었다.

‘이 몸을 이루고 있는 네 가지 요소인 지·수·화·풍은 무엇으로 말미암아 아주 없어집니까?’

그 도리천은 비구에게 대답했다.

‘나는 네 가지 요소가 무엇으로 말미암아 없어지는지 모릅니다. 이 위에 다시 하늘이 있는데 이름을 염마천焰摩天이라고 합니다. 그는 제일 미묘하고 큰 지혜가 있습니다. 그 하늘이라면 알 수 있을 것입니다.’

비구는 곧 거기로 가서 물었으나 염마천도 모른다고 했다.

이와 같이 차례로 도솔천兜率天·화자재천化自在天·타화자재천他化自在天까지 갔는데 그들도 모두 말했다.

'나는 네 가지 요소가 무엇으로 말미암아 없어지는지 모릅니다. 이 위에 다시 하늘이 있는데 제일 미묘하고 큰 지혜가 있습니다. 그는 범가이梵迦夷[3]라고 이름합니다. 그 하늘이라면 능히 네 가지 요소가 무엇으로 말미암아 아주 없어지는지 알 것입니다.'

그 비구는 곧 범도梵道로 나아가 범천梵天에게 가서 물었다.

'이 몸을 이루고 있는 네 가지 요소인 지·수·화·풍은 무엇으로 말미암아 아주 없어집니까?'

그 범천이 비구에게 대답했다.

'나는 네 가지 요소가 무엇으로 말미암아 아주 없어지는지 모릅니다. 이제 대범천왕大梵天王이 있는데 그보다 나은 자는 없습니다. 그는 1천세계를 거느리고 부귀와 권세가 있으며 최고로 자유자재합니다. 능히 만물을 만들어내니 이분은 중생의 부모입니다. 그분이라면 능히 네 가지 요소가 무엇으로 말미암아 아주 없어지는지를 알 것입니다.'

장자의 아들아, 저 비구는 곧바로 물었다.

'그 대범천왕은 지금 어디 있습니까?'

그 하늘은 대답했다.

'대범이 지금 어디 있는지는 모르겠습니다. 그러나 내 생각으로는 오래지 않아 나타날 것입니다.'

오래지 않아 범왕이 갑자기 나타났다. 장자의 아들아, 저 비구는

3 색계 초선천初禪天인 범중천梵衆天을 말한다.

범왕에게 가서 물었다.

'이 몸을 이루고 있는 네 가지 요소인 지 · 수 · 화 · 풍은 무엇으로 말미암아 아주 없어집니까?'

저 대범천왕이 비구에게 말했다.

'나 대범천왕을 이길 자는 아무도 없습니다. 1천세계를 거느리고 부귀와 권세가 있으며 최고로 자유자재합니다. 능히 만물을 만들어 내는 중생의 부모입니다.'

그 비구가 범왕에게 말했다.

'나는 그것을 묻지 않았습니다. 나는 네 가지 요소인 지 · 수 · 화 · 풍이 무엇으로 말미암아 아주 없어지는가를 물었습니다.'

장자의 아들아, 저 범왕은 여전히 비구에게 이렇게 대답했다.

'내가 바로 대범천왕이고 나를 이길 자는 아무도 없습니다. 나아가 만물을 만들어 내는 중생의 부모입니다.'

비구가 또 말했다.

'나는 그것을 묻지 않았습니다. 나는 이 네 가지 요소가 무엇으로 말미암아 아주 없어지는가를 물었습니다.'

장자의 아들아, 저 범천왕은 이렇게 세 차례나 저 비구에게 네 가지 요소가 무엇으로 말미암아 아주 없어지는가를 대답하지 못했다. 그때 대범왕은 곧 비구의 오른손을 잡고 으슥한 곳으로 데리고 가서 말했다.

'비구여, 지금 모든 범왕들은 나를 두고 〈지혜가 제일이고 보지 못하는 것이 없다〉고들 말합니다. 그러므로 나는 그대에게 〈이 네 가지 요소가 무엇으로 말미암아 아주 없어지는가를 보지도 못했고 알지도 못한다〉고 대답할 수가 없습니다.'

그는 또 비구에게 말했다.

'당신은 참으로 어리석습니다. 여래를 두고 이 하늘에 와서 그것을 묻다니요. 그대는 마땅히 세존께 나아가 그것을 묻고 부처님의 말씀을 잘 받아 간직하십시오.'

그는 또 비구에게 말했다.

'지금 부처님께서 사위국의 급고독원에 계십니다. 그대는 가서 여쭈어보십시오.'

장자의 아들아, 그때 그 비구는 범천에서 갑자기 사라졌다가 마치 장사가 팔을 굽혔다가 펴는 듯한 짧은 순간에 사위국의 기수급고독원에 이르러 내게 와서 머리를 발에 대어 절하고 한쪽에 앉아 물었다.

'세존이시여, 이제 이 네 가지 요소인 지·수·화·풍은 무엇으로 말미암아 없어집니까?'

그때 나는 말했다.

'비구여, 마치 상인商人이 매〔鷹〕를 가지고 바다에 들어가는 것과 같구나. 바다 가운데서 그 매를 놓아 주면 그 매는 공중을 날아 동·서·남·북으로 다니다가 만일 육지를 발견하면 곧 그곳에 머물 것이다. 그러나 만일 육지가 없으면 다시 배로 돌아올 것이다. 비구여, 너도 그와 같아서 범천에까지 가서 그 뜻을 물었으나 끝내 성취하지 못하자 도로 내게 돌아왔구나. 이제 마땅히 너로 하여금 그 이치를 성취하게 하리라.'"

그리고 곧 게송을 말했다.

무엇으로 말미암아 네 가지 요소인
지·수·화·풍이 멸하여 없어지는가?
무엇으로 말미암아 굵고 가늘과

길고 짧음과 곱고 추함이 없어지는가?

무엇으로 말미암아 명색名色이
남김없이 아주 멸하여 없어지는가?
이에 답하나니 식識은 형상이 없고
한량없으나 스스로 광명이 있네.

이것이 멸하면 네 가지 요소가 멸하고
굵고 가늠과 곱고 추함도 멸하며
결국엔 명색 또한 멸하니
식이 멸하면 나머지도 멸한다.

장자의 아들 견고가 부처님께 여쭈었다.

"세존이시여, 그 비구의 이름은 무엇입니까? 그리고 어떻게 받들어야 합니까?"

부처님께서 장자의 아들에게 말씀하셨다.

"그 비구의 이름은 아실이阿室已이다. 마땅히 그를 받들어야 한다."

장자의 아들 견고는 부처님의 말씀을 듣고 기뻐하며 받들어 행하였다.

6. 나형범지경倮形梵志經

이와 같이 나는 들었다.

어느 때 부처님께서 위야국委若國 금반金槃에 있는 녹야림鹿野林에 큰 비구 대중 1,250명과 함께 계셨다.

그때 가섭迦葉이라는 성을 가진 나형범지倮形梵志가 있었는데, 그가 세존께 나아가 인사드리고 한쪽에 앉았다. 나형 가섭이 부처님께 여쭈었다.

"저는 사문 구담께서 모든 제사법을 꾸짖고, 고행하는 모든 사람들을 더러운 자라고 욕하신다고 들었습니다. 구담이시여, 만일 어떤 사람이 '사문 구담은 모든 제사법을 꾸짖고 고행하는 사람을 더러운 자라고 욕한다'고 하면 이런 말을 하는 사람을 법다운 말을 하고 법 중의 법을 성취하였으며 사문 구담을 비방하지 않는다고 할 수 있습니까?"

부처님께서 말씀하셨다.

"가섭아, 그가 만일 '사문 구담은 모든 제사법을 꾸짖고 고행하는 사람을 더러운 자라고 욕한다'고 한다면 그것은 법다운 말도 아니며, 법의 법을 성취한 것도 아니다. 그것은 나를 비방하기 위한 것으로서 성실한 말이 아니다. 무슨 까닭인가? 가섭아, 나는 저들 고행하는 사람 중에 몸이 무너지고 목숨이 끝나 지옥에 떨어지는 자가 있는 것을 보았고, 또 고행하던 사람이 몸이 무너지고 목숨이 끝나 하늘의 좋은 곳에 나는 것도 보았다. 혹은 고행하는 사람이 즐겁게 고행하다가 몸이 무너지고 목숨이 끝나 지옥에 나는 것도 보았고, 혹은 고행하는 사람이 즐겁게 고행하다가 몸이 무너지고 목숨이 끝나 하늘의 좋은 곳에 나는 것도 보았다. 가섭아, 나는 이 두 세계에서 받는 과보를 다 알고 다 보았다. 그런데 내 어찌 모든 고행자를 꾸짖어 더러운 자라고 하겠는가? 내가 옳다고 바르게 말하면 그들은 곧 그르다고 말하고, 내가 그르다고 바르게 말하면 그들은 곧 옳다고 말할 것이다. 가섭아, 나에게는 사문 바라문과 같은 법도 있고, 사문 바라문과 같지 않은 법도 있다. 가섭아, 같지 않은 법이면 나는 곧 그것을 내버려둔다. 왜냐하면 이 법은 사문 바라문과 같지 않기 때문이다.[4]

가섭아, 저 지혜 있는 사람은 이렇게 관찰할 것이다.

'사문 구담도 착하지 않은 법에 대하여 탁하고 어두워 성현의 법이 아닌 것을 대하고 있으며, 저 외도들의 스승도 혼탁하고 어두워 현성의 법이 아닌 착하지 못한 법을 대하고 있다. 어느 편이 능히 이 법을 멸할 수 있을까?'

가섭아, 저 지혜 있는 자는 이렇게 관찰할 때 이렇게 알고 볼 것이다.

'오직 사문 구담만이 능히 이 법을 멸할 수 있다.'

가섭아, 저 지혜 있는 자가 이렇게 관찰하고 이렇게 추구追求하고 이렇게 의논할 때 나는 그 가운데서 곧 명예를 얻게 될 것이다. 또 가섭아, 저 지혜 있는 자는 이렇게 관찰할 것이다.

'사문 구담의 제자도, 착하지 못한 법에 대하여 탁하고 어두워 성현의 법이 아닌 것을 대하고 있으며, 저 외도 스승의 제자도 착하지 못한 법에 대하여 혼탁하고 어두워 성현의 법이 아닌 것을 대하고 있다. 어느 편이 능히 이 법을 멸할 수 있을까?'

가섭아, 저 지혜 있는 자는 이렇게 관찰하고 이렇게 알고 볼 것이다.

'오직 사문 구담의 제자만이 능히 이 법을 멸할 수 있다.'

가섭아, 저 지혜 있는 자가 이렇게 관찰하고 이렇게 추구하고 이렇게 의논할 때에 나의 제자는 곧 명예를 얻을 것이다.

다시 가섭아, 저 지혜 있는 자는 이렇게 관찰할 것이다.

---

4 사문 바라문들의 논점이 여래의 논점과 일치하지 않을 경우 여래는 그 문제를 일단 제쳐두고 함께 논의하지 않는다는 것을 말한다.

'사문 구담도 청백하고 미묘하여 현성의 법인 모든 착한 법을 대하고 있으며, 저 외도들 스승의 제자도 청백하고 미묘하여 성현의 법인 착한 법을 대하고 있다. 어느 편이 능히 늘리고 넓히며 수행할 수 있을까?'

가섭아, 저 지혜 있는 자는 이렇게 관찰하고 이렇게 알고 볼 것이다.

'오직 사문 구담만이 이 법을 늘리고 넓히며 수행할 수 있다.'

가섭아, 저 지혜 있는 자가 이렇게 관찰하고 이렇게 추구하고 이렇게 의논할 때에 나는 거기서 곧 명예를 얻을 것이다.

가섭아, 저 지혜 있는 사람은 이렇게 관찰할 것이다.

'사문 구담의 제자도 청백하고 미묘하여, 성현의 법인 착한 법을 대하고 있다. 어느 편이 능히 증장하고 수행할 수 있을까?'

가섭아, 저 지혜 있는 사람은 이렇게 관찰하고 이렇게 알고 볼 것이다.

'사문 구담의 제자만이 능히 이 법을 증장하고 수행할 수 있다.'

가섭아, 저 지혜 있는 자가 이렇게 관찰하고 이렇게 추구하고 이렇게 의논할 때에 나의 제자는 거기서 곧 명예를 얻을 것이다.

가섭아, 이것이 도道이고, 이것이 자취이다. 비구가 그 가운데서 수행하면 곧 '사문 구담은 때를 알아 말하는 사람, 진실을 말하고 이치를 말하고 법을 말하고 율律을 말하는 사람이다'라고 스스로 알고 스스로 보게 될 것이다. 가섭아, 어떤 것이 도이고 어떤 것이 자취인가? 비구가 그 가운데서 수행하면 '사문 구담은 때를 알아 말하고 진실을 말하고 이치를 말하고 법을 말하고 율을 말하는 사람이다'라고 스스로 알고 스스로 보게 하는 것은 무엇인가? 가섭아, 이에 비구는 염각의念覺意를 닦을 때 지식止息을 의지하고 무욕無欲을 의지하며 출요出要를 의지한다. 법法·정진精進·희喜·의猗·정定·사捨의 각의覺意를 닦을 때에도 지식을 의지하고 무욕을 의지하며 출요를 의지한다. 가섭아, 이것을 도道라 하고 이것을 자취〔迹〕라 한다. 비구는 이 가운데서 수행하며 스스로 알고 스스로 보게 된다. '사문 구담은 때를 알아 말하는 사람이며, 진실을 말하고 이치를 말하고 법을 말하고 율을 말하는 사람이다'라고 스스로 알고 스스로 보게 된다."

가섭이 말했다.

"구담이시여, 비구가 이에 따라 수행하여 '사문 구담은 때를 알고 말하는 사람이며, 진실을 말하고 이치를 말하고 법을 말하고 계율을 말하는 사람이다'라고 스스로 알고 스스로 보게 하는 것으로는 오직 이 도와 자취만이 있습니다. 다만 더러운 고행만 하고도 바라문의 이름을 얻은 자도 있고 사문의 이름을 얻은 자도 있습니다. 더러운 고행이기에 바라문의 이름을 얻은 자도 있고 사문의 이름을 얻은 자도 있습니까? 구담이시여, 옷을 벗은 나형은 손으로써 제 몸을 가리고, 밤에 주는 음식은 받지 않으며[5] 상한 밥[6]을 받지 않으며, 두 벽 사이에 있는 음식을 받지 않고 두 사람 사이에 있는 음식을 받지 않으며, 두 칼 중간의 음식은 받지 않고 두 말뚝 사이의 음식을 받지 않으며, 함께 음식을 먹고 있는 집의 음식은 받지 않고 아이 밴 집의 음식을 받지 않으며, 개가 문 앞에 있는 집의 음식은 받지 않고 파리가 날리는 집의 음식을 받지 않으며, 초청하여 주는 음식〔請食〕은 받지 않고 다른 사람이 '먼저 아는 척하면 그 집의 음식은 받지 않으며, 생선을

5 고려대장경에는 '불수야식不受夜食'으로 되어 있으나 원·명 두 본에는 '불수강식(不受瓨食 : 항아리에 담긴 음식을 받지 않고)'으로 되어 있다.

6 고려대장경에는 '후식(朽食 : 썩은 음식)'으로 되어 있으나 송·원·명 3본에는 '우식(杅食 : 물그릇에 담긴 음식)'으로 되어 있다.

먹지 않고 고기를 먹지 않으며, 술을 마시지 않고 두 그릇으로 먹지 않으며, 음식을 한 번 받아서 한 번에 먹되 일곱 번이 되면 그칩니다.

남이 보태 주는 음식을 받되 일곱 번을 넘기지 않고, 혹은 하루에 한 끼만 먹고 혹은 2일·3일·4일·5일·6일·7일에 한 끼만 먹으며, 혹은 과일을 먹거나 가라지를 먹으며, 혹은 밥물을 먹거나 참깨를 먹으며, 혹은 쭉정이를 먹거나 쇠똥을 먹으며, 혹은 사슴 똥을 먹거나 나무뿌리·나뭇가지·나뭇잎·꽃·열매를 먹으며 혹은 저절로 떨어진 과일을 먹습니다. 옷을 입되 혹은 잔디옷을 입거나 나무껍질을 입으며, 혹은 풀을 몸에 두르거나 사슴 가죽옷을 입습니다. 혹은 머리를 기르기도 하고 털로 짠 것을 몸에 두르기도 하며 혹은 무덤에 버려진 옷을 입기도 합니다.

혹은 항상 손을 들고 있는 자도 있고 혹은 항상 자리에 앉지 않는 이도 있으며 혹은 항상 쭈그리고 앉는 자도 있습니다. 혹은 머리는 깎고 수염은 기르는 자도 있고 혹은 가시덤불 위에 눕는 자도 있으며 혹은 열매나 씨앗 위에 눕는 자도 있으며 혹은 알몸으로 쇠똥 위에 눕는 자도 있습니다. 혹은 하루에 세 번 목욕하기도 하고 혹은 하룻밤에 세 번 목욕하기도 하면서 무수한 고통으로 그 몸을 괴롭힙니다. 구담이시여, 이것을 더러운 고행이라고 하는데 이로 인하여 혹은 사문의 이름을 얻기도 하고 혹은 바라문의 이름을 얻기도 합니다."

부처님께서 말씀하셨다.

"가섭아, 옷을 벗은 나형들은 무수한 방편으로써 그 몸을 괴롭힌다. 그러나 그들은 계戒를 구족하지 못했고 견해〔見〕를 구족하지 못했다. 그러니 부지런히 수행하지 못하고 또한 널리 펴지도 못하는 것이다."

가섭이 부처님께 여쭈었다.

“어떤 것을 계戒의 구족이라 하며, 어떤 것을 견해〔見〕의 구족이라고 합니까? 모든 고행을 뛰어넘어 제일 미묘한 것이라는 것은 어떤 것입니까?”

부처님께서 가섭에게 말씀하셨다.

“자세히 듣고 잘 생각해 기억하라. 마땅히 그대를 위하여 설명해 주리라.”

가섭이 대답했다.

“예. 구담이시여, 듣기를 원합니다.”

부처님께서 가섭에게 말씀하셨다.

“만일 여래·지진께서 세상에 나오시면 나아가 네 가지 선법〔禪〕을 닦아도 현세에서 쾌락을 얻게 된다. 왜냐하면 그것은 부지런히 정진하고 생각을 한곳에 모으며 한적한 곳을 즐기고 방일하지 않기 때문이다. 가섭아, 이것을 계율을 구족하고 견해를 구족한 것이라고 하는데 모든 고행보다 월등하고 제일 미묘한 것이다.”

가섭이 여쭈었다.

“구담이시여, 비록 계율을 구족하고 견해를 구족하는 것이 모든 고행보다 월등하고 제일 미묘한 것이라고 말씀하시지만 사문의 법은 어렵고 바라문의 법도 어렵습니다.”

부처님께서 말씀하셨다.

“가섭아, 이것이 바로 세간과는 같지 않은 법〔世間不共法〕이기에 이른바 ‘사문의 법과 바라문의 법은 어렵다’고 하는 것이다. 가섭아, 심지어 우바이도 또한 능히 이 법을 안다. 다만 옷을 벗은 나형의 고행자들은 결국 무수한 방편으로 그 몸을 괴롭히지만 그 마음이 성냄이 있는 마음인가, 성냄이 없는 마음인가, 원한이 있는 마음인가, 원한이 없는 마음인가, 해롭게 함이 있는 마음인가, 해롭게 함이 없는 마음인가를 모른다. 만일 이 마음을 안다면 '사문 바라문이 되기가 어렵다'고 말하지 않을 것인데, 알지 못하기 때문에 '사문 바라문이 되기가 어렵다'고 말하는 것이다."

가섭이 부처님께 여쭈었다.

"어떤 사람이 사문이고 어떤 사람이 바라문입니까? 계율을 구족하고 견해를 구족하여 훌륭하고 뛰어나며 제일 미묘한 사람은 어떤 자들입니까?"

부처님께서 가섭에게 말씀하셨다.

"자세히 듣고 자세히 들어 잘 생각하고 기억하라. 마땅히 그대를 위하여 말해주리라."

가섭이 대답했다.

"예. 구담이시여, 듣기를 원합니다."

부처님께서 말씀하셨다.

"가섭아, 저 비구는 삼매三昧의 마음으로써 결국에는 3명明을 얻는다. 그리하여 모든 어리석음과 어둠을 멸하고 밝은 지혜가 생기는데 말하자면 누진지漏盡智를 생겨나게 하는 것이다. 왜냐하면, 그것은 부지런히 정진하고 생각을 한곳에 모아 잊지 않으며 혼자 한적한 곳에 있기를 즐기고 방일하지 않았기 때문이다. 가섭아, 이들을 사문 바라문이라고 이름하니 계율을 구족하고 견해를 구족하여 가장 훌륭하고 뛰어나며 제일 미묘한 자들이다."

가섭이 여쭈었다.

"구담이시여, 비록 '이들이 사문 바라문으로서 계율을 구족하고 견해를 구족하여 가장 훌륭하고 뛰어나며 제일 미묘하다'라고 말씀하셨지만 사문 바라문의 법은 매우 어렵고 매우 어렵습니다. 사문도 알기 어렵고 바라문도 알기 어렵습니다."

부처님께서 가섭에게 말씀하셨다.

"우바새도 능히 이 법을 닦을 줄 안다. 그래서 어떤 자들은 말한다.

'나는 오늘부터 옷을 벗고 나아가 무수한 방편으로써 이 몸을 괴롭히리라.'

그러나 이런 행위를 한다고 해서 사문 바라문이라고 할 수는 없다. 만일 마땅히 이런 수행을 하기 때문에 사문 바라문이라 이름한다면 '사문 되기가 매우 어렵고, 바라문 되기가 매우 어렵다'고 말할 수 없을 것이다. 이런 수행을 하는 것을 사문 바라문이라고 하지 않기 때문에 '사문이 매우 어렵고 바라문이 매우 어렵다'고 말하는 것이다."

부처님께서 가섭에게 말씀하셨다.

"나는 지난날 언젠가 라열기羅閱祇[7] 높은 산 속에 있는 칠엽굴七葉窟에서 지내며 니구다尼俱陀 범지에게 청정한 고행을 설명하였다. 그때 범지는 기쁜 마음을 내고 청정한 믿음을 얻어 내게 공양하고 나를 찬양하였다. 그리고 나에게 최고의 공양을 올리면서 찬양하였다."

가섭이 여쭈었다.

"구담이시여, 누구인들 구담에게 제일가는 기쁨과 깨끗한 믿음과 공양과 찬양을 하지 않겠습니까? 저도 지금 구담에게 제일가는 기쁨을 내고 깨끗한 믿음을 내어 공양하고 찬양하며 구담께 귀의합니다."

부처님께서 가섭에게 말씀하셨다.

"여러 세간에 있는 모든 계율 중에 이 증상계增上戒와 짝할 수 있는 것은 없다. 하물며 그보다 뛰어난 것이겠는가? 세간에 있는 모든 삼매·지혜·해탈에 대한 견해·해탈에 대한 지혜 중에 이 증상의 삼매·지혜·해탈에 대한 견해·해탈에 대한 지혜와 짝할 수 있는 것

---

7 마가다국의 수도로 왕사성王舍城이라고도 한다.

은 없다. 하물며 그보다 뛰어난 것이겠는가? 가섭아, 이른바 사자獅子는 바로 여래·지진·등정각이다. 여래는 대중 가운데서 널리 법을 설명할 때에 자재하여 두려움이 없기 때문에 사자라고 불린다. 어떤가? 가섭아, 그대는 여래가 사자처럼 외칠 때 용맹하지 않다고 생각하는가? 그런 생각을 말라. 여래의 사자후獅子吼는 용맹하고 두려움이 없다. 가섭아, 그대는 여래가 용맹하게 사자후할 때는 대중 가운데 있지 않다고 생각하는가? 그런 생각을 하지 말라. 여래는 대중 가운데서 용맹하게 사자후를 한다. 가섭아, 그대는 여래가 대중 가운데 있으면서 사자처럼 외치지만 설법하지는 못한다고 생각하는가? 그런 생각을 하지 말라. 무슨 까닭인가? 여래는 대중 가운데서 용맹하고 두려움 없이 사자처럼 외쳐 능히 잘 설법하기 때문이다. 어떠한가? 가섭아, 그대는 여래가 대중 가운데서 용맹하게 두려움 없이 사자처럼 외쳐 능히 잘 설법할 때에 모인 대중들이 한마음으로 듣지 않는다고 생각하는가? 그런 생각을 하지 말라. 무슨 까닭인가? 여래는 대중 가운데서 용맹하고 두려움 없이 사자처럼 외쳐 능히 잘 설법하고, 모인 대중들도 모두 한마음으로 듣기 때문이다.

어떠한가? 가섭아, 그대는 여래가 대중 가운데서 용맹하고 두려움 없이 사자처럼 외쳐 능히 잘 설법할 때 모인 모든 대중들이 한마음으로 듣기는 하나 기뻐하며 믿고 받아들이지는 않는다고 생각하는가? 그런 생각을 하지 말라. 무슨 까닭인가? 여래는 대중 가운데서 용맹하고 힘이 많아 사자처럼 외쳐 능히 잘 설법하고, 그 자리에 모인 모든 대중들도 한마음으로 듣고 기뻐하며 믿고 받아들이기 때문이다. 가섭아, 그대는 여래가 대중 가운데서 용맹하고 두려움 없이 사자처럼 외쳐 능히 잘 설법하고 그 자리에 모인 모든 대중들로 한마음으로 듣고 기뻐하며 믿고 받아들이지만 공양하지는 않는다고 생각하는가?

그런 생각을 하지 말라. 여래가 대중 가운데에서 용맹하게 사자처럼 외쳐 능히 잘 설법할 때, 그 자리에 모인 모든 대중들도 한마음으로 듣고 기뻐하며 믿고 받아들이며 공양을 베푼다.

가섭아, 그대는 여래가 대중 가운데서 용맹하고 두려움이 없이 사자처럼 외치고 나아가 그때 대중들은 믿고 공경하며 공양하지만 수염과 머리를 깎고 3법의를 입고 집을 나가 도를 닦지는 않는다고 생각하는가? 그런 생각을 하지 말라. 무슨 까닭인가? 여래는 대중 가운데에서 용맹하고 두려움 없으며 나아가 대중들도 믿고 공경하며 공양하고 또 수염과 머리를 깎고 3법의를 입고 집을 나가 도를 닦기 때문이다. 가섭아, 그대는 여래가 대중 가운데에서 용맹하고 두려움이 없으며 나아가 대중들이 집을 나가 도를 닦지만 구경究竟의 범행으로 안온한 곳인 무여열반無餘涅槃에 들지는 못한다고 생각하는가? 그런 생각을 하지 말라. 무슨 까닭인가? 여래는 대중 가운데에서 용맹하고 두려움이 없으며 나아가 대중들은 집을 나가 도를 닦고 구경의 범행으로 안온한 곳인 무여열반에 이르기 때문이다."

가섭이 부처님께 여쭈었다.

"어떻습니까? 구담이시여, 제가 이 법 가운데 출가하여 구족계〔具戒〕를 받을 수 있겠습니까?"

부처님께서 가섭에게 말씀하셨다.

"만일 이학異學[8]이 우리 법 가운데 들어와서 집을 떠나 도를 닦고자 한다면 마땅히 넉 달 동안 머무르면서 관찰하여 대중의 마음에 든 이후에야 출가하여 계를 받을 수 있다. 가섭아, 비록 이런 법이 있기는 하지만 또한 그 사람을 보아서 결정할 뿐이다."

---

8 불교 이외의 학파나 종파의 사람을 지칭하는 용어이다. 외도外道라고도 한다.

가섭이 여쭈었다.

"만일 이학이 불법 가운데 들어와서 범행을 닦으려고 한다면 마땅히 넉 달 동안 머무르면서 관찰하여 대중의 마음에 든 뒤에야 집을 나와 계를 받을 수 있다고 하셨습니다. 저는 이제 불법 가운데서 4년 동안 관찰하여 대중의 마음에 든 뒤에야 집을 나와 계를 받겠습니다."

부처님께서 가섭에게 말씀하셨다.

"내가 이미 다만 그 사람을 볼 뿐이라고 말하지 않았는가?"

가섭은 곧 불법 가운데서 집을 나와 구족계를 받았다. 그리고 가섭은 계를 받은 지 오래지 않아 깨끗한 믿음의 마음으로 위없는 범행을 닦고 현세에서 몸소 깨달음을 얻었다. 즉 생사를 이미 다하고 범행은 이미 섰으며 할 일을 다해 마쳐 후생에서 목숨을 받지 않는 아라한을 이루었다.

가섭은 부처님의 말씀을 듣고 기뻐하며 받들어 행하였다.

7. 삼명경三明經

이와 같이 나는 들었다.

어느 때 부처님께서 구살라국俱薩羅國에서 세계를 유행하시면서 큰 비구 대중 1,250명과 함께 인간세계를 유행하시다가 이차능가라伊車能伽羅[9]라는 구살라에 있는 바라문의 마을에 이르러 이차伊車숲에 머무셨다.

---

9 팔리어로는 Icchānaṇkala이고 구살라국의 바라문 마을의 이름이다.

그때 비가라바라沸伽羅婆羅[10]라는 바라문과 다리차多利車라는 바라문이 볼 일이 좀 있어 이차능가라 마을에 왔다. 이 비가라바라 바라문은 7대를 내려오면서 부모가 올바르고 진실해서 남에게 업신여김이나 비방을 받지 않았고, 이학異의 3부 경전을 외워 통달하였으며 온갖 경서를 능히 다 분별했다. 또 대인의 관상법과 길흉을 점치는 것과 제사 의례까지도 능하였다. 또 5백 제자가 있어 가르치기를 중단하지 않았는데, 그 제일가는 제자는 바실타婆悉咤라는 이였다. 그도 7대를 내려오면서 부모가 올바르고 진실해서 남에게 업신여김이나 비방을 받지 않았고, 이학의 3부 경전을 외워 통달하였으며 온갖 경서를 능히 다 분별했다. 또 대인의 관상법과 길흉을 점치는 것과 제사 의례까지도 능하였고, 그 또한 5백 제자가 있어 가르치기를 중단하지 않았다.

다리차多梨車 바라문도 7대를 내려오면서 부모가 올바르고 진실해서 남에게 업신여김이나 비방을 받지 않았고, 이학의 3부 경전을 외워 통달하였으며 갖가지 경서를 능히 다 분별했다. 또 대인의 관상법과 길흉을 점치는 것과 제사 의례에도 능하였다. 또한 5백 제자가 있어 가르치기를 중단하지 않았는데, 그 제일가는 제자는 파라타頗羅墮라는 이였다. 그도 7대를 내려오면서 부모가 올바르고 진실해서 남에게 업신여김이나 비방을 받지 않았고, 이학의 3부 경전을 외워 통달하였으며 갖가지 경서를 능히 다 분별했다. 또 대인의 관상법과 길흉을 점치는 것과 제사 의례에도 능하였고, 또한 5백 제자가 있어 가르치기를 중단하지 않았다.

그때 바실타와 파라타 두 사람은 이른 아침에 동산에 들어가 함께

---

10 바라문의 이름. 적사장경磧砂藏經에는 비가라사라沸伽羅娑羅로 되어 있다. 팔리어로 Pokkharasāti이다.

이치를 의논하다가 서로 시비하게 되었다. 바실타가 파라타에게 말했다.

"내 도는 올바르고 참되어 능히 세간을 벗어나는 법〔出要〕을 얻어 범천에 이를 수 있다. 이것은 우리 대사大師 비가라바라 바라문께서 하신 말씀이다."

파라타도 말했다.

"내 도는 올바르고 참되어 능히 세간을 벗어나는 법을 얻어 범천에 이른다. 이것은 우리 대사 다리차 바라문께서 하신 말씀이다."

이와 같이 바실타는 재삼 자기의 도가 바르고 참된 것이라고 자랑하였고, 파라타도 역시 재삼 자기의 도가 참되고 바른 것이라고 자랑하였다. 두 사람은 함께 논쟁하였으나 결정을 내리지 못했다.

바실타는 파라타에게 말했다.

"내가 듣기로는 사문 구담 석가 종족의 아드님〔釋種子〕이 집을 나와 도를 이루신 뒤에 구살라국에서 인간세계를 유행하시다가 지금은 이차능가라숲에 계신다고 한다. 그의 큰 명성은 천하에 두루 퍼졌고 여래·지진·등정각 등의 10호를 구족했으며, 모든 하늘·세상 사람·악마 혹은 악마의 하늘·사문 바라문들 가운데서 스스로 증득하였고 남을 위해 설법하시는데, 그의 말씀은 처음과 중간과 끝이 다 참되고 올바르며 의미가 구족하고 범행도 청정하다고 한다. 이러한 진인眞人은 마땅히 찾아가 뵈어야 한다. 또 나는 저 구담이 범천의 도를 알아 능히 남을 위해 설명하고 항상 범천들과 오가면서 이야기를 나눈다고 들었다. 우리 함께 저 구담을 찾아가 이 이치를 결판내자. 만일 사문 구담께서 말씀하시는 것이 있거든 우리 함께 받들어 지니자."

그때 바실타와 파라타 두 사람은 서로 앞서거니 뒤서거니 하면서 이차숲에 이르러 세존께 나아가 인사하고 한쪽에 앉았다. 세존께서는 그 두 사람의 마음속에 품고 있는 생각을 아시고 곧 바실타에게 말씀하셨다.

"너희들 두 사람은 이른 아침에 동산에 들어가 이러한 이야기로 서로 시비했구나. 너희들 중 한 사람은 말했다.

'내 법은 올바르고 참되어 능히 세간을 얻어 범천에 이른다. 이것은 우리 대사 비가라바라께서 하신 말씀이다.'

또 다른 한 사람도 말했다.

'내 법은 올바르고 참되어 능히 세간을 벗어나는 법을 얻어 범천에 이른다. 이것은 우리 대사 다리차께서 하신 말씀이다.'

이렇게 재삼 서로 시비했다. 이런 일이 있었는가?"

그때 바실타와 파라타는 부처님의 말씀을 듣고 놀라 온몸의 털이 곤두섰다. 그들은 가만히 생각했다.

'사문 구담께서는 큰 신덕神德이 있어 사람의 마음을 미리 아신다. 우리들이 이야기하려던 것을 사문 구담께서 이미 먼저 말씀하셨다.'

바실타가 부처님께 여쭈었다.

"이 도와 저 도가 다 참되고 올바르다고 하고 다 세간을 벗어나는 법을 얻어 범천에 이른다고 일컫습니다. 비가라바라 바라문의 말이 옳습니까, 다리차 바라문의 말이 옳습니까?"

부처님께서 말씀하셨다.

"바실타야, 이 도나 저 도나 다 참되고 올바른 것이고 세간을 벗어나는 법으로서 범천에 이를 수 있다면 너희들은 무엇 때문에 이른 아침에 동산에 들어가 서로 재삼 시비하였느냐?"

바실타가 부처님께 여쭈었다.

"모든 삼명三明 바라문[11]은 갖가지의 도를 말하니 곧 자재욕도自在

欲道・자작도自作道・범천도梵天道입니다. 이 3도는 다 범천으로 향하는 것이라고 합니다. 구담이시여, 비유하면 시골의 모든 길은 다 성城으로 향하는 것과 같습니다. 모든 바라문들이 비록 갖가지 도를 말하지만 그것은 다 범천으로 향하는 것입니다."

부처님께서 바실타에게 말씀하셨다.

"저 모든 도는 다 범천으로 나아가는 것인가?"

그는 대답했다.

"다 나아갑니다."

부처님께서 재삼 물으셨다.

"저 모든 도는 다 범천으로 나아가는 것인가?"

그는 대답했다.

"다 나아갑니다."

세존께서는 그 말을 다짐받고 나서 바실타에게 말씀하셨다.

"어떠냐? 삼명 바라문 중에 단 한 사람이라도 범천을 본 자가 있는가?"

그는 대답했다.

"본 사람이 없습니다."

"어떠냐? 바실타야, 삼명 바라문의 선사先師 중에는 범천을 본 사람이 있는가?"

그는 대답했다.

"본 사람이 없습니다."

"어떠냐? 바실타야, 옛날의 바라문으로서 성전聖典을 외워 통달하여 남을 위해 옛날의 모든 찬송을 설명하고 시서詩書를 읊은 과거의

11 팔리어로 tevijja-brāhmaṇa이고, 6신통 중 숙명통・천안통・누진통을 얻은 바라문, 혹은 리그베다・사마베다・야주르베다에 통달한 바라문을 말한다.

삼명 선인仙人들이 있었다. 그 이름은 아타마阿咤摩 바라문·바마제바婆摩提婆 바라문·비바심타毘婆審咤 바라문·이니라사伊尼羅斯 바라문·사바제가蛇婆提迦 바라문·바바실婆婆悉 바라문·가섭迦葉 바라문·아루나阿樓那 바라문·구담마瞿曇摩 바라문·수지首脂 바라문·바라손타婆羅損陀 바라문인데, 그들도 또한 범천을 보았는가?"

그는 대답했다.

"본 사람이 없습니다."

부처님께서 말씀하셨다.

"만일 저 삼명 바라문 중에 범천을 본 자가 한 사람도 없고 삼명 바라문의 선사들도 범천을 보지 못했으며, 또 옛날의 큰 선인들로서 삼명 바라문인 아타마 바라문 등도 또한 범천을 보지 못했다면 마땅히 삼명 바라문의 말은 진실이 아니라는 것을 알 수 있다."

부처님께서 또 바실타에게 말씀하셨다.

"어떤 음탕한 사람이 '나는 저 단정한 여인과 교통하였다'고 말하며 음탕한 행위를 자랑한다고 하자. 그때 다른 사람이 물었다.

'너는 그 여자가 어느 곳에 사는지 아는가? 동쪽인가, 서쪽인가, 남쪽인가, 북쪽인가?'

그는 대답했다.

'모른다.'

'너는 그 여자가 사는 토지·성읍·촌락을 아는가?'

'모른다.'

'너는 그 여자의 부모와 성명을 아는가?'

'모른다.'

'너는 그 여자가 찰리刹利 여자인지 아니면 바라문·거사·수다라首陀羅 여자인지 아는가?'

'모른다.'

'너는 그 여자가 키가 큰지 작은지, 몸집이 뚱뚱한지 약한지, 피부가 검은지 흰지, 얼굴이 고운지 미운지 아는가?'

'모른다.'

어떠냐? 바실타여, 그 사람이 자랑한 것이 사실이겠는가?"

"사실이 아닙니다."

"이와 같다. 바실타야, 삼명 바라문의 말도 그러하여 진실이 아니다.

어떠냐? 바실타야, 너의 삼명 바라문은 해와 달이 유행하다가 뜨고 사라지는 곳을 바라보며 손을 모으고 공양하는데 '이 도는 올바르고 참되어 마땅히 세간을 벗어나는 법을 얻어 해와 달이 있는 곳까지 갈 수 있다'고 말할 수 있겠는가?"

그는 대답했다.

"그렇습니다. 삼명 바라문은 해와 달이 유행하다가 뜨고 사라지는 곳을 바라보며 손을 모으고 공양하나 '이 도는 올바르고 참되어 마땅히 번뇌를 벗어나는 법을 얻어 해와 달이 있는 곳에 이를 수 있다'고 말할 수는 없습니다."

"그렇다. 바실타야, 삼명 바라문은 해와 달이 유행하다가 뜨고 사라지는 곳을 바라보며 손을 모으고 공양하나 '이 도는 진실하다. 마땅히 출요를 얻어 해와 달이 있는 곳으로 갈 수 있다'고 말할 수는 없다. 그렇다면 항상 손을 모으고 공양하고 공경하는 것이 어찌 허망이 아니겠는가?"

그는 대답했다.

"그렇습니다. 구담이시여, 그것은 실로 허망합니다."

부처님께서 말씀하셨다.

"그것은 비유하면 어떤 사람이 빈 땅에 사다리를 세우는 것과 같다.

다른 사람이 물었다.

'사다리로 무엇을 하려 하는가?'

그가 대답하였다.

'나는 높은 당堂에 올라가려고 한다.'

또 물었다.

'그 집은 어디 있느냐? 동·서·남·북 어디에 있느냐?'

그가 대답하였다.

'나는 모른다.'

어떠냐? 바실타야, 이 사람이 사다리를 세워 집으로 올라가려는 것이 어찌 허망한 짓이 아니겠느냐?"

그는 대답했다.

"그렇습니다. 그것은 실로 허망한 짓입니다."

부처님께서 말씀하셨다.

"삼명 바라문도 그와 같아 허망하여 진실이 없다. 바실타야, 다섯 가지 욕망은 깨끗하여 사랑스럽고 즐길 만하다. 어떤 것이 다섯 가지인가? 눈으로 빛깔을 보면 매우 사랑스럽고 즐길 만하다. 귀로는 소리를, 코로는 냄새를, 혀로는 맛을, 몸으로는 촉감을, 그것은 매우 사랑스럽고 즐길 만하다. 그러나 우리 현성의 법 가운데에서는 그것을 집착이라 하고 결박이라 하며 갈고리와 쇠사슬이라고 한다. 저 삼명 바라문들은 다섯 가지 욕망에 물들고 애착이 굳어져서 그 허물을 보지 못하고 그것을 벗어나는 방법을 모른다. 그는 다섯 가지 욕망에 묶여 있다. 그들은 해와 달과 물과 불을 섬기며 '저를 인도하여 범천에 태어나게 하십시오'라고 외치지만 그것은 될 수 없는 것이다. 비유하면 아이라하阿夷羅河의 물이 기슭까지 가득 차 까마귀나 새들도 그 물을 먹을 수 있을 때, 어떤 사람이 이쪽 기슭에 몸이 단단히 묶여 있으면서 부질없이 저쪽 기슭을 향해 와서 '나를 그쪽 기슭으로 건네 주시오'라고 소리치는 것과 같다. 저 기슭이 와서 이 사람을 건네 줄 수 있겠는가?"

그는 대답했다.

"안 됩니다."

"바실타야, 다섯 가지 욕망은 깨끗하여 사랑하고 즐길 만하지만 현성의 법에 있어서는 마치 갈고리나 쇠사슬과 같다. 저 삼명 바라문들은 다섯 가지 욕망에 물들고 애착이 굳어져서 그 허물을 보지 못하고 그것을 벗어나는 방법을 알지 못한다. 그는 다섯 가지 욕망에 묶여 있다. 그가 해와 달과 물과 불을 받들어 섬기면서 '나를 인도하여 범천에 태어나게 하십시오'라고 외치는 것도 또한 그와 같아서 마침내 그리 될 수 없는 것이다. 바실타야, 아이라하의 강물이 기슭까지 가득 차 까마귀나 새들도 그 물을 마실 수 있을 때, 어떤 사람이 그 강을 건너가고자 한다면 손발이나 몸의 힘을 쓰지 않고 배나 뗏목을 의지하지 않고도 능히 건널 수 있겠는가?"

그는 대답했다.

"그럴 수 없습니다."

"바실타야, 삼명 바라문도 그와 같아서 사문의 청정한 범행을 닦지 않은 채 다른 도의 청정하지 못한 행을 닦으면서 범천에 나기를 바란다면 그리 될 수 없는 것이다. 바실타야, 비유하면 이와 같다. 계곡물이 갑가기 불어나 많은 사람을 휩쓸고 지나가고 배나 뗏목도 없고 다리도 없을 때, 어떤 행인이 와서 저쪽 언덕으로 건너가고자 했다. 그는 계곡물이 갑자기 불어나 많은 사람을 휩쓸고 배나 뗏목도 없고 다리도 없음을 보고는 스스로 생각했다.

'나는 차라리 많은 초목을 모아 단단한 뗏목을 만들어 내 자신의 힘으로 저쪽 언덕으로 건너가야 하겠다.'

그는 곧 뗏목을 만들어 자신의 힘으로 편안하게 건널 수 있었다. 바실타야, 이것도 그와 같다. 만일 비구가 사문의 행이 아닌 청정하지 않은 행을 버리고 사문의 청정한 범행을 실천해 범천에 태어나고자 한다면 그것은 곧 그리 될 수 있을 것이다. 어떠냐? 바실타야, 범천은 성내는 마음이 있느냐, 성내는 마음이 없느냐?"

그는 대답했다.

"성내는 마음이 없습니다."

또 물으셨다.

"삼명 바라문은 성내는 마음이 있느냐, 성내는 마음이 없느냐?"

그는 대답했다.

"성내는 마음이 있습니다."

"바실타야, 범천은 성내는 마음이 없고 삼명 바라문에게는 성내는 마음이 있다. 성내는 마음이 있는 것과 성내는 마음이 없는 것은 함께하지 못한다. 해탈이 같지 않고 가는 곳이 같지 않다. 그러므로 범천과 바라문은 함께하지 못한다. 어떠냐? 바실타야, 범천에게는 미워하는 마음이 있느냐, 미워하는 마음이 없느냐?"

그는 대답했다.

"미워하는 마음이 없습니다."

또 물으셨다.

"삼명 바라문에게는 미워하는 마음이 있느냐, 미워하는 마음이 없느냐?"

그는 대답했다.

"미워하는 마음이 있습니다."

부처님께서 말씀하셨다.

"범천에게는 미워하는 마음이 없고 삼명 바라문에게는 미워하는 마음이 있다. 미워하는 마음이 있는 것과 미워하는 마음이 없는 것은 가는 곳이 같지 않고 해탈이 같지 않다. 그러므로 범천과 바라문은 함께하지 못한다. 어떠냐? 바실타야, 범천에게 원한怨恨의 마음이 있느냐, 원한의 마음이 없느냐?"

그는 대답했다.

"원한의 마음이 없습니다."

또 물으셨다.

"삼명 바라문에게는 원한의 마음이 있느냐, 원한의 마음이 없느냐?"

그는 대답했다.

"원한의 마음이 있습니다."

부처님께서 말씀하셨다.

"범천에게는 원한의 마음이 없고 삼명 바라문에게는 원한의 마음이 있다. 원한의 마음이 있는 것과 원한의 마음이 없는 것은 가는 곳이 같지 않고 해탈이 같지 않다. 그러므로 범천과 바라문은 함께하지 못한다. 어떠냐? 바실타야, 범천에게 가족과 산업이 있느냐?"

그는 대답했다.

"없습니다."

또 물으셨다.

"삼명 바라문에게는 가족과 산업이 있느냐?"

그는 대답했다.

"있습니다."

부처님께서 말씀하셨다.

"범천에게는 가족과 산업이 없고 삼명 바라문에게는 가족과 산업이 있다. 가족과 산업이 있는 것과 가족과 산업이 없는 것은 가는 곳이 같지 않고 해탈이 같지 않다. 그러므로 범천과 바라문은 함께하지 못한다. 어떠냐? 바실타야, 범천은 자재自在할 수 있는가, 자재할 수 없는가?"

그는 대답했다.

"자재할 수 있습니다."

또 물으셨다.

"삼명 바라문은 자재할 수 있는가, 자재할 수 없는가?"

그는 대답했다.

"자재할 수 없습니다."

부처님께서 말씀하셨다.

"범천은 자재할 수 있고 삼명 바라문은 자재할 수 없다. 자재할 수 없는 것과 자재할 수 있는 것은 가는 곳이 같지 않고 해탈이 같지 않다. 그러므로 범천과 바라문은 함께하지 못한다."

부처님께서 말씀하셨다.

"저 삼명 바라문은 어떤 사람이 찾아와 심오한 뜻을 묻더라도 갖추어 대답하지 못한다는데 사실인가?"

그는 대답했다.

"그렇습니다."

그때 바실타와 파라타 두 사람이 부처님께 여쭈었다.

"다른 이야기는 잠깐 접어두십시오. 저희는 사문 구담께서 범천의 도를 밝게 알아 능히 남을 위해 설명하시고 또 범천과 서로 보고 오가면서 얘기를 나누신다고 들었습니다. 오직 원하건대, 사문 구담께서는 사랑하고 가엾게 여기는 마음으로 범천의 길을 설명하셔서 열어 보여 널리 펴십시오."

부처님께서 바실타에게 말씀하셨다.

"내가 지금 너에게 묻겠다. 네 생각대로 대답하라. 어떠냐? 바실타야, 저 신념국信念國[12]은 여기서 가까운가, 먼가?"

그는 대답했다.

"가깝습니다."

"만일 어떤 사람이 그 나라에서 태어나 자랐다고 하자. 다른 사람이 그 나라의 길을 그에게 물었을 때, 어떤가? 바실타야, 그 나라에서 태어나 자란 그 사람이 그 길을 대답하는데 무슨 의심이 있겠는가?"

그는 대답했다.

"의심이 없습니다. 왜냐하면 그 나라에서 태어나 자랐기 때문입니다."

부처님께서 말씀하셨다.

"설사 그 사람이 그 나라에서 성장했다 하더라도 혹 의심이 있을지도 모른다. 그러나 어떤 사람이 내게 와서 범천의 길을 묻는다면 나는 의심이 없다. 무슨 까닭인가? 나는 항상 자주 저 범천의 길을 설명하기 때문이다."

바실타와 파라타는 함께 부처님께 여쭈었다.

"그 이야기는 잠깐 접어 두십시오. 저희는 사문 구담께서 범천의 길을 밝게 알아 남을 위해 설명하시고 또 범천과 서로 보고 오가면서 얘기를 나누신다고 들었습니다. 오직 원하건대, 사문 구담께서는 사

---

12 팔리본에는 Manasākata로 되어 있다. 마을 이름이다.

랑하고 가엾게 여기시는 마음으로 범천의 길을 설명하셔서 열어 보이시고 널리 펴십시오."

부처님께서 말씀하셨다.

"자세히 듣고 잘 생각하라. 마땅히 너희들을 위하여 설명하겠다."

그는 대답했다.

"예, 듣기를 원합니다."

부처님께서 말씀하셨다.

"만일 여래·지진·등정각께서 세상에 나타나면 10호를 구족하고 나아가 4선禪에 이르며 현재의 세계에서 스스로 즐거운 경지에 들게 된다. 무슨 까닭인가? 그것은 부지런히 정진하고 전념하여 잊지 않으며, 홀로 한적한 곳에 있기를 즐기고 방일하지 않았기 때문이다. 그는 자심慈心으로 한쪽 방위를 두루 채우고 다른 방위도 역시 그렇게 한다. 그 마음은 널리 퍼져 끝이 없으며 차별도 없고 한량없고 원망도 없으며 해치려는 마음도 없다. 그는 이러한 마음으로 유희하면서 스스로 즐거워한다. 또 비심悲心·희심喜心·사심捨心으로 한쪽 방위를 두루 채우고 다른 방위도 그렇게 한다. 그래서 그 마음은 널리 퍼져 끝이 없고 차별도 없으며 한량없고 원한을 맺는 일도 없으며 괴롭히고 해치려는 마음도 없다. 이러한 마음으로 유희하면서 스스로 즐거워한다. 어떠냐? 바실타야, 범천에게는 성내는 마음이 있느냐, 성내는 마음이 없느냐?"

그는 대답했다.

"성내는 마음이 없습니다."

또 물으셨다.

"자비를 행하는 비구에게는 성내는 마음이 있느냐, 성내는 마음이 없느냐?"

그는 대답했다.

"성내는 마음이 없습니다."

부처님께서 말씀하셨다.

"범천에게도 성내는 마음이 없고 자비를 행하는 비구에게도 성내는 마음이 없다. 성내는 마음이 없는 것과 성내는 마음이 없는 것은 가는 곳이 같고 해탈이 같다. 그러므로 범천과 비구는 함께 한다. 어떠냐? 바실타야, 범천에게 미워하는 마음이 있느냐, 미워하는 마음이 없느냐?"

그는 대답했다.

"없습니다."

또 물으셨다.

"자비를 행하는 비구에게는 미워하는 마음이 있느냐, 미워하는 마음이 없느냐?"

그는 대답했다.

"없습니다."

부처님께서 말씀하셨다.

"범천에게도 미워하는 마음이 없고 자비를 행하는 비구에게도 미워하는 마음이 없다. 미워하는 마음이 없는 것과 미워하는 마음이 없는 것은 가는 곳이 같고 해탈이 같다. 그러므로 범천과 비구는 함께 한다. 어떠냐? 바실타야, 범천에게는 원한의 마음이 있느냐, 원한의 마음이 없느냐?"

그는 대답했다.

"없습니다."

또 물으셨다.

"자비를 행하는 비구에게는 원한의 마음이 있느냐, 원한의 마음이 없느냐?"

그는 대답했다.

"없습니다."

부처님께서 말씀하셨다.

"범천에게도 원한의 마음이 없고 자비를 행하는 비구에게도 원한의 마음이 없다. 원한의 마음이 없는 것과 원한의 마음이 없는 것은 가는 곳이 같고 해탈이 같다. 그러므로 비구와 범천은 함께 한다. 어떠냐? 바실타야, 범천에게는 가족과 살림살이가 있느냐?"

그는 대답했다.

"없습니다."

또 물으셨다.

"자비를 행하는 비구에게는 가족과 살림살이가 있느냐?"

그는 대답했다.

"없습니다."

부처님께서 말씀하셨다.

"범천에게도 가족과 살림살이가 없고 자비를 행하는 비구에게도 가족과 살림살이가 없다. 가족과 살림살이가 없는 것과 가족과 살림살이가 없는 것은 가는 곳이 같고 해탈이 같다. 그러므로 범천과 비구는 함께 한다. 어떠냐? 바실타야, 범천은 자재를 얻었는가?"

그는 대답했다.

"자재를 얻었습니다."

또 물으셨다.

"자비를 행하는 비구는 자재를 얻었는가?"

그는 대답했다.

"자재를 얻었습니다."

부처님께서 말씀하셨다.

"범천도 자재를 얻었고 자비를 행하는 비구도 자재를 얻었다. 자재를 얻은 것과 자재를 얻은 것은 가는 곳이 같고 해탈이 같다. 그러므로 범천과 비구는 함께 한다."

부처님께서 바실타에게 말씀하셨다.

"마땅히 알라. 자비를 행하는 비구는 몸이 무너지고 목숨이 끝나면 화살이 날아가는 것과 같은 짧은 순간에 범천에 태어난다."

부처님께서 이 법을 말씀하실 때, 바실타와 파라타는 곧 그 자리에서 번뇌의 티끌을 멀리하고 때를 여의어 모든 법 가운데서 법안法眼을 얻었다. 그때 바실타와 파라타는 부처님의 말씀을 듣고 기뻐하며 받들어 행하였다.

불설장아함경 제 17 권

〔제 3 분〕 ⑤

8. 사문과경沙門果經[1]

나는 이와 같이 들었다.

어느 때 부처님께서 큰 비구 대중 1,250명과 함께 라열기성에 있는 기구耆舊 동자童子[2]의 암바菴婆동산에 계셨다.

그때 위제희韋提希 부인의 아들인 아사세왕은 보름날 달이 찼을 때 첫째 부인에게 말했다.

"오늘 밤은 청명하여 낮과 다름이 없다. 무엇을 해야 할까?"

---

1 이 경의 이역본으로는 동진 시대 축담무란竺曇無蘭이 한역한 『불설적지과경佛說寂志果經』이 있고, 참고 경문으로는 『증일아함경』 제 39권 「마혈천자품馬血天子品」 7번째 소경과 『잡아함경』 제7권 156～165번째 소경이 있다.

2 기구 동자(耆舊童子, Jīvaka-komārabhacca)는 수명 동자壽命童子·기바耆婆라고도 하고, 또 동자의왕童子醫王 기역耆域이라고도 한다.

부인이 왕에게 말했다.

"오늘은 보름날 밤, 달이 밝아 낮과 다름이 없습니다. 마땅히 머리 감고 목욕 한 뒤 모든 시녀들과 더불어 5욕欲을 몸소 즐기시면 좋겠습니다."

왕은 또 첫째 태자인 우야바다優耶婆陀[3]에게 명령해 말했다.

"오늘 밤은 보름날 달 밝은 때로서 낮과 다름이 없다. 마땅히 무엇을 해야 할까?"

태자가 왕에게 말했다.

"오늘 밤은 보름날 달 밝은 때로서 낮과 다름이 없습니다. 마땅히 4병兵을 소집하여 서로 의논하고 국경의 반란군을 친 뒤에 이곳으로 돌아와 서로 오락하면 좋겠습니다."

왕은 또 용맹하고 씩씩한 대장에게 명령했다.

"오늘은 보름날 달 밝은 때, 이 밤은 청명하여 낮과 다름이 없다. 마땅히 무엇을 하면 좋을까?"

대장이 말했다.

"오늘밤은 청명하여 낮과 다름이 없습니다. 마땅히 4병을 소집하여 천하를 순찰하여 거역하는 자와 순종하는 자들은 알아내면 좋겠습니다."

왕은 또 우사雨舍 바라문에게 명령했다.

"오늘은 보름날 달 밝은 때, 이 밤은 청명하여 낮과 다름이 없다. 마땅히 어떤 사문 바라문을 찾아가야 내 마음이 열릴 수 있을까?"

우사는 왕에게 말했다.

"오늘 밤은 청명하여 낮과 다름이 없습니다. 부란가섭不蘭迦葉[4]은

---

3 음역어이고 팔리어로는 Udaya-bhadra이다. 또 우바야優婆耶라고도 하며, 백현帛賢으로 한역한다.

대중 가운데서 가장 으뜸가는 스승〔導首〕으로서 많은 지식이 있어 이름이 널리 알려졌고 마치 큰 바다가 많은 것을 받아들이듯 많은 사람들의 공양을 받고 있습니다. 대왕께서는 마땅히 그에게 가서 물어 보소서. 왕께서 그를 만나 보시면 마음이 아마 열리실 것입니다."

왕은 또 우사의 아우인 수니타須尼陀[5]에게 명령했다.

"오늘 밤은 청명하여 낮과 다름이 없다. 마땅히 어떤 사문 바라문을 찾아가야 내 마음이 열릴까?"

수니타는 말씀드렸다.

"오늘밤은 청명하여 낮과 다름이 없습니다. 말가리구사리末伽梨瞿舍利[6]는 대중 가운데서 가장 으뜸가는 스승입니다. 그는 많은 지식이 있어 이름이 널리 알려졌고 마치 큰 바다가 받아들이지 않는 것이 없는 것처럼 많은 사람들의 공양을 받고 있습니다. 대왕께서는 마땅히 그에게 가서 물으십시오. 왕께서 만나보시면 마음이 아마 열리실 것입니다."

왕은 또 전작典作 대신에게 명령했다.

"오늘 밤은 청명하여 낮과 다름이 없다. 마땅히 어떤 사문 바라문을 찾아가야 내 마음이 열릴까?"

전작 대신이 말했다.

"아기다시사흠바라阿耆多翅舍欽婆羅[7]는 대중 가운데서 가장 으뜸가는 스승입니다. 그는 많은 지식이 있어 이름이 널리 알려졌고 마치 큰 바다가 받아들이지 않음이 없는 것처럼 많은 사람들의 공양을 받

---

4 팔리어로는 Pūrana-kassapa이고, 6사師 외도 중 한 사람이다.

5 음역어이며 팔리어로는 Sunidha이며, 또한 니제尼提라고도 쓴다.

6 팔리어로 Makkhali-Gosāla이고, 6사 외도 중 한 사람이다.

7 팔리어로 Ajita-kesa-Kambala이고, 6사 외도 중 한 사람이다.

고 있습니다. 대왕께서는 마땅히 그에게 가서 물으십시오. 왕께서 만나보시면 마음이 아마 열리실 것입니다."

왕은 또 가라伽羅 수문장守門將에게 명령했다.

"오늘 밤은 청명하여 낮과 다름이 없다. 마땅히 어떤 사문 바라문을 찾아가야 내 마음이 열릴까?"

가라 수문장이 말했다.

"파부타가전나婆浮陀伽旃那[8]는 대중 가운데서 가장 으뜸가는 스승입니다. 그는 많은 지식이 있어 이름이 널리 알려졌고 마치 큰 바다가 받아들이지 않는 것이 없는 것처럼 많은 사람들의 공양을 받습니다. 대왕께서는 마땅히 그에게 가서 물으십시오. 왕께서 만나보시면 마음이 아마 열리실 것입니다."

왕은 또 우타이만제자優陀夷漫提子에게 명령했다.

"오늘밤은 청명하여 낮과 다름이 없다. 마땅히 어떤 사문 바라문을 찾아가야 내 마음이 열릴까?"

우타이가 말했다.

"산야이비라리불散若夷毘羅梨沸[9]은 대중 가운데서 가장 으뜸가는 스승입니다. 그는 지식이 많아 이름이 널리 알려졌고 ,마치 큰 바다가 받아들이지 않는 것이 없는 것처럼 많은 사람들의 공양을 받습니다. 대왕께서는 마땅히 그에게 가서 물으십시오. 왕께서 만나보시면 마음이 아마 열리실 것입니다."

왕은 또 그 아우 무외無畏에게 명령했다.

"오늘밤은 청명하여 낮과 다름이 없다. 마땅히 어떤 사문 바라문을

8 팔리어로는 Pakudhakaccāyana이고, 6사 외도 중 한 사람이다.

9 팔리어로는 Sañjaya Belaṭṭhi-putta이고, 6사 외도 중 한 사람이다. 이 경의 뒷부분에서는 산야비라리자散若毗羅梨子라고 하였다.

찾아가야 내 마음이 열릴까?"

무외가 말했다.

"니건자尼乾子[10]는 대중 가운데서 가장 으뜸가는 스승입니다. 그는 지식이 많아 이름이 널리 알려졌고 마치 큰 바다가 받아들이지 않는 것이 없는 것처럼 많은 사람의 공양을 받습니다. 대왕께서는 마땅히 그에게 나가서 물으십시오. 왕께서 만나보시면 마음이 아마 열리실 것입니다."

왕은 또 수명 동자壽命童子에게 명령했다.

"오늘밤은 청명하여 낮과 다름이 없다. 마땅히 어떤 사문 바라문을 찾아가야 내 마음이 열릴까?"

수명 동자가 여쭈었다.

"불세존佛世尊이 계십니다. 그분은 지금 저의 암바菴婆동산에 계십니다. 대왕께서는 마땅히 그에게 물으십시오. 왕께서 만나보시면 마음이 반드시 열리실 것입니다."

왕은 곧 수명에게 명령했다.

"내가 탈 보배 코끼리와 그 밖의 5백 마리 흰 코끼리를 준비하라."

기구耆舊는 명령을 받아 곧 왕의 코끼리와 5백 마리 코끼리를 준비하고는 곧 왕에게 말했다.

"이미 채비가 끝났습니다. 때를 아십시오."

아사세왕은 자기는 보배 코끼리를 타고 5백 명의 부인은 5백 마리의 암코끼리에 태웠다. 손에는 각각 횃불을 들고 왕의 위엄을 보이면서 라열기성을 나갔다. 왕은 부처님께서 계시는 곳으로 얼마쯤 가다가 수명에게 말했다.

---

10 팔리어로는 Nigaṇṭha-Nāta-putta이고, 6사 외도 중 한 사람이다.

"너는 지금 나를 속이고 있다. 나를 함정에 빠뜨려 우리 대중을 끌어다 원수에게 넘겨주려고 하는구나."

수명이 말했다.

"대왕이시여, 제가 어찌 감히 왕을 속이고, 감히 왕을 함정에 빠뜨려 왕의 대중을 끌어다 원수에게 넘겨주려고 하겠습니까? 왕이시여, 그저 앞으로 나아가기만 하십시오. 반드시 행복과 경사를 얻을 것입니다."

왕은 조금 더 나아가다가 다시 수명에게 말했다.

"너는 나를 속였다. 나를 함정에 빠뜨려 우리 대중을 끌어다 원수에게 넘기려고 하는구나."

이렇게 두 번 세 번 말했다. 무슨 까닭인가? 그에게는 1,250명이나 되는 대중이 있다는데 이렇게 고요하고 아무 소리가 없는 것을 보니 장차 무슨 음모가 있는 것이라고 여겼기 때문이었다.

수명은 다시 두 번 세 번 말했다.

"대왕이시여, 제가 어찌 감히 속이고 함정에 빠뜨려 왕의 대중들을 끌어다 원수에게 넘겨주려고 하겠습니까? 왕이시여, 그저 앞으로 나아가기만 하십시오. 반드시 행복과 경사를 얻을 것입니다. 왜냐하면 저 사문의 법은 항상 한가하고 고요한 것을 즐기기 때문입니다. 그래서 소리가 없는 것입니다. 왕이시여, 그저 앞으로 나아가기만 하십시오. 동산 숲이 이미 나타났습니다."

아사세왕이 동산의 문에 이르러 코끼리에서 내려 칼을 풀고 일산을 치우고 다섯 가지 위의[11]를 버리고 걸어서 동산 문으로 들어갔다.

---

11 바라문이나 왕족 등 신분이 높은 사람들이 자신의 지위를 표시하는 다섯 가지 장식품을 말한다. 즉 칼[劍]·일산[蓋]·꽃다발[天冠 혹은 華鬘]·손잡이가 보석으로 장식된 불자[珠柄之拂]·아름답게 장식된 신발[嚴飾屣], 이 다섯 가지이다.

그는 수명에게 말했다.

"지금 불세존께서는 어디 계시는가?"

수명이 대답했다.

"대왕이시여, 지금 부처님께서는 앞에 밝은 등불이 있는 높은 당堂에 계십니다. 세존께서는 사자좌獅子座에서 남쪽을 향해 앉아 계십니다. 왕께서 조금 더 앞으로 나아가시면 몸소 세존을 뵐 수 있을 것입니다."

그때 아사세왕은 강당이 있는 곳으로 나아가 밖에서 발을 씻은 뒤 강당으로 올라갔다. 잠자코 사방을 둘러보다가 기쁜 마음이 생겨 입에서 저절로 말이 나왔다.

'지금 모든 사문은 아주 고요하고 고요해 지관止觀을 구족했다. 나의 태자 우바야優婆耶도 이들과 다름없는 지관을 성취하게 하리라.'

그때 세존께서 아사세왕에게 말씀하셨다.

"왕께서는 아들 생각 때문에 입에서 저절로 '태자 우바야도 이들과 다름없는 지관을 성취하게 하리라'는 말이 터져 나온 것입니다. 왕께서는 앞으로 나와 앉으십시오."

아사세왕은 앞으로 나아가 머리 숙여 부처님 발에 절하고 한쪽에 앉아 부처님께 여쭈었다.

"지금 여쭈어 볼 것이 있습니다. 만일 한가하시다면 감히 여쭙겠습니다."

부처님께서 말씀하셨다.

"대왕이여, 묻고 싶은 것이 있으면 뭐든 물으시오."

아사세왕이 부처님께 여쭈었다.

"세존이시여, 지금 사람들은 코끼리와 말과 수레를 타고 칼·창·검·활·화살 등의 병장기로, 전투하는 법을 익힙니다. 또 왕자·역사力士 · 대역사 · 하인〔僮使〕 · 가죽 다루는 이〔皮師〕 · 이발사〔剃髮師〕 · 꽃장식 만드는 이〔織鬘師〕 · 수레 만드는 이〔車師〕 · 기와공〔瓦師〕 · 대그릇 짜는 이〔竹師〕 · 갈대 엮는 이〔葦師〕들도 다 갖가지 기술로서 스스로 생활하면서 스스로 마음껏 오락하고 있습니다. 또 그들의 부모 · 처자 · 종〔奴僕〕 · 하인〔僮使〕들도 함께 오락하고 있습니다. 이와 같이 생업을 경영하면 현세에 과보果報가 있습니다. 그런데 이제 저 모든 사문이 현재 닦고 있는 것도 현세에서 그 과보를 얻습니까?"

부처님께서 왕에게 말씀하셨다.

"왕께서는 이전에 여러 사문 바라문을 찾아가 이러한 뜻을 물은 적이 있습니까?"

왕이 부처님께 말했다.

"저는 이전에 사문 바라문들을 찾아가 이런 뜻을 물은 적이 있습니다. 저는 기억합니다. 언젠가 부란가섭에게 가서 이렇게 물었습니다.

'사람들이 코끼리 · 말 · 수레를 타고 병법을 익히며 나아가 생업을 경영하면 현재에 과보가 있습니다. 이제 이 무리도 현재에 도를 닦아 현세에서 과보를 얻습니까?'

저 부란가섭이 제게 대답했습니다.

'왕께서 직접 하거나 혹은 남을 시켜서 찍고 해치고 지지고 베고 하여 중생을 괴롭히고 걱정하고 울게 하며 살생 · 도둑질 · 간음 · 거짓말 · 담을 넘어 겁탈하기 · 불을 놓아 태우기 따위로 도道를 끊고 악한 짓을 한다고 합시다. 대왕이여, 이와 같은 일을 행하더라도 그것은 악한 짓을 하는 것이 아닙니다. 대왕이여, 설사 날카로운 칼로 모든 중생을 난도질하고 고기 더미로 만들어 세간을 가득 채운다 하더라도 그것은 악이 아니며 또한 그 죄의 과보도 없습니다. 항하恒河의 남쪽 언덕에서 중생을 칼로 베어 죽여도 그 악의 과보는 없고, 항하의 북쪽 언덕에서 큰 보시의 집회를 열어 일체의 무리들에게 베풀어 사람을 골고루 이익되게 하더라도 또한 복의 과보도 없습니다.'"

왕이 부처님께 여쭈었다.

"그는 마치 어떤 사람이 오이를 물었는데 자두〔李〕이라 대답하고 자두를 물었는데 오이라고 대답하는 것과 같습니다. 그도 그와 같아서 나는 '현세에 과보를 얻느냐?'고 물었는데, 그는 '죄와 복의 과보가 없다'고 대답했습니다. 저는 가만히 생각했습니다.

'나는 머리에 물을 붓는 의식을 치른 종족인 찰리왕으로서 이유 없이 출가한 사람을 죽이거나 묶어 내쫓을 수는 없다.'

저는 분노에 찬 마음을 품었다가 이렇게 생각한 뒤로는 곧 그를 버리고 떠났습니다.

또 부처님께 여쭈었다.

"저는 또 언젠가 말가리구사리를 찾아가 이렇게 물었습니다.

'지금 사람들은 코끼리와 말과 수레를 타고 병법을 익히며 나아가 갖가지 생업을 경영하여 모두들 현재에 과보가 있습니다. 이제 이 무리들도 현재에 도를 닦아 현세에서 과보를 얻습니까?'

그는 제게 대답했습니다.

'대왕이여, 베풂도 없고 주는 것도 없으며 제사의 법도 없는 것입니다. 또 선악도 없고 선악의 과보도 없으며, 금생도 없고 후생도 없는 것입니다. 아비도 없고 어미도 없으며 하늘도 없고 조화도 없으며 중생도 없는 것입니다. 세상에는 사문 바라문도 평등한 행자行者도 없고 또한 금세나 후세에 몸소 증명하고 남에게 두루 나타내는 자도 없습니다. 있다고 하는 모든 것은 다 허망한 것입니다.'

세존이시여, 그것은 마치 어떤 사람이 오이를 물었는데 자두라고 대답하고 자두를 물었는데 오이라고 대답하는 것과 같습니다. 그도 이와 같아서 나는 '현세에 과보를 얻느냐?'고 물었는데 그는 '없다'는 논리로만 대답했습니다. 저는 곧 스스로 생각했습니다.

'나는 머리에 물을 붓는 의식을 치른 종족인 찰리왕으로서 이유 없이 출가한 사람을 죽이거나 묶어 내쫓을 수는 없다.'

저는 분노에 찬 마음을 품었다가 이렇게 생각한 뒤로는 곧 그를 버리고 떠났습니다."

또 부처님께 여쭈었다.

"저는 또 언젠가 아이다시사흠바라를 찾아가 이렇게 물었습니다.

'대덕大德이여, 사람들은 코끼리·말·수레를 타고 병법을 익히며 나아가 갖가지로 생업을 경영하여 모두 현세에 과보가 있습니다. 이제 이 무리들도 현재에 도를 닦아 현세에서 과보를 얻습니까?'

그는 제게 대답했습니다.

'네 가지 요소〔大〕로 이루어진 사람이 목숨을 마치면 흙의 요소〔地大〕는 땅으로 돌아가고 물의 요소〔水大〕는 물로 돌아가며, 불의 요소〔火大〕는 불로 돌아가고 바람의 요소〔風大〕는 바람으로 돌아갑니다. 모두 무너지고 부서져 모든 감관은 공空으로 돌아갑니다. 만일 사람이 죽었을 때 상여牀輿에 몸을 실어 화장장에 갖다 두고 불을 지피면 그 뼈는 비둘기 빛처럼 되기도 하고 혹은 변해 재와 흙이 됩니다. 어리석은 자도 지혜로운 자도 목숨을 마치면 모두 무너지고 부서져 단멸斷滅하고 마는 법입니다.'

세존이시여, 그것은 마치 어떤 사람이 자두를 물었는데 오이라고 대답하고 오이를 물었는데 자두라고 대답하는 것과 같습니다. 그도 이와 같아서 나는 '현세에 과보를 얻느냐?'고 물었는데 그는 내게 '단멸법'으로 대답했습니다. 나는 곧 생각했습니다.

'나는 머리에 물을 붓는 의식을 치른 종족인 찰리왕으로서 이유도 없이 출가한 사람을 죽이거나 묶어 내쫓을 수는 없다.'

나는 분노에 찬 마음을 품었다가 이렇게 생각한 뒤로는 곧 그를 버리고 떠났습니다."

또 부처님께 여쭈었다.

"또 저는 옛날 어느 때 파부타가전연을 찾아가서 이렇게 물었습니다.

'대덕이여, 사람들은 코끼리·말·수레를 타고 병법을 익히며 나아가 갖가지로 생업을 경영하여 모두 현세에 과보가 있습니다. 이제 이 무리들도 현재에 도를 닦아 현세에서 과보를 얻습니까?'

그는 제게 대답했습니다.[12]

'대왕이여, 힘도 없고 정진精進함도 없는 사람은 힘도 없고 방편도 없습니다. 인因도 없고 연緣도 없는 중생은 염착染著하게 되고 인도 없고 연도 없는 중생은 청정해집니다. 목숨이 있는 일체 중생들은 모두 힘이 없고 자재自在하지 못하며 원수도 있을 수 없습니다. 수數 가운데 정해져 있는 대로 이 6생生 중에서 온갖 고락을 받는 것입니다.'

그것은 마치 자두를 물었는데 오이라고 대답하고 오이를 물었는데 자두라고 대답하는 것과 같습니다. 그도 이와 같아서 내가 '현세에 과보를 얻느냐?'고 물었는데 그는 '무력無力'으로써 내게 대답했습니다. 나는 곧 생각했습니다.

'나는 머리에 물을 붓는 의식을 치른 종족인 찰리왕으로서 이유 없이 출가한 사람을 죽이거나 묶어 내쫓을 수는 없다.'

나는 분노에 찬 마음을 품었다가 이렇게 생각한 뒤로는 곧 그를 버

---

12 한역경에 있는 피부타가전연의 주장이 팔리본에서는 Makkhali-Gosāla의 주장에 해당한다.

리고 떠났습니다."

또 부처님께 여쭈었다.

"또 저는 옛날 언젠가 산야비라리자를 찾아가 이렇게 물었습니다.

'대덕이여, 사람들은 코끼리·말·수레를 타고 병법을 익히며 나아가 갖가지로 생업을 경영하여 모두 현세에 과보가 있습니다. 이제 이 무리들도 현재에 도를 닦아 현세에서 과보를 얻습니까?'

그는 제게 대답했습니다.

'대왕이여, 〈현세에 사문에게 과보가 있느냐?〉고 묻는다면 그에 대한 대답은 이렇습니다.

〈이 일은 사실입니다. 이 일은 사실과 다릅니다. 이 일은 사실과 다른 것도 아니며 다르지 않은 것도 아닙니다.〉

대왕이여, 〈현세에 사문에게 과보가 없느냐?〉하고 묻는다면 여기에 대한 대답은 이렇습니다.

〈이 일은 사실입니다. 이 일은 사실과 다릅니다. 이 일은 사실과 다른 것도 아니며 다르지 않은 것도 아닙니다.〉'

대왕이여, 〈현세에 사문에게는 과보가 있기도 하고 없기도 한가?〉 하고 묻는다면 여기에 대한 대답은 이렇습니다.

〈이 일은 사실입니다. 이 일은 사실과 다릅니다. 이 일은 사실과 다른 것도 아니며 다르지 않은 것도 아닙니다.〉

대왕이여, 〈현세에 사문에게는 과보가 있지도 않고 없지도 않는가?〉 하고 묻는다면 여기에 대한 대답은 이렇습니다.

〈이 일은 사실입니다. 이 일은 사실과 다릅니다. 이 일은 사실과 다른 것도 아니며 다르지 않은 것도 아닙니다.〉'

세존이시여, 그것은 마치 어떤 사람이 자두를 물었는데 오이라고 대답하고 오이를 물었는데 자두라고 대답하는 것과 같습니다. 그도 이와 같아서 나는 '현세에 과보를 얻는가?' 하고 물었는데 그는 '이론異論'으로 나에게 대답했습니다. 나는 곧 스스로 생각했습니다.

'나는 머리에 물을 붓는 의식을 치른 종족인 찰리왕으로서 이유 없이 출가한 사람을 죽이거나 묶어 내쫓을 수는 없다.'

나는 분노에 찬 마음을 품었다가 이렇게 생각한 뒤로는 곧 그를 버리고 떠났습니다."

또 부처님께 여쭈었다.

"또 저는 옛날 언젠가 니건자를 찾아가 이렇게 물었습니다.

'대덕이여, 사람들은 코끼리·말·수레를 타고 나아가 갖가지 생업을 경영하여 현세에 과보가 있습니다. 이제 이 무리들도 현재에 도를 닦아 현세에 과보를 얻습니까?'

그는 내게 대답했습니다.

'대왕이여, 나는 일체지一切智와 일체견一切見을 가진 사람으로서 모든 것을 남김없이 압니다. 다니거나 머물거나 앉거나 눕거나 언제나 남김없이 깨달아 지혜가 항상 앞에 있습니다.'

세존이시여, 이것은 마치 어떤 사람이 자두를 물었는데 오이라고 대답하고 오이를 물었는데 자두라고 대답하는 것과 같습니다. 그도 이와 같아 나는 '현세에 과보를 얻는가?' 하고 물었는데 그는 내게 '모든 것을 아는 지혜〔一切智〕'로 대답했습니다. 나는 곧 스스로 생각했습니다.

'나는 머리에 물을 붓는 의식을 치른 종족인 찰리왕으로서 이유 없이 출가한 사람을 죽이거나 묶어 내쫓을 수는 없다.'

나는 분노에 찬 마음을 품었다가 이렇게 생각한 뒤로는 곧 그를 버리고 떠났습니다.

그러므로 세존이시여, 저는 이제 여기 와서 이런 뜻을 묻는 것입니다. 사람들은 코끼리·말·수레를 타고 나아가 갖가지 생업을 경영하여 모두 현세에 과보가 있습니다. 이제 사문도 현재에 도를 닦아 현세에서 과보를 얻습니까?"

부처님께서 아사세왕에게 말씀하셨다.

"나는 이제 왕에게 도리어 묻겠습니다. 마음대로 대답하시오. 어떻습니까? 대왕이여, 왕의 집 종이나 안팎의 하인들도 모두 보름날 달이 찼을 때 왕이 머리 감고 목욕하고 높은 전각에 올라가 여러 채녀婇女들과 서로 오락하는 것을 보았을 것이고, 그들은 이렇게 생각했을 것입니다.

'아, 행行의 과보가 저렇게까지 되는 것인가? 이 아사세왕은 보름날 달이 찼을 때 머리 감고 목욕한 뒤 높은 전각에 올라 여러 채녀와 더불어 5욕欲을 즐기는구나. 이것이 바로 행의 과보임을 누가 능히 알겠는가?'

그는 뒷날 수염과 머리를 깎고 3법의를 입고 집을 나와 도를 닦고 평등법을 실천했습니다. 어떻습니까? 대왕이여, 대왕께서 멀리서 그 사람이 오는 것을 본다면 그때도 '저 사람은 내 종이 아닌가?'라고 생각하겠습니까?"

왕이 부처님께 여쭈었다.

"아닙니다, 세존이시여. 만일 그가 오는 것을 본다면 저는 마땅히 일어나 맞이하고 앉기를 청하겠습니다."

부처님께서 말씀하셨다.

"이것이 어찌 사문이 현세에 얻는 과보가 아니겠습니까?"

왕이 말했다.

"그렇습니다, 세존이시여. 이것은 사문이 현세에 얻는 과보입니다."

“다시 대왕이여, 만일 왕의 경계 안에 살면서 왕의 창고에서 주는 것을 먹고 사는 나그네가 왕이 보름날 달이 찼을 때 머리 감고 목욕한 뒤 높은 전각에 올라가 모든 채녀와 더불어 5욕을 즐기는 것을 보았다면 그는 이렇게 생각했을 것입니다.

‘아아, 저분 행위의 과보가 이와 같은 것인가? 이것이 바로 행의 과보라는 것을 누가 알 수 있겠는가?’

그리고 그는 뒷날 수염과 머리를 깎고 3법의를 입고 집을 나가 도를 닦고 평등법을 실천했습니다. 어떻습니까? 대왕이여, 대왕께서 만일 멀리서 그 사람이 오는 것을 본다면 그때도 ‘저 사람은 나의 녹을 먹던 나그네가 아닌가?’ 하고 생각하겠습니까?”

왕이 말했다.

“아닙니다. 만일 그가 멀리서 오는 것을 본다면 저는 마땅히 일어나 맞이하여 예경하고 인사한 뒤 앉기를 청할 것입니다.”

“어떻습니까? 대왕이여, 이것이 사문이 현세에 얻는 과보가 아니겠습니까?”

왕이 말했다.

“그렇습니다. 현세에서 얻는 사문의 과보입니다.”

“다시 대왕이여, 여래·지진·등정각이 이 세상에 나타나면 내 법에 들어오는 자는 결국에는 3명明으로써 모든 어둠을 멸하고 큰 지혜의 광명을 낼 것이니, 이른바 누진지증漏盡智證이 그것입니다. 무슨 까닭인가? 그것은 부지런히 정진하고 전념하여 잊지 않으며 조용히 혼자 지내기를 즐기고 방일하지 않았기 때문입니다. 어떻습니까? 대왕이여, 이것이 사문이 현세에서 얻는 과보가 아니겠습니까?”

왕이 대답했다.

“그렇습니다. 세존이시여, 실로 그것은 사문이 현세에 얻는 과보입니다."

그때 아사세왕은 곧 자리에서 일어나 머리 숙여 부처님의 발에 예배하고 부처님께 여쭈었다.

"오직 원컨대 세존이시여, 저의 뉘우침을 받아 주십시오. 저는 미치광이이고 어리석고 어둡고 무식합니다. 저의 아버지 병사왕은 법으로써 다스리고 교화하여 치우치거나 억울하게 한 일이 없었습니다. 그런데도 저는 5욕에 미혹하여 사실은 부왕父王을 해쳤습니다. 오직 원컨대 세존이시여, 사랑하고 불쌍히 여기셔서 저의 참회를 받아 주십시오."

부처님께서 왕에게 말씀하셨다.

"그대는 어리석고 어둡고 무식한 짓을 했지만 이제 스스로 잘못을 뉘우치고 있습니다. 그대는 5욕에 미혹하여 끝내 부왕을 해쳤습니다. 그러나 이제 현성의 법 가운데서 능히 허물을 뉘우친다면 곧 스스로 이익되고 편안할 것입니다. 나는 그대를 불쌍히 여겨 그대의 참회를 받아들이겠습니다."

아사세왕은 세존의 발에 예배한 뒤 돌아와 한쪽에 앉았다. 부처님께서는 그를 위해 설법하고 가르쳐 보여 이롭게 해 주고 기쁘게 해 주셨다. 왕은 부처님의 가르침을 듣고 곧 부처님께 여쭈었다.

"저는 이제 부처님께 귀의하고 법에 귀의하며 승가에 귀의합니다. 제가 정법 가운데서 우바새가 되는 것을 허락하십시오. 저는 지금부터 목숨이 다할 때까지 살생하지 않고 도둑질하지 않으며 음탕하지 않고 속이지 않으며 술을 마시지 않겠습니다. 오직 원컨대 세존과 모든 대중들께서는 내일 저의 공양청을 받아 주십시오."

그러자 세존께서는 잠자코 그것을 허락하셨다. 왕은 부처님께서 잠자코 허락하시는 것을 보고 곧 일어나 부처님께 예배하고 세 번 돌고 돌아갔다. 그가 떠난 지 오래지 않아 부처님께서 모든 비구들에게 말씀하셨다.

"이 아사세왕은 죄가 줄어들어 무거운 재앙에서 빠져 나왔다. 만일 아사세왕이 그 아버지를 죽이지만 않았더라면 이 자리에서 곧바로 법안法眼의 깨끗함을 얻었을 것이다. 그러나 아사세왕이 오늘 스스로 참회하여 죄가 줄어들고 무거운 재앙에서 빠져나왔다."

아사세왕은 돌아오는 길에 수명 동자에게 말했다.

"훌륭하고 훌륭하다. 너는 이제 내게 많은 이익을 주었다. 너는 먼저 '여래께서는 가르쳐 주시고 깨우쳐 주신다'고 찬탄하였고, 그런 뒤에 나를 이끌고 세존께 가서 지혜가 열려 깨달음을 얻게 해 주었다. 나는 너의 은혜를 깊이 새겨 결코 잊지 않을 것이다."

왕은 궁중으로 돌아와 온갖 맛있는 음식을 장만하였고 이튿날 때가 되자 '성인이시여, 때를 아십시오' 하고 알려드렸다. 세존께서는 옷을 입고 발우를 들고 모든 제자 1,250명과 함께 왕궁에 나아가 자리에 앉으셨다. 왕은 손수 음식을 권하면서 부처님과 스님들을 공양했다. 그리고 부처님과 스님들이 공양을 마치시자 발우를 거둔 뒤 손 씻을 물을 돌린 다음 세존의 발에 예배하고 여쭈었다.

"저는 이제 몇 번이고 잘못을 뉘우칩니다. 저는 미치고 어리석고 어두우며 무식했습니다. 저의 아버지 마갈摩竭의 병사왕은 법으로써 다스리고 교화하여 치우침이 없었고 억울하게 한 일도 없었습니다. 그런데 저는 5욕에 미혹하여 사실은 부왕을 해쳤습니다. 오직 원컨대 세존이시여, 사랑하고 가엾게 여기셔서 저의 참회를 받아 주십시오."

부처님께서 왕에게 말씀하셨다.

"그대는 어리석고 어둡고 무식하여 5욕에 미혹되어 부왕을 해쳤습니다. 그러나 이제 현성의 법 가운데서 능히 참회하니 곧 스스로 이익될 것입니다. 나는 이제 그대를 가엾게 여겨 그대의 참회를 받아들이겠습니다."

왕은 부처님의 발에 예배한 뒤 작은 자리 하나를 가지고 와서 부처님 앞에 앉았다. 부처님께서는 그를 위해 설법하고 가르쳐 보여 이롭게 해 주고 기쁘게 해 주셨다. 왕은 부처님의 가르침을 들은 뒤 또 부처님께 여쭈었다.

"저는 이제 몇 번이고 부처님께 귀의하고 법에 귀의하며 승가에 귀의합니다. 오직 원하건대 제가 정법 가운데서 우바새가 되는 것을 허락하여 주십시오. 저는 지금부터 목숨이 다할 때까지 살생하지 않고 도둑질하지 않으며 음탕하지 않고 속이지 않으며 술을 마시지 않겠습니다."

세존께서는 아사세왕을 위해 설법하고 가르쳐 보여 이롭게 해 주고 기쁘게 해 주신 뒤 자리에서 일어나 떠나가셨다. 아사세왕과 수명동자는 부처님의 말씀을 듣고 기뻐하며 받들어 행하였다.

9. 포타바루경布吒婆樓經

이와 같이 나는 들었다.

어느 때 부처님께서 사위국舍衛國의 기수급고독원에서 큰 비구 대중 1,250명과 함께 계셨다.

그때 세존께서는 이른 아침에 옷을 입고 발우를 가지고 사위성으로 들어가 걸식하셨다. 세존께서는 생각하셨다.

'오늘은 걸식하기에는 때가 좀 이르다. 나는 차라리 지금 포타바루

布吒婆樓 범지의 숲에 가서 구경하면서 때를 기다렸다가 때가 되면 걸식하리라.'

세존께서는 곧 범지의 숲으로 가셨다. 그때 포타바루 범지는 멀리 부처님께서 오시는 것을 보고 곧 일어나 맞이하면서 말했다.

"잘 오셨습니다. 사문 구담이시여, 오랫동안 오시지 않더니 오늘은 무슨 인연으로 몸소 찾아 주셨습니까? 자리에 앉으십시오."

세존께서는 곧 자리에 앉아 포타바루에게 말씀하셨다.

"그대들은 여기 모여 무슨 일을 하였으며, 무엇을 강설했는가?"

범지가 부처님께 여쭈었다.

"세존이시여, 어제는 많은 범지와 사문 바라문들이 이 바라문의 강당에 모여 이러한 일로 서로 논쟁하고 토론하였습니다. 구담이시여, 어떤 범지는 이렇게 말했습니다.

'사람에게는 인因도 없고 연緣도 없이 생각[想]이 생겨나고, 인도 없고 연도 없이 생각이 멸한다. 생각에는 오고 감이 있어서 그것이 오면 곧 생각이 생기고, 가면 곧 생각이 멸한다.'

구담이시여, 어떤 범지는 이렇게 말했습니다.

'명命으로 말미암아 생각이 생기고 명으로 말미암아 생각이 멸한다. 저 생각에는 오고 감이 있으니 오면 곧 생각이 생기고, 가면 곧 생각이 멸한다.'

구담이시여, 어떤 범지는 이렇게 말했습니다.

'앞에서 한 말들은 옳지 않다. 큰 위력을 지닌 큰 귀신이 있다. 그가 생각을 가지고 가고 그가 생각을 가지고 온다. 그가 생각을 가지고 가면 곧 생각이 멸하고, 그가 생각을 가지고 오면 곧 생각은 생긴다.'

저는 이로 인하여 기억이 떠올랐고 이렇게 생각했습니다.

'사문 구담은 이전에 이 뜻을 알고 있었다. 그분이라면 반드시 상지멸정想知滅定에 대해 잘 아실 것이다.'"

세존께서 범지에게 말씀하셨다.

"그 모든 논자論者들은 다 잘못이 있다. 어떤 이들은 이렇게 말한다.

'인도 없고 연도 없이 생각〔想〕이 생기고, 인도 없고 연도 없이 생각이 멸한다. 생각에는 오고 감이 있어서 오면 곧 생각이 생기고, 가면 곧 생각이 멸한다.'

혹은 이렇게 말하기도 한다.

'명命으로 말미암아 생각이 생기고 명으로 말미암아 생각이 멸한다. 생각에는 오고 감이 있어 오면 곧 생각이 생기고 가면 곧 생각이 멸한다.'

혹은 이렇게 말하기도 한다.

'그럴 리가 없다. 큰 귀신이 있어 그가 생각을 가지고 오고, 그가 생각을 가지고 간다. 가지고 오면 생각이 생기고, 가지고 가면 생각이 멸한다.'

이렇게 말하는 이들은 다 잘못이 있다. 무슨 까닭인가? 범지여, 인연因緣이 있어 생각〔想〕이 생기고 인연이 있어 생각이 멸하기 때문이다. 만일 여래가 세상에 나타나서 지진·등정각 등의 10호를 구족할 때에 어떤 사람이 불법을 닦기 위해 출가하여 도를 행하고 나아가 마음을 덮는 5개蓋까지도 멸하면 탐욕과 같은 악하고 착하지 않은 법을 제거하여 각도 있고 관도 있으며〔有覺有觀〕, 떠나는 데서 생기는 기쁨과 즐거움〔離生喜樂〕이 있는 초선初禪에 들어간다. 먼저 욕상欲想을 멸하고 희상喜想과 낙상樂想을 일으킨다. 범지여, 그러므로 알아야 하니, 인연이 있어 생각이 생기고 인연이 있어 생각이 멸한다.

다음에는 각과 관이 멸하고 안으로 고요히 한마음이 되어, 각도 없고 관도 없으며〔無覺無觀〕, 선정에서 생기는 기쁨과 즐거움〔定生喜樂〕이 있는 제 2 선禪에 들어간다. 범지여, 저 초선의 생각은 멸하고 제 2 선의 생각이 생긴다. 그러므로 인연이 있어 생각이 멸하고 인연이 있어 생각이 생긴다는 것을 알 수 있다.

기쁨〔喜〕을 버리고 집착 없는 평등한 마음을 닦고 보호하며 생각을 오로지해 한마음이 되어 몸의 즐거움〔身樂〕을 스스로 알고, 현성이 구하는 바인 평정〔護 : 捨〕· 기억〔念〕· 청정淸淨이 있는 제 3 선에 들어간다. 범지여, 제 2 선의 생각은 멸하고 제 3 선의 생각이 생긴다. 그러므로 인연이 있어 생각이 멸하고 인연이 있어 생각이 생긴다는 것을 알 수 있다.

다음에는 괴로움도 버리고 즐거움도 버리는데, 이미 걱정과 기쁨은 멸하였으며, 평정〔護〕· 기억〔念〕· 청정淸淨이 있는 제 4 선에 들어간다. 범지여, 제 3 선의 생각은 멸하고 제 4 선의 생각이 생긴다. 그러므로 인연이 있어 생각이 멸하고 인연이 있어 생각이 생긴다는 것을 알 수 있다.

일체의 색에 대한 생각〔色想〕을 버리고 성내는 마음을 멸하며 다른 생각을 하지 않으면 공처空處에 들어간다. 범지여, 일체의 색에 대한 생각은 멸하고 공처의 생각이 생긴다. 그러므로 인연이 있어 생각이 멸하고 인연이 있어 생각이 생긴다는 것을 알 수 있다.

또 일체의 공처를 초월하면 식처識處에 들어간다. 범지여, 저 공처의 생각은 멸하고 식처의 생각이 생긴다. 그러므로 인연이 있어 생각이 멸하고 인연이 있어 생각이 생긴다는 것을 알 수 있다.

일체의 식처를 초월하면 불용처不用處에 들어간다. 범지여, 저 식처의 생각은 멸하고 불용처의 생각이 생긴다. 그러므로 인연이 있어 생각이 멸하고 인연이 있어 생각이 생긴다는 것을 알 수 있다.

불용처를 버리면 유상무상처有想無想處에 들어간다. 범지여, 저 불용처不用處의 생각은 멸하고 유상무상처의 생각이 생긴다. 그러므로 인연이 있어 생각이 멸하고 인연이 있어 생각이 생긴다는 것을 알 수 있다.

그는 유상무상처를 버리고 상지멸정想知滅定에 들어간다. 범지여, 저 유상무상처의 생각은 멸하고 상지멸정에 들어가게 된다. 그러므로 인연이 있어 생각이 생기고 인연이 있어 생각이 멸한다는 것을 알 수 있다.

그는 이 생각을 얻은 뒤에 이렇게 생각한다.

'기억〔念〕이 있는 것은 악이며, 기억이 없는 것은 선이다.'

그가 이렇게 생각할 때 그 미묘한 생각은 멸하지 않고 다시 거친 생각이 생긴다. 그는 또 생각한다.

'나는 이제 차라리 염행念行도 하지 않고 사유思惟도 일으키지 않으리라.'

그가 염행도 하지 않고 사유도 일으키지 않으면 미묘한 생각도 멸하고 거친 생각도 생기지 않는다. 그가 염행도 하지 않고 사유도 일으키지 않아 미묘한 생각도 멸하고 거친 생각도 생기지 않았을 때 그는 곧 상지멸정想知滅定에 들어간다.

어떤가? 범지여, 그대는 태어난 이후로 이렇게 차례로 생각을 멸하는 인연에 대해 들은 적이 있는가?"

범지가 부처님께 여쭈었다.

"저는 태어난 이후로 이와 같이 차례로 생각을 멸하는 인연에 대해 진실로 들은 적이 없습니다."

그는 또 부처님께 여쭈었다.

"저는 지금 이렇게 생각합니다.

'이것은 유상有想이다. 이것은 무상無想이다. 혹은 다시 유상이다.'

이런 생각을 한 뒤 그가 '기억〔念〕이 있는 것은 악이며, 기억이 없는 것은 선이다'라고 한다고 하면, 그가 이렇게 생각했을 때 미묘한 생각은 멸하지 않고 거친 생각이 다시 생깁니다. 그러면 그는 또 '나는 이제 차라리 염행念行도 하지 않고 사유思惟도 일으키지 않으리라'라고 생각하면서 그가 염행도 하지 않고 사유도 일으키지 않아야 미묘한 생각도 멸하고 거친 생각도 생기지 않습니다. 그가 염행도 하지 않고 사유도 일으키지 않아 미묘한 생각도 멸하고 거친 생각도 생기지 않았을 때라야 그는 곧 상지멸정에 들게 될 것입니다."

부처님께서 범지에게 말씀하셨다.

"훌륭하고 훌륭하다. 이것이 바로 우리 현성법 중에 차례로 상想을 멸하는 선정이다."

범지는 또 부처님께 여쭈었다.

"이 모든 생각 가운데 어느 것이 위없는 생각〔想〕입니까?"

부처님께서 범지에게 말씀하셨다.

"불용처상不用處想이 위없는 것이다."

범지는 또 부처님께 여쭈었다.

"모든 생각 가운데 어느 것이 제일 위없는 생각입니까?"

부처님께서 말씀하셨다.

"모두들 유상이라 하고 모두들 무상이라고 말할 때 그 중간에서 능히 차례로 상지멸정을 얻으면 이것이 제일 위없는 생각이다."

범지는 또 여쭈었다.

"그것은 한 생각입니까, 많은 생각입니까?"

부처님께서 말씀하셨다.

"한 생각만 있고 많은 생각은 없다."

범지는 또 여쭈었다.

"먼저 생각이 생긴 뒤에 지혜가 있습니까, 먼저 지혜가 생긴 뒤에 생각이 있습니까, 아니면 생각과 지혜가 동시에 함께 생깁니까?"

부처님께서 말씀하셨다.

"먼저 생각이 생긴 뒤에 지혜가 있다. 생각으로 말미암아 지혜가 있다."

범지는 또 여쭈었다.

"생각은 곧 나〔我〕입니까?"

부처님께서 범지에게 말씀하셨다.

"그대는 어떤 사람을 나라고 말하는가?"

범지가 부처님께 여쭈었다.

"저는 '사람이 나다'라고 말하지 않았습니다. 저는 4대大·6입入으로 이루어진 색신色身을 말한 것입니다. 이것은 부모가 낳아 젖을 먹여 기르고 옷으로 장엄한 것으로서 항상 존재하는 것이 아니며 마멸磨滅하는 것입니다. 저는 이러한 사람을 바로 나라고 말합니다."

부처님께서 범지에게 말씀하셨다.

"그대는 4대·6입으로 이루어진 색신은 부모가 낳아 젖을 먹여 기르고 의복으로 장엄한 것으로서 무상하며 마멸하는 법이라고 말하고, 이런 사람이 바로 나라고 말했다. 범지여, '이것이 나이다'라는 말은 일단 그만두라. 다만 사람의 생각〔想〕이 생기고 사람의 생각이 멸하는 것이다."

범지가 여쭈었다.

"저는 '사람이 곧 나이다'라고 말하지 않습니다. 저는 욕계천欲界天이 곧 나라고 말합니다."

부처님께서 말씀하셨다.

"'욕계천이 곧 나이다'라는 말은 일단 그만두시오. 다만 사람의 생각이 생기고 사람의 생각이 멸하는 것이다."

범지가 여쭈었다.

"저는 '사람이 곧 나이다'라고 말하지 않습니다. 저는 색계천色界天이 곧 나라고 말합니다."

부처님께서 말씀하셨다.

"'색계천이 곧 나이다'라는 말은 일단 그만두시오. 다만 사람의 생각이 생기고 사람의 생각이 멸하는 것이다."

범지가 여쭈었다.

"저는 '사람이 곧 나이다'라고 말하지 않습니다. 저는 스스로 공처空處·식처識處·불용처不用處·유상무상처有想無想處·무색천無色天이 나라고 말합니다."

부처님께서 말씀하셨다.

"'공처·식처·불용처·유상무상처·무색천이 바로 나다'라는 말은 일단 그만두시오. 다만 사람의 생각이 생기고 사람의 생각이 멸하는 것이다."

범지가 부처님께 여쭈었다.

"어떻습니까? 구담이시여, 제가 어떻게 사람의 생각이 생기고 사람의 생각이 멸하는 것을 알 수 있겠습니까?"

부처님께서 범지에게 말씀하셨다.

"그대는 사람의 생각이 생기고 사람의 생각이 멸하는 것을 알고자 하지만 그것은 매우 어렵고 매우 어렵다. 무슨 까닭인가? 그대는 다른 소견〔見〕과 다른 습관〔習〕과 다른 인忍과 다른 수受로 다른 법을 의지하기 때문이다."

범지는 부처님께 여쭈었다.

"그렇습니다. 구담이시여, 저는 다른 소견과 다른 습관과 다른 인과 다른 수로 다른 법을 의지하기 때문에 사람의 생각이 생기고 사람의 생각이 멸하는 것을 알고자 하여도 그것은 매우 어렵고 매우 어렵습니다. 왜냐하면 저는 이런 견해들을 가지고 있기 때문입니다.

'나와 세간은 영원하다. 이것은 진실이며 다른 것은 거짓이다.'

'나와 세간은 무상無常하다. 이것은 진실이며 다른 것은 거짓이다.'

'나와 세간은 영원하기도 하고 무상하기도 하다. 이것은 진실이며 다른 것은 거짓이다.'

'나와 세간은 영원한 것도 아니며 무상한 것도 아니다. 이것은 진실이며 다른 것은 거짓이다.'

'나와 세간은 끝이 있다. 이것은 진실이며 다른 것은 거짓이다.'

'나와 세간은 끝이 없다. 이것은 진실이며 다른 것은 거짓이다.'

'나와 세간은 끝이 있기도 하고 끝이 없기도 하다. 이것은 진실이며 다른 것은 거짓이다.'

'나와 세간은 끝이 있는 것도 아니며 끝이 없는 것도 아니다. 이것은 진실이며 다른 것은 거짓이다.'

'이 목숨〔命〕이 곧 몸〔身〕이다. 이것은 진실이며 다른 것은 거짓이다.'

'목숨이 다르고 몸이 다르다. 이것은 진실이며 다른 것은 거짓이다.'

'몸과 목숨은 다른 것도 아니며, 다르지 않은 것도 아니다. 이것은 진실이며 다른 것은 거짓이다.'

'목숨도 없고 몸도 없다. 이것은 진실이며 다른 것은 거짓이다.'

'여래는 사라진다. 이것은 진실이며 다른 것은 거짓이다.'

'여래는 사라지지 않는다. 이것은 진실이며 다른 것은 거짓이다.'

'여래는 사라지기도 하고 사라지지 않기도 한다. 이것은 진실이며 다른 것은 거짓이다.'

'여래는 사라지는 것도 아니며 사라지지 않는 것도 아니다. 이것은 진실이며 다른 것은 거짓이다.'"

부처님께서 범지에게 말씀하셨다.

"'세간은 영원하다'거나 나아가 '여래는 사라지는 것도 아니며 사라지지 않는 것도 아니다'라고 나는 확언하지 않는다."

범지가 부처님께 여쭈었다.

"구담이시여, 왜 확언하지 않으십니까? '나와 세간은 영원하다'거나 나아가 '여래는 사라지는 것도 아니며 사라지지 않는 것도 아니다'라는 것에 이르기까지 다 확언하지 않으십니까?"

부처님께서 말씀하셨다.

"그것은 이치에 맞지 않고, 법에도 맞지 않는다. 그것은 범행梵行이 아니며, 무욕無欲이 아니며, 무위無爲가 아니며, 적멸寂滅이 아니며, 지식止息이 아니며, 정각正覺이 아니며, 사문이 아니며, 열반〔泥洹〕이 아니다. 그러므로 나는 확언하지 않는다."

범지가 또 여쭈었다.

"어떤 것이 이치에 맞고 법에 맞는 것이며, 어떤 것이 범행의 처음이고 어떤 것이 무위無爲이며, 어떤 것이 무욕無欲이고 어떤 것이 적멸寂滅이며, 어떤 것이 지식止息이고 어떤 것이 정각이며, 어떤 것이 사문이고 어떤 것이 열반이며, 어떤 것이 확언名記하는 것입니까?"

부처님께서 범지에게 말씀하셨다.

"나는 괴로움의 성스러운 진리〔苦諦〕·괴로움의 발생에 대한 진리〔苦集諦〕·괴로움의 소멸에 대한 진리〔苦滅諦〕·괴로움의 벗어남에 대한 진리〔苦出要諦〕를 확언한다. 왜냐하면 이것은 이치에 맞고 법에 맞으며 범행의 시초이고 무욕·무위·적멸·지식·정각·사문·열반이기 때문에 나는 확언하는 것이다."

세존께서는 범지를 위하여 설법하시고 가르쳐 보여 이롭고 기쁘게 하셨다. 그리고 곧 자리에서 일어나 떠나셨다. 부처님께서 떠나신 지 오래지 않아 다른 범지들이 포타바루 범지에게 말했다.

"그대는 왜 사문 구담의 말을 듣고 구담의 말마다 옳다고 인정하였는가? 구담이 말하기를 '나와 세간은 영원하다거나 나아가 여래는 사라지는 것도 아니며 사라지지 않는 것도 아니다라는 말들은 이치에 맞지 않기 때문에 나는 확언하지 않는다' 라고 하였는데, 너는 왜 그 말을 옳다고 인정하였는가? 우리는 사문 구담의 이러한 말을 옳다고 하지 않는다."

포타바루가 모든 범지들에게 대답했다.

"사문 구담은 '나와 세간은 영원하다거나 나아가 여래는 사라지는 것도 아니며 사라지지 않는 것도 아니다는 말에 이르기까지 그 말들은 이치에 맞지 않기 때문에 나는 확언하지 않는다'고 말씀하셨는데, 나도 이 말을 옳다고 인정하지는 않는다. 다만 저 사문 구담이 법에 의지하여 머무르고 법으로써 말하며 법으로써 출리出離하시니 내가 무슨 수로 이 지혜로운 말을 거역하겠는가? 사문 구담의 이렇게 미묘한 법의 말씀은 어길 수가 없는 것이다."

그 후 포타바루 범지는 또 다른 때에 상수사리불象首舍利弗과 함께 세존께 나아가 인사를 드린 뒤 한쪽에 앉았다. 상수사리불도 부처님께 예배하고 앉았다. 범지가 부처님께 여쭈었다.

"부처님께서 지난번 저의 숲에 계시다가 떠나신 지 오래지 않아 여러 다른 범지들이 저에게 이렇게 말했습니다.

'그대는 왜 사문 구담의 말을 듣고 말마다 옳다고 인정하였는가? 구담이 〈나와 세간은 영원하다거나 나아가 여래는 사라지는 것도 아니며 사라지지 않는 것도 아니다라는 말에 이르기까지 그 말들은 이치에 맞지 않기 때문에 나는 확언하지 않는다〉라고 했을 때 너는 왜 이 말을 옳다고 인정하였는가? 우리는 사문 구담의 이런 말은 옳지 않다고 생각한다.'

저는 그들에게 대답했습니다.

'사문 구담은 〈나와 세간은 영원하다거나 나아가 여래는 사라지는 것도 아니며 사라지지 않는 것도 아니다라는 말에 이르기까지 말들은 이치에 맞지 않기 때문에 확언하지 않는다〉라고 말했는데, 나도 또한 이 말을 옳다고 인정하지는 않는다. 다만 저 사문 구담께서 법에 의지하여 법에 머무르고 법으로써 말하며 법으로써 출리出離하시니 내가 무슨 수로 이 지혜로운 말을 어기겠는가? 사문 구담의 이렇게 미묘한 법의 말씀은 어길 수가 없다.'"

부처님께서 범지에게 말씀하셨다.

"다른 범지들이 '너는 왜 사문 구담의 말을 듣고 그것을 옳다고 인정했는가?'라고 말했다는데 이 말에는 잘못이 있다. 왜냐하면 내가 말하는 법에는 결정기決定記와 불결정기不決定記가 있기 때문이다. 어떤 것을 불결정기라고 하는가?

'나와 세간은 영원하다거나 나아가 여래는 사라지는 것도 아니며 사라지지 않는 것도 아니다 라는 말들이다.'

나도 이런 말을 설하나 확정지어 말하지는 않는다. 무엇 때문인가? 이것은 이치에도 맞지 않고 법에도 맞지 않으며 범행梵行의 처음도 아니며 무욕도 아니며, 무위도 아니며 적멸도 아니며, 지식도 아니며, 정각도 아니며, 사문도 아니며, 열반도 아니기 때문이다. 그러므로 범지여, 나도 비록 이런 말은 하지만 확정지어 말하지는 않는다. 어떤 것을 결정기라고 하는가? 나는 괴로움의 성스러운 진리〔苦諦〕·괴로움의 발생에 대한 진리〔苦集諦〕·괴로움의 소멸에 대한 진리〔苦滅諦〕·괴로움의 벗어남에 대한 진리〔苦出要諦〕를 확언합니다. 왜냐하면 그것은 법에도 맞고 이치에도 맞으며, 그것은 범행의 처음이고[13] 무욕·무위·적멸·지식·정각·사문·열반이기 때문이다. 그러므로 나는 설하고 확정지어 말한다.

범지여, 혹 어떤 사문 바라문은 일처세간一處世間[14]에 대하여 '한결같이 즐겁다'고 말한다. 나는 그에게 말했다.

'그대들은 분명히 일처세간은 한결같이 즐겁다고 말하였는가?'

그는 내게 '그렇다'고 대답했다. 나는 또 그에게 물었다.

'그대는 일처세간의 한결같은 즐거움을 보아서 아는가?'

그는 내게 '알지도 못하고 보지도 못했다'고 대답했다. 나는 또 그에게 물었다.

'일처세간 모든 하늘의 한결같은 즐거움을 그대는 본 적이 있는가?'

그는 내게 '알지도 못하고 보지도 못했다'고 대답했다. 나는 또 그에게 물었다.

'저 일처세간의 모든 하늘과 너는 함께 앉고 일어나며 서로 말하고 정진하며 선정〔定〕을 닦았는가?'

그는 '아니다'라고 대답했다. 나는 또 그에게 물었다.

---

13 고려대장경에는 이 다음에 "무정무기범지혹유사문바라문어일체세간無定無記梵志或有沙門婆羅門於一切世間" 18자가 있다. 그러나 의미가 적절하지 않으므로 송·원·명 3본에 의거하여 이 18자를 삭제하고 번역하였다.

14 일처(一處, ekanta)는 극락정토, 혹은 사후의 세계를 말한다.

'저 일처세간의 모든 하늘에서 한결같이 즐거워하는 자가 일찍이 너에게 와서 〈너는 소행이 순박하고 곧으니 마땅히 저 한결같이 즐거운 하늘에 태어날 것이다. 나도 소행이 순박하고 곧았기 때문에 저기에 태어나 즐거움을 받을 수 있었다〉라고 말한 적이 있는가?' 그는 내게 '없다'고 대답했다. 나는 또 그에게 물었다.

'너는 능히 네 몸에서 생각을 일으켜 신체가 구족하고 모든 근根을 빠짐없이 갖춘 다른 4대의 몸을 변화로 만들 수 있겠는가?'

그는 내게 '할 수 없다'고 대답했다.

어떤가? 범지여, 저 사문 바라문의 말을 성실하고 법에 맞는다고 하겠는가?"

범지가 부처님께 여쭈었다.

"그것은 성실하지도 않고 법다운 말도 아닙니다."

부처님께서 범지에게 말씀하셨다.

"이것은 마치 어떤 사람이 '나는 저 단정한 여인과 서로 정을 통했다'고 하면서 그 음녀를 칭찬하는 것과 같다.

다른 사람이 그에게 물었다.

'너는 그 여자를 아는가? 어디에 있는가? 동쪽·서쪽·남쪽·북쪽, 어디에 있는가?'

그는 대답했습니다.

'모른다.'

'너는 그 여자가 사는 토지·성읍·촌락을 아는가?'

'모른다.'

'너는 그 여자의 부모와 성명을 아는가?'

'모른다.'

'너는 그 여자가 찰리 종족의 여자인지 바라문·거사·수다라의 여

자인지 아는가?'

'모른다.'

'너는 그 여자가 키가 큰지 작은지, 뚱뚱한지 여위었는지, 피부가 검은지 흰지, 얼굴이 고운지 미운지를 아는가?'

'모른다.'

어떻습니까? 범지여, 이 사람의 말은 성실합니까?"

그는 대답했다.

"아닙니다."

"범지여, 저 사문 바라문도이와 같아서 성실하지 않다. 범지여, 그것은 마치 다음과 같다. 어떤 사람이 사다리를 빈 땅에 세울 때 다른 사람이 물었다.

'사다리를 세워 무엇 하려 하는가?'

그는 대답했다.

'나는 강당에 올라가려고 한다.'

'강당이 어디에 있는가?'

'모른다.'

어떤가? 범지여, 저 사다리를 세우는 사람이 어찌 허망하지 않겠는가?"

그는 대답했다.

"그렇습니다. 그는 진실로 허망합니다."

부처님께서 말씀하셨다.

"모든 사문 바라문도 그와 같아서 허망하고 진실이 없다."

부처님께서 포타바루에게 말씀하셨다.

그대는 말했다.

'나의 색신 4대大·6입入은 부모가 낳아 젖을 먹여 기르고 의복으

로 장엄한 것으로서 무상하고 마멸한다. 이것을 나〔我〕라고 한다.'

나는 이것을 염오染汚라 하고 청정淸淨이라 하며 득해得解라 한다. 그대는 혹 생각할 것이다.

'염오법은 멸할 수 없고 청정법은 생기게 할 수 없어 항상 괴로움 가운데 있다.'

그런 생각을 가지지 말라. 무슨 까닭인가? 염오법은 멸하여 다할 수 있고 청정법은 나게 할 수 있으며, 안락한 곳에 살면 환희하고 애락愛樂하며, 한마음으로 생각을 오로지 하면 지혜가 증광增廣하기 때문이다. 범지여, 나는 욕계천·색계천[15]·공처천·식처천·불용처천·유상무상처천을 염오라 말하고 또한 청정이라 말하며 또한 득해得解라 말한다. 그대는 혹 생각할 것이다.

'염오법은 멸할 수 없고 청정법은 생길 수 없어 항상 괴로움 가운데 있다.'

그런 생각은 하지 말라. 왜냐하면 염오법은 멸할 수 있고 깨끗한 법은 생기게 할 수 있으며, 안락한 곳에 살면 환희하고 애락하며, 한마음으로 생각을 오로지 하면 지혜가 증광하기 때문이다."

그때 상수사리불[16]이 부처님께 여쭈었다.

"세존이시여, 욕계欲界 사람의 몸으로 4대大와 제근諸根이 있을 때 또한 욕계천의 몸, 색계천의 몸, 공처·식처·불용처不用處·유상무상처천의 몸도 동시에 가질 수 있습니까? 세존이시여, 욕계천의 몸으로 있을 때 또한 4대와 모든 근이 있는 욕계 사람의 몸, 색계천의

---

15 고려대장경에는 '색계천色界天' 3자가 없다. 송·원·명 3본에 의거하여 보입하였다.

16 상수사리불(象首舍利弗, Citta Hatthisāriputta)은 질다사리불質多舍利弗이라고도 한다. 부처님을 따라 출가했다가 후에 환속하였고, 나중에 다시 출가해 아라한과를 증득하였다.

몸, 공처·식처·무소유처無所有處·유상무상처천의 몸도 동시에 가질 수 있는 것입니까? 세존이시여, 색계천의 몸으로 있을 때 또한 4대와 모든 근이 있는 욕계 사람의 몸, 색계천의 몸, 공처·식처·무소유처·유상무상처천의 몸도 동시에 가질 수 있는 것입니까? 나아가 유상무상처천의 몸으로 있을 때 4대와 모든 근이 있는 욕계 사람의 몸, 욕계천의 몸·색계천의 몸·공처·식처·무소유처천의 몸도 동시에 가질 수 있는 것입니까?"

부처님께서 상수사리불에게 말씀하셨다.

"만일 욕계 사람의 몸으로 4대와 모든 근이 있다면 그때엔 바로 4대와 모든 근만 있는 욕계 사람의 몸이 있을 뿐이지, 욕계천의 몸, 색계천의 몸과 공처·식처·무소유처·유상무상처천의 몸은 아니다. 그와 같이 나아가 유상무상처천의 몸이 있을 때에는 바로 유상무상처천의 몸이 있을 뿐 4대와 모든 근이 있는 욕계 사람의 몸, 욕계천의 몸, 색계천의 몸과 공처·식처·무소유처천의 몸은 없다.

상수象首여, 비유하면 우유와 같다. 우유가 변하여 낙酪이 되고 낙은 생소生酥가 되며 생소는 숙소熟酥가 되고 숙소는 제호醍醐가 되는데 제호가 제일이다. 상수여, 우유로 있을 때는 오직 우유라고 이름하지 낙이나 소나 제호라고 이름하지 않는다. 그와 같이 전전展轉하여 제호가 되었을 때 다만 제호라 이름하지 우유라고 이름하지 않고 낙이나 소라고도 이름하지 않는다. 상수여, 이것도 그와 같다. 만일 욕계 사람의 몸으로 4대와 모든 근이 있을 때에는 욕계천의 몸, 색계천의 몸, 나아가 유상무상처천의 몸은 없다. 이와 같이 전전하여 유상무상처천의 몸일 때에는 오직 유상무상처천의 몸이 있을 뿐 4대와 모든 근이 있는 욕계 사람의 몸, 욕계천의 몸, 색계천의 몸과 나아가 무소유처천의 몸은 없다. 상수여, 네 생각에는 어떠한가? 만일 어떤 사람이 너에게 이렇게 물었다고 하자.

'과거의 몸으로 있을 때 미래와 현재의 몸도 동시에 있느냐? 미래의 몸으로 있을 때 과거와 현재의 몸도 동시에 있느냐? 현재의 몸으로 있을 때 과거와 미래의 몸도 동시에 있느냐?'

만일 이렇게 묻는다면 너는 어떻게 대답할 것인가?"

상수가 여쭈었다.

"만일 그렇게 묻는 사람이 있으면 저는 마땅히 이렇게 대답하겠습니다.

'과거의 몸이 있을 때는 다만 이 과거의 몸뿐이며 미래나 현재의 몸은 없다. 미래의 몸이 있을 때는 다만 이 미래의 몸뿐이며 과거나 현재의 몸은 없다. 현재의 몸이 있을 때는 다만 이 현재의 몸뿐이며 과거나 미래의 몸은 없다.'"

"상수여, 이것도 그와 같다. 욕계 사람의 몸으로 4대와 모든 근이 있을 때에는 욕계천의 몸, 색계천의 몸, 나아가 유상무상처천의 몸은 없다. 이와 같이 전전하여 유상무상처천의 몸으로 있을 때에는 4대와 모든 근이 있는 욕계 사람의 몸과 욕계천의 몸, 색계천의 몸과 나아가 불용처천의 몸은 없다. 또 다음으로 상수여, 만일 어떤 사람이 너에게 이렇게 물었다고 하자.

'너는 일찍이 과거에 멸했던 적이 있는가? 미래에 마땅히 태어날 것인가? 지금 현재에 있는가?'

만일 이렇게 묻는다면 너는 마땅히 어떻게 대답할 것인가?"

상수가 부처님께 여쭈었다.

"만일 그렇게 묻는다면 저는 마땅히 이렇게 대답하겠습니다.

'나는 일찍이 과거에 멸했던 적이 있다. 없었던 것이 아니다. 미래에 마땅히 태어날 것이다. 태어날 수 없는 것이 아니다. 지금 현재에도 있다. 없는 것이 아니다.'"

부처님께서 말씀하셨다.

"상수여, 이것도 그와 같다. 욕계 사람의 몸으로 4대와 모든 근이 있을 때에는 욕계천의 몸과 나아가 유상무상천의 몸은 없다. 이와 같이 전전하여 유상무상천의 몸이 있을 때에는 4대와 모든 근이 있는 욕계 사람의 몸과 욕계천의 몸과 나아가 무소유처천의 몸은 없다."

그러자 상수가 부처님께 여쭈었다.

"세존이시여, 저는 이제 부처님께 귀의하고 법에 귀의하고 스님들께 귀의합니다. 제가 정법 가운데서 우바새가 되는 것을 허락해 주십시오. 지금부터 목숨을 마칠 때까지 살생하지 않고 도둑질하지 않으며 음탕하지 않고 속이지 않으며 술을 마시지 않겠습니다."

그때 포타바루 범지도 부처님께 여쭈었다.

"저도 집을 나와 부처님 법 가운데에서 계를 받을 수 있겠습니까?"

부처님께서 범지에게 말씀하셨다.

"만일 이학異學이 집을 나와 내 법 가운데서 도를 행하고자 한다면 우선 넉 달 동안 관찰하여 여러 사람의 뜻에 맞아야 한다. 그런 뒤에야 집을 나와 계를 받을 수 있다. 비록 이런 법이 있기는 하지만 이것도 사람을 보아 할 뿐입니다."

범지가 부처님께 여쭈었다.

"모든 이학이 집을 나와 부처님 법 가운데서 계를 받고자 한다면 우선 넉 달 동안 관찰하여 여러 사람의 뜻에 맞아야 하고, 그런 뒤에 집을 나와 계를 받을 수 있다고 하셨습니다. 그렇다면 저는 이제 능히 부처님 법 가운데서 4년 동안 저를 관찰하게 하고 여러 사람의 뜻에 맞도록 하겠습니다. 그런 뒤에 집을 나와 계를 받고자 합니다."

부처님께서 말씀하셨다.

"나는 아까 그대에게 비록 그런 법이 있다 하더라도 마땅히 그 사람을 보아서 한다고 말했습니다."

그 범지는 곧 집을 나와 정법 가운데서 계를 받았다. 그리하여 오래지 않아 견고한 믿음으로 범행을 깨끗이 닦아 현세에서 몸소 깨달음을 얻었다. 생사를 이미 다하고 할 일을 이미 다 마쳤으며 후생의 목숨을 받지 않게 되는 아라한이 되었다. 그때 포타바루는 부처님의 말씀을 듣고 기뻐하며 받들어 행하였다.

10. 노차경露遮經

이와 같이 나는 들었다.

어느 때 부처님께서 구살라국拘薩羅國에서 인간세계를 유행하시다가 큰 비구 대중 1,250명과 함께 계셨다.

부처님께서는 사라바제娑羅婆提[17] 바라문 마을의 북쪽에 있는 시사바尸舍婆숲으로 가셔서 거기서 머무르셨다.

그때 노차露遮라는 바라문이 사라숲[18] 속에 살고 있었다. 그 마을은 풍요로워 살기가 좋고 백성들이 번성하였다. 바사닉왕은 그 마을을 그 바라문에게 봉封해 주어 범분梵分으로 삼았다. 이 바라문은 7대를 내려오면서 부모가 올바르고 진실해서 남에게 업신여김이나 비방을 받지 않았다. 그는 이부異部의 3부部 경전을 외워 통달했고 온

---

17 고려대장경에는 바라바제婆羅婆提로 되어 있다. 여기에서는 송·명 2본에 의거하여 사라바제娑羅婆提, Sālavatikā로 고쳤다. 뒤에 나오는 사라娑羅도 마찬가지이다. 마을 이름이다.

18 팔리본에는 '사라바제 마을'로 되어 있다.

갖 경서를 다 잘 분별하였다. 또 대인大人의 관상법과 길흉을 점치고 제사 지내는 의식에도 능하였다.

그는 사문 구담이 석가 종족의 아들[釋種子]로서 집을 나와 도를 이룬 뒤 구살라국의 인간 세상을 유행하시다가 시사바숲 속에 머물고 계신데, 큰 명성이 천하에 두루 퍼졌고 여래·지진·등정각이라는 10호를 구족하였으며 모든 하늘·세상 사람·악마 혹은 악마의 하늘·사문 바라문의 무리들 가운데 스스로 증득하고 또 남을 위해 설법하시는데, 그 말은 처음과 중간과 마지막이 다 훌륭하고 의미를 구족하였으며 범행도 청정하다는 소문을 들었다.

'이와 같은 진인眞人은 마땅히 찾아가 뵈어야 한다. 나도 이제 찾아가 뵙는 것이 좋겠다.'

그때 바라문은 곧 마을에서 나와 시사바숲으로 가서 세존께 나아가 인사를 드린 뒤 한쪽에 앉았다. 부처님께서는 그를 위하여 설법하시고 가르쳐 보여 이롭게 해 주시고 기쁘게 해 주셨다. 바라문은 그 설법을 들은 뒤 부처님께 여쭈었다.

"원하건대, 세존과 모든 대중들께서는 내일 저의 공양 초대를 허락해 주십시오."

그러자 세존께서는 잠자코 그의 청을 받아 주셨다. 그 바라문은 부처님께서 잠자코 계시는 것을 보고 이미 허락하신 줄 알고 곧 자리에서 일어나 부처님을 돌고 거기서 떠나갔다. 그러나 부처님을 떠난 지 얼마 되지 않아 곧 나쁜 생각을 내었다.

'모든 사문 바라문은 착한 법을 많이 알고 깨쳐 이룬 것이 많다고 하더라도 남에게 말해서는 안 된다. 다만 자신만 알고 남을 위해 말하지 말아야 한다. 비유하면 그것은 어떤 사람이 낡은 감옥을 부순 뒤에 다시 새 감옥을 만드는 것과 같기 때문이다. 그것은 탐욕스럽고

악하며 착하지 못한 법일 뿐이다.'

바라문은 바라숲으로 돌아와 그 밤으로 온갖 요리와 음식을 준비하였다가 때가 되자 이발사에게 말했다.

"너는 시사바 숲 속에 가서 사문 구담께 '때가 되었으니, 마땅히 아십시오' 하고 내 말을 전하여라."

이발사는 명령을 받고 곧 부처님 처소로 나아가 세존의 발에 예배하고 여쭈었다.

"이제 때가 되었습니다. 마땅히 아십시오."

세존께서는 곧 옷을 입고 발우를 가지고 모든 제자 1,250명과 함께 바라숲으로 가셨다. 이발사는 세존을 모시고 가다가 오른팔을 드러내고 길게 꿇어앉아 두 손을 모아 합장하고 부처님께 여쭈었다.

"저 노차 바라문은 부처님을 떠난 지 얼마 되지 않아 나쁜 소견을 내어 말했습니다.

'모든 사문 바라문들은 착한 법을 많이 알고 깨쳐 이룬 것이 많다 해도 남에게 말해서는 안 된다. 다만 제 자신만 알고 남을 위하여 말하지 않아야 한다. 비유하면 그것은 어떤 사람이 오래되어 낡은 감옥을 부순 뒤에 다시 새 감옥을 만드는 것과 같기 때문이다. 그것은 탐욕스럽고 악하며 착하지 못한 법일 뿐이다.'

오직 원컨대 세존이시여, 그의 나쁜 소견을 없애주시기 바랍니다."

부처님께서 이발사에게 말씀하셨다.

"그것은 사소한 일이다. 깨우쳐 주기 쉬운 일이다."

세존께서는 바라문의 집에 이르러 자리에 앉으셨다. 그때 바라문은 여러 가지 맛있는 음식을 손수 권하면서 부처님과 스님들께 공양하였고 공양이 끝나자 발우를 거두고 손 씻을 물을 돌렸다. 그리고는 작은 평상을 가져와 부처님 앞에 앉았다.

부처님께서 노차에게 말씀하셨다.

"그대는 어젯밤 나를 떠난 지 얼마 되지 않아 나쁜 소견을 내어 모든 사문 바라문들은 착한 법을 많이 알고 깨쳐 이룬 것이 많다 해도 남에게 말해서는 안 된다고 하면서 심지어는 탐욕스럽고 악하며 착하지 않은 법이라고까지 말했다는데 진실로 그런 말을 했는가?"

노차가 대답했다.

"그렇습니다. 진실로 그런 일이 있었습니다."

부처님께서 노차에게 말씀하셨다.

"그대는 다시는 그런 나쁜 소견을 내지 말라. 왜냐하면 세상에는 스스로 경계해야 할 세 가지 스승〔師〕이 있기 때문이다. 어떤 것을 세 가지라고 하는가? 첫째는 수염과 머리를 깎고 세 가지 법의法衣를 입고 집을 나가 도를 닦아서 현재 세계에서 번뇌를 없앨 수 있고 또 더욱더 수행하여 상인上人의 법을 얻을 수 있는 사람이다. 그런데 현세에서 번뇌를 없애지 못하고 상인의 법도 얻지 못하며 자기의 업을 이루지도 못하고서 제자를 위하여 설법한다고 하자. 그 제자들은 그를 공경하고 받들어 섬기지는 않고 그저 그를 의지하여 함께 거처할 것이다. 노차여, 저 모든 제자들은 그 스승에게 이렇게 말할 것이다.

'스승께서 지금 수염과 머리를 깎고 세 가지 법의를 입고 집을 나와 도를 닦는 이라면 마땅히 현세에서 여러 번뇌를 없애고 또 상인의 훌륭한 법을 깨달았어야 할 것입니다. 그런데 이제 현세에서 번뇌를 없애지 못하고 상인의 훌륭한 법도 얻지 못하고 자기의 업도 이루지 못하고서 제자를 위하여 설법하니, 모든 제자들은 공경하여 받들어 섬기거나 공양하지 않고 다만 함께 의지하여 같이 거처할 뿐입니다.'"

부처님께 말씀하셨다.

"노차여, 그것은 마치 어떤 사람이 오래되어 낡은 감옥을 부수고 다시 새 감옥을 짓는 것과 같다. 이것을 탐욕에 흐려진 악법이라고 하니, 이것이 스스로 경계해야 할 첫 번째 스승이며, 이것을 현성계賢聖戒·율계律戒·의계儀戒·시계時戒라고 합니다."

또 노차에게 말씀하셨다.

"두 번째 스승이란 수염과 머리를 깎고 세 가지 법의를 입고 집을 나와 도를 닦는 이라면 현세에서 모든 번뇌를 없애고 더욱더 수행하여 상인의 법을 얻어야 할 것입니다. 그런데 현재에서 모든 번뇌를 없애지 못하고 비록 상인의 훌륭한 법을 다소 얻었다 하더라도 자신의 업을 이루지 못했으면서 제자를 위해 설법한다고 합시다. 그 모든 제자들은 그를 공경하여 받들어 섬기지 않고 그저 서로 의지해 함께 거처할 것입니다. 노차여, 저 모든 제자들은 그 스승에게 이렇게 말할 것입니다.

'스승께서 지금 수염과 머리를 깎고 세 가지 법의를 입고 집을 나와 도를 닦는 이라면 마땅히 현세에서 모든 번뇌를 없애고 상인의 법을 얻었어야 할 것입니다. 그런데 지금 현세에서 모든 번뇌를 없애지 못하고 비록 상인의 법을 다소 얻었다 하더라도 자신의 이익을 이루지 못했으면서 제자를 위하여 설법하십니다. 그래서 모든 제자로 하여금 공경하여 받들어 섬기거나 공양하지 않고, 그저 서로 의지하여 함께 거처할 뿐입니다.'

노차여, 이것은 마치 어떤 사람이 남의 뒤를 따라 가면서 손으로 남의 등을 어루만지는 것과 같습니다. 이것을 탐욕에 흐려진 악법이라 하나니, 이것이 스스로 경계해야 할 두 번째 스승입니다. 이것을 현성계·율계·의계·시계라고 합니다."

또 노차에게 말씀하셨다.

"세 번째 스승이란 수염과 머리를 깎고 세 가지 법의를 입고 집을 나와 도를 닦는 이라면 현세에서 모든 번뇌를 없애고 더 나아가 상인의 법을 얻었어야 할 것입니다. 그런데 현세에서 모든 번뇌를 없애지 못하고 비록 상인의 법을 다소 얻었다 하더라도 자신의 이익을 이루지 못했으면서 제자를 위해 설법하였고, 또 그 모든 제자들은 그를 공경하고 받들어 섬기며 그를 의지해 함께 산다고 합시다. 노차여, 그 모든 제자들은 그 스승에게 이렇게 말할 것입니다.

'스승께서 지금 수염과 머리를 깎고 세 가지 법의를 입고 집을 나와 도를 닦는 이라면 마땅히 현세에서 모든 번뇌를 없애고 상인의 법을 다소라도 얻었어야 합니다. 그런데 이제 현세에서 모든 번뇌를 없애지 못하고 비록 상인의 법을 다소 얻었다 하더라도 자신의 이익은 이루지 못했으면서 제자를 위하여 설법하였고, 또 모든 제자들은 공경하고 받들어 섬기며 함께 머물러 같이 살고 있습니다.'"

부처님께서 말씀하셨다.

노차여, 그것은 마치 어떤 사람이 자기 밭의 곡식은 내버리고 남의 밭에서 김을 매주는 것과 같습니다. 이것을 탐욕에 흐려진 악법이라 하나니, 이것이 스스로 경계해야 할 세 번째 스승입니다. 이것을 현성계·율계·의계·시계라고 합니다.

노차여, 오직 세존 한 분이 세상에 없었다면 사람들을 움직일 수 없었을 것입니다. 어떤 것이 그 한 분인가? 만일 여래·지진·등정각이 세상에 나타난다면 마침내 3명明을 얻어 무명을 없애고 지혜의 밝음이 생겨 모든 어둠을 없애며 큰 법의 광명을 내게 되리니, 이것이 이른바 누진지증漏盡智證입니다. 무슨 까닭인가? 그것은 정근精勤하고 전념하여 잊지 않으며 혼자 있기를 좋아하고 한적한 곳에 거처하면서 얻은 것이기 때문입니다. 노차여, 이것을 제일가는 세존께서 세상에 없었다면 사람들을 움직일 수 없었을 것이라는 겁니다.

노차여, 네 가지 사문과沙門果가 있습니다. 어떤 것이 그 네 가지인가? 수다원과須陀洹果 · 사다함과斯陀含果 · 아나함과阿那含果 · 아라한과阿羅漢果가 그것입니다. 어떻습니까? 노차여, 어떤 사람이 법을 들으면 마땅히 이 네 가지 사문과를 얻을 만한 사람이 있는데, 만일 어느 누가 가로막고 설법하지 말라고 말했다고 합시다. 만일 그 말대로 한다면 그 사람은 법을 들어 그 과위를 얻을 수 있겠습니까?"

그가 대답했다.

"얻을 수 없습니다."

또 물으셨다.

"만일 과위를 얻지 못한다면 그러고도 하늘에 태어날 수 있겠습니까?"

그가 대답했다.

"태어날 수 없습니다."

또 물으셨다.

"남의 설법을 막아 과위를 얻지 못하게 하고 하늘에 태어나지 못하게 한다면 그것을 착한 마음이라 하겠습니까, 착하지 못한 마음이라 하겠습니까?"

그가 대답했다.

"착하지 못한 것입니다."

또 물으셨다.

"착하지 못한 마음을 가진 이는 좋은 세계〔善趣〕에 태어나겠습니까, 나쁜 세계에 떨어지겠습니까?"

그가 대답했다.

"나쁜 세계에 떨어질 것입니다."

"노차여, 그것은 마치 어떤 사람이 바사닉왕波斯匿王에게 '왕의 소유인 국토와 그 안에 있는 재물을 왕이 모두 쓰고 남에게는 주지 마십시오'라고 말하는 것과 같습니다. 어떻습니까? 노차여, 만일 왕이 그 사람의 말대로 따른다면 다른 사람에게 공급해 주는 일을 끊는 것이 아니겠습니까?"

그가 대답했다.

"끊는 것입니다."

또 물으셨다.

"다른 사람에게 공급해 주는 일을 끊는 것은 착한 마음입니까, 착하지 못한 마음입니까?"

그가 대답했다.

"착하지 못한 마음입니다."

또 물으셨다.

"착하지 못한 마음을 가진 자는 좋은 세계에 태어나겠습니까, 나쁜 세계에 떨어지겠습니까?"

그가 대답했다.

"나쁜 세계에 떨어질 것입니다."

"노차여, 저것도 또한 이와 같습니다. 어떤 사람이 법을 들으면 마땅히 네 가지 사문과沙門果를 얻을 만한 사람이 있는데, 만일 어느 누가 설법하지 말라고 말했다고 합시다. 만일 그 사람의 말대로 따른다면 그는 법을 들어 과위를 얻을 수 있겠습니까?"

그가 대답했다.

"얻을 수 없습니다."

또 물으셨다.

"만일 과위를 얻지 못한다면 하늘에 태어날 수 있겠습니까?"

그가 대답했다.

"태어날 수 없습니다."

또 물으셨다.

"남의 설법을 막아 도과道果를 얻지 못하게 하고 하늘에 태어나지 못하게 한다면 그것은 착한 마음입니까, 착하지 못한 마음입니까?"

그가 대답했다.

"착하지 못한 마음입니다."

또 물으셨다.

"착하지 못한 마음을 가진 자는 좋은 세계에 나게 되겠습니까, 나쁜 세계에 떨어지게 되겠습니까?"

그가 대답했다.

"나쁜 세계에 떨어질 것입니다."

"노차여, 만일 어떤 사람이 그대에게 말하기를 '노차여, 봉토로 받은 저 사라바제 마을[19]에 있는 재물을 당신 혼자서만 쓰고 남에게는 주지 말라. 마땅히 제 자신만 쓸 것이지 남에게 주어 무엇 하려는가?'라고 하였다고 합시다. 노차여, 만일 그대가 그 말을 따른다면 그것은 다른 사람에게 공급하는 물질을 끊는 것이 아니겠습니까?"

그가 대답했다.

"당연히 끊는 것입니다."

또 물으셨다.

"사람을 시켜 남에게 공급하는 물질을 끊게 한다면 그것은 착한 마음입니까, 착하지 않은 마음입니까?"

그가 대답했다.

---

19 고려대장경에는 '파라바제波羅婆提'로 되어 있다. 여기에서는 송·원·명 3본에 의거하여 '사라바제娑羅婆提'로 바꾸었다.

"착하지 않은 마음입니다."

또 물으셨다.

"착하지 않은 마음을 가진 자가 좋은 세계에 태어나겠습니까, 나쁜 세계에 떨어지겠습니까?"

그가 대답했다.

"나쁜 세계에 떨어질 것입니다."

"노차여, 저것도 그와 같습니다. 법을 들으면 마땅히 네 가지 사문과를 얻을 만한 사람이 있는데, 만일 어떤 사람이 설법하지 말라고 말했다고 합시다. 만일 그 사람의 말을 따른다면 그는 법을 들어 과위를 얻을 수 있겠습니까?"

그가 대답했다.

"얻을 수 없습니다."

또 물으셨다.

"만일 과위를 얻지 못한다면 하늘에 태어날 수 있겠습니까?"

"태어날 수 없습니다."

또 물으셨다.

"남의 설법을 막아 과위를 얻지 못하게 하고 하늘에 태어나지 못하게 한다면 그것은 착한 마음입니까, 착하지 않은 마음입니까?"

그가 대답했다.

"착하지 않은 마음입니다."

또 물으셨다.

"착하지 않은 마음을 가진 자는 좋은 세계에 태어나겠습니까, 나쁜 세계에 떨어지겠습니까?"

그가 대답했다.

"나쁜 세계에 떨어질 것입니다."

노차 바라문이 부처님께 여쭈었다.

“저는 부처님께 귀의하고 법에 귀의하고 스님들에게 귀의합니다. 원컨대 제가 정법 가운데서 우바새가 되는 것을 허락해 주십시오. 저는 지금부터 목숨이 다할 때까지 살생하지 않고 도둑질하지 않으며 음탕하지 않고 속이지 않고 술을 마시지 않겠습니다.”

부처님께서 설법을 마치시자 노차 바라문은 부처님의 설법을 듣고 기뻐하며 받들어 행하였다

불설장아함경 제18권

〔제4분〕 ①

1. 세기경世紀經[1] ①

1) 염부제주품閻浮提洲品

이와 같이 나는 들었다.

어느 때 부처님께서 사위국 기수급고독원의 구리굴俱利窟[2]에서 큰 비구 대중 1,250명과 함께 계셨다.

그때 많은 비구들이 식사를 마친 뒤 강당에 모여 서로 이야기했다.

---

1 이 세기경은 「염부제주품」에서 「세본연품」까지 모두 12품으로 구성되어 있다. 이역본으로는 서진西晉 시대 법립法立과 법거法炬가 공역한 『대루탄경大樓炭經』, 수隋 시대 사나굴다闍那屈多 등이 한역한 『기세경起世經』, 수 시대 달마급다達摩笈多가 한역한 『기세인본경起世因本經』이 있다.

2 기원정사의 한 건축물의 이름. 화림굴花林窟이라고도 함. 팔리어로는 kareri- kutika라 하고 사향장미나무굴이라고도 한다.

"여러분, 이 일은 지금까지 없었던 일입니다. 지금 이 하늘과 땅〔天地 : 世界〕이 무슨 이유로 무너지고 무슨 이유로 이루어지며, 중생이 사는 국토는 어떤 것일까요?"

그때 세존께서 한적한 곳에서, 여러 비구들이 식사를 마친 뒤에 강당에 모여 이야기하는 것을 하늘 귀〔天耳〕로 또렷이 들으셨다. 세존께서는 고요한 굴에서 일어나 강당으로 나아가 앉으시더니, 아시면서도 일부러 비구들에게 물으셨다.

"그대들은 무슨 이야기를 하고 있었는가?"

비구들이 부처님께 여쭈었다.

"저희들은 식사 후에 강당에 모여서 이런 이야기를 했습니다.

'여러분, 이 일은 지금까지 없었던 일입니다. 지금 이 하늘과 땅은 무슨 이유로 무너지고 무슨 이유로 이루어지며, 중생이 사는 국토는 어떤 것일까요?'

저희들은 강당에 모여 이런 이야기를 하였습니다."

부처님께서 비구들에게 말씀하셨다.

"훌륭하고 훌륭하다. 무릇 집을 나온 사람은 두 가지 법法을 행해야 한다. 첫째는 현성賢聖들처럼 침묵하는 것이며, 둘째는 법을 강론하는 것이다. 너희들은 강당에 모여 있으면서 또한 이와 같이 현성들처럼 침묵을 지키든지 법을 강론해야 한다. 모든 비구들아, 너희들은 여래가 천지의 이루어짐과 무너짐, 그리고 중생들이 사는 국토에 대해서 말하는 것을 듣고자 하느냐?"

모든 비구들이 부처님께 여쭈었다.

"그렇습니다. 세존이시여, 지금이 바로 그때입니다. 듣기를 원합니다. 세존께서 말씀해 주시면 마땅히 받들어 지니겠습니다."

부처님께서 말씀하셨다.

"비구들아, 자세히 듣고 자세히 들어 잘 기억하라. 마땅히 너희들을 위하여 설명하겠다."

부처님께서 모든 비구들에게 말씀하셨다.

"하나의 해와 달이 4천하天下를 두루 돌면서 광명을 비추고 있는 것과 같은 그런 세계가 천千 개나 있다. 이 천 개의 세계는 천 개의 해와 달이 있고 천 개의 수미산왕(須彌山王 : 수미산이 가장 높은 산이라는 의미에서 王자를 붙였음)과 4천 개의 천하天下와 4천 개의 대천하大天下가 있고, 4천 개의 바닷물과 4천 개의 큰 바다가 있으며, 4천 마리의 용과 4천 마리의 큰 용이 있으며, 4천 마리의 금시조金翅鳥와 4천 마리의 큰 금시조가 있고, 4천 개의 악도惡道와 4천 개의 큰 악도가 있으며, 4천의 왕과 4천의 대왕이 있고, 7천 그루의 큰 나무, 8천 개의 큰 지옥, 1만 개의 큰 산, 천 명의 염라왕閻羅王, 천 명의 사천왕四天王, 천 개의 도리천, 천 개의 염마천焰摩天, 천 개의 도솔천, 천 개의 화자재천化自在天, 천 개의 타화자재천他化自在天, 천 개의 범천梵天이 있다. 이것을 소천세계小千世界라고 한다.

하나의 소천세계와 같은 그러한 세계가 천 개 있으면 이것을 중천세계中千世界라 하고, 하나의 중천세계와 같은 그러한 세계가 천 개 있으면 이것을 삼천대천세계三千大千世界라고 한다. 이와 같은 세계가 겹겹으로 둘려 있는데 생겼다 무너졌다 한다. 중생들이 사는 곳을 1불찰佛刹[3]이라고 이름한다."

부처님께서 비구들에게 말씀하셨다.

"이제 이 대지의 깊이는 16만 8천 유순由旬[4]이고, 그 가장자리는

---

3 범어로 buddha-kṣetra이고, 불토佛土 또는 불국佛國이라고 한다. 한 부처님이 교화하는 세계의 범위를 1불찰이라고 한다.

4 yojana. 인도의 거리 단위. 1유순은 우리나라의 30~40리에 해당한다.

끝이 없으며, 땅은 물에 머물러 있다. 물의 깊이는 3천 3십 유순이며, 그 변두리는 끝이 없으며, 물은 바람에 의지해 있다. 바람의 깊이는 6천 4십 유순이며, 그 가장자리는 끝이 없다.

비구들아, 그 큰 바닷물의 깊이는 8만 4천 유순이고 그 가장자리는 끝이 없다. 수미산왕은 바닷물 속에 들어간 부분이 8만 4천 유순이고, 바닷물 위에 나온 부분도 그 높이가 8만 4천 유순이며, 밑 부분은 땅에 닿아 있는데 대부분 단단한 지분地分으로 되어 있다. 그 산은 곧게 솟아올라 굽은 곳이 없다. 그곳엔 온갖 나무들이 자라고 있고 나무에서는 갖가지 향기를 내어 그 향기가 온 산에 가득하다. 거기에는 성현聖賢들이 많으며 매우 신령스럽고 묘한 하늘들도 머물러 살고 있다. 그 산의 밑 부분에는 순수한 금모래가 있고, 그 산의 네 면에는 네 개의 봉우리〔埵〕[5]가 솟아 있는데 높이는 7백 유순으로 일곱 가지 보배〔寶〕로 이루어졌으며, 네 개의 봉우리는 비스듬히 굽어져 바다에 닿아 있다.

또 수미산왕에는 7보로 만들어진 층계로 된 길이 있는데 아래 부분의 층계로 된 길의 너비는 60유순이다. 그 길의 양쪽에는 일곱 겹의 보배담장과 일곱 겹의 보배난간과 일곱 겹의 보배그물과 일곱 겹의 보배가로수가 있다. 금담장에는 은문, 은담장에는 금문, 수정담장에는 유리문, 유리담장에는 수정문, 붉은 구슬〔赤珠〕 담장에는 마노馬瑙문, 마노담장에는 붉은 구슬문, 자거車 담장에는 여러 가지 보배가 섞인 문이 있다. 그리고 난간을 살펴보면 금난간에는 은나무, 은난간에는 금나무, 수정난간에는 유리나무, 유리난간에는 수정나무, 붉은 구슬난간에는 마노나무, 마노난간에는 붉은 구슬나무, 자거

---

5 기둥 모양의 단단한 흙. 여기서는 보배로 이루어져 수미산 꼭대기에서 바다에 이르는 길고 아름다운 모습을 하고 있다.

난간에는 여러 가지 보배가 섞인 나무가 있다.

그 난간 위에는 보배 그물이 있는데, 금그물 밑에는 은방울을 달아 놓았고, 은그물 밑에는 금방울을 달아 놓았으며, 유리그물에는 수정방울을 달아 놓았고, 수정그물에는 유리방울을 달아 놓았으며, 붉은 구슬 그물에는 마노방울을 달아 놓았고, 마노그물에는 붉은 구슬방울을 달아 놓았으며, 자거그물에는 여러 가지 보배 방울을 달아 놓았다.

그 금나무에는 금뿌리에 금가지와 은잎 · 은꽃 · 은열매가 있고 은나무에는 은뿌리에 은가지와 금잎 · 금꽃 · 금열매가 있으며, 수정나무에는 수정뿌리와 수정가지에 유리꽃과 유리잎이고, 유리나무에는 유리뿌리와 유리가지에 수정꽃과 수정잎이다. 붉은 구슬나무에는 붉은 구슬뿌리와 붉은 구슬가지에 마노꽃과 마노잎이고 마노나무에는 마노뿌리와 마노가지에 붉은 구슬꽃과 잎이며, 자거나무에는 자거뿌리와 자거가지에 온갖 보배 꽃과 온갖 보배 잎이 있다.

그 일곱 겹 담장을 살펴보면 담장마다 네 개의 문이 있고 문에는 난간이 있다. 일곱 겹의 담장 위에는 모두 누각이 둘러있고 그 주위에는 동산숲과 목욕하는 연못이 있는데 온갖 보배 꽃이 피어 있고 잎이 돋아난 보배나무는 줄지어 서 있고 꽃과 열매가 무성하며, 향기로운 바람이 사방에서 일어나 사람들의 마음을 기쁘게 한다. 오리 · 기러기 · 원앙새 따위의 색다르고 기이한 수천 종의 새들은 서로 화답하며 지저귀고 있다.

또 수미산왕의 중턱에 있는 층계로 된 길의 너비는 40유순이고, 길 양 옆에는 일곱 겹의 보배담장과 일곱 겹의 보배난간, 일곱 겹의 보배그물, 일곱 겹의 보배가로수가 있고, 나아가 무수한 새들이 서로 화답하며 지저귀는 데까지의 모든 일들이 아래 층계로 된 길을 설명한 내용과 같다.

위에 있는 층계로 된 길은 그 너비가 20유순이고, 길 양 옆에는 일곱 겹의 보배담과 일곱 겹의 보배난간, 일곱 겹의 보배그물, 일곱 겹의 보배가로수가 있고, 나아가 무수한 새들이 서로 화답하며 지저귀는 데까지의 일들은 가운데에 있는 층계로 된 길을 설명한 내용과 같다."

부처님께서 비구들에게 말씀하셨다.

"그 아래 층계의 길에는 가루라伽樓羅라는 귀신이 살고 있고, 가운데 층계 길에는 지만持鬘이라는 귀신이 살고 있으며, 위 층계 길에는 희락喜樂이라는 귀신이 살고 있다. 그곳에는 네 개의 봉우리〔埵〕가 솟아나 있는데 높이는 4만 2천 유순이다.

사천대왕四天大王이 살고 있는 궁전에는 일곱 겹의 보배성과 일곱 겹의 보배난간, 일곱 겹의 보배그물, 일곱 겹의 보배가로수와 온갖 보배방울이 있고 나아가 무수한 새들이 서로 화답하며 지저귀는 데까지의 일들은 역시 위에서 설명한 것과 같다.

수미산 꼭대기에는 삼십삼천三十三天의 궁전이 있다. 이 궁전에는 일곱 겹의 보배성, 일곱 겹의 보배난간, 일곱 겹의 보배그물, 일곱 겹의 보배가로수가 있고 나아가 무수한 새들이 서로 화답하며 지저귀는 데까지의 일들은 역시 위에서 설명한 것과 같다.

삼십삼천을 지나 또 그만한 거리의 곱절을 가면 염마천焰摩天의 궁전이 있고, 염마천의 궁전을 지나 또 그만한 거리의 곱절을 가면 도솔천의 궁전이 있으며, 도솔천의 궁전을 지나 그만한 거리의 곱절을 가면 화자재천化自在天의 궁전이 있고, 화자재천의 궁전을 지나 그만한 거리의 곱절을 가면 타화자재천他化自在天의 궁전이 있으며, 타화자재천의 궁전을 지나 그만한 거리의 곱절을 가면 범가이천(梵加夷天 :

梵天의 궁전)[6]이 있다.

타화자재천과 범가이천의 중간에 마천魔天의 궁전이 있는데 가로와 세로가 각각 6천 유순이고, 궁전 담장은 일곱 겹이고, 보배난간, 보배그물, 보배가로수도 역시 일곱 겹이고, 나아가 무수한 새들이 화답하여 지저귀는 데까지의 일들도 그와 같다.

범가이천의 궁전을 지나 그만한 거리의 곱절을 가면 광음천光音天의 궁전이 있고, 광음천을 지나 그만한 거리의 곱절을 가면 변정천遍淨天의 궁전이 있고, 변정천을 지나 그만한 거리의 곱절을 가면 과실천果實天의 궁전이 있고, 과실천을 지나 그만한 거리의 곱절을 가면 무상천無想天의 궁전이 있고, 무상천을 지나 그만한 거리의 곱절을 가면 무조천無造天의 궁전이 있고, 무조천을 지나 그만한 거리의 곱절을 가면 무열천無熱天의 궁전이 있고, 무열천을 지나 그만한 거리의 곱절을 가면 선견천善見天의 궁전이 있고, 선견천을 지나 그만한 거리의 곱절을 가면 대선견천大善見天의 궁전이 있고, 대선견천을 지나 그만한 거리의 곱절을 가면 색구경천色究竟天의 궁전이 있다.

색구경천을 지나 그만한 거리의 곱절을 가면 공처지천(空處智天：空無邊處天)·식처지천(識處智天：識無邊處天)·무소유처지천(無所有處智天：無所有處天)·유상무상처지천(有想無想處智天：非想非非想處天)이 있다. 이와 같은 것들을 통틀어 중생이 사는 경계〔衆生邊際〕이며, 중생이 사는 세계라고 이름한다. 일체 중생의 나고·병들고·늙고·죽고, 음陰을 받고 유有를 받는 것이 모두 여기에서 벗어나지 않는다."

부처님께서 비구들에게 말씀하셨다.

---

6 팔리어로는 Brahma kāyika-bhavana이고, 정신淨身으로 한역한다. 색계 초선천初禪天의 통칭이다.

"수미산 북쪽에 천하가 있으니 울단왈鬱單曰[7]이라고 하는 세계이다. 그 땅은 네모반듯하고 가로와 세로가 각각 1만 유순이며, 사람의 얼굴도 그 땅의 형상을 닮아 네모나다.

수미산 동쪽에 천하가 있으니 불우체弗于逮[8]라고 하는 세계이다. 그 땅은 둥글고 가로와 세로가 각각 9천 유순이며, 사람의 얼굴도 그 땅의 형상을 닮아 둥글다.

수미산 서쪽에 천하가 있으니 구야니俱耶尼[9]라고 하는 세계이다. 그 땅의 모양은 반달과 같고 가로와 세로가 각각 8천 유순이며, 사람의 얼굴도 그 땅의 형상을 닮아 반달과 같다.

수미산 남쪽에 천하가 있으니 염부제閻浮提[10]라고 하는 세계이다. 그 땅은 남쪽은 좁고 북쪽은 넓으며 가로와 세로가 각각 7천 유순이다. 그곳 사람의 얼굴도 이 땅의 형상을 닮아 그러하다.

수미산 북쪽 하늘에는 금으로 된 빛이 북쪽을 비추고, 수미산 동쪽 하늘에는 은으로 된 빛이 동쪽을 비추며, 수미산 서쪽 하늘에는 수정으로 된 빛이 서쪽을 비추고 수미산 남쪽 하늘에는 유리로 된 빛이 남쪽을 비춘다.

울단왈에는 암바라菴婆羅라고 하는 큰 나무왕이 있는데, 그 나무의 둘레는 7유순이고 높이는 백 유순이며, 가지와 잎은 사방으로 50유순이나 퍼져 있다. 불우체에도 가람부加藍浮라고 하는 큰 나무왕이 있는데, 둘레는 7유순이고, 높이는 백 유순이며, 가지와 잎은 사방으로 50유순이나 퍼져 있다. 구야니에도 근제斤提라고 하는 큰 나무

---

7 팔리어로는 uttarakuru. 승처勝處라고 한역하며, 북쪽에 있으므로 북구로주北俱盧洲라고도 한다.

8 팔리어로는 pubbavideha. 동쪽에 있으므로 동신승주東身勝洲라고 한다.

9 팔리어로는 goyaniya. 서쪽에 있으므로 서우화주西牛貨洲라고 한다.

10 jambudvipa이며, 남쪽에 있으므로 남섬부주南贍部洲라고 한다.

왕이 있는데, 둘레는 7유순이고, 높이는 백 유순이며, 가지와 잎은 사방으로 50유순이나 퍼져 있다. 또 그 나무 밑에는 석우당石牛幢이 있는데, 그 높이는 1유순이나 된다. 염부제에도 염부제라고 하는 큰 나무왕이 있는데, 그 나무의 둘레는 7유순이고 높이는 백 유순이며, 가지와 잎은 사방으로 50유순이나 퍼져 있다.

금시조왕과 용왕에게는 구리섬바라俱利睒婆羅라고 하는 나무가 있는데, 이 나무의 둘레는 7유순이고 높이는 백 유순이며, 가지와 잎은 사방으로 50유순이나 퍼져 있다. 아수라왕에게도 선화善畫라고 하는 나무가 있는데, 이 나무의 둘레는 7유순이고, 높이는 백 유순이며, 가지와 잎은 사방으로 50유순이나 퍼져 있다.

도리천에도 화도畫度라고 하는 나무가 있는데, 이 나무의 둘레는 7유순이고, 높이는 백 유순이며, 가지와 잎은 사방으로 50유순이나 퍼져 있다.

수미산 변두리에 가타라伽陀羅라는 산이 있는데 높이는 4만 2천 유순이고, 가로와 세로도 각각 4만 2천 유순이며, 그 산 변두리는 넓고 멀며, 여러 가지 색깔이 섞인 일곱 가지 보배로 이루어져 있다. 그 산은 수미산에서 8만 4천 유순쯤 떨어져 있고, 그 사이에는 순수한 우발라꽃〔優鉢羅花：utpala. 靑蓮花〕·발두마꽃〔鉢頭摩花：padma, 紅蓮花〕·구물두꽃〔俱物頭花：kumuda , 黃蓮花〕·분타리꽃〔分陀利花：pundarika, 白蓮花〕만이 피어 있으며, 갈대와 소나무와 대나무가 무더기로 우거져 있다. 꽃들은 온갖 향기를 뿜어 그 향기가 두루 가득하다.

가타라佉陀羅산에서 멀지 않은 곳에 이사타라伊沙陀羅라는 산이 있는데, 높이는 2만 1천 유순이고, 가로와 세로도 각각 2만 1천 유순이다. 그 변두리는 넓고 멀며, 여러 가지 색깔이 섞인 일곱 가지 보배로 이루어졌다. 거타라산과의 거리는 4만 2천 유순이고 그 사이에는 순수한 우발라꽃·발두마꽃·구물두꽃·분타리꽃만이 피어 있고, 갈대와 소나무와 대나무들이 무더기로 우거져 있다. 꽃들은 온갖 향기를 뿜어 그 향기가 두루 가득하다.

이사타라산에서 멀지 않은 곳에 수거타라樹巨陀羅라는 산이 있는데, 높이는 1만 2천 유순이고, 가로와 세로도 각각 1만 2천 유순이다. 그 산 변두리는 넓고 멀며, 여러 가지 색깔이 섞인 일곱 가지 보배로 이루어졌다. 이사타라산과의 거리는 2만 1천 유순이고 그 사이에는 순수한 네 종류의 꽃만이 피어 있고, 갈대와 소나무와 대나무들이 무더기로 우거져 있다. 꽃들은 온갖 향기를 뿜어 그 향기가 두루 가득하다.

수가타라산에서 멀지 않은 곳에 선견善見이라는 산이 있는데, 높이는 6천 유순이고, 가로와 세로도 각각 6천 유순이다. 그 산 변두리는 넓고 멀며, 여러 가지 색깔이 섞인 일곱 가지 보배로 이루어졌다. 수가타라산과의 거리는 1만 2천 유순이고, 그 사이에는 순수한 네 종류의 꽃만이 피어 있으며, 갈대와 소나무와 대나무들이 무더기로 우거져 있다. 꽃들은 온갖 향기를 뿜어 그 향기가 두루 가득하다.

선견산에서 멀지 않은 곳에 마식산馬食山이라는 산이 있는데, 높이는 3천 유순이고 가로와 세로도 각각 3천 유순이다. 그 산 변두리는 넓고 멀며, 여러 가지 색깔이 섞인 일곱 가지 보배로 이루어졌다. 선견산과의 거리는 6천 유순이고 그 사이에는 순수한 네 종류의 꽃만이 피어 있고, 갈대와 소나무와 대나무들이 무더기로 우거져 있다. 꽃들은 온갖 향기를 뿜어 그 향기가 두루 가득하다.

마식산에서 멀지 않은 곳에 니민타라尼民陀羅라는 산이 있는데, 높이는 1천 2백 유순이고, 가로와 세로도 각각 1천 2백 유순이다. 그

산 변두리는 넓고 멀며, 여러 가지 색깔이 섞인 일곱 가지 보배로 이루어졌다. 마식산과의 거리는 3천 유순이고 그 사이에는 순수한 네 종류의 꽃만이 피어 있고, 갈대와 소나무와 대나무들이 무더기로 우거져 있다. 꽃들은 온갖 향기를 뿜어 그 향기가 두루 가득하다.

니민타라산에서 멀지 않은 곳에 조복調伏이라는 산이 있는데, 높이는 6백 유순이고, 가로와 세로도 각각 6백 유순이다. 그 산 변두리는 넓고 멀며, 여러 가지 색깔이 섞인 일곱 가지 보배로 이루어졌다. 니민타라산과의 거리는 1천 2백 유순이고 그 사이에는 순수한 네 종류의 꽃만이 피어 있고, 갈대와 소나무와 대나무들이 무더기로 우거져 있다. 꽃들은 온갖 향기를 뿜어 그 향기가 두루 가득하다.

조복산에서 멀지 않은 곳에 금강위金剛圍라는 산이 있다. 높이는 3백 유순이고 가로와 세로도 각각 3백 유순이다. 그 산 변두리는 넓고 멀며, 여러 가지 색깔이 섞인 일곱 가지 보배로 이루어졌다. 조복산과의 거리는 6백 유순이고 그 사이에는 순수한 네 종류의 꽃만이 피어 있고, 갈대와 소나무와 대나무들이 무더기로 우거져 있다. 꽃들은 온갖 향기를 뿜어 그 향기가 두루 가득하다.

금강산에서 멀지 않은 곳에 큰 바닷물이 있다. 그 바닷물의 북쪽 언덕에 큰 나무왕이 있는데, 염부閻浮라고 이름한다. 그 나무의 둘레는 7유순이고 높이는 백 유순이며, 가지와 잎은 사방으로 50유순이나 퍼져 있다.

그 주변 빈 땅에 또 큰 숲〔叢林〕들이 있으니, 이 숲의 이름은 암바라菴婆羅이며 가로와 세로가 각각 50유순이나 된다. 다시 또 큰 숲이 있으니, 이 숲의 이름은 염바閻婆이며 가로와 세로가 각각 50유순이나 된다. 다시 또 큰 숲이 있으니, 이 숲의 이름은 바라婆羅이며 가로와 세로가 각각 50유순이나 된다. 다시 또 큰 숲이 있으니, 이 숲의 이름은 다라多羅이며 가로와 세로가 각각 50유순이나 된다. 다시 또 큰 숲이 있으니, 이 숲의 이름은 나다라那多羅이며 가로와 세로가 각각 50유순이나 된다. 다시 또 큰 숲이 있으니, 이 숲의 이름은 위남爲男이며 가로와 세로가 각각 50유순이나 된다. 다시 또 큰 숲이 있으니, 이 숲의 이름은 위녀爲女이며 가로와 세로가 각각 50유순이나 된다. 다시 또 큰 숲이 있으니, 이 숲의 이름은 남녀男女이며 가로와 세로가 각각 50유순이나 된다. 다시 또 큰 숲이 있으니, 이 숲의 이름은 산나散那이며 가로와 세로가 각각 50유순이나 된다. 다시 또 큰 숲이 있으니, 이 숲의 이름은 전단栴檀이며 가로와 세로가 각각 50유순이나 된다. 다시 또 큰 숲이 있으니, 이 숲의 이름은 거수라佉詶羅이며 가로와 세로가 각각 50유순이나 된다. 다시 또 큰 숲이 있으니, 이 숲의 이름은 파내바라波榛婆羅이며 가로와 세로가 각각 50유순이나 된다. 따라서 또 큰 숲이 있으니, 이 숲의 이름은 비라毘羅이며 가로와 세로가 각각 50유순이나 된다. 다시 또 큰 숲이 있으니, 이 숲의 이름은 향내香榛이며 가로와 세로가 각각 50유순이나 된다. 다시 또 큰 숲이 있으니, 이 숲의 이름은 위리爲梨이며 가로와 세로가 각각 50유순이나 된다. 다시 또 큰 숲이 있으니, 이 숲의 이름은 안석류安石留이며 가로와 세로가 각각 50유순이나 된다. 다시 또 큰 숲이 있으니, 이 숲의 이름은 위감爲甘이며 가로와 세로가 각각 50유순이나 된다. 다시 또 큰 숲이 있으니, 이 숲의 이름은 하리륵呵梨勒이며 가로와 세로가 각각 50유순이나 된다. 다시 또 큰 숲이 있으니, 이 숲의 이름은 비혜륵毘醯勒이며 가로와 세로가 각각 50유순이나 된다. 다시 또 큰 숲이 있으니, 이 숲의 이름은 아마륵阿摩勒이며 가로와 세로가 각각 50유순이나 된다. 다시 또 큰 숲이 있으니, 이 숲의 이름은 아마리阿摩犁이며 가로와 세로가 각각 50유순이나 된다.

다시 또 큰 숲이 있으니, 이 숲의 이름은 내㮈이며 가로와 세로가 각각 50유순이나 된다. 다시 또 큰 숲이 있으니, 이 숲의 이름은 감자甘蔗이며 가로와 세로가 각각 50유순이나 된다. 다시 또 큰 숲이 있으니, 이 숲의 이름은 위葦이며 가로와 세로가 각각 50유순이나 된다. 다시 또 큰 숲이 있으니, 이 숲의 이름은 죽竹이며 가로와 세로가 각각 50유순이나 된다. 다시 또 큰 숲이 있으니, 이 숲의 이름은 사라舍羅이며 가로와 세로가 각각 50유순이나 된다. 다시 또 큰 숲이 있으니, 이 숲의 이름은 사라업舍羅業이며 가로와 세로가 각각 50유순이나 된다. 다시 또 큰 숲이 있으니, 이 숲의 이름은 모과〔木瓜〕이며 가로와 세로가 각각 50유순이나 된다. 다시 또 큰 숲이 있으니, 이 숲의 이름은 대모과〔大木瓜〕이며 가로와 세로가 각각 50유순이나 된다. 다시 또 큰 숲이 있으니, 이 숲의 이름은 해탈화解脫華이며 가로와 세로가 각각 50유순이나 된다. 다시 또 큰 숲이 있으니, 이 숲의 이름은 첨바瞻婆이며 가로와 세로가 각각 50유순이나 된다. 다시 또 큰 숲이 있으니, 이 숲의 이름은 바라라婆羅羅이며 가로와 세로가 각각 50유순이나 된다. 다시 또 큰 숲이 있으니, 이 숲의 이름은 수마나修摩那이며 가로와 세로가 각각 50유순이나 된다. 다시 또 큰 숲이 있으니, 이 숲의 이름은 바사婆師이며 가로와 세로가 각각 50유순이나 된다. 다시 또 큰 숲이 있으니, 이 숲의 이름은 다라리多羅梨이며 가로와 세로가 각각 50유순이나 된다. 다시 또 큰 숲이 있으니, 이 숲의 이름은 가야伽耶이며 가로와 세로가 각각 50유순이나 된다. 다시 또 큰 숲이 있으니, 이 숲의 이름은 포도葡萄라고 하는데, 가로와 세로가 각각 50유순이다.

이곳을 지나면 빈 땅이 나오고 그 빈 땅 가운데 다시 꽃못〔花池〕이 있는데, 가로와 세로가 각각 50유순이다. 다시 발두마못・구물두못·분타리못이 있는데, 그 속에는 독사가 우글거리며 가로와 세로는 각각 50유순이다.

이곳을 지나면 빈 땅이 나오고 또 그 빈 땅 가운데에는 울선나鬱禪那라고 하는 큰 바닷물이 있다. 이 물 밑에는 전륜성왕의 길이 있는데 그 너비는 12유순이다. 길 양쪽에는 일곱 겹의 담장, 일곱 겹의 난간, 일곱 겹의 그물, 일곱 겹의 가로수가 있는데, 모두 일곱 가지 보배로 장식되어 있다. 염부제 땅에 전륜성왕이 나올 때에는 물이 저절로 없어지고 평탄한 길이 나타난다.

바다에서 멀지 않은 곳에 울선鬱禪이라는 산이 있다. 그 산은 단엄端嚴하고 나무가 무성하며 꽃과 열매가 풍성하고 온갖 향기를 두루 풍기며, 그곳에는 또 온갖 신기한 동물과 새들이 있다.

울선산에서 멀지 않은 곳에 금벽金壁이라는 산이 있는데 거기에는 8만 개의 바위굴이 있고, 8만 마리의 코끼리왕이 이 굴 속에 살고 있다. 그 몸은 하얗고 머리는 잡색이며 입에는 여섯 개의 어금니가 있고 이빨 사이는 금으로 메워져 있다.

금벽산을 지나면 설산雪山이라는 산이 있는데, 이 산의 가로와 세로는 각각 5백 유순이고 깊이도 5백 유순이며, 동쪽과 서쪽은 바다로 들어가 있다. 설산 중간에는 보배산이 있는데, 그 산의 높이는 20유순이다. 설산의 봉우리〔埵〕는 그 높이가 백 유순이며, 그 산 꼭대기에는 가로와 세로가 각각 50유순인 아녹달阿耨達못이 있는데 가로와 세로가 각각 50유순이며, 그 물은 맑고 시원하고 더러움이란 찾아볼 수 없이 깨끗하다. 그 주위에는 일곱 가지 보배로 만든 섬돌과 일곱 겹의 보배난간, 일곱 겹의 보배그물, 일곱 겹의 보배가로수가 있는데 이것들은 온갖 빛깔의 일곱 가지 보배로 이루어졌다.

금난간에는 은나무, 은난간에는 금나무, 유리난간에는 수정나무,

수정난간에는 유리나무, 붉은 구슬난간에는 마노나무, 마노난간에는 붉은 구슬나무, 자거車渠난간에는 여러 가지 보배로 된 나무가 있다. 금그물에는 은방울, 은그물에는 금방울, 유리그물에는 수정방울, 수정그물에는 유리방울, 자거그물에는 칠보방울이 달려 있다. 금다라金多羅나무는 금뿌리와 금가지에 은잎, 은열매이며, 은다라나무는 은뿌리와 은가지에 금잎, 금열매이다. 수정나무는 수정뿌리와 수정가지에 유리꽃, 유리열매이고, 붉은 구슬나무는 붉은 구슬뿌리와 붉은 구슬가지에 마노잎, 마노꽃, 마노열매이다. 자거나무는 자거뿌리와 자거가지에 온갖 보배의 꽃과 열매가 달려 있다.

아뇩달못 가에는 동산숲과 목욕하는 연못이 있고, 온갖 꽃이 무더기로 피어 있으며 갖가지 나무의 잎과 꽃과 열매가 무성하다. 갖가지 향기가 바람에 날려 사방으로 퍼지고, 갖가지 이상한 새들이 서로 소리 맞추어 구슬프게 지저귄다.

아뇩달못 밑에는 금모래가 가득하다. 그 못 사방에는 모두 계단이 있는데 금가름대가 있는 곳에는 은계단, 은가름대가 있는 곳에는 금계단, 유리가름대가 있는 곳에는 수정계단, 수정가름대가 있는 곳에는 유리계단, 붉은 구슬가름대가 있는 곳에는 마노계단, 마노가름대가 있는 곳에는 붉은 구슬계단, 자거가름대가 있는 곳에는 온갖 보배로 이루어진 계단이 있다. 못 둘레는 보배난간이 에워싸고, 파란색·노란색·붉은색·흰색의 꽃이 피어 있으며, 여러 가지 색의 꽃이 사이사이에 섞여 있다. 꽃은 수레바퀴만 하고 뿌리는 수레 바퀴통만 하며, 꽃뿌리에서 나오는 즙은 젖과 같이 희고 꿀과 같이 달다.

아뇩달못 동쪽에는 항가강〔恒伽河 : 항하〕이 있는데, 소의 모습을 한 어구〔牛口〕에서 나와 5백 개의 강물〔河水〕을 합쳐서 동해로 들어간다. 아뇩달못 남쪽에는 신두강〔新頭河〕이 있는데, 사자 모습을 한 어구〔師子口〕에서 나와 5백 강물을 합쳐서 남해로 들어간다. 아뇩달못 서쪽에는 바차강〔婆叉河〕이 있는데, 말의 모습을 한 어구〔馬口〕에서 나와 5백 강물을 합쳐서 서해로 들어간다. 아뇩달못 북쪽에는 사타강〔斯陀河〕이 있는데, 코끼리 모습을 한 어구〔象口〕에서 나와 5백 물을 합쳐서 북해로 들어간다. 아뇩달 궁중에는 다섯 개의 기둥으로 된 집이 있는데 아뇩달용왕은 항상 그 속에서 산다."

부처님께서 말씀하셨다.

"무엇 때문에 아뇩달이라고 하며 아뇩달이란 무슨 뜻인가? 이 염부제에 있는 용왕은 모두 세 가지 근심〔患〕이 있지만 오직 아뇩달 용왕만은 세 가지 근심이 없다. 어떤 것이 세 가지인가?

첫째는 염부제에 있는 모든 용은 다 뜨거운 바람과 뜨거운 모래가 몸에 닿아 가죽과 살을 태우고, 또 골수를 태우므로 괴로워하고 번민한다. 그러나 오직 아뇩달용왕만은 이런 근심이 없다. 둘째는 염부제에 있는 모든 용궁은 모진 바람이 사납게 일어나 그 궁 안으로 불어오면 보배로 만든 옷이 벗겨져 용의 몸이 드러남으로써 괴로워하고 번민한다. 그러나 오직 아뇩달용왕만은 이런 근심이 없다. 셋째는 염부제에 있는 모든 용왕이 각각 궁중에서 서로 놀고 있을 때 큰 금시조金翅鳥가 궁중에 들어와 용왕들을 덮치기도 하고, 혹은 처음 태어날 때 방편으로 용을 잡아먹으려 하기 때문에 모든 용은 겁내고 두려워하여 항상 심한 괴로움〔熱惱〕을 겪는다. 그러나 오직 아뇩달용왕만은 이런 근심이 없다. 만일 금시조가 거기에 머물려는 생각을 내면 곧 목숨이 끊어진다. 그러므로 아뇩달〔아뇩달은 진秦나라 말로는 무열뇌無熱惱이다.〕이라고 한다."

부처님께서 비구들에게 말씀하셨다.

"설산의 오른쪽에 비사리毘舍離라는 성이 있고, 그 성 북쪽에는 일곱 개의 흑산黑山이 있으며, 일곱 흑산 북쪽에는 향산香山이 있다. 그 산에는 항상 춤과 노래와 음악 소리가 그치지 않는다. 그 산에는 두 개의 굴이 있는데 하나는 주晝라 하고, 다른 하나는 선주善晝라 한다. 하늘의 일곱 가지 보배로 되어 있고 부드럽고 촉촉하고 향기롭고 깨끗하여 마치 하늘옷과 같다. 묘한 음성을 가진 건달바왕이 5백 건달바를 데리고 그 속에 살고 있다.

주굴晝窟과 선주굴善晝窟 북쪽에는 사라나무왕〔娑羅樹王〕이 있는데 그 나무의 이름을 선주善住라 하며, 8천 나무왕들이 네 면을 둘러싸고 있다.

선주나무왕 밑에는 코끼리왕이 있는데 역시 선주善住라고 이름한다. 그 코끼리는 이 나무 밑에서 살고 있는데 그 머리는 붉은 빛깔이고 여러 가지 색깔의 털이 섞여 있으며, 여섯 개의 어금니는 가늘고 가지런하며 그 이빨 사이는 금으로 채워져 있다. 8천 마리의 코끼리가 항상 그를 둘러싸고 따라 다닌다. 그 8천 마리의 나무왕 밑에도 8천 마리의 코끼리가 있는데 또한 그와 같다.

선주나무왕의 북쪽에는 마타연摩陀延이라는 목욕하는 큰 연못이 있다. 그 연못의 가로와 세로는 각각 50유순이고, 8천 개의 목욕 못에 둘러싸여 있다. 그 물은 맑고 시원하며 티끌과 더러운 것이 전혀 없다. 일곱 가지 보배로 된 해자가 그 성을 둘러싸고 있다. 못 둘레에는 일곱 겹의 난간, 일곱 겹의 그물, 일곱 겹의 가로수가 있는데 모두 일곱 가지 보배로 되어 있다. 금난간에는 은가름대, 은난간에는 금가름대, 수정난간에는 유리가름대, 유리난간에는 수정가름대, 붉은 구슬난간에는 마노가름대, 마노난간에는 붉은 구슬가름대, 자거난간에는 여러 가지 보배로 된 가름대를 대었다. 또한 금그물 밑에는 은방울이 달렸고, 은그물 밑에는 금방울이 달렸으며, 수정그물에는 유리방울이 달렸고, 유리그물에는 수정방울이 달렸다. 붉은 구슬그물에는 마노방울이 달렸고, 마노그물에는 붉은 구슬방울이 달렸으며, 자거그물에는 여러 가지 보배로 된 방울이 달렸다.

금나무는 금뿌리·금가지에 은잎·은꽃·은열매이고, 은나무는 은뿌리·은가지에 금잎·금꽃·금열매이다. 수정나무는 수정뿌리·수정가지에 유리꽃·유리열매이고, 유리나무는 유리뿌리·유리가지에 수정꽃·수정열매이다. 붉은 구슬나무는 붉은 구슬뿌리·붉은 진주가지에 마노꽃·마노열매이고, 마노나무는 마노뿌리·마노가지에 붉은 구슬꽃·붉은 진주열매이다. 자거나무는 자거뿌리·자거가지에 여러 보배로 된 꽃과 열매이다.

또 그 못 바닥에는 금모래가 깔려 있고 못 둘레에는 일곱 가지 보배로 만들어진 계단 길이 있다. 금계단은 은디딤돌〔蹬〕이고, 은계단은 금디딤돌이며, 수정계단은 유리디딤돌, 유리계단은 수정디딤돌이다. 붉은 구슬계단은 마노디딤돌, 마노계단은 붉은 구슬디딤돌이며, 자거계단은 여러 가지 보배로 된 디딤돌이다. 계단 양쪽에는 보배난간이 있다. 또 그 못 가운데에는 파란색·노란색·붉은색·흰색 꽃이 있으며, 여러 색깔의 꽃이 사이에 섞였는데, 꽃은 수레바퀴만 하고 뿌리는 바퀴통만 하다. 꽃뿌리에서 나오는 즙은 빛이 젖과 같이 희고, 맛은 꿀과 같이 달다. 연못 사방 둘레에는 갖가지 동산숲과 큰 숲〔叢林〕과 목욕하는 연못〔浴池〕이 있고, 온갖 꽃들이 피어 있으며 나무는 시원하고 꽃과 열매가 풍성하다. 무수한 새들이 서로 소리 맞추어 지저귀는 것도 그와 같다.

선주 코끼리왕이 연못에 들어가 목욕을 하며 놀고자 하는 생각을 낼 때에는 곧 8천 마리의 코끼리왕을 생각한다. 그러면 그때 8천 마리의 코끼리왕도 스스로 생각한다.

'선주 코끼리왕은 지금 우리를 생각하고 있으니, 우리들도 마땅히 코끼리왕이 있는 곳으로 가야 한다.'

그래서 코끼리 무리들은 곧 그 앞에 나아가 선다. 그때 선주 코끼리왕은 8천 마리의 코끼리를 데리고 마타연摩陀延 연못으로 간다. 그 모든 코끼리 중에는 그 왕을 위해 일산을 든 자도 있고 보배부채를 잡고 코끼리왕을 부쳐주는 자도 있으며, 그 중에는 춤을 추고 노래하며 악기를 연주하면서 앞에서 인도하는 자도 있다.

선주 코끼리왕은 연못에 들어가 목욕하고 노래하며 춤을 추고 서로 함께 즐거워한다. 혹은 코끼리왕을 위해 코를 씻어주는 자도 있고, 혹은 입·머리·이·귀·배·등·꼬리·발을 씻어주는 자도 있다. 그 중에는 꽃 뿌리를 뽑아 깨끗이 씻어 왕에게 먹여 주는 자도 있고, 네 가지 꽃을 따서 왕의 위에 뿌리는 자도 있다. 그러면 선주 코끼리왕은 목욕하고 음식을 먹고 서로 즐기기를 마친 뒤 곧 언덕 위로 나와 선주나무를 향해 선다. 그때 8천 마리의 코끼리는 각각 연못에 들어가 목욕하고 먹고 마시고 서로 즐기기를 마치고 도로 나와 코끼리왕에게로 간다.

코끼리왕은 앞에서 인도하고 뒤에서 따르는 8천 마리의 코끼리 무리를 데리고 선주나무왕 밑으로 간다. 그 중에는 일산을 가지고 코끼리왕을 가려 주는 자도 있고, 보배부채를 잡고 코끼리왕을 부쳐 주는 자도 있으며, 춤을 추고 노래를 부르며 앞에서 인도하는 자도 있다. 그때 선주 코끼리왕은 나무왕 밑에 나아가 앉고 눕고 걷기를 마음대로 한다. 또 나머지 8천 마리의 코끼리도 각기 나무 아래에서 앉거나 눕거나 걸으며 제멋대로 노닌다. 그 숲속에는 둘레가 8심尋[11]이나 되

---

11 척도의 단위로 두 팔을 벌린 길이에 해당한다.

는 것도 있고, 둘레가 9심에서 10심, 15심까지 되는 것도 있다. 오직 선주 코끼리왕의 바라婆羅나무왕만은 둘레가 16심이다. 그 8천 그루 바라나무의 가지와 잎이 떨어지면 시원한 바람이 멀리서 불어와 그 가지와 잎들을 수풀 밖으로 옮겨 놓는다. 또 8천 마리의 코끼리들이 대소변을 보면 모든 야차夜叉귀신들이 그것을 숲 밖으로 치운다."

부처님께서 비구들에게 말씀하셨다.

"선주 코끼리왕에겐 이와 같은 큰 신통력과 공덕이 있으니 비록 축생이긴 하지만 누리는 복은 이와 같다."

2) 울단왈품鬱單曰品

부처님께서 비구들에게 말씀하셨다.

"울단왈鬱單曰이라는 천하에는 많은 산이 있다. 그 산 기슭에는 여러 동산〔園觀〕과 목욕하는 연못이 있고 온갖 꽃들이 피어나고 나무가 자라 시원하며 꽃과 열매도 풍성하다. 무수히 많은 온갖 새들은 서로 화답하며 지저귄다. 또 그 산 속에는 여러 갈래의 물이 흐르는데 그 물은 넘실넘실 흐르지만 잔잔하고 사납지 않으며 온갖 꽃은 물 위를 덮어 떠다니며 천천히 흐른다. 언덕 양쪽에 자라는 온갖 나무는 가지와 줄기가 보드랍고 꽃과 열매도 무성하다. 땅에는 연한 풀들이 오른쪽으로 감아 돌며 자라는데 빛깔은 공작이나 비취새〔孔翠〕와 같고 향기는 바사婆師향과 같으며 부드럽기는 하늘 옷과 같다. 그 땅은 부드러워 발로 땅을 밟으면 땅이 네 마디〔寸〕나 들어갔다가 발을 떼면 도로 올라온다. 땅은 손바닥처럼 평평하여 높고 낮은 데가 없다.

비구야, 그 울단왈의 땅 네 면에는 네 개의 아녹달못이 있는데 가로와 세로가 각각 백 유순이다. 그 물은 맑고 깨끗해 더러움이 없다.

일곱 가지 보배로 된 해자〔塹〕로써 그 가를 둘러치고 나아가서는 무수히 많은 온갖 새들이 서로 소리 맞추어 구슬프게 지저귀는 모습도 마타연못의 장식과 다름이 없다. 그 네 개의 큰 연못에서 각각 네 개의 큰 강이 흘러나오는데 그 너비는 10유순이다. 그 물은 넘실넘실 흐르지만 잔잔하고 사납지 않으며 온갖 꽃은 물 위를 덮어 떠다니며 천천히 흐른다. 양쪽 언덕에 자라는 온갖 나무는 가지와 줄기가 부드럽고 꽃과 열매도 풍성하다. 땅에는 연한 풀이 자라고 있는데 오른쪽으로 감아 돌았으며 색깔은 공작이나 비취 같고 향기는 바사婆師향과 같으며 부드럽기는 하늘 옷과 같다. 그 땅은 유연하여 발로 땅을 밟으면 네 마디나 들어갔다가 발을 들면 도로 올라온다. 땅은 손바닥과 같이 평평하여 높고 낮은 곳이 없다.

또 그 땅에는 도랑과 구덩이와 가시와 나무 그루터기도 없고 또 모기·등에·도마뱀·뱀·벌·전갈·호랑이·표범 따위의 사나운 짐승도 없다. 땅은 온갖 보배만 많이 있고 돌이나 모래가 없다. 음양은 고르고 부드러우며 네 절기는 온화하고 순하여 춥지도 않고 덥지도 않아 어떤 고뇌와 걱정〔惱患〕도 없다. 그 땅은 윤택하여 먼지가 일어나지 않는데, 마치 기름을 땅에 바른 것 같아서 먼지가 날리지 않는다. 온갖 풀은 늘 돋아나고 겨울과 여름이 없으며 수목이 우거지고 꽃과 열매도 풍성하다. 땅에는 부드러운 풀이 오른쪽으로 감아 돌며 자라는데 그 빛은 공작이나 비취와 같고 향기는 바사향과 같으며, 그 땅은 유연하여 발로 땅을 밟으면 땅은 네 마디나 들어갔다가 발을 들면 도로 올라온다. 땅은 손바닥과 같이 평평하여 높고 낮은 곳이 없다.

그 땅에는 항상 자연의 멥쌀이 있어 심지 않아도 저절로 자라는데 왕겨나 속겨가 없어 흰 꽃무더기 같고 도리천의 음식처럼 온갖 맛을 다 갖추고 있다. 그 땅에는 항상 저절로 생겨난 가마솥이 있고 염광焰光이라는 마니摩尼구슬도 있는데 이 구슬을 가마 밑에 두면 밥이 되고 밥이 익으면 불이 꺼져 땔나무 불을 빌리지 않아도 되고 사람이 수고하지 않아도 된다. 그 땅에는 곡궁曲躬이라는 나무가 있는데, 잎과 잎이 서로 잇대어 나서 비가 와도 새지 않으므로 저 모든 남녀들은 그 밑에서 쉬고 잠을 잔다. 또 향나무가 있는데 높이는 70리나 되며 꽃과 열매가 무성하다. 그 열매가 익으면 껍질이 저절로 쪼개져 짙은 향기가 풍긴다. 그 나무의 높이는 혹은 60리, 혹은 50리, 혹은 40리이고 아주 작은 것도 그 높이가 5리나 된다. 모두 꽃과 열매가 무성하고 그 열매가 익었을 때에는 껍질이 저절로 쪼개져 저절로 향기가 나온다. 또 옷나무〔衣樹〕가 있어 높이는 70리나 된다. 꽃과 열매가 무성하고 열매가 익었을 때에는 껍질이 저절로 쪼개져 온갖 옷이 나온다. 그 나무의 높이는 혹은 60리, 혹은 50리, 40리이며 아주 작은 것도 높이가 5리나 된다. 꽃과 열매가 무성하고 온갖 옷이 나온다.

또 장엄나무〔莊嚴樹〕가 있는데, 높이는 70리이다. 꽃과 열매가 무성하고 그 열매가 익었을 때에는 껍질이 저절로 쪼개져 온갖 몸을 꾸미는 도구가 나온다. 그 나무의 높이는 혹은 60리, 50리, 40리이며 아주 작은 것도 높이가 5리나 된다. 꽃과 열매가 모두 무성하고 온갖 몸을 꾸미는 도구가 나온다. 또 화만나무〔花鬘樹〕가 있는데, 높이는 70리이다. 꽃과 열매는 무성하고 그 열매가 익었을 때에는 껍질이 저절로 쪼개져 온갖 화만이 나온다. 나무의 높이는 혹은 60리, 50리, 40리이며 아주 작은 것도 높이가 5리나 된다. 꽃과 열매가 모두 무성하고 온갖 화만이 나온다. 또 그릇나무〔器樹〕가 있는데, 높이는 70리이다. 꽃과 열매가 무성하고 그 열매가 익었을 때에는 껍질이 저절로 쪼개져 온갖 그릇이 나온다. 그 나무의 높이는 혹은 60리, 50리, 40리이며 아주 작은 것도 높이가 5리나 된다. 꽃과 열매가 다 무성하고 온갖 그릇이 나온다. 또 과실나무가 있는데, 높이는 70리이다. 꽃과 열매는 무성하고 그 열매가 익었을 때에는 껍질이 저절로 쪼개져 온갖 과실이 나온다. 나무의 높이는 혹은 60리, 50리, 40리이며 아주 작은 것도 높이가 5리나 된다. 꽃과 열매가 다 무성하고 온갖 과실이 나온다. 또 악기나무가 있는데 높이는 70리이다. 꽃과 열매가 무성하고 그 열매가 익었을 때에는 껍질이 저절로 쪼개져 온갖 악기가 나온다. 그 나무의 높이는 혹은 60리, 50리, 40리이며 아주 작은 것도 높이가 5리나 된다. 꽃과 열매가 모두 무성하고 온갖 악기가 나온다.

그 땅에는 선견善見이라는 못이 있다. 가로와 세로가 각각 백 유순이나 되고 그 물은 맑고 깨끗해 더러운 것이 없으며, 일곱 가지 보배로 된 해자가 그 주위를 빙 두르고 있다. 못의 네 면에는 일곱 겹의 난간, 일곱 겹의 그물, 일곱 겹의 가로수가 둘러져 있고 나아가서는 무수한 온갖 새가 서로 화답하며 우는 것이 또한 그와 같다. 그 선견못의 북쪽에 암바라菴婆羅라는 나무가 있는데, 둘레는 7리이고, 높이는 백 리이며 가지와 잎은 사방으로 50리나 두루 퍼져 있다. 그 선견못의 동쪽에는 선도하善道河가 흐르는데 너비는 1유순이고 흐름이 느려 소용돌이치는 곳이 없고 온갖 꽃들이 물 위를 덮고 있다. 양쪽 언덕에 무성한 수목은 가지와 줄기가 휘늘어졌고 꽃과 열매가 풍성하다. 땅에는 연한 풀이 오른쪽으로 감아 돌며 자라는데 빛은 공작이나 비취 같고 향기는 바사향과 같으며 부드럽기는 하늘 옷과 같다. 그 땅은 유연하여 발로 땅을 밟으면 땅이 네 마디나 들어갔다가 발을 들면 도로 솟아오른다. 이 땅은 손바닥과 같이 편편하여 높고 낮은 곳이 없다.

또 그 강 가운데에는 여러 가지 보배로 만든 배가 있다. 그 지역 백성들이 그 강에 들어가 목욕하고 유희하고자 할 때는 언덕 위에 옷을 벗어 두고 배를 타고 강 가운데로 들어간다. 즐겁게 놀고 난 뒤에는 물을 건너 닥치는 대로 아무 옷이든 입는다. 먼저 나오면 먼저 입고 뒤에 나오면 뒤에 입으며 굳이 본래 입었던 옷을 찾지 않는다. 그런 다음 향나무로 가면 나무는 그를 위해 몸을 굽힌다. 그러면 사람들은 손으로 온갖 향을 취해 자기 몸에 바른다. 다음에는 옷나무가 있는 데로 간다. 옷나무가 몸을 굽히면 그 사람은 손으로 온갖 옷을 취해 마음대로 입는다. 다음에는 장엄나무가 있는 데로 간다. 그 나무가 몸을 굽히면 그 사람은 손으로 온갖 장엄을 취해 스스로 몸을 장식한다. 다음에는 만鬘나무가 있는 데로 간다. 그 나무가 몸을 굽히면 그 사람은 손으로 온갖 화만을 취해 자기 머리 위에 붙인다. 다음에는 그릇나무가 있는 데로 간다. 나무가 몸을 굽히면 그 사람은 손으로 온갖 보배 그릇을 취해 가진다. 다음에는 과실나무가 있는 데로 간다. 그 나무가 몸을 굽히면 그 사람은 손으로 과실을 따서 혹은 씹어 먹기도 하고 혹은 입에 머금기도 하고, 혹은 즙을 내어 마시기도 한다. 다음에는 악기나무가 있는 곳으로 간다. 그 나무가 몸을 굽히면 그 사람은 손으로 온갖 악기를 취해 줄을 고르고 연주한다. 또 연주에 맞추어 다함께 묘한 목소리로 노래하며 동산 숲으로 가 하루나 이틀 나아가 이레까지 마음껏 즐긴다. 그리고는 다시 정처없이 떠난다. 선견못 남쪽에는 묘체하妙體河가 흐르고 선견못 서쪽에는 묘미하妙味河가 흐르며 선견못 북쪽에는 광영하光影河가 흐르는데, 그 또한 그와 같다.

선견못 동쪽에 선견이라는 동산 숲이 있는데 그 숲의 가로와 세로가 각각 백 유순이다. 동산의 네 면에는 일곱 겹의 난간, 일곱 겹의 그물, 일곱 겹의 가로수가 둘러 있는데 갖가지 빛깔이 뒤섞인 일곱 가지 보배로 만들어졌다. 그 동산 네 면에 있는 네 개의 대문과 둘러 있는 난간들도 다 일곱 가지 보배로 만들어졌다. 동산 안은 청정하고 가시나무가 없으며 그 땅은 평정平正하여 도랑이나 구덩이나 언덕이 없다. 또 모기·등에·파리·벼룩·이·도마뱀·뱀·벌·전갈·호랑이·승냥이 따위의 사나운 짐승도 없다. 땅에는 순수한 여러 가지 보배만 있고 돌이나 모래는 없다. 음양은 고르고 부드러우며 네 절기는 온화하고 순하여 춥지도 덥지도 않아 모든 번뇌와 걱정〔惱患〕이 없다. 그 땅은 윤택하여 티끌과 더러운 것이 없는 것이 마치 기름을 땅에 바른 것 같아서 먼지가 일어나지 않는다. 온갖 풀은 항상 돋아나 겨울과 여름이 없으며 수목은 무성하고 꽃과 열매도 풍성하다. 땅에는 부드러운 풀이 오른쪽으로 감아 돌며 자라는데 빛은 공작이나 비취와 같고 향기는 바사향과 같으며 부드럽기는 하늘 옷과 같다. 그 땅은 유연하여 발로 땅을 밟으면 땅은 네 마디나 들어갔다가 발을 들면 도로 올라온다.

그 동산에는 항상 자연생 멥쌀이 나는데 겉 등겨나 속겨가 없으며 마치 흰 꽃무더기 같고 도리천의 음식처럼 온갖 맛을 다 갖추었다. 그 동산에는 저절로 생겨난 가마솥이 있고 염광焰光이라는 마니구슬이 있는데, 그 구슬을 가마솥 밑에 두면 저절로 밥이 되고 밥이 익으면 구슬 광명이 사라지니, 땔나무 걱정이 없어 사람을 수고롭게 하지도 않는다. 그 동산에는 곡궁曲躬이라는 나무가 있는데, 잎과 잎이 서로 잇대어 있어 비가 와도 새지 않으므로 모든 남녀들로 하여금 그 밑에서 쉬고 잠을 자게 한다. 또 향나무가 있는데, 높이는 70리나 된다. 꽃과 열매가 무성하고 그 열매가 익었을 때에는 껍질이 저절로 쪼개져 짙은 향기를 풍긴다. 나무의 높이는 60리, 혹은 50리, 혹은 40리에서 높이가 5리까지 되는 것이 있는데 모두 꽃과 열매가 무성하고 갖가지 향기를 풍긴다. 나아가 악기나무〔樂器樹〕까지의 일들은 모두 앞에서 설명한 것과 같다. 그 땅의 백성들은 그 동산으로 가 하루나 이틀 나아가 이레까지 유희하고 오락하는데 그 선견 동산에는 지키는 자가 없어 마음껏 논 뒤에 다시 떠나간다. 선견못의 남쪽에도 동산 숲이 있는데, 이름을 대선견大善見이라고 한다. 선견못의 서쪽에도 동산 숲이 있는데, 이름을 오락娛樂이라 한다. 선견못의 북쪽에도 동산 숲이 있는데, 이름을 등화等花라고 한다. 이 숲들도 앞에서 언급한 것과 같다.

그 땅에는 밤중과 새벽에 아뇩달용왕이 자주 때를 따라 청정한 구름을 일으켜 온 세상에 두루 단비를 내린다. 소를 끄는 정도의 짧은 시간에 여덟 가지 맛이 있는 물로써 촉촉하게 두루 적시므로 물이 고이지 않고 땅에는 진흙이 생기지 않는다. 그것이 마치 화만華鬘을 만드는 사람이 꽃에 물을 뿌려 시들지 않게 하고 윤택하고 선명하게 하는 것과 같다. 그리고 그 땅에는 밤중이 지나 구름이 끼는 일이 없어 하늘이 청명하며, 바다에서 부는 시원한 바람은 청정하고 부드러워 사람의 몸에 살랑살랑 불면 온몸이 상쾌해진다. 그 땅은 풍요豊饒로워 백성들이 번성한다. 만일 음식이 필요할 때에는 자연생 멥쌀을 가마솥 안에 넣고 염광 구슬을 가마솥 밑에 두면 저절로 밥이 되고 밥이 익으면 구슬 광명은 저절로 사라진다. 여기에 오는 자는 누구나 다 마음대로 실컷 먹을 수 있다. 그 주인이 일어나지 않으면 그 밥은 끝내 없어지지 않으며 만일 그 주인이 일어나기만 하면 밥은 곧 없어진다. 그 밥은 신선하고 깨끗하여 흰 꽃무더기 같고 그 맛은 다 갖추어져 있어 마치 도리천의 음식과 같다. 그들이 이 밥을 먹으면 모든 병이 없어지고 기력도 왕성해지며 얼굴빛은 화열하여 쇠하거나 축나는 일이 없다.

또 그 땅에 사는 사람들은 신체가 서로 비슷하고 얼굴이 서로 같아 분별할 수가 없다. 그 얼굴은 염부제의 스무 살쯤 되는 사람처럼 젊다. 그 사람들의 이는 가지런하며 희고 깨끗하고 빽빽하여 틈이 없다. 머리털은 짙푸른 빛으로서 먼지나 때가 없고, 머리털은 8지指 쯤 드리워 눈썹과 가지런하며 길이가 길지도 않고 짧지도 않다. 만일 그 땅의 백성들이 음욕이 일어날 때에는 여자를 물끄러미 바라보다가 버려두고 그 자리를 떠나면 그 여자는 그의 뒤를 따라 동산 숲으로 간다. 만일 그 여인이 그 남자의 부친이나 모친과 골육骨肉 관계라서 음행을 행할 수 없는 사이면 나무는 절대로 가려주지 않고 그들도 각각 흩어져 간다. 만일 부친이나 모친과 골육의 관계가 아니어서 음욕을 행할 수 있는 사이면 나무는 곧 몸을 굽혀 그들의 몸을 덮어 준다. 그들은 하루나 이틀 나아가 이레까지 마음껏 즐기고 나서 흩어져 떠나간다. 그 여자가 아기를 밴지 이레나 여드레가 되면 아이를 낳는데, 아들이든 딸이든 간에 네거리 큰길가에 놓아두고 떠난다. 그러면 오가는 행인들이 그 곁을 지나다가 손가락을 내밀어 빨게 하는데 손가락에서 단 젖이 나와 그 아이의 몸을 충분히 채우고 그렇게 이레가 지나면 그 아이는 성장하여 어른들과 같아진다. 그러면 남자는 남자의 무리를 향해 가고 여자는 여자의 무리를 향해 간다. 그 사람들은 목숨을 마쳐도 서로 울지 않는다. 시체를 장엄하여 네거리에 버려두고 떠나면 우위선가憂慰禪伽라는 새가 그 시체를 물고 곧 다른 곳으로 가져가 버린다.

또 그 땅 사람들이 대소변을 볼 때에는 땅이 즉시 갈라지고 변을 마치면 땅은 저절로 닫힌다. 그 땅 사람들은 미련을 가지는 일도 없고 또한 쌓아 두는 일도 없다. 수명은 항상 정해져 있어 죽으면 모두 하늘에 태어난다. 그 사람들은 무엇 때문에 수명이 항상 정해져 있는가? 그 사람들은 전생에 열 가지 선행善行을 닦아 몸이 무너지고 목숨이 끝난 다음 울단왈에 태어났기 때문이다. 그 수명은 1천 세이고, 여기에서 더하지도 않고 덜하지도 않는다. 그러므로 그 사람들의 수명은 똑같다.

그리고 살생한 자는 나쁜 세계에 떨어지고 살생하지 않은 자는 좋은 세계에 태어난다. 이와 같이 도둑질 · 음행 · 이간하는 말 · 욕설 · 거짓말 · 꾸밈말 · 탐욕 · 질투 · 삿된 소견을 가진 자는 나쁜 세계에 떨어진다. 도둑질하지 않고 음행하지 않으며 이간하는 말 · 욕설 · 거짓말 · 꾸밈말을 하지 않고 탐욕과 질투와 삿된 소견이 없는 자는 좋은 세계에 태어난다. 만일 살생하지 않고 도둑질하지 않으며, 음행하지 않고, 이간하는 말 · 욕설 · 거짓말 · 꾸밈말을 하지 않고 탐욕과 질투와 삿된 견해를 가지지 않은 자가 있으면 몸이 무너지고 목숨이 끝나 울단왈에 태어난다. 그 수명은 1천 살로서 그보다 더하지도 않고 덜하지도 않다. 그러므로 그 사람들의 수명은 똑같다.

다시 인색하고 탐욕스러워 보시를 하지 않으면 죽어서 나쁜 세계에 떨어진다. 마음을 열어 아끼지 않고 보시를 잘한 사람은 좋은 세계에 난다. 어떤 사람은 사문 바라문에게 보시하고 또 빈궁한 사람 · 거지 아이 · 병든 사람 · 곤고한 사람에게는 의복 · 음식 · 수레 · 화만 · 바르는 향 · 평상 · 방을 주고, 또 탑묘塔廟를 만들어 세우거나 등불을 공양하면 그 사람은 몸이 무너지고 목숨이 끝나 울단왈에 태어난다. 수명은 천 살로서 그보다 더하지도 않고 덜하지도 않는다. 그러므로 그 사람들의 수명은 똑같다. 무슨 까닭으로 울단왈 사람을 승勝이라고 부르는가? 그 땅의 백성들은 열 가지 선행을 받지 않지만 그 거동이 저절로 열 가지 선행과 맞으며 몸이 무너지고 목숨이 끝나면 하늘의 좋은 곳에 태어난다. 그러므로 그 사람들을 승勝, 즉 울단왈이라 부른다. 울단왈이란 무슨 뜻인가? 3천하 가운데서 그 땅이 최상이며, 최승이기 때문에 울단왈이라고 하는 것이다.〔울단왈은 진秦나라 말로 최상最上이라는 뜻이다.〕

3) 전륜성왕품轉輪聖王品

부처님께서 비구들에게 말씀하셨다.

"세간에 전륜성왕이 있는데, 그는 일곱 가지 보배〔七寶〕를 성취하고 네 가지 신덕神德이 있다. 어떤 것이 전륜성왕이 성취한 일곱 가지 보배인가? 첫째는 금륜보金輪寶, 둘째는 백상보白象寶, 셋째는 감마보紺馬寶, 넷째는 신주보神珠寶, 다섯째는 옥녀보玉女寶, 여섯째는 거사보居士寶, 일곱째는 주병보主兵寶이다.

어떻게 전륜성왕은 금륜보를 성취하였는가? 만일 찰리刹利 족성의 전륜성왕이 염부제의 땅에 나오면 물을 붓는 의식을 하고 보름날 달이 찼을 때에 향탕에 목욕하고 높은 궁전에 올라 채녀婇女들과 함께 서로 즐기고 논다. 그때 하늘 금수레 바퀴가 갑자기 앞에 나타난다. 바퀴에는 천 개의 바퀴살이 있어 광색光色이 구족하였는데 하늘의 금으로 된 것이고 하늘의 장인匠人이 만든 것으로서 이 세상에 존재하는 것이 아니며 바퀴의 지름은 14척이다. 전륜성왕은 이것을 보고 묵묵히 혼자 생각한다.

'나는 나이 많은 여러 어른들에게서 이런 말을 들었다.

〈만일 머리에 물을 붓는 의식을 마친 찰리왕이 보름날 달이 찼을 때 향탕에 목욕하고 법전法殿에 올라가 채녀들에게 둘러싸여 있으면 자연히 금바퀴가 갑자기 나타나는데 천 개의 바퀴살이 있고 광색을 갖추었으며 하늘 장인이 만든 것으로서 이 세상에 존재하는 것이 아니며 바퀴의 지름은 14척이나 된다. 그를 곧 전륜성왕이라고 한다.〉

이제 이 바퀴가 나타났으니 이것이 바로 그것이 아니겠는가? 나는 이제 이 윤보輪寶를 시험해 보리라.'

그리하여 전륜성왕은 곧 네 가지 군대〔兵〕를 부르고 금륜보를 향해 오른 쪽 어깨를 드러내고 오른쪽 무릎을 땅에 붙이고 오른손으로써 금바퀴를 어루만지면서 말했다.

'너는 동방을 향하여 법대로 굴러가되 영원한 법칙에 어긋나게 하지 말라.'

바퀴는 동쪽으로 굴렀다. 그때 전륜성왕은 곧 네 가지 군대를 거느리고 그 뒤를 따라갔다. 금륜보의 앞에는 네 신神이 인도했다. 바퀴가 머무는 곳에서 왕도 곧 수레를 멈추었다. 그때 동쪽의 모든 작은 나라 왕들이 대왕이 오는 것을 보고 금발우에는 은좁쌀을 담고 은발우에는 금좁쌀을 담아 가지고 이 왕에게로 나아가 머리를 조아려 절하고 말했다.

'훌륭합니다. 대왕이시여, 이제 이 동방은 토지가 풍부하여 즐거우며 여러 가지 보배가 많고 백성들도 번성합니다. 성질은 어질고 온화하며 자애롭고 효성스러우며 충직하고 온순합니다. 오직 원컨대 성왕께서 이곳을 다스려 주십시오. 저희들은 마땅히 좌우에서 시중들며 필요한 것을 받들어 행하겠습니다.'

전륜왕은 모든 작은 나라 왕들에게 말했다.

'그만두시오, 그만두시오. 여러분, 그대들은 곧 내게 공양해 마쳤소. 다만 마땅히 바른 법으로써 다스리고 교화하여 치우치거나 억울함이 없게 하며 나라 안에 법에 어긋나는 일이 없게 하시오. 스스로 살생하지 말고 남을 시켜 살생하지 않게 하며, 도둑질·음행·이간하는 말·욕설·거짓말·꾸밈말·탐욕·질투·삿된 견해를 가진 사람이 없게 하시오. 이것이 곧 나의 다스림이라고 합니다.'

그때 모든 작은 왕들은 이 가르침을 듣고 나서 곧 대왕을 따라 모든 나라를 두루 다니다가 동해 바닷가에 이르렀다.

다음에는 남방·서방·북방으로 바퀴가 가는 곳을 따라갔다. 그 모든 나라의 왕들이 각각 국토를 바치는 것도 동방의 작은 왕이 한 것과 같았다.

이 염부제에서 토지가 비옥하고 많은 보배가 나며 수풀과 물은 청정하고 편편하고 넓다고 이름난 곳은 바퀴가 두루 돌아다니면서 봉해 주었다. 동서 12유순 남북 10유순이나 되는 구역을 재어 주면 하늘신은 한밤중에 성곽城郭을 쌓았다. 일곱 겹으로 된 성곽은 일곱 겹의 난간과 일곱 겹의 그물과 일곱 겹의 가로수가 빙 둘러 장식하였는데 모두 일곱 가지 보배로 만들어진 것이다. 나아가서는 무수한 온갖 새들도 소리를 맞추어 울었다. 이 성을 짓고 나자 금륜보는 또 그 성 안에서 땅을 그어 동서는 4유순, 남북은 2유순으로 구역을 정하면 하늘신은 또 밤중에 궁전을 지었다. 궁전의 담은 일곱 겹으로서 일곱 가지 보배로 만들어졌고 나아가서는 무수한 온갖 새들이 서로 소리를 맞추어 우는 것이 또한 그와 같았다. 궁전을 짓고 나자 금륜보는 궁전 위의 허공에서 머물면서 완전히 갖추어 움직이지 않았다. 전륜성왕은 못내 기뻐하면서 말했다.

'이 금륜보는 진실로 나의 상서로운 것이다. 나는 이제 정말로 전륜성왕이 되었다.'

이것을 금륜보의 성취라고 한다.

어떻게 백상보白象寶를 성취하였는가? 전륜성왕이 이른 아침에 정전正殿 위에 앉아 있는데, 저절로 상보象寶가 갑자기 앞에 나타나 있었다. 그 털은 순백색이고 일곱 군데가 평탄하며 힘은 능히 날아다닐 수가 있었다. 그 머리는 여러 가지 색깔이 섞여 있고 여섯 개의 어금니는 가늘고 곧으며 진금眞金으로 그 사이를 메웠다. 그때 왕은 이것을 보고 생각했다.

'이 코끼리는 어질고 선량하다. 만일 잘 길들이면 내가 타기에 알맞을 것이다.'

곧 시험 삼아 훈련시키자 모든 능력을 다 갖추게 되었다. 전륜성왕은 몸소 코끼리를 시험하고자 하여 그 위에 타고 이른 아침에 성을 나갔다. 4해海를 두루 돌아다녔는데도 밥 때가 되어서는 어느새 돌아와 있었다. 그러자 전륜성왕은 못내 기뻐하면서 말했다.

'이 백상보는 정말로 나를 상서롭게 하는 것이다. 나는 이제 참으로 전륜성왕이 되었다.'

이것이 상보를 성취한 경위이다.

어떻게 전륜성왕이 감마보紺馬寶를 성취하였는가? 어느 때 전륜성왕이 이른 아침에 정전正殿 위에 앉아 있었는데 저절로 마보馬寶가 갑자기 나타나 있었다. 그 말은 감청색紺靑色이었는데 갈기와 꼬리는 붉고 머리와 목은 코끼리와 같으며 날 수 있는 힘을 지니고 있었다. 왕은 이것을 보고 생각했다.

'이 말은 어질고 선량하다. 만일 잘 길들이면 내가 타기에 적합할 것이다.'

곧 시험 삼아 훈련시키자 모든 능력을 다 갖추게 되었다. 전륜성왕은 몸소 마보를 시험해 보고자 하여 곧 그것을 타고 이른 아침에 성을 나갔다. 4해를 두루 다녔는데도 밥 때가 되어서는 어느새 돌아와 있었다. 그러자 전륜성왕은 못내 기뻐하며 말했다.

'이 감마보는 참으로 나의 상서로운 것이다. 나는 이제 정말로 전

륜성왕이 되었다.'

이것이 감마보를 성취한 경위이다.

어떻게 신주보神珠寶를 성취하였는가? 어느 때 전륜성왕이 이른 아침에 정전 위에 앉아 있었는데 저절로 신주神珠가 갑자기 앞에 나타나 있었다. 바탕색은 맑고 투명하며 조그마한 흠집도 없었다. 왕은 이것을 보고 말했다.

'이 구슬은 묘하고 좋다. 만일 광명이 있으면 궁전 안을 비출 수 있을 것이다.'

그리고는 전륜성왕은 이 구슬을 시험해 보고자 하여 곧 네 군대를 불러 이 신비한 구슬을 높은 깃대 위에 달고 캄캄한 밤에 깃대를 들고 성을 나갔더니 그 구슬의 광명이 1유순이나 비추었고 성 안 사람들은 낮인 줄 착각하고 다 일어나 일을 하였다. 전륜성왕은 못내 기뻐하면서 말하였다.

'이제 이 신주는 참으로 나를 상서롭게 하는 것이다. 나는 이제 정말로 전륜성왕이 되었다.'

이것이 신주보를 성취하게 된 경위이다.

어떻게 옥녀보玉女寶를 성취하였는가? 어느 때 옥녀보가 갑자기 나타났는데, 얼굴빛은 잔잔하고 얼굴은 단정했다. 키는 크지도 않고 작지도 않았으며 뚱뚱하지도 않고 여위지도 않았으며 살결은 희지도 않고 검지도 않았으며 성질이 억세지도 않고 연약하지도 않았다. 겨울에는 몸이 따뜻하고 여름에는 몸이 서늘하였으며 온몸의 털구멍에는 전단 향내가 나고 입에서는 우발라꽃〔優鉢羅花〕 향기가 났다. 말씨는 부드럽고 거동은 얌전하였으며 먼저 일어나고 뒤에 앉는 등 예절을 잃지 않았다. 전륜성왕은 그것을 보고도 애착이 없었고 잠시도 마음에 생각하지 않았는데 하물며 가까이 하였겠는가? 전륜성왕은 그것을 보고 못내 기뻐하면서 말했다.

'이 옥녀보는 참으로 나를 상서롭게 하는 것이다. 나는 이제 정말로 전륜성왕이 되었다.'

이것이 옥녀보를 성취한 경위이다.

어떻게 거사보居士寶를 성취하였는가? 어느 때 거사 장부丈夫가 갑자기 저절로 나타났다. 그들의 보배 창고에는 저절로 생긴 재물이 셀 수 없이 많았다. 거사는 전생에 닦은 복으로 인해 얻은 눈으로 능히 땅 속에 묻혀 있는 것을 환히 들여다 볼 수 있었고, 또한 주인이 있는지 없는지도 다 알았다. 주인이 있는 것은 잘 지켜 주고 주인이 없는 것은 가져다 왕이 쓰도록 공급했다. 그때 거사보는 왕에게 가서 말했다.

'대왕이시여, 베풀어야 할 곳이 있다면 걱정하실 것이 없습니다. 제가 스스로 마련할 수 있습니다.'

그러자 전륜성왕은 거사보를 시험해 보고자 하여 곧 배를 준비하라고 분부를 내리고 물에서 놀다가 거사에게 말했다.

'나는 금보金寶가 필요하다. 그대는 당장 나에게 금보를 가져다 다오.'

거사가 대답했다.

'대왕이여, 언덕 위에 이를 때까지 잠시만 기다리십시오.'

왕은 곧 재촉해 말했다.

'내가 지금 곧 써야 하겠으니 지금 당장 가져 오라.'

그때 거사보는 왕의 엄한 명령을 받고 곧 배 위에서 길게 꿇어앉아 오른 손을 물속에 넣었다. 그러자 물속의 보물 병이 그 손을 따라 나오는데, 마치 벌레가 나무 가지에 기어오르는 것과 같았다. 저 거사보도 그와 같아서 손을 물속에 넣자 보배는 손을 따라 올라와 배 위에 가득 찼다. 그리고는 왕에게 말했다.

'아까 보배를 쓰시겠다고 하셨는데 얼마나 필요하십니까?'

전륜성왕이 거사보에게 말했다.

'그만두라, 그만두라. 나는 필요한 것이 없다. 아까는 시험해 보았을 뿐이다. 이만하면 너는 이제 내게 공양해 마친 것이다.'

거사는 왕의 말을 듣고 곧 보물을 물속에 도로 넣었다. 그러자 전륜성왕은 못내 기뻐하면서 말했다.

'이 거사보는 참으로 나를 상서롭게 하는 것이다. 나는 이제 정말로 전륜성왕이 되었다.'

이것이 거사보를 성취하게 된 경위이다.

어떻게 주병보主兵寶를 성취하였는가? 어느 때에 주병보가 갑자기 나타났다. 그들은 지혜로운 계책이 있고 용맹하며 뛰어난 지략〔英略〕과 결단성〔獨決〕이 있었다. 그가 곧 왕에게 나아가 말했다.

'대왕이여, 토벌하실 일이 있으시면 걱정하실 것이 없습니다. 제가 스스로 처리하겠습니다.'

전륜성왕은 주병보를 시험하고자 하여 곧 네 군대를 모으고 그에게 말했다.

'그대는 지금 이 군사들을 통솔하되 모이지 않은 자는 모이게 하고 이미 모인 자는 흩어지게 하며 차비하지 않은 자는 차비하게 하고 이미 차비한 자는 차비를 풀게 하며 가지 않은 자는 가도록 하고 이미 간 자는 머물게 하라.'

그러자 주병보는 왕의 말을 듣고 곧 네 군대로 하여금 모이지 않은 자는 모이게 하고 이미 모인 자는 흩어지게 하며, 차비하지 않은 자는 차비하게 하고 이미 차비한 자는 차비를 풀게 하며, 가지 않은 자는 가도록 하고 이미 간 자는 머물게 했다. 전륜성왕은 그것을 보고 못내 기뻐하면서 말했다.

'이 주병보는 참으로 나를 상서롭게 하는 것이다. 나는 이제 정말로 전륜성왕이 되었다.'

이것이 전륜성왕이 일곱 가지 보배를 성취하게 된 경위이다.

어떤 것을 네 가지 신덕神德이라고 하는가? 첫째는 오래 살고 일찍 죽지 않는 것에 아무도 미칠 자가 없는 것이며, 둘째는 몸이 튼튼하고 병이 없는 것에 아무도 미칠 자가 없는 것이며, 셋째는 얼굴 모양이 단정한 것에 아무도 미칠 자가 없는 것이며, 넷째는 보배 창고가 가득 차 넘치는 것에 아무도 미칠 자가 없는 것이다. 이것이 전륜성왕이 성취한 일곱 가지 보배와 네 가지 공덕이다.

어느 때 전륜성왕이 오랜만에 수레를 준비시켜 뒷동산으로 노닐러 나가면서 마부〔御者〕에게 말했다.

'너는 마땅히 잘 몰고 가야 한다. 왜냐하면, 내가 나라 안의 백성들이 안락하게 살고 있으며 재앙이 없는지를 자세히 살펴보고 싶기 때문이다.'

그때 길가의 늪에 서서 바라보던 그 나라의 백성들은 다시 시자侍者에게 말했다.

'너는 좀 더 천천히 가라. 우리는 전륜성왕의 위엄 있는 얼굴〔威顔〕을 자세히 뵙고 싶다.'

전륜성왕은 부모가 자식을 사랑하듯 백성들을 자애롭게 보살폈고 백성들은 자식이 아버지를 우러르듯이 왕을 사모하였다. 그래서 모든 진기한 것은 다 왕에게 바치면서 말했다.

'원컨대 이것을 받아 마음대로 쓰십시오.

왕이 대답했다.

'그만두라. 여러분이여, 나에게도 보배가 있으니 그대들이나 쓰도

록 하라.'

전륜성왕이 이 염부제를 다스릴 때에는 그 땅은 고르고 반듯하여 가시덤불・구덩이・언덕들이 없었고, 또 모기・등에・벌・전갈・파리・벼룩・뱀・도마뱀 따위의 나쁜 벌레도 없었다. 돌・모래・기와 조각들은 저절로 땅 속으로 사라지고 금・은・보옥은 땅 위로 나타났다. 네 절기는 고르고 온화해서 춥지도 않고 덥지도 않았다. 그 땅은 유연하여 더러운 티끌이 없었는데, 마치 기름을 땅에 바르면 깨끗하고 윤택하여 더러운 먼지가 묻지 않는 것처럼 전륜성왕이 이 세계를 다스릴 때의 땅도 그와 같았다. 땅에서는 깨끗한 샘물이 솟아 나와 마르지 않았고 연한 풀이 나서 겨울이나 여름이나 언제나 푸르렀다. 수목이 무성하고 꽃과 열매도 풍성하였다. 땅에 자라는 부드러운 풀은 공작과 비취색 같은 빛깔을 띠었고 향기는 바사향과 같으며 부드럽기는 하늘 옷과 같았다. 발로 땅을 밟으면 땅은 네 마디나 들어갔다가 발을 들면 도로 올라와 팬 자리가 없었다. 자연생 멥쌀은 등겨가 없고 온갖 맛을 갖추고 있었다.

그때 향나무가 있었는데 꽃과 열매가 풍성하고 그 열매가 익었을 때에는 껍질이 저절로 쪼개져 저절로 향기를 내어 향내가 풍긴다. 또 옷나무〔衣樹〕가 있는데 꽃과 열매가 풍성하고 그 열매가 익었을 때에는 껍질이 저절로 쪼개져 온갖 옷이 나온다. 다시 장엄나무가 있는데 꽃과 열매가 풍성하다. 그 열매가 익었을 때에는 껍질이 저절로 쪼개져 온갖 장엄의 도구를 낸다. 다시 만鬘나무가 있는데 꽃과 열매가 풍성하고 그 열매가 익었을 때에는 껍질이 저절로 쪼개져 온갖 만이 나온다. 다시 그릇나무가 있는데 꽃과 열매가 풍성하고 그 열매가 익었을 때에는 껍질이 저절로 쪼개져 온갖 그릇이 나온다. 다시 과실나무가 있는데 꽃과 열매가 풍성하고 그 열매가 익었을 때에는 껍질이 저절로 쪼개져 온갖 과실이 나온다. 다시 악기나무가 있는데 꽃과 열매가 풍성하고 그 열매가 익었을 때에는 껍질이 저절로 쪼개져 온갖 악기가 나온다.

전륜성왕이 세상을 다스릴 때에는 밤중이 지나면 아뇩달용왕이 매우 짙은 구름을 일으켜 세상을 뒤덮게 하고 큰 비를 내린다. 소를 끌어당길 만한 정도의 시간동안 8미味의 비를 뿌려 윤택하게 널리 적신다. 땅에는 물이 고이지도 않고 또 진흙탕도 없으며 촉촉하게 적셔 초목을 성장시킨다. 마치 그것은 만사鬘師가 화만花鬘에 물을 뿌려 꽃을 촉촉하게 적셔 시들지 않게 하는 것과 같다. 때맞추어 내리는 비가 촉촉하게 적셔 주는 것도 그와 같다. 또 밤중이 지나면 하늘이 맑게 개어 구름 한 점 없고 바다에서는 시원한 바람이 불어와 닿으면 즐거운 느낌을 준다. 성왕이 이 염부제를 다스릴 때에는 오곡이 풍성하였으며 백성은 치성하고 재보財寶도 풍부해 모자라는 것이 없었다. 전륜성왕은 바른 도리로써 나라를 다스려 아첨하는 이나 억울함을 당하는 이가 없게 하였고 열 가지 선행을 닦았다. 그때 모든 백성들도 바른 소견을 닦고 열 가지 선행을 갖추었다. 그 왕은 오래 살다가 몸에 중병이 생겨 목숨을 마쳤다. 그때 그는 마치 풍악으로 살아가는 사람이 음식이 조금 지나쳐서 몸이 조금 불편한 것처럼 하다가 곧 목숨을 마치고 범천에 태어났다.

옥녀보·거사보·주병보와 국토의 백성들은 춤추고 노래하며 전륜성왕의 장례를 치렀다. 그 왕의 옥녀보·거사보·주병보와 나라의 백성들은 향탕香湯으로써 왕의 몸을 씻고 5백 장의 겁패(刦貝 : 무명천)로 싸고 차례로 묶었다. 왕의 몸을 들어 금관 안에 넣고 향유를 뿌린 뒤 무쇠관 속에 넣었다. 다시 나무관으로 그 밖을 덧씌우고 온갖 향나무를 쌓아 그 위를 거듭 덮은 다음 화장했다. 네거리 길머리에 칠보탑七寶塔을 세우니 가로와 세로가 각각 1유순이고 갖가지 빛깔이 뒤섞인 7보로 장식하였다. 그 탑의 4면에는 각각 문이 하나씩 있고 7보로 만든 난간을 둘렀다. 그 탑의 4면엔 가로와 세로가 각각 5유순이나 되는 빈 터가 있었는데, 일곱 겹의 담장과 일곱 겹의 난간, 일곱 겹의 그물, 일곱 겹의 가로수가 있었다.

금담장에는 은문, 은담장에는 금문, 유리담장에는 수정문, 수정담장에는 유리문, 붉은 구슬 담장에는 마노문, 마노담장에는 구슬문, 자거담장에는 여러 가지 보배로 된 문이 있었다. 그 난간을 보면 금난간에는 은가름대〔銀桄〕, 은난간에는 금가름대, 수정난간에는 유리가름대, 유리난간에는 수정가름대, 붉은 구슬 난간에는 마노가름대, 마노난간에는 구슬가름대, 자거난간에는 온갖 보배로 만든 가름대가 있었다. 그 금그물에는 은방울을 달고, 은그물에는 금방울을 달고, 유리그물에는 수정 방울을 달고, 수정그물에는 유리방울을 달며, 붉은 구슬 그물에는 마노방울을 달고, 마노그물에는 붉은 구슬 방울을 달고, 자거그물에는 여러 보배로 된 방울을 달았다. 그 금나무에는 은잎·은꽃·은열매가 있고, 그 은나무에는 금잎·금꽃·금열매가 있었다. 그 유리나무에는 수정꽃·수정잎이며 수정나무에는 유리꽃·유리잎이 있었다. 붉은 구슬 나무에는 마노꽃·마노잎이며, 마노나무에는 붉은 구슬꽃·붉은 구슬 잎이 있었다. 자거나무는 여러 가지 보배 꽃과 여러 가지 보배 잎이 있었다.

그 네 면의 담장에는 다시 네 개의 문이 있고 난간으로 빙 둘러싸여 있었는데, 또 그 담장 위에는 모두 누각과 보대寶臺가 있었다. 그 담장의 네 면에는 수목과 동산 숲과 흐르는 샘물과 목욕하는 못이 있는데 거기에는 온갖 꽃이 피고 수목이 무성하고 꽃과 열매가 풍성하며 온갖 향기가 풍기고 신기한 새들이 구슬프게 울었다.

그 탑이 다 완성되자 옥녀보 · 거사보 · 주병보와 온 나라의 백성들이 모두 와서 이 탑에 공양했다. 모든 궁핍한 자에게 보시할 때에 밥을 필요로 하는 이에겐 밥을 주고 옷을 필요로 하는 이에겐 옷을 주었다. 코끼리와 말과 보배 수레도 모두 그 필요에 따라 주고 저들이 요구하는 대로 모두 주었다. 전륜성왕의 위신과 공덕은 그 일이 이와 같다."

불설장아함경 제19권

〔제4분〕 ②

1. 세기경 ②

4) 지옥품地獄品

부처님께서 비구들에게 말씀하셨다.

“이 4천하는 다시 8천 개의 천하가 그 밖을 둘러싸고 있고, 또 큰 바닷물이 이 8천 개의 천하를 두루 둘러싸고 있으며, 또 큰 금강산이 큰 바닷물을 둘러싸고 있다. 금강산 밖에는 다시 두 번째 큰 금강산이 있고, 두 산의 사이는 어둡고 캄캄하다. 해·달과 하늘신들의 큰 위력으로도 그곳까지 광명을 비추지는 못한다. 거기에는 여덟 개의 큰 지옥이 있다. 그 첫 번째 지옥에는 16개의 작은 지옥이 있다. 첫 번째 큰 지옥을 상想이라 하고 두 번째를 흑승黑繩이라 하며, 세 번째를 퇴압堆壓이라 하고 네 번째를 규환叫喚이라 하며, 다섯 번째를 대규환이라 하고 여섯 번째를 소자燒炙라 하며, 일곱 번째를 대소자라 하고 여덟 번째를 무간無間이라 한다.

상想지옥에는 16개의 작은 지옥이 있다. 작은 지옥의 가로와 세로는 각각 5백 유순이다. 첫 번째 작은 지옥의 이름을 흑사黑沙라 하고, 두 번째를 비시沸屎라 하며, 세 번째를 오백정五百釘이라 하고, 네 번째를 기飢라 하며, 다섯 번째를 갈渴이라 하고, 여섯 번째를 일동부一銅釜라 하며, 일곱 번째를 다동부多銅釜라 하고, 여덟 번째를 석마石磨라 하며, 아홉 번째를 농혈膿血이라 하고, 열 번째를 양화量火라 하며, 열한 번째를 회하灰河라 하고, 열두 번째를 철환鐵丸이라 하며, 열세 번째를 근부釿斧라 하고, 열네 번째를 시랑 狼이라 하며, 열다섯 번째를 검수劍樹라 하고, 열여섯 번째를 한빙寒氷이라 한다.

왜 상지옥이라 이름하는가? 그곳에 사는 중생들은 손에 쇠손톱이 나는데 그 손톱은 길고 날카롭다. 서로 성내어 해칠 생각을 품고 손톱으로 서로 할퀴면 손을 따라 살점이 떨어진다. 이미 죽었구나 하고 생각하면 찬바람이 불어와 피부와 살이 다시 살아난다. 살아나면 곧 일어서서 스스로 생각한다.

'나는 이제 살아났다.'

다른 중생들도 말한다.

'나도 네가 살았다고 생각한다.'

이런 생각이 있기 때문에 상지옥이라고 이름한다.

또 상지옥에 살고 있는 중생들은 해칠 생각을 가지고 서로 부딪치면 손에는 저절로 도검刀劍이 잡힌다. 그 칼날은 날카로워 서로 찌르고 베면 피부는 벗겨지고 살은 찢어져 몸이 조각나 땅에 떨어진다. 이젠 죽었구나 하고 생각하면 어느새 찬바람이 불어와 피부와 살이 다시 살아난다. 살아나면 곧 일어서서 그는 스스로 생각하며 말한다.

'나는 이제 살아났다.'

다른 중생들도 말한다.

'나도 네가 살았다고 생각한다.'

이런 인연 때문에 상지옥이라고 한다.

또 상想지옥에 살고 있는 중생들은 해칠 생각을 품고 서로 부딪쳐 싸우면 손에 도검을 잡는다. 도검의 칼날은 날카로워 서로 찌르거나 할퀴면 피부는 벗겨지고 살점은 찢어진다. 이젠 죽었구나 하고 생각하면 어느새 찬바람이 불어와 피부와 살이 다시 살아난다. 살아나면 곧 일어서서 스스로 말한다.

'나는 살아났다.'

다른 중생들도 말한다.

'나도 네가 살았다고 생각한다.'

이런 인연 때문에 상지옥이라고 한다.

또 상지옥에 살고 있는 중생들은 해칠 생각을 품고 서로 부딪치면 손에 유영도油影刀를 잡는다. 그 칼은 날이 예리하여 서로 찌르고 베면 피부가 벗겨지고 살점이 찢어진다. 이젠 죽었구나 하고 생각하면 어느새 찬바람이 불어와 피부와 살이 다시 살아난다. 살아나면 곧 일어서서 스스로 말한다.

'나는 살아났다.'

다른 중생도 말한다.

'나도 네가 살았다고 생각한다.'

이런 인연 때문에 상지옥이라고 한다.

또 상지옥에 살고 있는 중생들은 서로 해칠 생각을 품고 서로 부딪치면 손에 작은칼을 잡는다. 그 칼은 날이 예리하여 서로 찌르고 베면 피부가 벗겨지고 살이 찢어진다. 이젠 죽었구나 하고 생각하면 어느새 찬바람이 불어와 피부와 살이 다시 살아난다. 살아나면 곧 일어서서 스스로 말한다.

'나는 살아났다.'

다른 중생도 말한다.

'나도 네가 살았다고 생각한다.'

이런 인연 때문에 상지옥이라고 한다.

그곳의 중생들은 오랫동안 죄를 받고 나서 상지옥을 벗어나 허겁지겁 달리면서 구호救護를 요구한다. 그러나 전생에 지은 죄업〔宿罪〕에 이끌려 자신도 모르게 어느새 흑사黑砂지옥에 이른다. 그때 뜨거운 바람이 사납게 일어나 뜨겁고 검은 모래가 날려 그 몸에 와서 붙으면 온몸은 마치 검은 구름처럼 새까맣게 된다. 뜨거운 모래는 피부를 태우고 살을 모조리 태우며 뼈 속까지 파고든다. 죄인의 몸에서 검은 불길이 일어나 몸을 싸고돌다가 도로 몸속으로 들어간다. 온갖 고뇌를 받으면서 타고 굽히고 그슬려 살점이 다 문드러진다. 죄의 인연으로 이런 고통스런 과보를 받지만 그 죄가 아직 끝나지 않았기 때문에 죽게 하지는 않는다.

그는 여기서 오랫동안 고통을 받고 나서 흑사지옥을 벗어나게 되는데, 허겁지겁 달리면서 구원을 요청한다. 그러나 전생에 지은 죄 때문에 이끌려 자신도 모르게 어느새 비시沸屎지옥에 들어간다. 그 지옥에는 이글거리는 똥과 철환鐵丸이 저절로 생겨나서 그의 앞에 가득하다. 옥졸들이 죄인을 윽박질러 철환을 껴안게 하면 철환이 그의 몸과 손을 태우고 머리와 얼굴 할 것 없이 모두 다 덴다. 다시 그것을 집어서 입 안에 넣으면 입술과 혀를 태우고 목구멍에서 뱃속까지 이르며 통해서 아래로 내려가면 타서 문드러지지 않는 곳이 없다. 또 철취충鐵嘴虫이 있어 가죽과 살을 쪼아 먹고 뼈를 뚫고 골수에까지 들어간다. 근심·고통·슬픔·괴로움이 한량없지만, 그 죄가 아직 다하지 못했기 때문에 여전히 죽지는 않는다.

비시지옥에서 오랫동안 고통을 받은 뒤에는 비시지옥을 벗어나 허겁지겁 달리면서 구원을 요청하다가 철정鐵釘지옥에 이른다. 거기 도착하자마자 옥졸들이 그를 때려 쓰러뜨리고는 뜨거운 철판 위에 눕힌다. 그 몸을 벌려서 못을 가져다가 손에 박고 발에 박고 가슴에 박고 온몸에 골고루 5백 개의 못을 박는다. 그 극심한 고통과 괴로움에 울부짖고 신음하지만, 남은 죄가 아직 다하지 않아 여전히 죽지는 않는다.

오랫동안 고통을 받고 나서 철정지옥에서 벗어나 허겁지겁 달리면서 스스로 구원을 요청하다가 기아飢餓지옥에 이르게 되면 옥졸들이 와서 묻는다.

'너희들은 여기 와서 무엇을 구하고자 하는가?'

'저는 배가 고픕니다.'

옥졸은 곧 그를 붙잡아 뜨거운 철판 위에 넘어뜨리고 그 몸을 펴며 쇠갈고리를 입에 걸어 벌리고 뜨거운 철환을 그의 입 안에 넣는다. 그것은 입술과 혀를 태우고 목구멍에서 배에까지 이른다. 다시 아래로 내려가면 타서 문드러지지 않는 곳이 없다. 그는 모질게 아프고 쓰려 슬피 울부짖으며 통곡하지만, 남은 죄가 아직 다하지 않아 여전히 죽지는 않는다.

오랫동안 고통을 받은 다음 기아지옥을 벗어나 허겁지겁 달리면서 스스로 구원을 청하다가 갈渴지옥에 이르게 되면 옥졸들이 묻는다.

'너희들은 여기 와서 무엇을 구하고자 하는가?'

그는 대답한다.

'저는 목이 마릅니다.'

옥졸들은 곧 그를 붙잡아 뜨거운 철판 위에 반듯하게 눕히고는 뜨거운 쇠갈고리를 입에 걸어 벌리고 녹인 구리쇠를 입에 붓는다. 그것은 입술과 혀를 태우고 목구멍에서 배에까지 이르며 아래로 뚫고 내려가 타서 문드러지지 않는 곳이 없다. 그는 고통스럽고 쓰라려 슬피 부르짖고 통곡하지만, 남은 죄가 아직 다하지 않아 여전히 죽지는 않는다.

오랫동안 고통을 받고 나서 갈지옥을 벗어나 허겁지겁 달리면서 스스로 구원을 요청하다가 전생에 지은 죄 때문에 이끌려 자신도 모르게 갑자기 일동부一銅鍑지옥에 이른다. 그 지옥에 이르면 옥졸들이 눈을 부릅뜨고 죄인의 발을 붙잡아 가마솥 속에 거꾸로 던진다. 끓는 물을 따라 위 아래로 오르락내리락 하면서 솥 바닥에서 솥 아가리로 솥 아가리에서 솥 바닥에 이르고 혹은 가마솥의 복판에 있으면서 몸이 익어 문드러진다. 이는 마치 콩을 삶을 때 물이 끓어 용솟음치는 대로 위 아래로 오르락내리락 하다가 안팎이 다 익어 문드러지는 것처럼 죄인이 가마솥에서 끓는 물을 따라 오르내림도 이와 같다. 슬피 통곡하고 울부짖으며 온갖 고통이 한꺼번에 밀려오지만 남은 죄가 아직 다하지 않아 죽지는 않는다.

오랫동안 고통을 받고 나서 일동부지옥을 벗어나 허겁지겁 달리면서 스스로 구원을 요청하다가 전생에 지은 죄 때문에 이끌려 자신도 모르게 갑자기 다동부多銅鍑지옥에 이른다. 다동부지옥은 가로와 세로가 각각 5백 유순이다. 옥귀獄鬼는 눈을 부릅뜨고 죄인의 발을 잡아 가마솥 가운데 거꾸로 던진다. 물이 들끓어 오르고 내림을 따라 위 아래로 오르락내리락 하면서 바닥에서 솥 아가리에 이르고 솥 아가리에서 바닥에 이르며 혹은 가마솥 복판에 있으면서 온몸이 익어 문드러진다. 마치 콩을 삶으면 물의 들끓음을 따라 위 아래로 오르내리다가 안팎이 다 익는 것처럼 죄인이 가마솥에 있는 것도 또한 그와 같다. 끓는 물을 따라 오르내려 아가리에서 바닥에 이르고 바닥에서 아가리에 이르면서 혹은 손발이 나타나고 혹은 허리와 배가 나타나기도 하며 혹은 머리와 얼굴이 나타나기도 한다. 옥졸은 쇠갈고리로 찍어 올려 다른 가마솥 안에 넣는다. 울부짖으며 고통스러워하고 쓰라려 하지만 남은 죄가 아직 다하지 않아 죽지는 않는다.

오랫동안 고통을 받고 나서 다동부지옥을 벗어나 허겁지겁 달리면서 스스로 구원을 요청하지만 전생에 지은 죄 때문에 이끌려 자신도 모르게 갑자기 석마石磨지옥에 이른다. 석마지옥은 가로와 세로가 각각 5백 유순이다. 옥졸이 크게 화를 내며 그 죄인을 붙잡아 뜨거운 쇠 위에 넘어뜨린다. 손발을 펴게 하고 커다랗고 뜨거운 돌로써 그 몸을 누르고 빙빙 돌리면서 갈면 뼈와 살은 다 부서지고 고름과 피가 흘러나온다. 심한 고통에 슬피 울면서 괴로워하지만 남은 죄가 다하지 않았으므로 죽지는 않는다.

오랫동안 고통을 받고 나서 석마지옥을 벗어나 허겁지겁 달리면서 스스로 구원을 요청하지만 전생에 지은 죄 때문에 이끌려 저도 모르게 갑자기 농혈膿血지옥에 이른다. 농혈지옥은 가로와 세로가 각각 5백 유순이다. 그 지옥 안에는 저절로 생겨난 농혈이 펄펄 끓어 솟아오른다. 죄인은 그 가운데서 동서로 치달린다. 농혈이 뜨겁게 끓어올라 그 몸과 손발과 머리와 얼굴은 다 데어 문드러진다. 또 농혈을 가져다가 스스로 그것을 먹으면 그 입술과 혀는 데이고 목구멍에서부터 배에까지 이르며, 아래에까지 통해 내려가 익어 문드러지지 않는 곳이 없다. 고통과 신산과 온갖 아픔은 참기 어렵지만 남은 죄가 아직 다하지 않았으므로 죽지는 않는다.

오랫동안 고통을 받고 나서 농혈지옥을 벗어나 허겁지겁 달리면서 스스로 구원을 요청하지만 전생에 지은 죄 때문에 이끌려 저도 모르게 갑자기 양화量火지옥에 이른다. 양화지옥은 가로와 세로가 각각 5백 유순이다. 그 지옥에는 저절로 생긴 큰 불 더미가 앞에 있는데 그 불꽃이 치열하다. 옥졸이 성을 내며 죄인을 윽박질러 손에 철두鐵斗을 잡게 하고 불더미를 말질하게 한다. 그가 불을 말질할 때 그 손발과 온몸이 다 탄다. 뜨거운 고통 때문에 신음하고 통곡해 보지만 남은 죄가 아직 다하지 않았으므로 죽지는 않는다.

오랫동안 고통을 받고 나서 양화지옥을 벗어나 허겁지겁 달리면서 구원을 요청하지만 전생에 지은 죄 때문에 이끌려 자신도 모르게 회하灰河지옥에 이른다. 회하지옥은 가로와 세로가 각각 5백 유순이나 되고 깊이도 5백 유순이나 된다. 잿물이 끓어올라 용솟음치고 악한 냄새가 코를 찌르며 휘도는 물결의 부딪치는 소리는 듣기만 해도 무섭다. 밑에서부터 위에까지 쇠가시가 있는데 그 쇠끝은 가로와 세로가 각각 8촌이나 된다. 강기슭에는 긴 도검刀劍이 꽂혀 있고 그 가에는 어디나 할 것 없이 옥졸과 승냥이가 있다. 또 그 언덕 위에는 칼나무 숲이 있는데 가지나 잎이나 꽃이나 열매가 다 칼로 되어 있고 그 칼날 끝은 8촌이나 된다. 죄인이 강에 들어가면 물결을 따라 오르내리고 돌아 엎치다가 가라앉는다. 쇠가시에 몸이 찔려 안팎이 다 뚫어지고 가죽과 살이 문드러져 고름과 피가 흘러나온다. 온갖 고통과 쓰라림에 울부짖지만 남은 죄가 아직 다하지 않았으므로 죽게 하지는 않는다.

오랫동안 고통을 받고 나서 회하지옥을 벗어나 언덕 위에 오르면 언덕 위에 있는 날카로운 칼이 온몸을 찔러 손발이 상하고 무너진다. 그때 옥졸이 죄인에게 묻는다.

'너희들이 여기 온 것은 무엇을 구하고자 함인가?'

죄인이 대답한다.

'저는 배가 고픕니다.'

옥졸은 곧 죄인을 붙잡아 뜨거운 철판 위에 넘어뜨려 몸을 반듯이 편 다음 쇠갈고리로 입을 벌려 끓는 구리물을 거기에 쏟는다. 그의 입술과 혀가 타고 목구멍에서 배에까지 이르며 아래까지 통해 내려가면 데어 터지지 않는 곳이 없다. 게다가 길고 날카로운 이빨을 가진 승냥이가 와서 죄인을 물어뜯어 그 고기를 날로 먹어치운다. 죄인은 잿물에 데고 날카로운 가시에 찔리고 구리물을 마시고 승냥이에게 먹힌 뒤에는 곧 빨리 달려 칼나무로 올라간다. 칼나무로 올라갈 때에는 칼날이 밑으로 향하고 칼나무에서 내려올 때에는 칼날이 위를 향하므로 손으로 잡으면 손이 끊어지고 발로 밟으면 발이 끊어진다. 칼날은 몸을 찔러 안팎을 꿰뚫어 가죽과 살이 떨어지고 고름과 피가 흘러나와 마침내는 백골과 힘줄만 남아 서로 이어져 있게 된다. 그때 칼나무 위에 있던 철취새가 그의 두골을 쪼아 깨뜨려 그 골수를 뽑아 먹는다. 고통과 쓰라림에 울부짖지만 남은 죄가 아직 다하지 않았으므로 죽지는 않는다.

그는 다시 회하지옥으로 돌아와 물결을 따라 오르내리고 엎치락뒤치락 돌다가 가라앉는다. 쇠가시에 몸이 찔리면 안팎으로 마주 뚫리고 가죽과 살은 만신창이가 되어 고름과 피가 흘러나온다. 결국 백골만 남아 밖으로 떠내려간다. 그때 찬바람이 불어오면 피부와 살은 다시 본래대로 돌아간다. 그는 곧 일어서서 허겁지겁 달리면서 스스로 구원을 요청하지만 전생에 지은 죄 때문에 이끌려 자신도 모르게 갑자기 철환鐵丸지옥으로 간다.

철환지옥은 가로와 세로가 각각 5백 유순이다. 죄인이 들어가면 뜨거운 철환이 저절로 앞에 나타난다. 옥귀가 달려 나와 붙잡으면 수족은 데어 문드러지고 온몸이 불타 고통으로 울부짖는다. 수많은 고통이 한꺼번에 밀려들지만 남은 죄가 아직 다하지 않았으므로 죽지는 않는다.

오랫동안 고통을 받고 나서 철환지옥을 벗어나 허겁지겁 달리면서 구원을 요청하지만 전생에 지은 죄업 때문에 이끌려 저도 모르게 갑자기 근부釿斧지옥에 간다. 근부지옥은 가로와 세로가 각각 5백 유순이다. 그가 그 지옥에 들어가면 옥졸은 성을 내어 이 죄인을 붙잡아 뜨거운 철판 위에 넘어뜨리고 뜨거운 쇠도끼로 그의 손과 발, 귀와 코, 온몸을 찍는다. 고통과 쓰라림에 울부짖지만 남은 죄가 다하지 않았으므로 여전히 죽지는 않는다.

오랫동안 죄를 받은 다음에 근부지옥을 벗어나 허겁지겁 달리면서 스스로 구원을 요청하지만 전생에 지은 죄업 때문에 이끌려 자신도 모르게 갑자기 시랑豺狼지옥으로 간다. 시랑지옥은 가로와 세로가 각각 5백 유순이다. 죄인이 들어가면 승냥이 떼가 앞다투어 달려와 잡아당기고 물어 씹고 끌어당기면 살은 떨어지고 뼈는 상하며 고름과 피가 흘러나온다. 온갖 고통에 시달려 슬피 부르짖으며 쓰라려 하지만 남은 죄가 다하지 않았으므로 죽지는 않는다.

오랫동안 고통을 받고 나서 시랑지옥을 벗어나 허겁지겁 달리면서 스스로 구원을 요청하지만 전생에 지은 죄업 때문에 이끌려 자신도 모르게 갑자기 검수劍樹지옥으로 간다. 검수지옥은 가로와 세로가 각각 5백 유순이다. 죄인이 그 칼나무 숲으로 들어가면 큰 폭풍이 일어나 칼나무의 잎이 그 몸에 떨어진다. 손을 대면 손이 끊어지고 발을 대면 발이 끊어지며 몸과 머리와 얼굴이 상하지 않는 곳이 없다. 철취鐵嘴새는 그 머리 위에 앉아 그 눈을 쪼아댄다. 온갖 고통에 시달려 슬피 부르짖으며 쓰라려 하지만 남은 죄가 다하지 않았으므로 죽지는 않는다.

오랫동안 고통을 받고 나서 검수지옥을 벗어나 허겁지겁 달리면서 스스로 구원을 요청하지만 전생에 지은 죄 때문에 이끌려 자신도 모르게 갑자기 한빙寒氷지옥으로 간다. 한빙지옥은 가로와 세로가 각각 5백 유순이다. 죄인이 들어가면 찬바람이 크게 일어나 그 몸에 불어 닥치고 온몸이 얼어 터져 가죽과 살이 떨어져 나간다. 고통과 쓰라림에 울부짖다가 그 뒤에 목숨을 마치게 된다."

부처님께서 비구들에게 말씀하셨다.

"흑승黑繩 큰 지옥은 16개의 작은 지옥이 두루 둘러싸고 있는데 가로와 세로가 각각 5백 유순이다. 그리고 흑승지옥에서 한방지옥에 이른다. 무슨 까닭으로 흑승지옥이라 이름하는가? 그곳의 모든 옥졸들은 저 죄인을 붙잡아 뜨거운 철판 위에 넘어뜨리고 그의 몸을 반듯하게 펴게 한 다음 뜨거운 쇠줄로 먹줄을 튀겨 곧게 줄을 치고 뜨거운 쇠도끼로 먹줄을 따라 쪼개어 그 죄인을 백천百千 조각으로 만든다. 마치 목수가 먹줄을 나무에 튀기고 날카로운 도끼로 먹줄을 따라 백천 조각을 만드는 것처럼 그 죄인을 다스리는 것도 그와 같이 한다. 그 고통과 쓰라림이 이루 말할 수 없지만 남은 죄가 아직 다하지 않았으므로 죽지는 않는다. 이런 까닭으로 흑승지옥이라 이름한다.

다시 흑승지옥의 옥졸은 그 죄인을 붙잡아 뜨거운 철판 위에 쓰러뜨리고 그 몸을 반듯하게 펴게 한 다음 쇠줄로 먹줄을 튀겨 톱으로 먹줄을 따라 켜나간다. 마치 목수가 먹줄을 나무에 튀기고 톱으로써 그 먹줄을 따라 켜나가는 것처럼 저 죄인을 다스리는 것도 그와 같이 한다. 그 고통과 쓰라림이 이루 헤아릴 수 없지만 남은 죄가 아직 다하지 않았으므로 죽지는 않는다. 그러므로 흑승지옥이라 이름한다.

다시 흑승지옥은 그 죄인을 잡아 뜨거운 철판 위에 쓰러뜨리고 그 몸을 반듯하게 펴게 한 다음 뜨거운 쇠줄을 그 몸 위에 놓는다. 그 쇠줄은 가죽을 태우고 살을 뚫고 들어가 뼈를 태우고 골수를 지진다. 고통과 쓰라림이 이루 헤아릴 수 없지만 남은 죄가 아직 다하지 않았으므로 죽지는 않는다. 그러므로 흑승지옥이라고 이름한다.

다시 흑승지옥의 옥졸은 뜨거운 쇠줄을 달구어 무수히 얽어 놓고 죄인을 다그쳐 줄 사이로 빠져나가게 한다. 그러나 사나운 바람이 일어나 불어 닥치면 모든 쇠줄은 그 몸을 얽어 가죽을 태우고 살을 뚫고 들어가 뼈를 태우고 골수까지 끓인다. 고통은 이루 헤아릴 수 없지만 남은 죄가 아직 다하지 않았으므로 죽지는 않는다. 그러므로 흑승이라 이름한다.

다시 흑승의 옥졸들은 죄인을 다그쳐 뜨거운 쇠줄 옷을 입게 한다. 그 옷은 가죽을 태워 살을 뚫고 들어가며 뼈를 태우고 골수를 끓인다. 그 고통은 이루 헤아릴 수 없지만 남은 죄가 아직 다하지 않았으므로 죽지는 않는다. 그러므로 흑승이라 이름한다.

그 죄인은 오랫동안 고통을 받은 다음 흑승지옥을 벗어나 허겁지겁 달려 스스로 구원을 요청하지만 전생에 지은 죄업 때문에 이끌려 저도 모르게 갑자기 흑사黑沙지옥으로 가고 마침내는 한빙寒氷지옥까지 이르게 된다. 그 뒤에 목숨을 마치는 것도 앞에서와 같다."

부처님께서 비구들에게 말씀하셨다.

"퇴압堆壓 큰 지옥에도 16개의 작은 지옥이 빙 둘러 에워싸고 있는데 각각 그 가로와 세로가 5백 유순이나 된다. 무슨 까닭으로 퇴압지옥이라고 하는가? 그 지옥에는 큰 돌산이 둘씩 마주하고 있다. 죄인이 그 사이에 들어가면 산이 저절로 합해지면서 그 몸을 짓눌러 뼈와 살을 모두 부숴 버리고 산은 다시 본래대로 돌아간다. 마치 나무로써 나무를 치면 나무가 튕겨 도로 떨어지는 것처럼 그 죄인을 다스리는 것도 그와 같이 한다. 그 고통은 이루 헤아릴 수 없지만 남은 죄가 다하지 않았으므로 죽지는 않는다. 그러므로 퇴압지옥이라 이름한다.

다시 퇴압지옥에는 큰 쇠코끼리가 있다. 온몸이 불타는 몸으로서 큰 소리로 외치면서 달려와 죄인을 짓밟고 그 위에 뒹군다. 그러면 몸은 다 부서지고 고름과 피가 흘러나온다. 고통과 쓰라림에 슬피 울고 부르짖지만 남은 죄가 다하지 않았으므로 죽지는 않는다. 그러므로 퇴압이라 이름한다.

다시 퇴압지옥에서는 그곳의 옥졸들이 모든 죄인을 붙잡아 맷돌 가운데 두고 맷돌로써 죄인을 간다. 그러면 뼈와 살은 다 부서지고 고름과 피가 흘러나온다. 그 모진 고통과 쓰라림은 이루 헤아릴 수 없지만 그 죄가 아직 다하지 않았으므로 죽지는 않는다. 그러므로 퇴압이라 이름한다.

다시 퇴압지옥의 옥졸들은 그 죄인을 붙잡아 큰 돌 위에 눕히고 큰 돌로 짓누른다. 가죽과 살은 다 부서지고 고름과 피가 흘러나온다. 수많은 고통과 쓰라림이 한꺼번에 밀려오지만 남은 죄가 아직 다하지 않았으므로 죽지는 않는다. 그러므로 퇴압이라 이름한다.

다시 퇴압의 옥졸은 그 죄인을 잡아다 쇠절구 속에 눕히고 발에서 머리까지 쇠공이로 찧는다. 가죽과 살은 다 부서지고 고름과 피가 흘러나온다. 수많은 고통과 쓰라림이 한꺼번에 밀려오지만 남은 죄가 아직 다하지 않았으므로 죽지는 않는다. 그러므로 퇴압이라 이름한다.

그 죄인은 오랫동안 고통을 받고 나서 퇴압지옥을 벗어나 허겁지겁 달리면서 스스로 구원을 요청하지만 전생에 지은 죄업 때문에 이끌려 저도 모르게 갑자기 흑사지옥으로 가며, 결국에는 한빙지옥까지 간다. 그 뒤에 목숨을 마치는 것까지의 내용은 또한 앞에서와 같다."

부처님께서 비구들에게 말씀하셨다.

"규환叫喚 큰 지옥에도 16개의 작은 지옥이 빙 둘러 싸고 있는데, 그 가로와 세로가 각각 5백 유순이나 된다. 무슨 까닭으로 규환지옥이라 이름하는가? 저 모든 옥졸들이 그 죄인을 붙잡아 큰 가마 속에 던지면 뜨거운 물이 끓어오르면서 그 죄인을 삶으면 죄인은 울부짖는다. 수많은 고통이 한꺼번에 밀려오지만 남은 죄가 아직 다하지 않았으므로 죽지는 않는다. 그러므로 규환지옥이라 이름한다.

다시 규환지옥의 모든 옥졸들이 그 죄인을 잡아다가 큰 쇠독 안에 던지면 물이 끓어오르면서 그 죄인을 삶으면 죄인은 울부짖는다. 고통스러워하고 쓰라려 하지만 남은 죄가 아직 다하지 않았으므로 죽지는 않는다. 그러므로 규환이라 이름한다.

다시 규환지옥의 모든 옥졸들이 죄인을 잡아다가 큰 쇠가마솥에 넣으면 물이 끓어오르면서 그 죄인을 삶으면 죄인은 울부짖는다. 고통이 한꺼번에 밀려오지만 남은 죄가 아직 다하지 않았으므로 죽지는 않는다. 그러므로 규환이라 이름한다.

다시 규환지옥의 모든 옥졸들이 그 죄인을 잡아다가 작은 가마솥 속에 넣으면 물이 끓어오르면서 그 죄인을 삶으면 죄인은 울부짖는다. 고통스러워하고 쓰라려 하지만 남은 죄가 아직 다하지 않았으므로 죽지는 않는다. 그러므로 규환지옥이라 한다.

다시 규환지옥의 모든 옥졸들이 그 죄인을 잡아다가 큰 번철 위에 던져 넣고 뒤적이면서 볶으면 울부짖는다. 고통스러워하고 쓰라려 하지만 남은 죄가 아직 다하지 않았으므로 죽지는 않는다. 그러므로 규환이라 이름한다.

오랫동안 고통을 받고 나서 규환지옥을 벗어나 허겁지겁 달리면서 스스로 구원을 요청하지만 전생에 지은 죄업 때문에 이끌려 자신도 모르게 갑자기 흑사지옥으로 가고 결국에는 한빙지옥까지 가서 거기에서 목숨을 마친다."

부처님께서 비구들에게 말씀하셨다.

"대규환지옥에는 16개의 작은 지옥이 빙 둘러 에워싸고 있다. 무슨 까닭으로 대규환지옥이라 이름하는가? 그 지옥 옥졸들이 죄인을 잡아다가 큰 가마에 넣으면 물이 끓어오르면서 죄인을 삶으면 울부짖으며 크게 통곡한다. 무한한 고통과 쓰라림이 한꺼번에 밀려들지만 남은 죄가 아직 다하지 않았으므로 죽지는 않는다. 그러므로 대규환지옥이라고 이름한다.

다시 대규환지옥의 모든 옥졸들이 죄인을 잡아다가 큰 쇠독 안에 넣으면 물이 끓어오르면서 죄인을 삶으면 죄인은 울부짖으며 크게 통곡한다. 무한한 고통과 쓰라림이 한꺼번에 밀려들지만 남은 죄가 아직 다하지 않았으므로 죽지는 않는다. 그러므로 대규환지옥이라 이름한다.

다시 대규환지옥의 옥졸들이 죄인을 잡아다가 쇠가마에 넣으면 물이 끓어오르면서 죄인을 삶으면 울부짖는다. 무한한 고통과 쓰라림이 한꺼번에 밀려들지만 남은 죄가 아직 다하지 않았으므로 죽지는 않는다. 그러므로 대규환지옥이라 이름한다.

다시 대규환지옥의 모든 옥졸들이 그 죄인을 잡아다가 작은 가마 속에 넣으면 물이 끓어오르면서 죄인을 삶으면 울부짖는다. 죄인은 크게 통곡하면서 무한한 고통과 쓰라림이 한꺼번에 닥친다. 그러므로 대규환이라 이름한다.

다시 대규환지옥의 모든 옥졸들이 죄인을 잡아다가 큰 번철 위에 던지고 뒤적이면서 볶으면 죄인은 울부짖고 크게 통곡한다. 무한한 고통과 쓰라림이 한꺼번에 밀려오지만 남은 죄가 아직 다하지 않았으므로 죽지는 않는다. 그러므로 대규환이라 이름한다.

오랫동안 고통을 받고 나서 대규환지옥을 벗어나 허겁지겁 달리며 스스로 구원을 요청하지만 전생에 지은 죄업 때문에 이끌려 자신도 모르게 갑자기 흑사지옥으로 가고 결국에는 한빙지옥까지 가게 되며 그곳에서 목숨을 마친다."

부처님께서 비구들에게 말씀하셨다.

"소자燒炙 큰 지옥에는 16개의 작은 지옥이 빙 둘러 에워싸고 있다. 무슨 까닭으로 소자 큰 지옥이라 이름하는가? 그때 옥졸들은 모든 죄인을 끌어다 쇠성 안에 둔다. 그 성에 불이 붙으면 안팎이 온통 시뻘겋게 되면서 죄인을 태우고 구워 가죽과 살이 익어 터진다. 무한한 고통과 쓰라림이 한꺼번에 밀려들지만 남은 죄가 아직 다하지 않았으므로 죽지는 않는다. 그러므로 소자지옥이라 이름한다.

다시 소자지옥의 모든 옥졸들은 죄인을 끌어다가 쇠방〔鐵室〕 안에 넣는다. 그 방에 불이 붙으면 안팎이 모두 시뻘겋게 되면서 죄인을 태우고 구워 가죽과 살이 모두 익어 터진다. 무한한 고통과 쓰라림이 한꺼번에 밀려들지만 남은 죄가 아직 다하지 않았으므로 죽지는 않는다. 그러므로 소자지옥이라고 한다.

다시 소자지옥의 모든 옥졸들이 죄인을 데려다가 쇠다락〔鐵樓上〕 위에 둔다. 그 다락에 불이 붙으면 안팎이 모두 시뻘겋게 되면서 죄인을 태우고 구워 가죽과 살이 모두 익어 터진다. 무한한 고통과 쓰라림이 한꺼번에 밀려들지만 남은 죄가 아직 다하지 않았으므로 죽지는 않는다. 그러므로 소자지옥이라 이름한다.

다시 소자지옥의 모든 옥졸들이 죄인을 잡아다가 큰 쇠그릇 속에 넣어둔다. 그 그릇에 불이 붙으면 안팎이 모두 시뻘겋게 되면서 죄인을 태우고 구워 가죽과 살이 모두 익어 터진다. 무한한 고통과 쓰라림이 한꺼번에 밀려들지만 남은 죄가 다하지 않았으므로 죽지는 않는다. 그러므로 소자지옥이라 이름한다.

다시 소자지옥의 모든 옥졸들은 그 죄인을 잡아다가 큰 번철 위에 던진다. 그 번철에 불이 붙으면 안팎이 모두 시뻘겋게 되어 죄인을 태우고 구워 가죽과 살이 모두 익어 터진다. 무한한 고통과 쓰라림이 한꺼번에 밀려들지만 남은 죄가 아직 다하지 않았으므로 죽지는 않는다.

오랫동안 고통을 받고 나서 소자지옥을 벗어나 허겁지겁 달리며 스스로 구원을 요청하지만 전생에 지은 죄업 때문에 이끌려 자신도 모르게 갑자기 흑사지옥으로 가며 결국엔 한빙지옥까지 가서 그곳에서 목숨을 마치는데 그 또한 앞에서의 내용과 같다."

부처님께서 비구들에게 말씀하셨다.

"대소자지옥에는 16개의 작은 지옥이 빙 둘러 에워싸고 있는데 가로와 세로가 각각 5백 유순이다. 무슨 까닭으로 대소자지옥이라고 하는가? 그곳 옥졸들은 모든 죄인을 끌어다가 쇠성 안에 둔다. 그 성에 불이 붙으면 안팎이 모두 시뻘겋게 되면서 죄인을 태우고 굽고 거듭 다시 태우고 구워 가죽과 살이 익어 터진다. 무한한 고통과 쓰라림이 한꺼번에 밀려들지만 남은 죄가 아직 다하지 않았으므로 죽지는 않는다. 그러므로 대소자지옥이라고 이름한다.

다시 대소자지옥의 옥졸들은 모든 죄인을 끌어다가 쇠방 안에 넣는다. 그 방에 불이 붙으면 안팎이 모두 시뻘겋게 되면서 죄인을 태우고 굽고 거듭 다시 태우고 구워 가죽과 살이 익어 부서진다. 무한한 고통과 쓰라림이 한꺼번에 밀려오지만 남은 죄가 아직 다하지 않았으므로 죽지는 않는다. 그러므로 대소자지옥이라고 이름한다.

다시 대소자지옥의 모든 옥졸들이 죄인을 잡아다가 쇠다락 위에 둔다. 그 다락에 불이 붙으면 안팎이 모두 시뻘겋게 되면서 죄인을 태우고 굽고 거듭 다시 태우고 구워 가죽과 살이 익어 터진다. 무한한 고통과 쓰라림이 한꺼번에 밀려들지만 남은 죄가 아직 다하지 않았으므로 죽지는 않는다. 그러므로 대소자지옥이라고 이름한다.

다시 대소자지옥의 모든 옥졸들이 죄인을 잡아다가 쇠그릇 속에 넣어둔다. 그 그릇에 불이 붙으면 안팎이 모두 시뻘겋게 되면서 죄인을 태우고 굽고 거듭 태우고 구워 무한한 고통과 쓰라림이 한꺼번에 밀려들지만 남은 죄가 아직 다하지 않았으므로 죽지는 않는다. 그러므로 대소자지옥이라고 이름한다.

다시 대소자지옥에는 저절로 큰 불구덩이가 있어 불꽃이 치성하다. 그 구덩이 양쪽 언덕에는 큰 화산이 있다. 그 모든 옥졸들은 죄인을 잡아다가 쇠꼬챙이에 꿰어 불 속에 세운 채로 그 몸을 태우고 굽고 거듭 태우고 구워 가죽과 살이 익어 터진다. 무한한 고통과 쓰라림이 한꺼번에 닥쳐오지만 남은 죄가 아직 다하지 않았으므로 죽게 하지는 않는다.

오랫동안 고통을 받은 다음 대소자지옥을 벗어나 허겁지겁 달리며 스스로 구원을 요청하지만 전생에 지은 죄업 때문에 이끌려 저도 모르게 갑자기 흑사지옥으로 가고 결국에는 한빙지옥까지 가서, 거기에서 목숨을 마치는데 이 또한 앞에서와 같다."

부처님께서 비구들에게 말씀하셨다.

"무간無間 큰 지옥에는 16개의 작은 지옥이 빙 둘러 에워싸고 있는데 가로와 세로가 각각 5백 유순이다. 무슨 까닭으로 무간지옥이라 이름하는가? 그곳 옥졸은 죄인을 잡아다가 발에서 정수리까지 가죽을 벗긴다. 그리하여 그 가죽으로 죄인의 몸을 싸서 불 수레바퀴에 매달고 빠르게 불 수레를 몰아 뜨거운 무쇠 바닥을 돌아다닌다. 몸은 터져 부서지고 가죽과 살은 떨어진다. 무한한 고통과 쓰라림이 한꺼번에 닥쳐오지만 남은 죄가 아직 다하지 않았으므로 죽지는 않는다. 그러므로 무간지옥이라고 이름한다.

다시 무간 큰 지옥에는 큰 쇠성이 있고 그 성의 4면에는 큰불이 일어나 동쪽 불꽃은 서쪽에 이르고 서쪽 불꽃은 동쪽에 이르며, 남쪽 불꽃은 북쪽에 이르고 북쪽 불꽃은 남쪽에 이른다. 위의 불꽃은 밑에 이르고 밑의 불꽃은 위에 이르며 불꽃이 성하게 몰아쳐 그 사이에는 빈틈이 없다. 죄인은 그 가운데서 동서로 달리면서 그 몸을 태우고 구워 가죽과 살이 익어 터진다. 무한한 고통과 쓰라림이 한꺼번에 닥쳐오지만 남은 죄가 아직 다하지 않았으므로 죽지는 않는다. 그러므로 무간지옥이라고 이름한다.

다시 무간 큰 지옥에는 쇠성이 있어 불이 일어 빈틈이 없다. 죄인은 그 속에서 불꽃에 몸이 타서 가죽과 살이 익어 터진다. 무한한 고통과 쓰라림이 한꺼번에 닥쳐오지만 남은 죄가 아직 다하지 않았으므로 죽지는 않는다. 그러므로 무간지옥이라고 이름한다.

다시 무간 큰 지옥은 죄인이 그 가운데 있다가 오래 되어야 문이 열린다. 그 죄인들은 문을 향하여 달려가는데, 그들이 달릴 때 그 몸의 모든 마디마다 불꽃이 일어난다. 그것은 마치 역사力士가 큰 횃불을 들고 바람을 거슬러 달리면 그 불꽃이 매우 왕성해지는 것처럼 죄인이 달릴 때에도 그와 같다. 달려서 문에 이르고자 하면 문은 저절로 닫히고 죄인들이 미끄러져 뜨거운 쇠땅〔鐵地〕에 엎어지면 그 몸이 타고 구워져서 가죽과 살이 익어 터진다. 무한한 고통과 쓰라림이 한꺼번에 닥쳐오지만 남은 죄가 아직 다하지 않았으므로 죽지는 않는다. 그러므로 무간지옥이라고 이름한다.

또 무간지옥에 있는 죄인의 눈에 보이는 것은 다만 나쁜 색〔惡色〕뿐이고 귀에 들리는 것은 다만 악한 소리〔惡聲〕뿐이며, 코로 맡는 것은 다만 나쁜 냄새〔臭惡〕뿐이고 몸에 닿는 것은 다만 고통뿐이며 마음에 생각하는 것은 다만 나쁜 법뿐이다. 또 그 죄인들은 손가락을 튀기는 짧은 순간조차도 괴롭지 않은 때가 없다. 그러므로 무간지옥이라고 이름한다.

그 가운데 있는 중생은 오랫동안 고통을 받고 나서 무간지옥에서 벗어나 허겁지겁 달리며 스스로 구원을 구하지만 전생에 지은 죄업 때문에 이끌려 자신도 모르는 사이에 갑자기 흑사지옥으로 가며 결국 한빙지옥에 이르러서 거기에서 목숨을 마치는데 그 또한 앞에서와 같다.”

그때 세존께서 곧 게송으로써 말씀하셨다.

몸으로 착하지 못한 업을 행하고
입이나 뜻으로 또한 착하지 못한 업 지으면
그는 저 상想지옥에 떨어져서
두려움에 그 털이 거꾸로 서리.

악한 마음으로 부모를 대하고
부처님과 모든 성문聲聞을 대한다면
그는 곧 흑승지옥에 떨어지나니
그 고통 이루 다 말할 수 없네.

다만 세 가지 악업만 짓고
세 가지 착한 행 닦지 않으면
그는 퇴압지옥에 떨어지나니
그 고통 이루 다 말할 수 없네.

분노하고 잔인하게 해칠 마음을 품고
살생한 피로써 손을 더럽히며
온갖 악한 행을 저지른다면
그는 규환지옥에 떨어진다네.

항상 여러 가지 삿된 견해 익히고
이욕利欲의 그물에 덮여
비루한 행실을 하는 사람은
대규환지옥에 떨어진다네.

항상 태우고 굽는 행을 통하여
모든 중생을 태우고 구우면
소자지옥에 떨어지나니
영원히 굽고 지짐 받을 것이다.

선과善果 받을 업을 버리고
선과의 청정한 도를 버리고
더럽고 못된 짓〔弊惡〕만 행하면
대소자지옥에 떨어진다네.

아주 중한 죄를 저지르면
악취惡趣의 업을 지었으므로
반드시 저 무간지옥에 떨어지나니
받는 죄업 이루 다 말할 수 없네.

상지옥과 흑승지옥과
퇴압지옥과 두 규환지옥
소자지옥과 대소자지옥이며
무간지옥은 여덟 번째 지옥이다.

이 여덟 개의 큰 지옥은
통연洞然한 큰불의 광색光色으로
이것은 전생의 악업에서 온 재앙이며
그 안엔 작은 지옥도 16개나 있다.

부처님께서 비구들에게 말씀하셨다.

"저 두 대금강산大金剛山 사이에 큰바람이 일어나는데 그 이름을 증거增佉 바람이라 한다. 만일 이 바람이 이 4천하와 8만 천하에 불어온다면 이 대지와 모든 명산名山과 수미산왕을 땅에서 10리 혹은 백 리쯤 공중으로 날려 모두 부숴 버릴 것이다. 비유하면 마치 장사가 손에 가벼운 겨를 쥐고 공중에 흩어 버리는 것과 같다. 만일 저 큰바람이 불어온다면 이 천하를 날려 버리는 것도 그와 같을 것이나 두 개의 큰 금강산이 그 바람을 막고 있기 때문에 오지 못하는 것이다. 비구야, 마땅히 알라. 이 금강산은 유익함이 많고 또 이것은 중생들이 지은 과보〔行報〕가 가지고 온 것이다.

또 저 두 산 사이의 바람은 불꽃이 성해서 몹시 뜨겁다. 만일 그 바람이 이 4천하까지 불어오기만 하면 그 가운데 있는 중생과 산·하수·강·바다·초목·총림들은 다 타고 말라죽을 것이다. 마치 한여름에 연한 풀을 꺾어 햇볕에 놓아두면 금방 시들어 말라 버리는 것과 같다. 그 바람도 이와 같아서 만일 이 세계에 불어오게 되면 그 더운 기운으로 태우고 굽는 것이 또한 이와 같을 것이다. 이 두 개의 커다란 금강산이 그 바람을 막고 있기 때문에 불어오지 못하는 것이다. 비구야, 마땅히 알라. 이 금강산은 유익함이 많고 또 이것은 중생들이 지은 과보로 이루어진 것이다.

또 저 두 산 사이의 바람은 냄새나고 깨끗하지 못하며 비린내와 더러움이 지독하다. 만일 이 천하까지 불어오기만 하면 중생들은 그 냄새를 쏘이게 되어 모두 눈이 멀게 될 것이나, 이 두 개의 커다란 금강산이 그 바람을 막고 있기 때문에 불어오지 못하는 것이다. 비구들아, 마땅히 알라. 이 금강산도 유익함이 많고 또 중생들이 지은 과보로 이루어진 것이다.

또 그 두 산 사이에는 열 개의 지옥이 있다. 첫 번째 지옥은 후운厚雲이라 하고, 두 번째 지옥은 무운無雲[1]이라 하며, 세 번째 지옥은 아아呵呵라 하고, 네 번째 지옥은 내하奈何라 하며, 다섯 번째 지옥은 양명羊鳴이라 하고, 여섯 번째 지옥은 수건제須乾提라 하며, 일곱 번째 지옥은 우발라優鉢羅라 하고, 여덟 번째 지옥은 구물두拘物頭라 하며, 아홉 번째 지옥은 분타리分陀利라 하고, 열 번째 지옥은 발두마鉢頭摩라 한다.

왜 후운지옥이라 이름하는가? 그 지옥의 죄인은 저절로 몸이 생겨

---

1 이역본인 『대루탄경大樓炭經』에서는 니라부타泥羅浮陀, 즉 육포지옥肉胞地獄이라 하였다.

나는데 마치 두터운 구름과 같기 때문에 후운이라 이름한다. 왜 무운이라 이름하는가? 그 지옥에서 죄를 받고 있는 중생은 저절로 몸이 생겨나는데 마치 고깃덩어리처럼 생겼기 때문에 무운無雲이라 한다. 왜 아아라 이름하는가? 그 지옥에서 죄를 받는 중생은 고통이 몸에 닥칠 때마다 모두 '아아' 소리를 치기 때문에 아아라고 이름한다. 왜 내하라 이름하는가? 그 지옥에서 죄를 받는 중생은 고통이 매우 심하지만 의지할 곳이 없어 모두 '어찌할꼬〔奈何〕' 하고 말하기 때문에 내하라고 이름한다. 왜 양명羊鳴이라 이름하는가? 그 지옥에서 죄를 받는 중생은 고통이 몸에 닥칠 때마다 큰 소리로 말하고 싶어도 혀가 돌아가지 않아 꼭 염소가 우는 것과 같은 소리를 내기 때문에 양명이라 이름한다. 왜 수건제라 이름하는가? 그 지옥은 온 지옥이 수건제꽃처럼 온통 새까맣기 때문에 수건제라 이름한다. 왜 우발라라 이름하는가? 그 지옥은 우발라꽃처럼 온 지옥이 온통 시퍼렇기 때문에 우발라라 이름한다. 왜 구물두라 이름하는가? 그 지옥은 구물두꽃처럼 온 지옥이 온통 새빨갛기〔紅〕 때문에 구물두라 이름한다. 왜 분타리라 이름하는가? 그 지옥은 분타리꽃처럼 온 지옥이 온통 하얗기 때문에 분타리라 이름한다. 왜 발두마라 이름하는가? 그 지옥은 발두마꽃처럼 지옥이 온통 빨갛기〔赤〕 때문에 발두마라 이름한다."

부처님께서 비구들에게 말씀하셨다.

"비유하면 64곡斛쯤 들어가는 둥구미에 가득 차 있는 참깨를 어떤 사람이 백 년에 한 알씩 가져간다고 하자. 이렇게 하여 그것이 모두 없어진다고 하더라도 후운지옥에서 받는 죄는 끝나지 않는다. 20생의 후운지옥 수명은 한 생의 무운지옥 수명과 같고, 20생의 무운지옥 수명은 한 생의 아아지옥 수명과 같으며, 20생의 아아지옥 수명은 한 생의 내하지옥 수명과 같고 20생의 내하지옥 수명은 한 생의 양명지옥 수명과 같으며, 20생의 양명지옥 수명은 한 생의 수건제지옥 수명과 같고, 20생의 수건제지옥 수명은 한 생의 우발라지옥 수명과 같다. 20생의 우발라지옥 수명은 한 생의 구물두지옥 수명과 같으며, 20생의 구물두지옥 수명은 한 생의 분타리지옥 수명과 같고 20생의 분타리지옥 수명은 한 생의 발두마지옥 수명과 같고 20생의 발두마지옥 수명은 1중겁中劫이라 하고, 20중겁을 1대겁大劫이라고 한다.

발두마지옥의 불꽃 길은 매우 뜨겁고 세차서 죄인이 그 불에서 백 유순 쯤 떨어져 있어도 불에 태워진다. 60유순 떨어져 있으면 벌써 두 귀가 멀어 아무것도 들을 수 없고 50유순 떨어져 있으면 벌써 두 눈이 멀어서 보이는 것이 없다. 구파리瞿波梨[2]비구는 이미 악한 마음을 품고 사리불과 목건련을 비방하다가 몸이 무너지고 목숨이 끝나자 이 발두마지옥에 떨어졌다."

그때 범왕은 이 게송을 말했다.

대개 사람은 세상에 날 때부터
그 입안에 도끼가 있다.
몸이 베이는 그 까닭은
바로 악한 말 때문이라네.

마땅히 비방할 자를 도리어 칭찬하고
마땅히 칭찬할 자는 도리어 비방하며
입으로 악한 업을 지었기에

---

2 구파리kokāliya는 구가리俱伽離·악시자惡時者·우수牛守라고도 한다. 제바달다의 제자이고 일반적으로 무신비구無信比丘라고 한다.

몸으로 그 죄를 반드시 받는 것이네.

기술로 재물을 모았다면[3]
그 허물은 엷고 적지만
만일 현성을 헐뜯고 비방했다면
그 허물은 아주 무거우리라.

무운無雲지옥에서의 백천 수명과
후운지옥에서의 41생 수명을 지내나니
성인을 비방하여 받는 이 재앙
마음과 입으로 지은 악 때문이라네.

부처님께서 비구에게 말씀하셨다.

"저 범천이 말한 이 게송은 진실한 말이고 부처님께서도 인가印可하신 것이다. 무슨 까닭인가? 오늘 나 여래·지진·등정각도 이런 뜻을 말할 것이기 때문이다."

대개 사람은 세상에 날 때부터
그 입안에 도끼가 있다.
몸이 베이는 그 까닭은
그 악한 말 때문이다.

마땅히 비방할 자는 도리어 칭찬하고

3 『대루탄경』에는 "노름으로 재물을 얻더라도"라고 하였다.

마땅히 칭찬할 자는 도리어 비방하며
입으로 악한 업을 지은 그 사람
몸으로 그 죄를 반드시 받는다.

기술로 재물을 모았다면
그 허물은 엷고도 적지만
만일 현성을 헐뜯고 비방했다면
그 허물은 아주 무거우리라.

무운지옥에서의 수명과
후운지옥에서의 수명을 지내나니
성인을 비방하여 받는 이 재앙
마음과 입으로 지은 악 때문이다.

부처님께서 비구들에게 말씀하셨다.

"염부제 남쪽, 큰 금강산 안에 염라왕궁이 있다. 왕이 다스리는 곳은 가로와 세로가 각각 60유순이다. 그 성은 일곱 겹으로 되어 있는데 일곱 겹의 난간이 있고 일곱 겹의 그물과 일곱 겹의 가로수가 있다. 나아가 무수한 온갖 새가 서로 소리를 맞추어 우는 경우까지도 앞에서와 같다. 그러나 저 염라왕에게는 낮과 밤 사이에 세 차례씩 큰 구리쇠로 된 가마솥이 저절로 앞에 나타난다. 만일 그 가마솥이 궁 안에 나타나면 왕이 보고 두려워하여 그것을 버리고 궁전 밖으로 나간다. 만일 가마솥이 궁 밖에 나타나면 왕은 보고 두려워하여 그것을 버리고 궁 안으로 들어간다. 큰 옥졸이 염라왕을 잡아다가 뜨거운 쇠 위에 눕히고 쇠갈고리를 입에 걸어 입을 벌리고 구리물을 거기에 쏟는다. 구리물은 그의 입술과 혀를 태우고 목구멍에서 배에까지 이르고 밑으로 내려가며 태우고 굽지 않는 것이 없다. 그 죄를 받고 나면 다시 모든 채녀婇女들과 함께 서로 즐겁게 지낸다. 저 모든 대신들이 받는 복도 그와 같다."

부처님께서 비구들에게 말씀하셨다.

"세 사자〔使〕가 있다. 어떤 것을 세 가지라고 하는가? 첫 번째는 늙음이며, 두 번째는 병이며, 세 번째는 죽음이다. 어떤 중생이 몸으로 나쁜 짓을 하고 입으로 나쁜 말을 하며 마음으로 나쁜 생각을 하면 몸이 무너지고 목숨이 끝난 뒤에 지옥에 떨어진다. 그러면 옥졸은 그 죄인을 끌고 염라왕에게로 간다. 그리고 거기 가서 말한다.

'이 사람이 바로 사자〔天使〕가 불러온 사람입니다. 오직 원컨대 대왕이시여, 그를 잘 문초하시기 바랍니다.'

왕은 그 죄인에게 물었다.

'너는 첫 번째 사자를 보지 못했느냐?'

죄인이 대답했다.

'저는 보지 못했습니다.'

왕이 또 물었다.

'네가 인간 세상에 있었을 때, 머리는 희고 이는 빠졌으며 눈은 어둡고 가죽은 늘어지며 살은 주름이 패고 등이 굽은 노인이 지팡이를 짚고 신음하면서 걸어 다니는데 온몸은 부들부들 떨리고 기력이 쇠잔한 그런 사람을 보았을 텐데, 정녕 그런 사람을 보지 못했느냐?'

죄인이 대답했다.

'보았습니다.'

왕이 또 물었다.

'너는 어찌하여 나도 저와 같아질 것이라고 생각해보지 않았느냐?'

그 죄인이 대답했다.

'저는 그때 방탕하여 스스로 깨닫지 못했습니다.'

왕이 다시 말했다.

'너는 스스로 방탕했기 때문에 몸과 입과 뜻을 닦아 나쁜 것을 고치고 선한 것을 따를 수가 없었다. 이제 마땅히 너로 하여금 방탕의 괴로움이 어떤 것인지 알게 하리라.'

왕이 또 물었다.

'이제 네가 받는 죄는 부모의 탓도 아니고 형제의 탓도 아니며, 또 천제天帝의 탓도 아니며, 또한 조상의 탓도 아니다. 또 스승이나 종이나 하인들 때문도 아니며, 또 사문 바라문의 탓도 아니다. 네 자신이 잘못을 했기 때문에 네가 지금 스스로 받는 것이다.'

그때 염라왕은 첫 번째 사자를 가지고 죄인을 문초하여 마친 다음 다시 두 번째 사자를 가지고 죄인을 문초하였다.

'어떠냐? 너는 두 번째 천사天使를 보지 못했느냐?'

죄인이 대답했다.

'보지 못했습니다.'

왕이 또 물었다.

'네가 본래 인간 세상에 있었을 때 사람들이 병이 위중하여 오줌과 똥이 묻은 더러운 담요 위에 누운 채 거기에서 일어나지 못하고, 음식을 먹을 때는 남의 신세를 져야 하며, 온 뼈마디가 쑤시고 아파 눈물을 흘리면서 신음하고 말조차 제대로 하지 못하는 것을 보았을 텐데, 너는 정녕 그런 것을 보지 못했느냐?'

죄인이 대답했다.

'보았습니다.'

왕이 또 물었다.

'너는 어찌하여 나도 저러한 질병의 고통을 당할 것이라고 스스로 생각해보지 않았느냐?'

죄인이 대답했다.

'저는 그때 방일하여 스스로 깨닫지 못했습니다.'

왕이 또 물었다.

'너는 스스로 방일하여 몸과 입과 뜻을 닦아 나쁜 것을 고치고 선한 것을 따를 수 없었다. 지금 마땅히 너로 하여금 방일의 괴로움이 어떤 것인지 알게 하리라.'

왕이 또 물었다.

'이제 네가 받는 죄는 부모의 탓도 아니고 형제의 탓도 아니며, 또 천제의 탓도 아니고, 또한 조상의 탓도 아니다. 또 스승이나 종이나 하인들 때문도 아니요, 또 사문 바라문의 탓도 아니다. 네 자신이 잘못을 했기 때문에 네가 지금 스스로 받는 것이다.'

그때 염라왕은 두 번째 사자를 가지고 죄인을 문초하여 마치고 나서 다시 세 번째 사자를 가지고 죄인을 문초하였다.

'어떠냐? 너는 세 번째 천사를 보지 못했는가?'

죄인이 대답하였다.

'보지 못했습니다.'

왕이 또 물었다.

'네가 본래 인간 세상에 있었을 때 사람들이 죽어 몸이 무너지고 목숨이 끝나면 모든 감관〔根〕이 아주 없어지고 몸이 뻣뻣하게 굳어져 마치 마른 나무처럼 되며, 묘지에 버려진 뒤에는 새나 짐승의 밥이 되거나 혹은 널을 덮거나 혹은 불로 사르는 것을 보았을 터인데, 너는 정녕 그런 것을 보지 못했느냐?'

죄인이 대답했다.

'사실은 보았습니다.'

왕이 또 물었다.

'너는 어찌하여 나도 반드시 죽을 것이며 저와 다름이 없을 것이라고 생각해 보지 않았느냐?'

죄인이 대답했다.

'저는 그때 방일하여 스스로 깨닫지 못했습니다.'

왕이 다시 물었다.

'너는 스스로 방일하여 몸과 입과 뜻을 닦아 나쁜 것을 고치고 선한 것을 따를 수 없었다. 지금 마땅히 너로 하여금 방일의 괴로움이 어떤 것인지 알게 하리라.'

왕이 또 물었다.

'지금 네가 받는 죄는 부모의 탓도 아니며 형제의 탓도 아니며, 또 천제의 탓도 아니고, 또 조상의 탓도 아니다. 또 스승이나 종이나 하인들 때문도 아니며, 또 사문 바라문의 탓도 아니다. 네 자신이 악을 지었기 때문에 네가 지금 스스로 받는 것이다.'

염라왕은 세 사자를 가지고 빠짐없이 꾸짖고 나서 옥졸에게 맡겼다. 그러자 그 옥졸은 곧 죄인을 데리고 큰 지옥으로 갔다. 그 큰 지옥은 가로와 세로가 각각 백 순이며 깊이도 백 유순이었다."

세존께서 게송으로 말씀하셨다.

사방에는 네 개의 문이 있고
거리도 그에 맞게 뻗어 있는데
쇠로써 지옥의 담장 둘러치고
위에는 쇠그물을 덮었다.

무쇠로 만든 밑바닥에서는
저절로 불꽃이 솟아오르나
가로와 세로는 모두 백 유순으로서
굳게 닫혀 끄떡도 하지 않는다.

검은 불꽃이 뭉게뭉게 일어나
시뻘겋고 세찬 불길 차마 볼 수 없구나.
또 작은 지옥도 16개나 있으니
불이 세찬 것 악을 지은 탓이다.

부처님께서 비구에게 말씀하셨다.

"그때 염라왕은 혼자 이렇게 생각하였다.

'세간의 중생들은 미혹하고 무식하여 몸으로 나쁜 짓을 하고 입과 마음으로 나쁜 짓을 한 까닭에 목숨을 마친 뒤에는 이런 고통을 받지 않는 자가 드물다. 세간의 중생들이 만일 능히 나쁜 행동을 고치고 몸과 입과 마음을 닦아 착한 행동을 한다면 목숨을 마친 뒤에는 저 하늘신과 같은 즐거움을 누릴 것이다. 내가 장차 목숨을 마친 뒤 인간 세상 태어나 만일 거기서 여래를 만난다면 마땅히 정법 가운데서 수염과 머리를 깎고 세 가지 법의를 입고, 집을 나가 도를 닦되 청정한 믿음으로써 범행을 깨끗이 닦아 할 일을 다해 마치고 생사를 끊고 현재 세계에서 직접 깨달아서 다시는 뒤의 목숨을 받지 않을 것이다.'"

세존께서 게송으로 말씀하셨다.

비록 사자를 보았더라도

여전히 방일하고 게으르면
그는 언제나 걱정을 품고
또 비천한 곳에 태어나리라.

만일 지혜로운 사람이
저 천사를 본다면
현성의 법을 친근히 하고
또한 방일하지 않을 것이다.

생명을 받는 것을 두렵다고 보니
나고 늙고 병들고 죽기 때문이다.
생生을 받지 않으면 곧 해탈하여
나고 늙고 병들고 죽음 없어지리라.

그는 이에 안온한 곳 얻어
현재 세상에서 무위無爲를 얻고
모든 걱정과 두려움 건너
반드시 반열반에 들어가리라.

5) 용조품龍鳥品

부처님께서 비구들에게 말씀하셨다.

"네 가지 용龍이 있다. 어떤 것이 네 가지인가? 첫 번째는 난생卵生이며, 두 번째는 태생胎生이며, 세 번째는 습생濕生이며, 네 번째는 화생化生이다. 이것을 네 가지라고 한다. 네 가지 금시조金翅鳥가 있다. 어떤 것을 네 가지라고 하는가? 첫 번째는 난생이며, 두 번째는 태생이며, 세 번째는 습생이며, 네 번째는 화생이다. 이것을 네 가지라고 한다. 큰 바다 밑에 사갈娑竭용왕의 궁전이 있다. 그 궁전은 가로와 세로가 각각 8만 유순이고, 궁전 담장은 일곱 겹으로 되어 있다. 일곱 겹의 난간, 일곱 겹의 그물, 일곱 겹의 가로수가 빙 둘러 장엄하게 장식하고〔嚴飾〕 있는데 모두 7보寶로 되어 있으며, 나아가 무수한 온갖 새가 서로 화답하며 지저귀는 것까지의 내용은 또한 앞에서와 같다.

수미산왕과 가타라산 사이에 난다難陀[4]와 바난다婆難陀[5] 두 용왕의 궁전이 있다. 두 궁전은 가로와 세로가 각각 6천 유순이고 궁전 담장은 일곱 겹으로 되어 있다. 일곱 겹의 난간, 일곱 겹의 그물, 일곱 겹의 가로수가 빙 둘러 장식하였는데 모두 7보로 되어 있으며, 나아가 무수한 온갖 새가 서로 화답하며 지저귀는 것까지의 내용은 또한 앞에서와 같다.

대해大海의 북쪽 언덕에 한 그루의 큰 나무가 있는데, 그 이름은 구라섬마라究羅睒摩羅이고 용왕과 금시조도 이 나무에 함께 살고 있다. 그 나무 밑동의 둘레는 7유순이고 높이는 백 유순이며, 가지와 잎은 사방으로 50유순이나 퍼져 있다. 이 큰 나무 동쪽에 난생 용왕의 궁전과 난생 금시조의 궁전이 있다. 그 궁전들은 가로와 세로가 각각 6천 유순이고, 궁전 담장은 일곱 겹으로 되어 있다. 일곱 겹의 난간, 일곱 겹의 그물, 일곱 겹의 가로수가 빙 둘러 장식하였는데 모두 7보로 되어 있으며, 나아가 무수한 온갖 새가 서로 화답하며 지저귀는 것까지의 내용은 또한 앞에서와 같다. 이 구라섬마라나무의 남

---

4 난다용왕은 팔리어로 Nanda-nāgarājan이다.

5 팔리어로는 Upananda-nāgarājan인데 송·원·명 3본에는 발난다용왕跋難陀龍王으로 되어 있다. 또 고려대장경에서도 뒤에서는 발난다용왕跋難陀龍王이라고 하였다.

쪽에 태생 용왕의 궁전과 태생 금시조의 궁전이 있다. 그 궁전들은 가로와 세로가 각각 6천 유순이고 궁전 담장은 일곱 겹으로 되어 있다. 일곱 겹의 난간, 일곱 겹의 그물, 일곱 겹의 가로수가 빙 둘러 장식하였는데 모두 7보로 되어 있으며, 나아가 무수한 온갖 새가 서로 화답하며 지저귀는 것까지의 내용은 또한 앞에서와 같다. 구라섬마라나무의 서쪽에는 습생 용왕의 궁전과 습생 금시조의 궁전이 있다. 그 궁전은 가로와 세로가 각각 6천 유순이고 궁전 담장은 일곱 겹으로 되어 있다. 일곱 겹의 난간, 일곱 겹의 그물, 일곱 겹의 가로수가 빙 둘러 장식하였는데 모두 7보로 되어 있으며, 나아가 무수한 온갖 새가 서로 화답하며 지저귀는 것까지의 내용은 또한 앞에서와 같다. 구라섬마라나무의 북쪽에는 화생 용왕의 궁전과 화생 금시조의 궁전이 있다. 그 궁전은 가로와 세로가 각각 6천 유순이고 궁전 담장은 일곱 겹으로 되어 있다. 일곱 겹의 난간, 일곱 겹의 그물, 일곱 겹의 가로수가 빙 둘러 장식하였는데 모두 7보로 되어 있다. 나아가 무수한 온갖 새가 서로 화답하며 지저귀는 것까지의 내용은 또한 앞에서와 같다.

난생의 금시조가 용을 잡아먹으려고 할 때에는 구라섬마라나무 동쪽 가지에서 날아 내려와 날개로 바닷물을 치면 바닷물은 양쪽으로 2백 순이나 갈라진다. 그러면 난생의 용을 마음대로 잡아먹는다. 그러나 태생·습생·화생의 용들은 잡아먹을 수 없다.

태생의 금시조가 난생의 용을 잡아먹으려고 할 때에는 나무의 동쪽 가지에서 날아 내려와 날개로 바닷물을 치면 바닷물은 양쪽으로 2백 유순이나 갈라진다. 그러면 난생의 용을 마음대로 잡아먹는다.

태생의 금시조가 태생의 용을 잡아먹으려고 할 때에는 나무의 남쪽 가지에서 날아 내려와 날개로 바닷물을 치면 바닷물은 양쪽으로

4백 유순이나 갈라진다. 그러면 태생의 용을 마음대로 잡아먹는다. 그러나 습생과 화생의 용들은 잡아먹지 못한다.

습생의 금시조가 난생의 용을 잡아먹으려고 할 때에는 나무의 동쪽 가지에서 날아 내려와 날개로 바닷물을 치면 바닷물은 양쪽으로 2백 유순이나 갈라진다. 그러면 난생의 용을 마음대로 잡아먹는다. 습생의 금시조가 태생의 용을 잡아먹으려고 할 때에는 나무의 남쪽 가지에서 날아 내려와 날개로 바닷물을 치면 바닷물은 양쪽으로 4백 유순이나 갈라진다. 그러면 용을 마음대로 잡아먹는다. 습생의 금시조가 습생의 용을 잡아먹으려고 할 때에는 나무의 서쪽 가지에서 날아 내려와 날개로 바닷물을 치면 바닷물은 양쪽으로 8백 유순이나 갈라진다. 그러면 습생의 용을 마음대로 잡아먹는다. 그러나 화생의 용은 잡아먹지 못한다.

화생의 금시조가 난생의 용을 잡아먹으려고 할 때에는 나무의 동쪽 가지에서 날아 내려와 날개로 바닷물을 치면 바닷물은 양쪽으로 2백 유순이나 갈라진다. 그러면 난생의 용을 마음대로 잡아먹는다. 화생의 금시조가 태생의 용을 잡아먹으려고 할 때에는 나무의 남쪽 가지에서 내려와 날개로 바닷물을 치면 바닷물은 양쪽으로 4백 유순이나 갈라진다. 그러면 태생의 용을 마음대로 잡아먹는다. 화생의 금시조가 습생의 용을 잡아먹으려고 할 때에는 나무의 서쪽 가지에서 날아 내려와 날개로 바닷물을 치면 바닷물은 양쪽으로 8백 유순이나 갈라진다. 그러면 습생의 용을 마음대로 잡아먹는다. 화생의 금시조가 화생의 용을 잡아먹으려고 할 때에는 나무의 북쪽 가지에서 날아 내려와 날개로 바닷물을 치면 바닷물은 양쪽으로 1천 6백 유순이나 갈라진다. 그러면 화생의 용을 잡아먹는다. 이상은 금시조가 용을 잡아먹는 경위를 말한 것이다.

또 금시조도 잡아먹지 못하는 큰 용이 있다. 어떤 용이 그런 것들인가? 그들은 사갈娑竭용왕·난다難陀용왕·발난다跋難陀용왕·이나바라伊那婆羅용왕·제두뢰타提頭賴吒용왕·선견善見용왕·아로阿盧용왕·가구라伽拘羅용왕·가비라伽毘羅용왕·아파라阿波羅용왕·가누伽㝹용왕·구가누瞿伽㝹용왕·아뇩달阿耨達용왕·선주善住용왕·우섬가파두優瞻伽波頭용왕·득차가得叉伽용왕 등이다. 이 모든 큰 용왕들은 다 금시조에게 잡아먹히지 않는다. 그 근처에 있는 다른 모든 용들도 또한 금시조에게 잡아먹히지 않는다."

부처님께서 비구들에게 말씀하셨다.

"만일 어떤 중생이 용의 계戒를 받들어 가지고 마음이 용을 향하고 용의 법을 갖추면 곧 용으로 태어난다. 만일 어떤 중생이 금시조의 계를 받들어 가지고 마음이 금시조를 향하고 그 법을 갖추면 곧 금시조로 태어날 것이다. 어떤 중생이 토효免梟의 계를 가지고 마음이 토효를 향하고 그 법을 갖추면 토효 가운데 떨어질 것이다.

만일 어떤 중생이 개의 계를 받들어 가지거나 혹은 소의 계를 가지며, 혹은 사슴의 계를 가지거나 혹은 벙어리의 계를 가지며, 혹은 마니바다摩尼婆陀[6]의 계를 가지거나 혹은 불의 계를 가지며, 혹은 달의 계를 가지거나 혹은 해의 계를 가지며, 혹은 물의 계를 가지거나 혹은 불을 공양하는 법을 가지며, 혹은 고행의 더러운 법을 가지고서 이렇게 생각한다고 하자.

'나는 이 벙어리의 법·마니바다의 법·불의 법·해와 달의 법·물의 법·불을 공양하는 법과 모든 고행의 법을 지녔다. 나는 이 공덕을 가짐으로써 하늘에 나려고 한다.'

6 팔리어로는 Maṇibhadda라고 한다. 한역하여 보현普賢이라고도 하며, 야차夜叉의 여덟 대장 중 하나이다.

이런 생각을 한다면 그것은 곧 삿된 소견이다."

부처님께서 말씀하셨다.

"나는 이런 삿된 소견을 가진 사람은 반드시 두 곳에 태어난다고 말할 것이니, 혹은 지옥에 태어나기도 하고 혹은 축생에 떨어지기도 한다. 혹 어떤 사문 바라문은 이러한 주장과 이러한 소견을 가지고 있다.

'나와 세간은 유상有常한 것이다. 이것이 진실이고 다른 것은 거짓이다. 나와 세간은 무상無常한 것이다. 이것은 진실이고 다른 것은 거짓이다. 나와 세간은 유상하기도 하고 무상하기도 하다. 이것이 진실이고 다른 것은 거짓이다. 나와 세간은 유상도 아니며 무상도 아니다. 이것이 진실이고 다른 것은 거짓이다. 나와 세간은 유변有邊이다. 이것이 진실이고 다른 것은 거짓이다. 나와 세간은 무변無邊이다. 이것이 진실이고 다른 것은 거짓이다. 나와 세간은 유변이면서 무변이다. 이것이 진실이고 다른 것은 거짓이다. 나와 세간은 유변도 아니며 무변도 아니다. 이것이 진실이고 다른 것은 거짓이다. 이 명命이 곧 이 몸이다. 이것이 진실이고 다른 것은 거짓이다. 명이 다르고 몸이 다르다. 이것이 진실이고 다른 것은 거짓이다. 명은 있는 것도 아니고 명은 없는 것도 아니다. 이것이 진실이고 다른 것은 거짓이다. 명도 없고 몸도 없다. 이것이 진실이고 다른 것은 거짓이다.'

어떤 사람은 말한다.

'그는 죽어도 여전한 것이 있다. 이것이 진실이고 다른 것은 거짓이다.'[7]

어떤 사람은 말한다.

---

7 『대루탄경』에는 이 부분이 여래가 사후에 존재하는가 존재하지 않는가에 대한 논란으로 나와 있다.

'그가 죽으면 여전한 것은 없다. 이것이 진실이고 다른 것은 거짓이다.'

혹은 말한다.

'그가 죽으면 여전한 것은 있기도 하고 없기도 하다. 이것이 진실이고 다른 것은 거짓이다.'

또 말한다.

'그가 죽으면 여전한 것은 있는 것도 아니고 없는 것도 아니다. 이것이 진실이고 다른 것은 거짓이다.'

저 사문 바라문이 만일 이러한 주장과 이러한 소견을 가지고 '세상은 항상한 것이다. 이것이 진실이고 다른 것은 거짓이다'라고 말한다면 그의 마음에는 아견我見·명견命見·신견身見·세간견世間見이 있는 것이다. 그러므로 그는 '나와 세간은 유상한 것이다'라고 이렇게 말하는 것이다.

저 무상한 것이라고 말하는 자의 마음에도 아견·명견·신견·세간견이 있다. 그러므로 그는 '나와 세간은 무상한 것이다'라고 말하는 것이다. 저 '유상하기도 하고 무상하기도 하다'고 말하는 자의 마음에도 아견·명견·신견·세간견이 있다. 그러므로 그는 '세간은 유상하기도 하고 무상하기도 하다'고 말하는 것이다. 저 '유상도 아니며 무상도 아니다'라고 말하는 자의 마음에도 아견·명견·신견·세간견이 있다. 그러므로 '나와 세간은 유상도 아니며 무상도 아니다'라고 말하는 것이다. 저 '나와 세간은 유변하다'고 말하는 자의 마음에도 아견·명견·신견·세간견이 있다. 그러므로 '명은 유변이며 몸도 유변이며 세간도 유변이다'라고 말하는 것이다. 처음 수태受胎된 때로부터 무덤에 이르기까지 4대〔大〕로 이루어진 몸뚱이는 이와 같이 전전展轉하여 마지막으로 7생生에 이르러서야 신명身命의 행이 다하여 나는 청정취淸淨聚에 들어간다. 그러므로 그는 '나는 유변이다'라고 말한다.

저 '나와 세간은 무변이다'라고 말하는 자의 마음에도 아견·명견·신견·세간견이 있다. 그러므로 '명은 무변이며 몸도 무변이며 세간도 무변이다'라고 말한다. 처음 태를 받은 때로부터 무덤에 이르기까지 네 가지 요소로 이루어진 몸뚱이는 이와 같이 전전하여 마지막으로 7생에 이르러서야 신명의 행이 다하여 나는 청정취에 들어간다. 그러므로 '나와 세간은 무변이다'라고 말한다. 그가 '이 세간은 유변이기도 하고 무변이기도 하다'라고 말하는 것은 그의 마음에 아견·명견·신견·세간견이 있기 때문이다. 그러므로 '명命은 유변이면서 무변이다'라고 말한다. 처음 태를 받은 때로부터 무덤에 이르기까지 네 요소로 이루어진 몸뚱이는 이와 같이 전전하여 마지막으로 7생에 이르러서야 신명의 행이 다하여 나는 청정취에 들어간다. 그러므로 '나는 유변도 아니며 무변도 아니다'라고 말한다.

그가 '이 명은 바로 몸이다'라고 말하는 것은 이 몸에 대해서도 명견命見이 있다고 보고 다른 몸에 대해서도 명견이 있다고 보기 때문이다. 그러므로 '이 몸은 곧 명이다'라고 말한다. '명이 다르고 몸이 다르다'라고 하는 것은 이 몸에 대해서는 명견이 실재한다는 소견을 가지고 있지만 다른 몸에 대해서만 명견이 없다고 여기기 때문이다. 그러므로 '명이 다르고 몸이 다르다'고 하는 것이다. 그가 '몸과 목숨은 있는 것도 아니며 없는 것도 아니다'라고 말하는 것은 이 몸에 대해서는 명이 있다는 견해를 가지지 않고 다른 몸에 대해서는 명이 있다는 견해를 가지고 있기 때문이다. 그러므로 '있는 것도 아니며 없는 것도 아니다'라고 하는 것이다.

그가 '신명身命은 없다'라고 말하는 것은 이 몸에 대해서도 명이 있다는 견해가 없고 다른 몸에 대해서도 명이 있다는 견해가 없기 때문이다. 그러므로 '명도 없고 몸도 없다'고 하는 것이다. 그가 '그는 죽어도 여전한 것이 있다'고 말하는 것은 그 사람이 현세에도 신명이 있고 후세에도 또한 신명이 있어 돌아다닌다고 보기 때문이다. 그러므로 '그는 죽어도 여전한 것이 있다'고 하는 것이다. '그가 죽으면 여전한 것은 없다'고 하는 것은 그가 금생에는 명이 있고 후세에는 명이 없다고 생각하기 때문이다. 그러므로 '그가 죽으면 여전한 것은 없다'고 하는 것이다. '그가 죽으면 여전한 것은 있기도 하고 없기도 하다'고 하는 것은 그가 금생에서는 명을 단멸斷滅했지만 후생에는 명이 돌아다닌다고 생각하기 때문이다. 그러므로 '그가 죽으면 여전한 것은 있기도 하고 없기도 하다'고 하는 것이다. '그가 죽으면 여전한 것은 있는 것도 아니며 없는 것도 아니다'라고 하는 것은 그가 금생에도 신명이 단멸하였고 후생에도 신명이 단멸한다고 생각하기 때문이다. 그러므로 '그가 죽으면 여전한 것은 있는 것도 아니며 없는 것도 아니다'라고 하는 것이다."

그때 세존께서 모든 비구에게 말씀하셨다.

"옛날에 경면鏡面이라는 왕이 있었다. 한번은 선천적인 장님들을 한곳에 모아 놓고 그들에게 말했다.

'너희들 선천적 장님들이여, 코끼리를 아는가?'

그들은 대답했다.

'대왕이여, 저희는 인식하지 못합니다. 알지 못합니다.'

왕이 또 말했다.

'너희들은 그 형상이 어떤지 알고 싶은가?'

그들이 대답했다.

'알고 싶습니다.'

그러자 왕은 곧 시자에게 명하여 코끼리를 끌고 오게 하고 여러 장님들에게 손으로 어루만져 보게 했다. 그 중에는 코끼리를 더듬다가 코를 만진 자가 있었다. 왕이 말했다.

'이것이 코끼리다.'

혹은 코끼리의 어금니를 만진 자도 있고 혹은 코끼리의 머리를 만진 자도 있으며, 혹은 코끼리의 등을 만진 자도 있고 혹은 코끼리의 배를 만진 자도 있으며, 혹은 코끼리의 넓적다리를 만진 자도 있고 혹은 코끼리의 장딴지를 만진 자도 있으며, 혹은 코끼리의 발자국을 만진 자도 있고 혹은 코끼리의 꼬리를 만진 자도 있었다. 왕이 모두에게 말했다.

'이것이 코끼리이다.'

그때 경면왕은 그 코끼리를 물리치고 장님들에게 물었다.

'코끼리가 어떻게 생겼던가?'

모든 장님들 중 코끼리의 코를 만진 자는 '코끼리는 굽은 멍에와 같다'고 하였고, 코끼리의 어금니를 만진 자는 '코끼리는 절굿공이와 같다'고 했다. 코끼리의 귀를 만진 자는 '코끼리는 키와 같다'고 하였고, 코끼리의 머리를 만진 자는 '코끼리는 솥과 같다'고 했다. 코끼리의 등을 만진 자는 '코끼리는 언덕과 같다'고 하였고, 코끼리의 배를 만진 자는 '코끼리는 벽과 같다'고 했다. 코끼리의 넓적다리를 만진 자는 '코끼리는 나무와 같다'고 하였고, 코끼리의 장딴지를 만진 자는 '코끼리는 기둥과 같다'고 했다. 코끼리의 발자국을 만진 자는 '코끼리는 절구와 같다'고 하였고, 코끼리의 꼬리를 만진 자는 '코끼리는 밧줄과 같다'고 했다. 각각 서로 다투고 서로 시비하면서 '내 말이 옳다. 네 말은 그르다'고 하였다. 시비가 그치지 않자 드디어 다투기에 이르렀다. 왕은 이것을 보고 즐거워하며 크게 웃었다."

경면왕이 곧 게송으로 말했다.

모든 장님의 무리들 모여
이곳에서 서로 다투고 싸움하네.
코끼리의 몸뚱이 원래 하나인데
다른 모습 더듬어 보곤 시비를 내네.

부처님께서 비구들에게 말씀하셨다.

"모든 다른 학문을 배우는 외도外道들도 이와 같다. 괴로움에 대한 진리〔苦諦〕를 모르고 괴로움의 발생에 대한 진리〔集諦〕·괴로움의 소멸에 대한 진리〔滅諦〕·괴로움의 소멸에 이르는 길에 대한 진리〔道諦〕를 알지 못하여 제각기 다른 소견을 내어 서로 다투어 시비하고 자기가 옳다 하면서 싸움을 일으킨다. 만일 사문 바라문으로서 진실하게 괴로움에 대한 성스러운 진리〔苦聖諦〕·괴로움의 발생에 대한 성스러운 진리〔苦集聖諦〕·괴로움의 소멸에 대한 성스러운 진리〔苦滅聖諦〕·괴로움의 벗어남에 대한 진리〔苦出要諦〕를 안다면 그들은 스스로 생각해 보고 잘 화합하여 동일하게 받아들이고 동일한 스승을 받들 것이며 물에 젖이 섞이듯 하나, 같이 서로 화합하면 불법은 불꽃처럼 일어날 것이며 편안히 오래 머물 것이다."

세존께서 게송으로 말씀하셨다.

만일 사람이 괴로움을 모르고
괴로움이 일어나는 원인을 모르며
또한 다시 그 괴로움은
멸하여 없앨 수 있다는 것 모르고

또한 다시 그 괴로움의 원인을
멸하여 없애는 길을 모르면

마음의 해탈을 잃을 것이며
지혜의 해탈도 잃어 버려서
괴로움의 근본인 생·노·병·사의
그 근원을 다할 수 없을 것이다.

만일 괴로움을 분명히 알고
괴로움이 일어나는 원인을 알며
또한 능히 그 괴로움은
멸하여 없앨 수 있는 것임을 알고

또 능히 괴로움의 원인을
멸하는 성도聖道를 분별한다면
곧 마음의 해탈을 얻고
지혜의 해탈도 얻을 것이다.

이 사람은 능히 고음苦陰의 근본을
마지막 끝 간 데까지 환히 깨달아
생·노·병·사와
존재의 근원까지 다해 없애리라.

"모든 비구들아, 그러므로 너희들은 마땅히 부지런히 방편을 세워 괴로움의 성스러운 진리〔苦聖諦〕·괴로움의 발생에 대한 성스러운 진리〔苦集聖諦〕·괴로움의 소멸에 대한 성스러운 진리〔苦滅聖諦〕·괴로움의 벗어남에 대한 진리〔苦出要諦〕를 생각해 보아라.”

불설장아함경 제20권

〔제4분〕 ③

1. 세기경 ③

6) 아수륜품阿須倫品

부처님께서 비구들에게 말씀하셨다.

"수미산須彌山 북쪽의 큰 바다 밑에 라하羅呵 아수륜성이 있는데, 그 성의 가로와 세로는 각각 8만 유순이다. 그 성은 일곱 겹으로 되어 있으며, 일곱 겹의 난간, 일곱 겹의 그물, 일곱 겹의 가로수가 빙 둘러 장식하였고 모두 7보寶로 되어 있다. 성의 높이는 3천 유순이고, 너비는 2천 유순이다. 그 성문의 높이는 1천 유순이고, 너비도 1천 유순이다. 금성金城에는 은문銀門이며 은성에는 금문이다. 나아가 무수한 온갖 새들이 서로 화답하며 지저귀는 것에 이르기까지의 일들은 또한 앞에서 말한 것과 같다. 그 아수륜왕이 다스리는 작은 성은 윤수마발타輪輸摩跋吒라는 큰 성 가운데에 있는데, 이 작은 성의 가로와 세로는 각각 6만 유순이다. 그 성도 일곱 겹으로 되어 있으며, 일곱 겹의 난간, 일곱 겹의 그물, 일곱 겹의 가로수가 빙 둘러 장식하였으며 그것들은 다 7보로 되어 있다. 성의 높이는 3천 유순이고 너비는 2천 유순이다. 그 성문의 높이는 2천 유순이고 너비는 1천 유순이다. 금성에는 은문이며 은성에는 금문이다. 나아가 무수한 온갖 새가 서로 화답하며 지저귀는 것에 이르기까지의 일들은 또한 앞에서 말한 것과 같다.

그 성 안에는 따로 의당議堂을 세웠는데 이 강당의 이름은 칠시리사七尸利沙라고 하며 강당의 담장은 일곱 겹으로 되어 있다. 일곱 겹의 난간, 일곱 겹의 그물, 일곱 겹의 가로수가 빙 둘러 장식하였는데, 이는 다 7보로 되어 있다. 의당의 기초는 순수한 자거車 로 만들었고, 그 기둥은 순수한 7보로 되어 있다. 그 당의 가운데 기둥의 둘레는 1천 유순이고 높이는 1만 유순이다. 그 기둥 아래 정법좌正法座가 있는데 가로와 세로가 각각 7백 유순이며 문채와 조각은 7보로 되어 있다. 당에는 네 개의 문이 있고 둘레에는 난간이 있다. 계정階亭은 일곱 겹으로 되어 있고 일곱 겹의 난간, 일곱 겹의 그물, 일곱 겹의 가로수가 빙 둘러 장식하였는데 이는 다 7보로 되어 있다. 나아가 무수한 온갖 새가 서로 화답하며 지저귀는 것까지의 일은 또한 위에서 말한 것과 같다. 그 의당의 북쪽에 아수륜의 궁전이 있는데 가로와 세로는 각각 1만 유순이다. 궁전의 담은 일곱 겹으로 되어 있고 일곱 겹의 난간, 일곱 겹의 그물, 일곱 겹의 가로수가 빙 둘러 장식하였는데 이는 다 7보로 되어 있다. 나아가 무수한 온갖 새가 서로 화답하며 지저귀는 것까지의 일은 또한 위에서 말한 것과 같다.

그 의당의 동쪽에 한 원림園林이 있는데 이름은 사라娑羅라고 한다. 가로와 세로가 각각 1만 유순이고 동산의 담은 일곱 겹으로 되어 있다. 일곱 겹의 난간, 일곱 겹의 그물, 일곱 겹의 가로수가 빙 둘러 장식하였는데 이는 다 7보로 되어 있다. 나아가 무수한 온갖 새가 서로 화답하며 지저귀는 것까지의 일은 또한 위에서 말한 것과 같다. 그 당의 남쪽에 한 원림이 있는데 이름을 극묘極妙라고 한다. 가로와 세로가 각각 1만 유순으로서 사라 원림과 같다. 그 의당의 서쪽에 한 원림이 있는데 이름을 섬마睒摩라고 한다. 가로와 세로가 각각 1만 유순으로서 또한 사라 원림과 같다. 사라와 극묘 두 동산 중간에 주도晝度나무가 있는데, 그 나무 밑동의 둘레는 7유순이고 높이는 백 유순이다. 가지와 잎이 사방으로 50유순이나 퍼져 있다. 나무를 에워싸고 있는 담장은 일곱 겹이고 일곱 겹의 난간, 일곱 겹의 그물, 일곱 겹의 가로수가 빙 둘러 장식하였는데 이는 다 7보로 되어 있다. 나아가 무수한 온갖 새가 서로 화답하며 지저귀는 것까지의 일은 또한 위에서 말한 것과 같다.

또 섬마睒摩와 낙림樂林 두 동산 중간에는 발난다못이 있는데 물이 맑고 시원하며 더러운 것이 없다. 보배 해자는 일곱 겹으로 되어 있다. 두루 돌린 섬돌 가에는 일곱 겹의 난간, 일곱 겹의 그물, 일곱 겹의 가로수가 빙 둘러 장식하였는데 이는 다 7보로 되어 있다. 그 못에는 네 종류의 꽃이 있다. 꽃잎의 가로와 세로가 각각 1유순이고 향기 또한 1유순까지 멀리 퍼진다. 뿌리는 수레바퀴통과 같고, 흘러나오는 그 즙汁은 빛이 젖과 같이 희며 맛은 꿀처럼 달다. 무수한 온갖 새가 서로 화답하며 지저귀는 것까지의 일들은 또한 위에서 말한 것과 같다. 또 그 못 가에는 일곱 겹의 계정階亭이 있고 문과 담장은 일곱 겹으로 되어 있다. 일곱 겹의 난간, 일곱 겹의 그물, 일곱 겹의 가로수가 빙 둘러 장식하였는데 이는 다 7보로 되어 있다. 나아가 무수한 온갖 새가 서로 화답하며 지저귀는 것까지의 일들은 또한 위에서 말한 것과 같다.

그 아수륜왕阿須倫王 신하의 궁전은 가로와 세로가 각각 1만 유순이나 되는 것도 있고, 9천 또는 8천 유순이 되는 것도 있으며, 아주 작은 궁전도 천 유순이나 된다. 궁전의 담장은 일곱 겹으로 되어 있으며 일곱 겹의 난간, 일곱 겹의 그물, 일곱 겹의 가로수가 빙 둘러 장식하였는데 이는 다 7보로 되어 있다. 나아가 무수한 온갖 새가 서로 화답하며 지저귀는 것까지의 일들은 또한 위에서 말한 것과 같다. 그 작은 아수륜의 궁전은 가로와 세로가 각각 1천 유순이고, 9백 또는 8백 유순쯤 되는 것도 있으며, 아주 작은 궁전은 백 유순쯤 된다. 궁궐 담장은 모두 일곱 겹으로 되어 있으며, 일곱 겹의 난간, 일곱 겹의 그물, 일곱 겹의 가로수가 빙 둘러 장식하였는데 이는 다 7보로 되어 있다. 나아가 무수한 온갖 새가 서로 화답하며 지저귀는 것까지의 일들은 또한 위에서 말한 것과 같다.

그 의당 북쪽에는 7보로 된 층계길이 궁전 안으로 뻗어 있고, 또 사라娑羅동산으로 통하는 층계길도 있으며, 극묘極妙동산으로 통하는 층계길도 있고 섬마睒摩동산으로 통하는 층계길도 있으며, 낙림樂林동산으로 통하는 층계길도 있고 주도晝度나무로 통하는 층계길도 있으며, 발난다못으로 통하는 층계길도 있고 대신의 궁전으로 통하는 층계길도 있으며, 작은 아수륜 궁전으로 통하는 층계길도 있다.

만일 아수륜왕이 사라동산에 나가 유람하며 구경하려고 할 때에는 곧 비마질다毘摩質多 아수륜왕을 생각한다. 그러면 비마질다 아수륜왕도 스스로 생각한다.

'라하 아수륜왕이 나를 생각하고 있구나.'

그는 곧 장엄하게 꾸민 보배 수레를 타고 무수히 많은 시종들에게 둘러싸여 라하 아수륜왕의 앞에 나아가 한쪽에 선다. 그때 아수륜왕은 다시 파라가波羅呵 아수륜왕을 생각하고 파라가 아수륜왕도 스스로 생각한다.

'지금 왕이 나를 생각하고 있구나.'

그는 곧 직접 장엄하게 꾸민 보배 수레를 타고 무수히 많은 시종들에게 둘러싸여 라하왕 앞에 나아가 한쪽에 선다. 그러자 왕은 또 섬마라睒摩羅 아수륜왕을 생각하고 섬마라 아수륜왕도 스스로 생각한다.

'지금 왕이 나를 생각하고 있구나.'

그는 곧 직접 장엄하게 꾸민 보배 수레를 타고 무수히 많은 시종들에게 둘러싸여 라하왕 앞에 나아가 한쪽에 선다. 그러자 왕은 또 대신 아수륜을 생각하고 대신 아수륜도 스스로 생각한다.

'지금 왕이 나를 생각하고 있구나.'

그는 곧 직접 장엄하게 꾸민 보배 수레를 타고 무수히 많은 시종들에게 둘러싸여 라하왕 앞으로 나아가 한쪽에 선다. 그때 왕은 또 작은 아수륜을 생각하고 작은 아수륜도 스스로 생각한다.

'지금 왕이 나를 생각하고 있구나.'

그는 곧 직접 장엄하게 꾸민 수레를 타고 모든 대중들과 함께 라하왕 앞에 나아가 한쪽에 선다.

그러자 라하왕은 몸에 보배 옷을 입고 보배 수레를 타고 무수한 대중들에게 앞뒤로 둘러싸여 사라沙羅숲 속으로 나아간다. 저절로 바람이 불어와서 문이 열리고 저절로 바람이 불어와서 땅을 깨끗하게 하며 저절로 바람이 불어와서 꽃을 땅에 흩으니 꽃이 무릎에까지 쌓인다. 라하왕은 이 동산에 들어가 서로 오락하기를 하루나 이틀 나아가 이레에 이르기까지 하고 나서 본궁으로 돌아온다. 그 뒤에 극묘원림·섬마원림·낙림원림에 유람하며 구경하는 것도 이와 같다. 라하왕에게는 항상 좌우에서 호위하고 다니는 다섯 큰 아수륜이 있다. 첫째는 제지提持라 하고, 둘째는 웅력雄力이라 하며, 셋째는 무이武夷라 하고, 넷째는 두수頭首라 하며, 다섯째는 최복摧伏이라 한다. 이 다섯 대아수륜이 항상 좌우에서 호위하고 있다. 그 라하왕의 궁전은 큰 바다 밑에 있고 바닷물은 그 위에 있지만 네 종류의 바람이 그것들을 지탱하고 있다. 첫째는 주풍住風이라 하고, 둘째는 지풍持風이라 하며, 셋째는 부동不動이라 하고, 넷째는 견고堅固라 한다. 그것들이 큰 바닷물을 지탱하고 있는데 마치 뜬구름처럼 아수륜의 궁전에서 1만 유순이나 떨어진 허공에 매달려 있다. 그러나 끝내 떨어지지 않는다. 아수륜왕이 지닌 복의 과보〔福報〕와 공덕과 위신은 이와 같다."

7) 사천왕품四天王品

부처님께서 비구들에게 말씀하셨다.

"수미산왕의 동쪽 1천 유순쯤에 현상賢上이라고 하는 제두뢰타천왕提頭賴吒天王의 성이 있는데 가로와 세로가 각각 6천 유순이다. 그 성은 일곱 겹으로 되어 있고 일곱 겹의 보배 난간, 일곱 겹의 보배 그물, 일곱 겹의 보배 가로수가 빙 둘러 있는데 모두 7보로 장식되어 있다. 나아가 무수한 온갖 새들이 서로 화답하며 지저귀는 것까지의 일들은 역시 앞에서와 같다.

수미산 남쪽 1천 유순쯤에 선견善見이라는 비루륵천왕毘樓勒天王의 성이 있는데, 가로와 세로가 각각 6천 유순이다. 그 성은 일곱 겹으로 되어 있고 일곱 겹의 보배 난간, 일곱 겹의 보배 그물, 일곱 겹의 보배 가로수가 빙 둘러 있는데 모두 7보로 장식되어 있다. 나아가 무수한 온갖 새들이 서로 화답하며 지저귀는 것까지의 일들은 또한 앞에서와 같다.

수미산 서쪽 1천 유순쯤에 주라선견周羅善見이라는 비루바차천왕毘樓婆叉天王의 성이 있는데 가로와 세로가 각각 6천 유순이다. 그 성은 일곱 겹으로 되어 있고 일곱 겹의 보배 난간, 일곱 겹의 보배 그물, 일곱 겹의 보배 가로수가 빙 둘러 있는데 모두 7보로 장식되어 있다. 나아가 무수한 온갖 새들이 서로 화답하며 지저귀는 것까지의 일들은 또한 앞에서와 같다.

수미산 북쪽 1천 유순쯤에 비사문천왕毘沙門天王이 있다. 왕은 세 개의 성을 가지고 있는데 첫째는 가외可畏라 하고, 둘째는 경천敬天이라 하며, 셋째는 중귀衆歸라 한다. 이 성들의 가로와 세로는 각각 6천 유순이다. 그 성은 일곱 겹으로 되어 있고 일곱 겹의 보배 난간, 일곱 겹의 보배 그물, 일곱 겹의 보배 가로수가 빙 둘러 있는데 모두 7보로 장식되어 있다. 나아가 무수한 온갖 새들이 서로 화답하며 지저귀는 것까지의 일들은 또한 앞에서와 같다.

중귀성 북쪽에 가비연두伽毘延頭라고 하는 동산이 있는데 가로와 세로가 각각 4천 유순이다. 그 동산의 담장은 일곱 겹으로 되어 있고, 일곱 겹의 보배 난간, 일곱 겹의 보배 그물, 일곱 겹의 보배 가로수가 빙 둘러 있는데 모두 7보로 장식되어 있다. 나아가 무수한 온갖 새들이 서로 화답하며 지저귀는 것까지의 일들은 또한 앞에서와 같다. 동산과 성 사이에 나린니那隣尼라 이름하는 못〔池〕이 있는데 이 못의 가로와 세로는 각각 40유순이다. 그 물은 청정하여 더러움이 없고, 7보로 된 해자와 섬돌이 연못을 빙 두르고 있다. 일곱 겹의 보배 난간, 일곱 겹의 보배 그물, 일곱 겹의 보배 가로수가 빙 둘러 있는데 모두 7보로 장식되어 있다. 그 가운데 파란색·노란색·붉은색·흰색 등 여러 가지 색깔의 연꽃이 있는데 빛은 반 유순이나 비추고 그 향기도 매우 짙어 반 유순까지 풍긴다. 또 그 꽃뿌리의 크기는 수레 바퀴통만 하고, 거기에서 흘러나오는 즙액의 빛깔은 젖과 같이 희고, 맛은 꿀처럼 달다. 나아가 무수한 온갖 새들이 서로 화답하며 지저귀는 것까지의 일들은 또한 앞에서와 같다.

일월의 궁전을 제외한 모든 사천왕의 궁전은 가로와 세로가 각각 40유순이다. 궁전의 담장은 일곱 겹이고, 또한 일곱 겹의 보배 난간, 일곱 겹의 보배 그물, 일곱 겹의 보배 가로수가 빙 둘러 있는데 모두 7보로 장식되어 있다. 나아가 무수한 온갖 새들이 서로 화답하며 지저귀는 것까지의 일들은 또한 앞에서와 같다. 그 모든 궁전은 가로와 세로가 각각 40유순인 것도 있고 20유순인 것도 있으며 아주 작은 것은 가로와 세로가 각각 5유순이다.

중귀성에서부터 현상성賢上城에 이르는 보배 층계길이 있다. 또 선견성善見城에 이르는 층계길도 있고, 또 주라선견성周羅善見城에 이르는 층계길도 있으며, 가외성可畏城과 경천성敬天城에 이르는 층계길도 있다. 또 가비연두伽毘延頭동산에 이르는 층계길도 있고, 또 나린니那隣尼연못에 이르는 층계길도 있으며, 또 사천왕의 대신들이 살고 있는 궁전에 이르는 층계길도 있다.

만일 비사문천왕이 가비연두동산에 나가 유람하려고 할 때에는 곧 제두뢰천왕提頭賴天王을 생각한다. 그러면 제두뢰천왕도 스스로 생각한다.

'지금 비사문천왕이 나를 생각하고 있구나.'

그리고는 직접 장엄하게 꾸민 보배 수레를 타고 무수히 많은 건답화신(乾沓和神 : 건달바신)에게 앞뒤로 둘러싸여 비사문천왕 앞에 나아가 한쪽에 선다. 그때 비사문천왕은 다시 비루륵천왕毘樓勒天王을 생각하고 비루륵천왕도 스스로 생각한다.

'지금 비사문천왕이 나를 생각하고 있구나.'

그리고는 직접 장엄하게 꾸민 보배 수레를 타고 무수히 많은 용신들에게 앞뒤로 둘러싸여 비사문천왕 앞에 나아가 한쪽에 선다. 그러자 비사문천왕은 또 사천왕의 대신들을 생각하고 사천왕의 대신들도 스스로 생각한다.

'지금 비사문천왕이 나를 생각하고 있구나.'

그는 곧 직접 장엄하게 꾸민 보배 수레를 타고 무수히 많은 하늘들에게 앞뒤로 둘러싸여 비사문천왕의 앞에 나아가 한쪽에 선다.

그때 비사문천왕은 곧 직접 장엄하게 꾸민 보배로 장식한 옷을 입고 보배 수레를 타고 헤아릴 수 없는 백천의 하늘신들과 함께 가비연두동산으로 나아간다. 저절로 바람이 불어 와서 문이 저절로 열리고 저절로 바람이 불어 와서 땅을 깨끗하게 하며 저절로 바람이 불어 와서 꽃을 땅에 흩으니 꽃이 무릎에까지 쌓인다. 왕은 동산에서 하루나 이틀 나아가 이레에 이르기까지 함께 즐겁게 놀면서 유람을 마치고 나서 본궁으로 돌아온다. 비사문천왕에게는 항상 좌우에서 호위하고 다니는 다섯 큰 귀신이 있다. 첫째는 반사루般闍樓라 하고, 둘째는 단타라檀陀羅라 하며, 셋째는 혜마발타醯摩跋陀라 하고, 넷째는 제게라提偈羅라 하며, 다섯째는 수일로마修逸路摩라 한다. 비사문천왕의 복의 과보〔福報〕와 공덕, 위엄과 신통은 이와 같다."

8) 도리천품忉利天品

부처님께서 비구들에게 말씀하셨다.

"수미산왕 꼭대기에 삼십삼천三十三天의 성이 있는데, 그 성의 가로와 세로는 각각 8만 유순이다. 그 성은 일곱 겹으로 되어 있고 일곱 겹의 보배 난간, 일곱 겹의 보배 그물, 일곱 겹의 보배 가로수가 빙 둘러 있는데 둘레는 7보로 장식되어 있다. 성의 높이는 백 유순이고,

위쪽의 너비는 60유순이며, 성문의 높이는 60유순이고, 너비는 30유순이다. 성문끼리의 간격은 5백 유순이며 그 성문마다 5백 귀신이 있어 삼십삼천을 모시며 호위하고 있다. 금성金城에는 은문이 달려 있고, 은성에는 금문이 달려 있다. 나아가 무수한 온갖 새들이 서로 화답하며 지저귀는 것까지의 일들은 역시 앞에서와 같다.

그 큰 성 안에는 다시 작은 성이 있는데 가로와 세로가 각각 6만 유순이다. 그 성은 일곱 겹으로 되어 있고 일곱 겹의 보배 난간, 일곱 겹의 보배 그물, 일곱 겹의 보배 가로수가 빙 둘러 있는데 모두 7보로 장식되어 있다. 성의 높이는 백 유순이고 너비는 60유순이다. 성문끼리의 간격은 5백 유순이고, 높이는 60유순, 너비는 30유순이다. 성문마다 5백 귀신이 있어 문 곁에서 삼십삼천을 모시며 호위하고 있다.

금성에는 은문이 달려 있고, 은성에는 금문이 달려 있으며, 수정성에는 유리문이 달려 있고, 유리성에는 수정문이 달려 있으며, 붉은 구슬성에는 마노문이 달려 있고, 마노성에는 붉은 구슬문이 달려 있으며, 자거성에는 여러 가지 보배 문이 달려 있다. 금난간에는 은가름대, 은난간에는 금가름대, 수정난간에는 유리가름대, 유리난간에는 수정가름대, 붉은 구슬난간에는 마노가름대, 마노난간에는 붉은 구슬가름대, 자거난간에는 여러 가지 보배 가름대가 있다. 그 난간 위에는 보배 그물이 있다. 금그물 밑에는 은방울을 달았고, 은그물 밑에는 금방울을 달았으며, 유리그물에는 수정방울을 달았고, 수정그물에는 유리방울을 달았으며, 붉은 구슬그물에는 마노방울을 달았고, 마노그물에는 붉은 구슬방울을 달았으며, 자거그물에는 여러 가지 보배로 된 방울을 달았다. 그 금나무는 금뿌리와 금가지에 은잎·은꽃·은열매이고, 은나무는 은뿌리와 은가지에 금잎·금꽃·금열매이며, 수정나무는 수정뿌리와 수정가지에 유리꽃・유리잎이고, 유리나무는 유리뿌리와 유리가지에 수정꽃・수정잎이며, 붉은 구슬나무에는 붉은 구슬뿌리와 붉은 구슬가지에 마노꽃・마노잎이고, 마노나무는 마노뿌리와 마노가지에 붉은 구슬꽃・붉은 구슬잎이며, 자거나무는 자거뿌리와 자거가지에 여러 가지 보배 꽃과 잎이 달려 있다.

그 일곱 겹의 성에는 네 개의 문이 있고 문마다 난간이 있다. 일곱 겹의 성 위에는 모두 누각과 정자들이 빙 둘러 있다. 동산숲과 목욕하는 연못이 있는데, 온갖 보배 꽃이 갖가지 빛깔로 어우러져 피어 있다. 보배나무는 줄지어 서 있고 꽃과 열매도 무성하고 풍성하다. 향기로운 바람이 사방에서 일어나 사람의 마음을 즐겁게 해주고 오리와 기러기, 원앙 따위의 이상하고 기이한 온갖 새들도 갖가지 소리를 내어 서로 화답하며 지저귄다.

그 작은 성 밖의 중간에는 이라발용伊羅鉢龍의 궁전이 있는데 가로와 세로가 각각 6천 유순이다. 궁전 담장은 일곱 겹으로 되어 있고 일곱 겹의 보배 난간, 일곱 겹의 보배 그물, 일곱 겹의 가로수가 빙 둘러져 있는데 모두 7보로 장식되어 있다. 나아가 무수한 온갖 새가 서로 화답하며 지저귀는 것까지의 일들은 역시 위에서 말한 것과 같다. 그 선견성善見城 안에는 선법당善法堂[1]이 있는데 가로와 세로가 각각 백 유순이다. 일곱 겹의 보배난간, 일곱 겹의 보배 그물, 일곱 겹의 보배 가로수가 빙 둘러져 있는데 모두 7보로 장식되어 있다. 그 법당의 바닥은 다 황금으로 되어 있고 위는 유리로 덮여 있다. 법당 가운데 있는 기둥은 둘레가 10유순이고 높이는 백 유순이다. 그 기둥 아래에 제석帝釋의 자리가 깔려 있는데, 가로와 세로가 각각 1유

1 선법당은 제석천의 강당으로 선견당善見堂이라고도 한다.

순이며, 7보가 얼기설기 엮어져 있다. 그 자리는 하늘 옷처럼 부드럽고 연하다. 그 자리의 양쪽에는 좌우로 16개의 자리가 있다. 법당에는 네 개의 문이 있고 7보로 만든 난간이 둘러져 있다. 그 선법당의 층계길은 가로와 세로가 각각 5백 유순이다. 문의 담장은 일곱 겹으로 되어 있고, 일곱 겹의 보배 난간, 일곱 겹의 보배 그물, 일곱 겹의 보배 가로수가 빙 둘러져 있는데 모두 7보로 장식되어 있다. 나아가 무수한 온갖 새들이 서로 화답하며 지저귀는 것까지의 일들은 또한 앞에서와 같다.

선견당善見堂 북쪽에는 제석천의 궁전이 있는데 가로와 세로가 각각 1천 유순이다. 궁전의 담장은 일곱 겹으로 되어 있고, 일곱 겹의 보배 난간, 일곱 겹의 보배 그물, 일곱 겹의 보배 가로수가 빙 둘러져 있는데 모두 7보로 장식되어 있다. 나아가 무수한 온갖 새들이 서로 화답하며 지저귀는 것까지의 일들은 또한 앞에서와 같다.

선견당의 동쪽에는 추삽麤澀이라는 동산숲이 있는데 가로와 세로가 각각 1천 유순이다. 동산숲의 담장은 일곱 겹으로 되어 있고, 일곱 겹의 보배 난간, 일곱 겹의 보배 그물, 일곱 겹의 보배 가로수가 빙 둘러져 있는데 모두 7보로 장식되어 있다. 나아가 무수한 온갖 새들이 서로 화답하며 지저귀는 것까지의 일들은 역시 위에서와 같다. 추삽동산 가운데에는 하늘금〔天金〕으로 장식된 두 개의 석타(石垛 : 돌벽)가 있는데, 첫째는 현賢이라 하고 둘째는 선현善賢이라 하며 가로와 세로가 각각 50유순이다. 그 석타는 하늘옷처럼 부드럽다.

선견당의 남쪽에는 화락畫樂이라는 동산숲이 있는데 가로와 세로가 각각 천 유순이다. 동산의 담장은 일곱 겹으로 되어 있고 일곱 겹의 보배 난간, 일곱 겹의 보배 그물, 일곱 겹의 보배 가로수가 빙 둘러져 있는데 모두 7보로 장식되어 있다. 나아가 무수한 온갖 새들이 서로 화답하며 지저귀는 것까지의 일들은 역시 앞에서와 같다. 그 동산 안에는 7보로 된 두 개의 석타石埵가 있는데 첫째는 주晝라 하고, 둘째는 선주善晝라 하며 가로와 세로가 각각 50유순이다. 그 석타는 하늘옷처럼 부드럽다.

선견당 서쪽에는 잡雜이라는 동산숲이 있는데 가로와 세로가 각각 천 유순이다. 동산의 담장은 일곱 겹으로 되어 있고 일곱 겹의 보배 난간, 일곱 겹의 보배 그물, 일곱 겹의 보배 가로수가 빙 둘러져 있는데 모두 7보로 장식되어 있다. 나아가 무수한 온갖 새들이 서로 화답하며 지저귀는 것까지의 일들은 역시 위에서 말한 것과 같다. 그 동산 안에는 하늘금과 7보로 된 두 개의 석타가 있는데 첫째는 선견善見이라 하고, 둘째는 순선견順善見이라 하며 가로와 세로가 각각 50유순이다. 그 석타는 하늘 옷처럼 부드럽다.

선견당 북쪽에 대희大喜라는 동산숲이 있는데 가로와 세로가 각각 천 유순이다. 동산의 담장은 일곱 겹으로 되어 있고, 일곱 겹의 보배 난간, 일곱 겹의 보배 그물, 일곱 겹의 보배 가로수가 빙 둘러져 있는데 모두 7보로 장식되어 있다. 나아가 무수한 온갖 새들이 서로 화답하며 지저귀는 것까지의 일들은 위에서 말한 것과 같다. 그 동산 안에는 자거로 장식된 두 개의 석타가 있는데 첫째는 희喜라 하고, 둘째는 대희大喜라 하며 가로와 세로는 각각 50유순이다. 그 석타는 하늘 옷처럼 부드럽다.

그 추삽동산과 화락동산 중간에 난다難陀 연못이 있는데 가로와 세로가 각각 백 유순이다. 그 물은 청정하여 더러움이 없고, 일곱 겹의 보배 해자와 섬돌이 연못을 두르고 있다. 일곱 겹의 보배 난간, 일곱 겹의 보배 그물, 일곱 겹의 보배 가로수가 빙 둘러져 있고 모두 7보로 장식되어 있다. 그 못의 네 면面에는 네 개의 사다리가 있고, 일곱 가지 보배를 섞어 만든 난간이 빙 둘려져 있다. 나아가 무수한 온갖 새들이 서로 화답하며 지저귀는 것까지의 일들은 또한 앞에서와 같다. 또 그 못 속에는 파란색·노란색·붉은색·흰색의 꽃이 피어 있으며, 옥빛·분홍빛 등 여러 가지 색깔의 꽃이 사이사이 섞여 있다. 꽃잎 한 개는 1유순까지 그늘을 드리울 수 있고 향기도 짙어서 1유순 밖에까지 풍긴다. 뿌리는 수레 바퀴통과 같으며 흘러나는 즙액은 빛깔이 젖과 같이 희고 맛은 꿀처럼 달다. 그 못의 네 면에도 동산숲이 있고, 그 잡동산숲〔雜園林〕과 대희동산숲〔大喜園林〕 사이에 주도晝度라고 하는 나무가 있다. 둘레는 7유순이고, 높이는 백 유순이며, 가지와 잎은 사방으로 50유순이나 퍼져 있다. 나무 밖에 있는 빈 정자는 가로와 세로가 각각 백 유순이고, 궁전 담장은 일곱 겹으로 되어 있다. 일곱 겹의 보배 난간, 일곱 겹의 보배 그물, 일곱 겹의 보배 가로수가 빙 둘려져 있고 모두 7보로 장식되어 있다. 나아가 무수한 온갖 새들이 서로 화답하며 지저귀는 것까지의 일들은 또한 앞에서와 같다.

그 밖의 도리천 궁전은 가로와 세로가 각각 천 유순이다. 궁전의 담장은 일곱 겹으로 되어 있고 일곱 겹의 보배 난간, 일곱 겹의 보배 그물, 일곱 겹의 보배 가로수가 빙 둘려져 있는데 모두 7보로 장식되어 있다. 나아가 무수한 온갖 새들이 서로 화답하며 지저귀는 것까지의 일들은 또한 앞에서와 같다. 그 모든 궁전은 가로와 세로가 9백 유순인 것도 있고, 8백 유순인 것도 있으며, 아주 작은 것도, 백 유순이나 된다. 궁전 담장은 일곱 겹으로 되어 있고 일곱 겹의 보배 난간, 일곱 겹의 보배 그물, 일곱 겹의 보배 가로수가 빙 둘려져 있는데 모두 7보로 장식되어 있다. 나아가 무수한 온갖 새들이 서로 화답하며 지저귀는 것에 이르기까지의 일들은 또한 앞에서와 같다. 모든 작은 궁전들은 가로와 세로가 각각, 백 유순이고, 90유순인 것과 80유순인 것도 있으며, 아주 작은 것도 12유순에 이른다. 궁전의 담장은 일곱 겹으로 되어 있고 일곱 겹의 보배 난간, 일곱 겹의 보배 그물, 일곱 겹의 보배 가로수가 빙 둘러져 있는데 모두 7보로 장식되어 있다. 나아가 무수한 온갖 새들이 서로 화답하며 지저귀는 것에 이르기까지의 일들은 역시 앞에서와 같다.

선견당 북쪽에는 제석의 궁전으로 이르는 두 개의 층계길이 있고, 선견당 동쪽에도 추삽동산으로 가는 두 개의 층계길이 있다. 또 화락畵樂동산에 이르는 층계길이 있고, 또 잡雜동산에 이르는 층계길이 있으며, 대희大喜동산에 이르는 층계길이 있고, 또 대희연못에 이르는 층계길이 있으며, 주도나무에 이르는 층계길이 있고, 삼십삼천의 궁전에 이르는 층계길이 있으며, 또 모든 천궁에 통하는 층계길도 있고, 이라발용왕의 궁전에 이르는 층계길도 있다.

만일 제석천왕이 추삽동산에 나가 노닐고자 할 때에는 삼십삼천의 신하들을 생각하고, 삼십삼천의 신하들도 스스로 생각한다.

'지금 제석천왕이 우리를 생각하고 있구나.'

곧 스스로 장엄하고 보배수레를 타고 무수히 많은 무리들에게 앞뒤로 둘러싸여 제석천 앞에 이르러 한쪽에 선다. 제석천왕은 다시 다른 모든 하늘들을 생각한다. 모든 하늘들도 스스로 생각한다.

'지금 제석천왕이 우리를 생각하고 있구나.'

곧 스스로 장엄하고 모든 하늘 무리들을 데리고 제석천왕 앞에 이르러 한쪽에 선다. 제석천왕은 다시 이라발용왕을 생각한다. 이라발용왕도 스스로 생각한다.

'지금 제석천왕이 나를 생각하고 있구나.'

용왕은 곧 스스로 몸을 변해 서른세 개의 머리〔頭〕가 나오게 한다.

낱낱의 머리마다 여섯 개의 큰 어금니〔牙〕가 있고 어금니마다 일곱 개의 목욕 하는 못이 있으며, 목욕 못마다 일곱 송이의 연꽃이 있고, 연꽃마다 백 개의 잎이 있으며, 연꽃잎마다 일곱 명의 옥녀가 있어 음악에 맞추어 노래 부르고 춤을 춘다. 용왕은 이 조화를 마친 뒤 제석 앞에 이르러 한쪽에 선다.

그때 석제환인釋提桓因이 온갖 보배로 장식하고 영락瓔珞을 그 몸에 걸고 이라발용왕의 정수리 위에 앉는다. 그 다음에는 양쪽에 각각 16명의 천왕이 용왕의 정수리 위에 차례로 앉는다. 제석천왕은 무수히 많은 모든 하늘 권속들에 둘러싸여 추삽동산으로 간다. 그러면 저절로 바람이 불어와서 문이 저절로 열리고 저절로 바람이 불어와서 땅을 깨끗하게 하며 저절로 바람이 불어와서 꽃을 땅에 흩으니 온갖 꽃이 무릎까지 쌓인다. 그때 제석천왕은 현과 선현 두 개의 석타石埵 위에 마음대로 앉고 삼십삼천왕도 각각 차례로 앉는다.

그러나 제석천을 모시고 저 동산을 볼 수도 없고 동산에 들어가 5욕으로써 즐기지도 못하는 여러 하늘신들이 있다. 무슨 까닭인가? 그것은 각각 본래 지은 업〔本行〕의 공덕이 같지 않기 때문이다. 또 동산숲〔園林〕은 볼 수 있지만 들어갈 수가 없고 5욕으로써 서로 즐길 수도 없는 여러 하늘신들이 있다. 무슨 까닭인가? 그것은 각각 본래 지은 업의 공덕이 같지 않기 때문이다. 또 볼 수도 있고 들어갈 수도 있지만 5욕으로써 서로 즐길 수는 없는 여러 하늘신들이 있다. 무슨 까닭인가? 그것은 본래 지은 업의 공덕이 같지 않기 때문이다. 또 볼 수도 있고 들어갈 수도 있으며 5욕으로써 즐길 수도 있는 여러 하늘신들이 있다. 무슨 까닭인가? 그것은 본래 지은 업의 공덕이 같기 때문이다. 동산에서 놀면서 5욕으로써 스스로 즐기기를 하루나 이틀 나아가 이레에까지 이르고 서로 즐기기를 마친 뒤 각각 자기 궁전으로 돌아간다. 저 제석천이 화락동산〔畵樂園〕·잡동산〔雜園〕·대희동산〔大喜園〕을 노닐 때에도 이와 같다.

무슨 까닭으로 추삽동산이라 이름하는가? 이 동산에 들어가면 몸이 거칠어지고 깔깔해지기 때문이다. 무슨 까닭으로 이름하여 화락동산이라 하는가? 이 동산에 들어가면 몸에 저절로 온갖 그림이 나타나서 그것으로 즐기기 때문이다. 무슨 까닭으로 이름하여 잡동산〔雜園〕이라고 하는가? 항상 매월 8일·14일·15일에는 아수륜阿修倫의 여자를 제외한 모든 채녀들과 모든 천자들이 한데 어울려 놀기 때문에 잡동산이라고 한다. 무슨 까닭으로 대희동산이라고 하는가? 이 동산에 들어가면 매우 즐겁게 놀기 때문이다. 그러므로 대희동산이라고 한다. 무슨 까닭으로 선법당善法堂이라고 하는가? 이 집 안에서 묘한 법을 생각하면 청정한 즐거움을 느끼기 때문이다. 그러므로 선법당이라고 한다. 무슨 까닭으로 주도나무〔晝度樹〕라고 하는가? 이 나무에는 만타漫陀라는 신이 항상 춤추고 노래하며 스스로 즐겨 놀기 때문이다. 그러므로 주도라 한다. 또 저 나무의 가지는 사방으로 퍼져 꽃과 잎이 무성하기가 큰 보배구름과 같기 때문에 주도라고 한다.

석제환인의 좌우에는 항상 열 명의 대천자大天子가 따라 다니면서 호위한다. 어떤 것이 열인가? 첫째는 인다라因陀羅, 둘째는 구이瞿夷, 셋째는 비루毗樓, 넷째는 비루바제毗樓婆提, 다섯째는 타라陀羅, 여섯째는 바라婆羅, 일곱째는 기바耆婆, 여덟째는 영혜외靈醯嵬, 아홉째는 물라物羅, 열째는 난두難頭이다. 석제환인이 가진 큰 신력과 위덕威德은 이와 같다.

염부제 사람들이 귀하게 생각하는, 물에서 피는 꽃이 있으니 발라꽃·발두마꽃·구물두꽃·분타리꽃·수건두꽃〔須乾頭花〕으로서 부드럽고 연하며 향기롭고 깨끗하다. 그 육지에 피는 꽃으로는 해탈꽃〔解脫花〕·첨복꽃·바라타꽃〔婆羅陀花〕·수만주나꽃〔須曼周那花〕·바사꽃〔婆師花〕·동녀꽃〔童女花〕이 있다. 구야니拘耶尼·울단왈鬱單曰·불우체弗于逮·용궁龍宮·금시조궁金翅鳥宮에서 귀하게 여기는, 물과 육지의 모든 꽃도 그와 같다. 아수륜궁의 물에서도 꽃이 피는데, 우발라꽃〔優鉢羅花〕·발두마꽃〔鉢頭摩花〕·구물두꽃〔拘物頭花〕·분타리꽃〔分陀利花〕이며, 이 꽃들도 부드럽고 연하며 향기롭고 깨끗하다. 육지에서 피는 꽃은 수호꽃〔殊好花〕·빈부꽃〔頻浮花〕·큰 빈부꽃〔大頻浮花〕·가가리꽃〔伽伽利花〕·큰 가가리꽃〔大伽伽利花〕·만다라꽃〔曼陀羅花〕·큰 만다라꽃〔大曼陀羅花〕이다. 사천왕四天王·삼십삼천三十三天·염마천閻摩天·도솔천兜率天·화자재천化自在天·타화자재천他化自在天에서 귀하게 여기는, 물과 육지에서 자라는 모든 꽃도 이와 같다.

하늘에게는 열 가지 법法이 있다. 어떤 것을 열 가지 법이라고 하는가? 첫째는 날아가는 데 제한이 없는 것이며, 둘째는 날아오는 데 제한이 없는 것이다. 셋째는 가는 데 걸림이 없는 것이며, 넷째는 오는 데 걸림이 없는 것이다. 다섯째는 하늘신의 몸에는 피부·뼈〔骨體〕·힘줄·피·살이 없는 것이며, 여섯째는 몸에 대소변과 같은 더러운 것이 없는 것이다. 일곱째는 몸이 극심하게 피로해지는 일이 없는 것이며, 여덟째는 천녀天女는 아이를 낳지 않는 것이다. 아홉째는 하늘신은 눈을 깜빡이지 않는 것이며, 열째는 몸에서 마음대로 빛깔을 나타내는 것이다. 푸른색을 좋아하면 푸른색을, 노란색을 좋아하면 노란색을, 붉은색을 좋아하면 붉은색을, 흰색을 좋아하면 흰색을 나타내는 등 온갖 빛깔을 마음대로 나타낸다. 이것이 모든 하늘의 열 가지 법이다.

사람에게는 일곱 가지 빛깔이 있다. 어떤 것을 일곱이라 하는가?

어떤 사람은 금색이며, 어떤 사람은 불빛〔火色〕이며, 어떤 사람은 푸른색이고, 어떤 사람은 노란색이며, 어떤 사람은 붉은색이고, 어떤 사람은 검은색이며, 어떤 사람은 흰색이다. 모든 하늘의 아수륜도 일곱 가지 빛깔이 있는데 이와 마찬가지이다.

모든 비구여, 반딧불이의 광명은 등불만 못하고 등불의 광명은 횃불만 못하며, 횃불의 광명은 불더미만 못하고, 불더미의 광명은 사천왕의 궁전 · 성곽 · 영락 · 의복 · 몸빛의 광명만 못하다. 사천왕의 궁전 · 성곽 · 영락 · 의복 · 몸빛의 광명은 삼십삼천의 광명만 못하고, 삼십삼천의 밝기는 염마천의 광명만 못하다. 염마천의 광명은 도솔천의 광명만 못하고, 도솔천의 광명은 화자재천의 광명만 못하다. 화자재천의 광명은 타화자재천의 광명만 못하고, 타화자재천의 광명은 범가이천梵迦夷天의 궁전 · 의복 · 몸빛의 광명만 못하다. 범가이천의 궁전 · 의복 · 몸빛의 광명은 광음천光音天의 광명만 못하고, 광음천의 광명은 변정천遍淨天의 광명만 못하다. 변정천의 광명은 과실천果實天의 광명만 못하고, 과실천의 광명은 무상천無想天의 광명만 못하다. 무상천의 광명은 무조천無造天의 광명만 못하고, 무조천의 광명은 무열천無熱天의 광명만 못하며, 무열천의 광명은 선견천善見天의 광명만 못하고, 선견천의 광명은 대선견천大善見天의 광명만 못하다. 대선견천의 광명은 색구경천色究竟天의 광명만 못하고, 색구경천의 광명은 지자재천地自在天의 광명만 못하며, 지자재천의 광명은 부처님의 광명만 못하다. 반딧불의 광명에서 부처님의 광명에 이르기까지 그 모든 광명을 모아도 괴로움에 대한 진리〔苦諦〕의 광명만 못하고, 괴로움의 발생에 대한 진리〔集諦〕의 광명, 괴로움의 소멸에 대한 진리〔滅諦〕의 광명, 괴로움의 소멸에 대한 진리〔道諦〕의 광명만 못하다.

그러므로 모든 비구들이여, 광명을 찾고자 하는 자는 마땅히 괴로움의 진리, 괴로움의 모임, 괴로움의 멸함, 괴로움을 멸하는 방법의 진리의 광명을 구해야 하고 마땅히 이렇게 수행해야 한다.

염부제 사람의 신장은 3주肘 반이며, 옷의 길이는 7주이고 폭은 3주 반이다. 구야니拘耶尼·불우체弗于逮 사람의 신장 역시 3주 반이며, 옷의 길이는 7주이고 폭은 3주 반이다. 울단왈鬱單曰 사람의 신장은 7주이며, 옷의 길이는 14주이고 폭은 7주이고 옷의 무게는 1냥兩이다.

아수륜의 신장은 1유순이며 옷의 길이는 2유순이고 폭은 1유순이며 옷 무게는 6수銖이다. 사천왕의 신장은 반 유순이며 옷의 길이는 1유순이고, 폭은 반 유순이며 옷 무게는 반 냥이다. 도리천의 신장은 1유순이며 옷의 길이는 2유순이고 폭은 1유순이며 옷 무게는 6수이다. 염마천의 신장은 2유순이며 옷의 길이는 4유순이고 폭은 2유순이며 옷 무게는 3수이다. 도솔천의 신장은 4유순이며 옷의 길이는 8유순이고 폭은 4유순이며 옷 무게는 1수 반이다. 화자재천의 신장은 8유순이며 옷의 길이는 16유순이고 폭은 8유순이며 옷 무게는 1수이다. 타화자재천의 신장은 16유순이며 옷의 길이는 32유순이고 폭은 16유순이며 옷 무게는 반 수이다. 위의 모든 하늘들은 각기 그 몸에 맞추어 옷을 입는다.

염부제 사람의 수명은 백 살이다. 이보다 더 오래 사는 자는 적고 이보다 적게 사는 자는 많다. 구야니 사람의 수명은 2백 살이다. 이보다 더 오래 사는 자는 적고 이보다 적게 사는 자는 많다. 불우체 사람의 수명은 3백 살인데 이보다 더 오래 사는 자는 적고 이보다 적게 사는 자는 많다. 울단왈 사람의 수명은 천 살인데 이보다 더 오래 살거나 더 적게 사는 일이 없다. 아귀의 수명은 7만 살인데 이보다 더 오래 사는 자는 적고 이보다 적게 사는 자는 많다. 용과 금시조의 수명은 1겁이며, 혹 이보다 적은 것들도 있다. 아수륜의 수명은 하늘 나이로 7천 살인데 더 오래 사는 자는 적고 그보다 적게 사는 자는 많다. 사천왕의 수명은 하늘 나이로 5백 살인데 이보다 더 오래 사는 자는 적고 그보다 적게 사는 자는 많다. 도리천의 수명은 하늘 나이로 천 살인데 이보다 더 오래 사는 자는 적고 더 적게 사는 자는 많다. 염마천의 수명은 하늘 나이로 2천 살인데 이보다 더 오래 사는 자는 적고 그보다 적게 사는 자는 많다. 도솔천의 수명은 하늘 나이로 4천 살인데 이보다 더 오래 사는 자는 적고 그보다 적게 사는 자는 많다. 화자재천의 수명은 하늘 나이로 8천 살인데 이보다 더 오래 사는 자는 적고 그보다 적게 사는 자는 많다. 타화자재천의 수명은 하늘 나이로 1만 6천 살인데 이보다 더 오래 사는 자는 적고 그보다 적게 사는 자는 많다. 범가이천의 수명은 1겁인데 혹 이보다 적은 자들도 있다. 광음천의 수명은 2겁인데, 혹 이보다 적은 자들도 있다. 변정천의 수명은 3겁인데, 혹 이보다 적은 자들도 있다. 과실천의 수명은 4겁인데, 혹 이보다 적은 자들도 있다. 무상천의 수명은 5백 겁인데, 혹 이보다 적은 자들도 있다. 무조천의 수명은 천 겁인데, 혹 이보다 적은 자들도 있다. 무열천의 수명은 2천 겁인데, 혹 이보다 적은 자들도 있다. 선견천의 수명은 3천 겁인데, 혹 이보다 적은 자들도 있다. 대선견천의 수명은 4천 겁인데, 혹 이보다 적은 자들도 있다. 색구경천의 수명은 5천 겁인데, 혹 이보다 적은 자들도 있다. 공처천의 수명은 만 겁인데, 혹 이보다 적은 자들도 있다. 식처천의 수명은 2만 1천 겁인데, 혹 이보다 적은 자들도 있다. 불용처천不用處天의 수명은 4만 2천 겁인데, 혹 이보다 적은 자들도 있다. 유상무상천의 수명은 8만 4천 겁인데, 혹 이보다 적은 자들도 있다. 이와 같은 것을 중생이라 하고 이와 같은 것을 수명이라 하며 이와 같은 것을 세계라 하고 이와 같은 것을 나고 늙고 병들고 죽고 하면서 여러 갈래 세계를 오고 가는 무리들이라고 한다."

부처님께서 비구들에게 말씀하셨다.

"일체 중생은 4식食으로써 살아간다. 무엇을 네 가지라고 하는가? 단식摶食과 세활식細滑食이 첫 번째이고, 촉식觸食이 두 번째이며, 염식念食이 세 번째이고, 식식識食이 네 번째이다. 저 중생들은 먹는 것이 같지 않다. 염부제 사람들은 여러 가지 밥·밀가루·어육을 단식으로 하고 의복과 세욕洗浴을 세활식으로 한다. 구야니와 불우체 사람들 또한 여러 가지 밥·밀가루·어육을 단식으로 하고 의복과 세욕을 세활식으로 한다. 울단왈 사람들은 하늘 맛을 구족한 자연생 멥쌀을 단식으로 하고 의복과 세욕을 세활식으로 한다. 용과 금시조는 큰 자라·악어·생선·자라를 먹는 것을 단식으로 하고 세욕과 의복을 세활식으로 한다. 아수륜은 깨끗한 것을 먹는 것을 단식으로 하고 세욕과 의복을 세활식으로 한다. 사천왕·도리천·염마천·도솔천·화자재천·타화자재천은 깨끗한 것을 먹는 것을 단식으로 하고 세욕과 의복을 세활식으로 한다. 그 이상의 모든 하늘은 선정禪定의 희락喜樂을 음식으로 삼는다.

어떤 중생이 촉식을 하는가? 난생卵生의 중생은 촉식을 한다. 어떤 중생이 염식을 하는가? 어떤 중생은 생각[念]으로 인하여 생존할 수 있어 모든 근根이 증장하고 수명이 끊어지지 않는다. 이것을 염식이라고 한다. 어떤 것이 식식인가? 지옥의 중생과 무색천無色天들이 먹는 것이니 이것을 식식이라고 한다.

염부제 사람들은 금·은의 보배와 곡식과 비단과 종들로써 생업을 삼고 장사를 하여 스스로 생활해 나간다. 구야니 사람들은 소와 염소와 구슬과 보배를 저자에서 팔아 생활한다. 울단왈 사람들은 시장에서 장사하지 않고도 생업을 하면서 스스로 생활한다.

염부제 사람들은 혼인하고 왕래하며 남자는 장가들고 여자는 시집간다. 구야니 사람과 불우체 사람들도 혼인하여 남자는 장가들고 여자는 시집간다. 울단왈 사람들은 남녀가 혼인하는 일이 없다. 용과 금시조·아수륜 또한 남녀가 혼인하는 일이 있다. 사천왕·도리천 나아가 타화자재천까지도 남녀가 혼인하는 일이 있다. 그 이상의 모든 하늘에는 남녀의 구별이 없다.

염부제 사람은 남녀가 서로 관계를 가질 때에는 몸과 몸이 서로 접촉하여 음양을 이룬다. 구야니·불우체·울단왈 사람도 몸과 몸이 서로 접촉하여 음양을 이룬다. 용과 금시조도 몸과 몸이 서로 접촉하여 음양을 이룬다. 아수륜은 몸과 몸을 서로 가까이 함으로써 그 기운으로 음양을 이룬다. 사천왕과 도리천도 그와 같다. 염마천은 서로 가까이함으로써 음양을 이룬다. 도솔천은 손을 잡음으로써 음양을 이룬다. 화자재천은 오랫동안 바라봄으로써 음양을 이룬다. 타화자재천은 잠깐 바라봄으로써 음양을 이룬다. 그 이상의 모든 하늘에는 음욕이 없다.

어떤 중생은 몸으로 나쁜 행동을 하고 입으로 나쁜 말을 하며 마음으로 나쁜 생각을 해 몸이 무너지고 목숨이 끝나면 지옥에 떨어진다. 이 후식(後識 : 죽기 전의 意識)은 멸하고 지옥의 초식(初識 : 죽은 후의 意識)이 생기며 인식작용〔識〕으로 말미암아 이름과 색〔名色〕이 있고 이름과 색〔名色〕으로 말미암아 여섯 감각기관〔六根 : 눈·귀·코·혀·몸·의지〕이 있게 된다. 혹 어떤 중생은 몸으로 나쁜 행동을 하고 입으로 나쁜 말을 하며 마음으로 나쁜 생각을 해 몸이 무너지고 목숨이 끝나면 축생 가운데 떨어진다. 이 후식은 멸하고 축생의 초식이 생기며 인식작용으로 말미암아 이름과 색이 있고 이름과 색으로 말미암아 여섯 감각기관이 있게 된다. 혹 어떤 중생은 몸으로 나쁜 행동을 하고 입으로 나쁜 말을 하며 마음으로 나쁜 생각을 해 몸이 무너지고 목숨이 끝나면 아귀 가운데 떨어진다. 이 후식은 멸하고 아귀의 초식이 생기며 인식작용으로 말미암아 이름과 색이 있고 이름과 색으로 말미암아 여섯 감각기관이 있게 된다. 혹 어떤 중생은 몸으로 착한 행동을 하고 입으로 착한 말을 하며 마음으로 착한 생각을 해 몸이 무너지고 목숨이 끝나면 사람 가운데 태어난다. 이 후식은 멸하고 사람의 초식이 생기며 인식작용으로 말미암아 이름과 색이 있고 이름과 색으로 말미암아 여섯 감각기관이 있게 된다. 혹 어떤 중생은 몸으로 착한 행동을 하고 입으로 착한 말을 하며 마음으로 착한 생각을 해 몸이 무너지고 목숨이 끝나면 사천왕천에 태어난다. 이 후식은 멸하고 사천왕천의 초식이 생기며 인식작용으로 말미암아 이름과 색이 있고 이름과 색으로 말미암아 여섯 감각기관이 있게 된다.

저 하늘은 처음 태어날 때 이 인간의 한두 살 난 아이만 하고 조화의 힘으로 저절로 화현하여 하늘의 무릎 위에 앉는다. 그러면 저 하늘신은 말한다.

'이 아이는 내 아들이다.'

아이는 행行의 과보를 말미암기 때문에 저절로 지혜가 생겨 곧 스스로 생각한다.

'나는 무슨 행으로 말미암아 이제 여기 태어났는가?'

곧 다시 생각한다.

'내가 전에 인간에 있으면서 몸으로 착한 행동을 하고 입으로 착한 말을 하며 마음으로 착한 생각을 했다. 이 행으로 말미암아 이제 천상에 태어날 수 있었다. 내가 만일 여기서 목숨을 마친 뒤 다시 인간

에 태어난다면 마땅히 몸과 입과 마음을 깨끗이 하고 몇 배나 더 정근하여 모든 착한 행을 닦으리라.'

아이는 태어난 지 오래지 않아 문득 스스로 배고픔을 느낀다. 그러면 그 아이 앞에 저절로 보배 그릇이 나타나고 갖가지 맛의 깨끗한 하늘 음식이 저절로 담긴다. 복이 많으면 밥의 색이 희고, 복이 중간이면 밥의 빛깔이 푸르며, 복이 적으면 밥의 빛깔이 붉다. 그 아이는 손으로 밥을 쥐어 입 안에 넣고 먹으면 저절로 소화되는 것이 마치 우유죽(타락)을 불에 던진 것과 같다. 그 아이가 먹기를 마치고 이내 스스로 목마름을 느끼면 저절로 보배 그릇이 나타나 감로수가 담긴다. 복이 많으면 감로수 빛은 희고, 복이 중간이면 감로수 빛은 푸르며, 복이 적으면 감로수 빛은 붉다. 그 아이가 그 감로수를 마시면 감로수가 저절로 소화되는 것이 타락을 불에 던진 것과 같다.

아이가 다 마시고 나면 몸은 크게 자라 저 다른 하늘과 같게 된다. 그는 곧 목욕 못에 들어가 온몸을 씻으면서 스스로 즐긴다. 스스로 즐기기를 끝마치고 목욕 못에서 나와 그는 향나무 밑으로 간다. 향나무가 몸을 굽히면 그는 손으로 온갖 향을 취해 자기 몸에 바른다. 그가 다시 무명옷나무〔劫貝樹 : 綿布나무〕로 가면 나무는 몸을 굽히고, 그는 온갖 옷을 취해 입는다. 다시 장엄나무로 가면 나무는 몸을 굽히고, 그는 온갖 장엄을 취해 그 몸을 장식한다. 다시 만(鬘 : 머리 장식품)나무로 가면 나무는 몸을 굽히고, 그는 만을 취해 머리에 꽂는다. 또 그릇나무로 가면 나무는 몸을 굽히고, 그는 곧 보배그릇을 가진다. 다시 과실나무로 가면 나무는 몸을 굽히고, 그는 자연생 열매를 취한다. 혹은 먹고 혹은 머금으며 혹은 즙을 걸러 마신다. 다시 악기나무로 가면 나무는 몸을 굽히고, 그는 하늘의 악기를 취하여 맑고 묘한 소리로 연주에 맞추어 노래한다. 모든 동산으로 향하면 그는 무수한 천녀天女를 본다. 그들은 온갖 악기로 노래하며 서로 마주보고 말을 건네고 웃는다. 그 하늘은 그것을 보고 드디어 물들어 집착〔染着〕하는 마음을 내어 동쪽을 보면 서쪽을 잊고 서쪽을 보면 동쪽을 잊는다. 그는 처음 태어났을 때 스스로 알고 스스로 생각했었다.

'나는 무슨 행으로 말미암아 지금 여기에 태어날 수 있었던가?'

그러나 노는 것을 바라보고 채녀婇女들이 시중을 드는 가운데 그는 어느새 이 생각을 모두 잊어버리고 만다.

어떤 중생은 몸으로 착한 행동을 하고 입으로 착한 말을 하며 마음으로 착한 생각을 해 몸이 무너지고 목숨이 끝나면 도리천에 태어난다. 이 후식後識은 멸하고 저 도리천의 초식初識이 생기며 인식작용으로 말미암아 이름과 색이 있고 이름과 색으로 말미암아 여섯 감각기관이 있게 된다. 저 하늘은 처음 태어날 때 염부제의 두세 살 난 아이만 하고 저절로 화현하여 하늘의 무릎 위에 앉는다. 저 하늘은 곧 말한다.

'이 아이는 내 아들이고, 이 아이는 내 딸이다.'

그 다음의 일들은 또한 앞에서 말한 것과 같다. 혹 어떤 중생은 몸과 입과 마음이 착해 몸이 무너지고 목숨이 끝나면 염마천에 태어난다. 그 하늘은 처음 태어날 때 염부제의 서너 살 난 아이와 같다. 혹 어떤 중생은 몸과 입과 마음이 착해 몸이 무너지고 목숨이 끝나면 도솔천에 태어난다. 그 하늘은 처음 태어날 때 이 세간의 네다섯 살 난 아이만 하다. 혹 어떤 중생은 몸과 입과 마음이 착해 몸이 무너지고 목숨이 끝나면 화자재천에 태어난다. 그 하늘은 처음 태어날 때 이 세간의 대여섯 살 난 아이만 하다. 혹 어떤 중생은 몸과 입과 마음이 착해 몸이 무너지고 목숨이 끝나면 타화자재천에 태어난다. 그 하늘은 처음 태어날 때 이 세간의 예닐곱 살 난 아이만 하다. 그 다음의 일들은 또한 앞에서 말한 내용과 같다."

부처님께서 비구들에게 말씀하셨다.

"보름 동안 세 번의 재계齋戒를 지켜야 한다. 어떤 것이 셋인가? 매달 8일에 재계하는 것이며, 14일에 재계하는 것이며, 15일에 재계하는 것이니, 이것을 3재齋라 한다.

무슨 까닭으로 매달 8일에 재계齋戒해야 하는가? 항상 그 달의 8일에 사천왕이 신하에게 말한다.

'너희들은 세간에 다니면서 모든 중생들을 살펴보라. 부모에게 효순하고 사문 바라문을 공경하고 따르며 웃어른을 존경하고 섬기며 재계를 지키고, 보시하여 모든 궁핍한 자를 구제하는 사람이 있는가를 찾아보라.'

신하는 왕의 명령을 받고 두루 천하를 돌아다니면서 부모에게 효순하고 사문 바라문을 공경하고 따르며 웃어른을 존경하고 섬기며 재계하고 궁핍한 사람에게 보시하는 사람이 있는가를 두루 관찰한다. 그리고 모든 세간 사람들이 부모에게 불효하고 스승을 공경하지 않으며 재계를 닦지 않고 궁핍한 자를 구제하지 않는 것을 보고 돌아와서는 왕에게 말한다.

'대왕이여, 세간에는 부모에게 효순하고 스승을 공경하여 섬기며 재계를 깨끗이 닦고 모든 궁핍한 사람에게 보시하는 자가 아주 적습니다. 너무도 적습니다.'

사천왕은 그 말을 듣고 걱정과 근심이 가득해 불쾌한 마음으로 대답한다.

'아아, 그렇구나. 세상 사람들은 악이 많아 부모에게 효도하지 않고 스승을 섬기지 않으며 재계를 닦지 않고 궁핍한 사람에게 베풀지 않아 모든 하늘 무리는 줄어들 것이며, 아수라 무리만 늘어날 것이

다.'

만일 신하가 세간에서 부모에게 효순하고 스승을 공경하여 섬기며 재계를 부지런히 닦고 가난한 사람에게 보시하는 자가 있는 것을 보았으면 곧 돌아와 사천왕에게 말할 것이다.

'세간에는 부모에게 효순하고 스승을 공경하며 재계를 부지런히 닦고 모든 궁핍한 사람에게 보시하는 자가 있습니다.'

그랬다면 사천왕은 곧 매우 기뻐하며 큰 소리로 말할 것이다.

'좋구나. 나는 훌륭한 말을 들었다. 세간에 만일 능히 부모에게 효순하며 스승을 공경하여 섬기며 재계를 부지런히 닦고 가난한 사람에게 보시하는 자가 있다면 모든 하늘 무리들은 늘어날 것이며, 아수라의 무리들은 줄어들 것이다.'

무슨 까닭으로 14일에 재계해야 하는가? 14일 재계를 지키는 날에 사천왕은 태자에게 명령한다.

'너는 마땅히 천하를 돌아다니면서 모든 중생들을 살펴보라. 부모에게 효순하고 스승과 웃어른을 공경하며 재계를 부지런히 닦고 가난한 사람에게 보시하는 자가 있나 없나를 알아보라.'

태자는 왕의 가르침을 받고 곧 천하를 돌아다니면서 모든 중생을 관찰한다. 그래서 부모에게 효순하고 스승과 웃어른을 존경하고 섬기며 재계를 부지런히 닦고 가난한 사람에게 보시하는 자가 있는가를 두루 관찰한다. 그리고 모든 세간에는 부모에게 불효하고 스승과 웃어른을 공경하지 않으며 재계를 닦지 않고 가난한 사람에게 보시하지 않는 자가 있는 것을 보고 돌아와 왕에게 말한다.

'천왕이여, 세간에는 부모에게 효순하며 스승과 웃어른을 공경하고 따르며 재계를 깨끗이 닦고 모든 가난한 사람을 구제하는 자가 아주 적습니다. 너무도 적습니다.'

그때 사천왕은 그 말을 듣고 걱정과 근심이 가득해 불쾌한 기분으로 말한다.

'아아, 이렇구나. 세상 사람들은 악이 많아 부모에게 불효하고 스승과 웃어른을 섬기지 않으며 재계를 닦지 않고 가난한 사람을 구제하지 않는구나. 점점 하늘 무리는 줄어들 것이며 아수라의 무리만 늘어날 것이다.'

태자가 만일 세간에서 부모에게 효순하며 스승과 웃어른을 공경하고 모시며 재계를 부지런히 닦고 가난한 사람들에게 보시하는 사람을 보았다면 돌아와 왕에게 말할 것이다.

'천왕이여, 세간에는 부모에게 효순하며 스승과 웃어른을 공경하고 따르며 재계를 부지런히 닦고 모든 가난한 사람에게 보시하는 자가 있습니다.'

사천왕은 그 말을 듣고 곧 매우 기뻐하여 외칠 것이다.

'좋구나, 나는 훌륭한 말을 들었다. 세간에 능히 부모를 효도로 섬기고 스승과 웃어른을 존경하고 공경하며 재계를 부지런히 닦고 가난한 사람에게 보시하는 자가 있다면 하늘 무리는 점점 늘어날 것이며, 아수라의 무리는 줄어들 것이다.'

그러므로 14일에 재계해야 하는 것이다.

무슨 까닭으로 15일에 재계해야 하는가? 15일 재계하는 날이 되면 사천왕은 몸소 내려와 천하를 돌아다니면서 모든 중생을 관찰하여 세간에서 혹 부모에게 효순하며 스승과 웃어른을 공경하여 모시며 재계를 부지런히 닦고 가난한 사람에게 보시하는 자가 있는가를 알아본다. 그가 세간 사람들을 살펴볼 때 대부분 부모에게 불효하고 스승과 웃어른을 섬기지 않으며 재계를 부지런히 닦지 않고 가난한 사람에게 보시하지 않으면, 그때 사천왕은 선법당善法堂에 나아가 제석천왕에게 말한다.

'대왕이여, 마땅히 아십시오. 세간 중생들 대부분은 부모에게 불효하고 스승과 웃어른을 공경하지 않으며 재계를 닦지 않고 가난한 사람에게 보시하지 않습니다.'

제석과 도리천의 모든 하늘들은 이 말을 듣고 걱정과 근심이 가득해 불쾌한 마음으로 말한다.

'아아, 그렇구나. 세상 사람들은 악이 많아 부모에게 불효하고 스승과 웃어른을 공경하지 않으며 재계를 닦지 않고 가난한 사람에게 보시하지 않는구나. 모든 하늘 무리는 줄어들고 아수라의 무리는 늘어날 것이다.'

사천왕이 만일 세간에서 부모에게 효순하고 스승과 웃어른을 공경하여 모시며 재계를 부지런히 닦고 가난한 사람에게 보시하는 사람이 있는 것을 보았다면 돌아와 선법당에 나아가 제석천왕에게 말할 것이다.

'세상 사람들 중에는 부모에게 효순하고 스승과 웃어른을 공경하여 모시며 재계를 부지런히 닦고 가난한 사람에게 보시하는 사람이 있습니다.'

제석과 도리천의 모든 하늘들은 이 말을 듣고 모두 크게 기뻐해 외칠 것이다.

'좋구나, 세간에 부모에게 효순하고 스승과 웃어른을 공경하여 모시며 재계를 부지런히 닦고 가난한 사람에게 보시하는 사람이 있다면 모든 하늘 무리는 점점 늘어날 것이며, 아수라의 무리는 줄어들 것이다.'

그러므로 15일에 재계해야 하는 것이다. 이상 세 번의 재계를 가져야 한다."

제석천왕은 모든 하늘로 하여금 몇 배나 기쁜 마음을 내게 하기 위하여 곧 게송으로 말하였다.

항상 매달 8일과
14일 그리고 15일에
가르침을 받고 재계를 닦으면
그 사람은 나와 같이 되리라.

부처님께서 비구들에게 말씀하셨다.

"제석천왕은 이 게송을 말하였지만, 그렇다고 하여 잘 받아들인 것도 아니며, 잘 말한 것도 아니다. 나는 옳지 않다고 하겠다. 무슨 까닭인가? 저 제석천은 음욕을 내는 마음〔淫心〕과 성냄과 어리석음이 아직 다하지 않았고 또한 태어남·병듦·늙음·죽음과 근심·슬픔·괴로움·번뇌에서 해탈하지 못했기 때문이니, 나는 그를 아직 괴로움의 근본을 여의지 못했다고 말한다.

만일 우리 비구가 번뇌를 다한 아라한이 되어 할 일을 이미 다해 마치고 무거운 짐을 버렸으며 스스로 자기의 이익을 거두고 온갖 존재의 번뇌를 다 없애고 평등하게 해탈했다면 이러한 비구야말로 마땅히 그런 게송을 말할 수 있을 것이다."

항상 매달 8일과
14일 그리고 15일에
가르침을 받고 재계를 닦으면
그 사람은 나와 같이 되리라.

부처님께서 비구들에게 말씀하셨다.

"그런 비구가 이 게송을 말했다면 그야말로 잘 받았다고 할 것이며, 잘 말했다고 할 것이며, 내가 인가해 주었을 것이다. 무슨 까닭인가? 그 비구들은 음욕을 내는 마음[淫心]과 성냄과 어리석음이 이미 다했고 태어남·병듦·늙음·죽음과, 근심·슬픔·괴로움·번뇌를 벗어났기 때문이다. 나는 그 사람은 괴로움의 근본을 이미 여읜 사람이라고 말한다."

부처님께서 비구들에게 말씀하셨다.

"모든 사람이 살고 있는 집에는 빈틈없이 귀신이 가득 차 있다. 모든 큰 길·작은 길·뒷골목·사거리와 백정의 장터 및 묘지에도 빈틈없이 귀신이 가득 차 있다. 무릇 귀신들은 다 그 의지하는 곳을 따라 곧 이름이 지어진다. 사람을 의지하면 사람을 이름으로 하고, 마을을 의지하면 마을을 이름으로 하며, 성을 의지하면 성을 이름으로 하고, 나라를 의지하면 나라를 이름으로 하며, 흙을 의지하면 흙을 이름으로 하고, 산을 의지하면 산을 이름으로 하며, 강을 의지하면 강을 이름으로 한다."

부처님께서 비구들에게 말씀하셨다.

"모든 수목樹木과 아주 작은 수레바퀴의 굴대[2]에도 다 귀신이 의지해 있어 빈틈이 없다. 모든 남자나 여자가 처음 태어날 때에도 다 귀신이 있어 따라다니면서 옹호하고, 만일 그가 죽으려고 할 때에는 그를 수호하던 귀신이 그의 정기를 취하여 그 사람은 곧 죽게 된다."

부처님께서 비구들에게 말씀하셨다.

"만일 외도 범지外道梵志가 이렇게 묻는다고 하자.

---

2 수레바퀴의 한 가운데 구멍에 끼는 긴 나무 또는 쇠이다.

'여러분, 만일 모든 남녀가 처음 태어날 때에 누구에게나 귀신이 있어 따라다니면서 수호하고 그가 죽으려고 할 때에는 그를 수호하던 귀신이 그의 정기를 취하여 그 사람이 곧 죽게 된다면, 현재 세계의 사람들은 왜 귀신 때문에 장애를 받는 사람도 있고 귀신 때문에 장애를 받지 않는 사람도 있는가?'

만일 이렇게 묻거든 너희들은 마땅히 그에게 이렇게 대답하라.

'세상 사람은 법답지 않은 행을 한다. 올바르지 못한 생각으로 마음이 뒤바뀌어 열 가지 악업을 짓는다. 이러한 무리들은 백이나 천이 된다 해도 오직 한 귀신만의 수호가 있을 뿐이다. 비유하면 소나 염소는 백 마리나 천 마리가 되어도 한 사람의 목자가 있는 것과 같이 법답지 않은 행을 하고 올바르지 못한 생각으로 마음이 뒤바뀌어 열 가지 악업을 짓는 그러한 무리들은 백 이나 천이 된다 해도 오직 한 신만의 수호가 있을 뿐이다. 그러나 만일 어떤 사람이 선법을 수행하고 올바르게 보고 믿음을 가져 열 가지 선업을 갖추면 그러한 사람은 백천의 신이 수호한다. 비유하면 국왕이나 국왕의 대신에게는 백천 사람이 따라다니며 국왕 한 사람을 호위하는 것과 같이 선법을 수행하고 열 가지 선업을 갖춘 그러한 사람은 백천의 신이 수호한다. 이 인연으로써 세상 사람들은 귀신 때문에 장애를 받는 자도 있고 귀신 때문에 장애를 받지 않는 자도 있다.'"

부처님께서 비구들에게 말씀하셨다.

"염부제 사람은 세 가지 면에서 구야니 사람보다 우세하다. 어떤 것이 세 가지인가? 첫째는 용맹스럽고 기억력이 강해 능히 업業을 일으키는 것이며, 둘째는 용맹스럽고 기억력이 강해 범행을 부지런히 닦는 것이며, 셋째는 용맹스럽고 기억력이 강해 부처님께서 그 땅에 나시는 것이다. 이 세 가지 면에서 구야니보다 낫다. 구야니 사람은 세 가지 면에서 염부제 사람보다 우세다. 어떤 것이 세 가지인가? 첫째는 소가 많은 것이며, 둘째는 염소가 많은 것이며, 셋째는 주옥珠玉이 많은 것이니, 이 세 가지 면에서는 염부제보다 우세하다. 염부제는 세 가지 면에서 불우체보다 우세하다. 어떤 것이 세 가지인가? 첫째는 용맹스럽고 기억력이 강해 능히 업을 일으키는 것이며, 둘째는 용맹스럽고 기억력이 강해 능히 범행을 닦는 것이며, 셋째는 용맹스럽고 기억력이 강해 부처님께서 그 땅에 나시는 것이니, 이 세 가지 면에서 불우체보다 우세하다. 불우체는 세 가지 면에서 염부제보다 우세하다. 어떤 것이 세 가지인가? 첫째는 그 토지가 아주 넓은 것이며, 둘째는 그 땅이 아주 큰 것이며, 셋째는 그 땅이 아주 묘한 것이니, 이 세 가지 면에서 염부제보다 우세하다.

염부제는 세 가지 면에서 울단왈보다 우세하다. 어떤 것이 세 가지인가? 첫째는 용맹스럽고 기억력이 강해 능히 업을 일으키는 것이며, 둘째는 용맹스럽고 기억력이 강해 범행을 닦는 것이며, 셋째는 용맹스럽고 기억력이 강해 부처님께서 그 땅에 나시는 것이니, 이 세 가지 면에서 울단왈보다 우세하다. 울단왈은 세 가지 면에서 염부제보다 우세하다. 어떤 것이 세 가지인가? 첫째는 얽매이는 곳이 없는 것이며, 둘째는 나의 소유라는 것이 없는 것이며, 셋째는 수명이 천살로 정해져 있는 것이다. 이 세 가지 면에서 염부제보다 우세하다. 염부제 사람은 또한 위의 세 가지 면에서 아귀세계〔餓鬼趣〕보다 우세하다. 아귀세계도 세 가지 면에서 염부제보다 우세하다. 어떤 것이 세 가지인가? 첫째는 수명이 긴 것이며, 둘째는 몸이 큰 것이며, 셋째는 남이 지은 것을 자기가 받는 것이니, 이 세 가지 면에서 염부제보다 우세하다. 염부제 사람은 또한 위의 세 가지 면에서 용이나 금시조보다 우세하다. 용과 금시조도 세 가지 면에서 염부제보다 우세하다. 어떤 것이 세 가지인가? 첫째는 수명이 긴 것이며, 둘째는 몸이 큰 것이며, 셋째는 궁전이 장엄한 것이니, 이 세 가지 면에서 염부제보다 우세하다.

염부제는 위의 세 가지 면에서 아수륜보다 우세하다. 아수륜도 세 가지 면에서는 염부제보다 우세하다. 어떤 것이 세 가지인가? 첫째는 궁전이 높고 넓은 것이며, 둘째는 궁전이 장엄한 것이며, 셋째는 궁전이 청정한 것이니, 이 세 가지 면에서는 염부제보다 우세하다. 염부제 사람은 위의 세 가지 면에서 사천왕보다 우세하다. 사천왕도 세 가지 면에서는 염부제보다 우세하다. 어떤 것이 세 가지인가? 첫째는 수명이 긴 것이며, 둘째는 단정한 것이며, 셋째는 즐거움이 많은 것이니, 이 세 가지 면에서는 염부제보다 우세하다. 염부제 사람은 또 위의 세 가지 면에서 도리천·염마천·도솔천·화자재천·타화자재천보다 우세하다. 그리고 이 모든 하늘도 세 가지 면에서는 염부제보다 우세하다. 어떤 것이 세 가지인가? 첫째는 수명이 긴 것이며, 둘째는 단정한 것이며, 셋째는 즐거움이 많은 것이다."

부처님께서 비구들에게 말씀하셨다.

"욕계欲界의 중생에는 열두 종류〔種〕가 있다. 어떤 것이 열두 종류인가? 첫째 지옥, 둘째 축생, 셋째 아귀, 넷째 사람, 다섯째 아수륜, 여섯째 사천왕, 일곱째 도리천, 여덟째 염마천, 아홉째 도솔천, 열째 화자재천, 열한째 타화자재천, 열두째 마천魔天이다.

색계色界의 중생에는 스물두 종류가 있다. 어떤 것이 스물 두 종류인가? 첫째 범신천梵身天, 둘째 범보천梵輔天, 셋째 범중천梵衆天, 넷째 대범천大梵天, 다섯째 광천光天, 여섯째 소광천少光天, 일곱째 무량광천無量光天, 여덟째 광음천光音天, 아홉째 정천淨天, 열째 소정천少淨天, 열한째 무량정천無量淨天, 열두째 변정천遍淨天, 열셋째 엄식천

嚴飾天, 열넷째 소엄식천小嚴飾天, 열다섯째 무량엄식천無量嚴飾天, 열여섯째 엄식과실천嚴飾果實天, 열일곱째 무상천無想天, 열여덟째 무조천無造天, 열아홉째 무열천無熱天, 스무째 선견천善見天, 스물한째 대선견천大善見天, 스물두째 아가니타천阿迦尼吒天이다.[3]

무색계의 중생에는 네 종류가 있다. 어떤 것이 네 종류인가? 첫째 공지천空智天, 둘째 식지천識智天, 셋째 무소유지천無所有智天, 넷째 유상무상지천有想無想智天이다."

부처님께서 비구들에게 말씀하셨다.

"네 종류의 천신天神이 있다. 어떤 것이 네 종류인가? 첫째 흙신〔地神〕, 둘째 물신〔水神〕, 셋째 바람신〔風神〕, 넷째 불신〔火神〕이다.

옛날 흙신은 잘못된 소견을 내어 말했다.

'흙 속에는 물과 불과 바람이 없다.'

그때 나는 이 흙신이 생각하는 것을 알고 곧 가서 물었다.

'그대는 흙 속에 물과 불과 바람이 없다고 생각하는가?'

흙신이 대답했다.

'흙 속에는 진실로 물과 불과 바람이 없습니다.'

나는 그때 말했다.

'그대는 그런 생각을 내어 흙 속에는 물과 불과 바람이 없다고 말하지 말라. 무슨 까닭인가? 흙 속에는 물과 불과 바람이 있지만 흙의 요소〔地大〕가 많기 때문에 흙의 요소라는 이름을 얻었을 따름이다.'"

부처님께서 비구들에게 말씀하셨다.

---

3 색계色界는 보통 18천으로 이야기 된다. 범중천 · 범보천 · 대범천 이상 초선천, 소광천 · 무량광천 · 광음천 이상 2선천, 소정천 · 무량정천 · 변정천 이상 3선천, 무운천 · 복생천 · 광과천 · 무상천 · 무번천 · 무열천 · 선견천 · 선현천 · 색구경천 이상 4선천.

"나는 그때 저 흙신을 위해 차례로 설법하여 그의 잘못된 소견을 없애 주고 가르쳐 보여 그를 이익되게 하고 기쁘게 해 주었다. 그리고 보시에 대한 이야기, 계율에 대한 이야기, 하늘에 태어나는 이치에 대한 이야기를 해 주고, 욕심은 깨끗한 것이 아니고 심한 번뇌〔上漏〕는 근심거리이며, 출요出要가 가장 훌륭한 것이라고 가르치고, 또한 청정한 범행을 자세히 설명하여 열어 보였다. 나는 그의 마음이 깨끗해지고 부드러워지며 즐거워지고, 5온으로 인한 번뇌〔陰蓋〕[4]가 없어져 교화하기 쉬움을 알았다. 그래서 모든 부처님의 변함없는 진리인 괴로움에 대한 성스러운 진리〔苦聖諦〕·괴로움의 발생에 대한 성스러운 진리〔苦集諦〕·괴로움의 소멸에 대한 성스러운 진리〔苦滅諦〕·괴로움의 벗어남에 대한 진리〔苦出要諦〕를 자세히 설명해 열어 보였다. 그때 흙신은 그 자리에서 티끌을 멀리 하고 때를 여의어 법의 눈〔法眼〕이 깨끗해졌다. 비유하면 맑고 깨끗한 흰옷이 물들기 쉬운 것처럼, 믿는 마음이 청정하여 마침내 법의 눈을 얻고 의심이 없어져 반드시 과果를 얻었다.[5] 그래서 악도惡道에 떨어지지 않고 다른 길로 향하지 않았으며 두려움 없는 경지를 성취하였다. 그는 내게 말했다.

'저는 이제 부처님께 귀의하고 법에 귀의하고 승가에 귀의합니다. 목숨이 다할 때까지 살생하지 않고 도둑질하지 않으며 음행하지 않고 속이지 않으며 술을 마시지 않겠습니다. 저로 하여금 바른 법〔正法〕 가운데서 우바이가 되는 것을 허락해 주십시오.'"

부처님께서 비구들에게 말씀하셨다.

---

4 음陰은 몸을 이루는 근간이고, 개蓋는 덮개로서 번뇌를 말한다.

5 4제의 법을 닦아 반드시 사문사과沙門四果인 수다원과·사다함과·아나함과·아라한과를 성취함을 말한다.

“옛날 수신水神은 잘못된 소견을 내어 말했다.

‘물 가운데는 땅과 불과 바람이 없다.’

그때 지신地神은 저 수신의 마음에 이런 소견이 생긴 줄을 알고 수신에게 가서 말했다.

‘너는 참으로 그런 소견을 내어 물 가운데에는 흙과 불과 바람이 없다고 말했는가?’

그는 대답했다.

‘진실로 그렇다.’

지신은 말했다.

‘너는 그런 소견을 일으켜 물에는 흙과 불과 바람이 없다고 말하지 말라. 무슨 까닭인가? 물에는 흙과 불과 바람이 있지만 물의 요소가 많기 때문에 물의 요소라는 이름을 얻었을 따름이다.’

지신은 곧 그를 위해 설법해 그의 잘못된 소견을 덜어주고 가르쳐 보여 그를 이익되게 하고 기쁘게 해 주었다. 그리고 보시에 대한 이야기, 계율에 대한 이야기, 하늘에 태어나는 이치에 대한 이야기를 해 주고 욕심은 깨끗한 것이 아니고, 심한 번뇌〔上漏〕는 근심거리이며, 출요出要가 가장 훌륭한 것이라는 것을 가르쳐 주고, 또한 청정한 범행을 자세히 설명하여 열어 보였다. 지신은 그때 그 마음이 깨끗해지고 부드러워지며 즐거워지고, 5온으로 인한 번뇌〔陰蓋〕가 없어져 교화하기 쉬움을 알았다. 그래서 모든 부처님의 변함없는 진리인 괴로움에 대한 성스러운 진리·괴로움의 발생에 대한 진리·괴로움의 소멸에 대한 진리·괴로움의 벗어남에 대한 진리를 자세히 설명해 열어 보였다. 그때 물신은 곧 티끌을 멀리하고 때를 여의어 법의 눈이 깨끗해졌다. 비유하면 맑고 깨끗한 흰옷이 물들기 쉬운 것처럼 믿는 마음이 청정하여 마침내 법의 눈을 얻고 의심이 없어져 반드시 과果를 얻었다. 그래서 악도惡道에 떨어지지 않고 다른 길로 향하지 않았으며 두려움 없는 경지를 성취하여 찌신에게 말했다.

'나는 이제 부처님께 귀의하고 법에 귀의하고 승가에 귀의합니다. 목숨이 다할 때까지 살생하지 않고 도둑질하지 않으며 음행하지 않고 속이지 않으며 술을 마시지 않겠습니다. 저로 하여금 바른 법 가운데서 우바이가 되는 것을 허락해 주십시오.'"

부처님께서 비구들에게 말씀하셨다.

"옛날 화신火神이 잘못된 소견을 내어 말했다.

'불 가운데에는 흙과 물과 바람이 없다.'

그때 지신과 수신은 저 화신의 마음에 이런 소견이 생긴 줄을 알고 함께 화신에게 가서 말했다.

'너는 참으로 그런 소견을 일으켰는가?'

그는 대답했다.

'진실로 그렇다.'

지신과 수신이 말했다.

'너는 그런 소견을 내지 말라. 무슨 까닭인가? 불 가운데에는 흙과 물과 바람이 있지만 불의 요소가 많기 때문에 불의 요소〔火大〕라는 이름을 얻었을 따름이다.'

그때 두 신은 곧 그를 위해 설법하여 그의 잘못된 소견을 덜어주고 가르쳐 보이고 이익되게 하고 기쁘게 해 주었다. 그리고 보시에 대한 이야기, 계율에 대한 이야기와 하늘에 태어나는 이치에 대한 이야기를 해 주고 욕심은 깨끗한 것이 아니며, 심한 번뇌〔上漏〕는 근심거리이고, 출요出要가 가장 훌륭한 것이라는 것을 가르쳐 주고, 또한 청정한 범행을 자세히 설명하여 열어 보였다. 두 신은 그때 화신의 마음이 깨끗해지고 부드러워지며 즐거워지고, 5온으로 인한 번뇌〔陰

蓋〕가 없어져 교화하기 쉬움을 알았다. 그래서 모든 부처님의 변함없는 진리인 괴로움에 대한 성스러운 진리·괴로움의 발생에 대한 진리·괴로움의 소멸에 대한 진리·괴로움의 벗어남에 대한 진리를 자세히 설명해 열어 보였다. 그때 그 화신은 곧 티끌을 멀리 하고 때를 여의어 법의 눈이 깨끗해졌다. 비유하면 마치 깨끗한 흰옷이 물들기 쉬운 것처럼 그도 그와 같아서 신심이 청정하여 마침내 법의 눈을 얻고 의심이 없어져 반드시 과果를 얻었다. 그리하여 악도에 떨어지지 않고 다른 길로 향하지 않으며 두려움 없는 경지를 성취하여 두 신에게 말했다.

'나는 이제 부처님과 법과 승가에 귀의합니다. 목숨이 다할 때까지 살생하지 않고 도둑질하지 않으며 음행하지 않고 속이지 않으며 술을 마시지 않겠습니다. 저로 하여금 바른 법 가운데서 우바이가 되는 것을 허락해 주십시오.'"

부처님께서 비구들에게 말씀하셨다.

"옛날 풍신風神이 잘못된 소견을 내어 말했다.

'바람에는 흙과 물과 불이 없다.'

그때 지신·수신·화신은 저 풍신이 잘못된 소견을 낸 줄을 알고 그에게 가서 말했다.

'너는 참으로 그런 소견을 내었는가?'

그는 대답했다.

'진실로 그렇다.'

흙신과 물신과 불신이 말했다.

'너는 그런 소견을 내지 말라. 무슨 까닭인가? 바람 가운데에는 흙과 물과 불이 있지만, 바람의 요소〔風大〕가 많기 때문에 바람의 요소라는 이름을 얻었을 따름이다.'

그때 세 신은 곧 그를 위해 설법하여 그의 잘못된 소견을 덜어주고 가르쳐 보이고 이익되게 하고 기쁘게 해 주었다. 그리고 보시에 대한 이야기, 계율에 대한 이야기와 하늘에 태어나는 이치에 대한 이야기를 해 주고 욕심은 깨끗한 것이 아니고, 심한 번뇌〔上漏〕는 근심거리이며, 출요出要가 가장 훌륭한 것이라는 것을 가르쳐 주고 또한 청정한 범행을 자세히 설명하여 열어 보였다. 세 신은 그때 그의 마음이 깨끗해지고 부드러워지며 즐거워지고 5온으로 인한 번뇌〔陰蓋〕가 없어져 교화하기 쉬움을 알았다. 그래서 모든 부처님의 변함없는 진리인 괴로움에 대한 성스러운 진리·괴로움의 발생에 대한 진리·괴로움의 소멸에 대한 진리·괴로움의 벗어남에 대한 진리를 자세히 설명해 열어 보였다. 그때 바람신은 곧 티끌을 멀리 하고 때를 여의어 법의 눈이 깨끗해졌다. 비유하면 마치 깨끗한 흰옷이 물들기 쉬운 것처럼 그도 그와 같아서 믿는 마음이 청정하여 마침내 법의 눈을 얻고 의심이 없어져 반드시 과果를 얻었다. 그리고 변함없는 진리인 악도에 떨어지지 않고 다른 길로 향하지 않으며 두려움 없는 경지를 성취하여 세 신에게 말했다.

'나는 이제 부처님과 법과 승가에 귀의합니다. 목숨을 마칠 때까지 살생하지 않고 도둑질하지 않으며 음행하지 않고 속이지 않으며 술을 마시지 않겠습니다. 원컨대 저로 하여금 바른 법 가운데에서 우바이가 되는 것을 허락해 주십시오. 모든 중생들을 사랑하여 방해하지 않겠습니다.'"

부처님께서 비구들에게 말씀하셨다.

"구름에 네 종류가 있다. 어떤 것이 그 네 종류인가? 첫째는 흰 빛이며, 둘째는 검은 빛이며, 셋째는 빨간 빛이며, 넷째는 붉은 빛이다. 그 흰 빛은 흙의 요소〔地大〕가 치우치게 많은 것이며, 검은 빛은 물의 요소〔水大〕가 치우치게 많은 것이며, 빨간 빛은 불의 요소〔火大〕가 치우치게 많은 것이며, 붉은 빛은 바람의 요소〔風大〕가 치우치게 많은 것이다. 구름은 흙에서 혹 10리·20리·30리·40리 나아가 4천 리까지 떨어져 있다. 다만 겁이 시작될 때와 끝날 때에 구름이 올라가 광음천光音天에 이르는 것은 제외된다.

번개에 네 종류가 있다. 어떤 것이 네 종류인가? 동방의 번개를 신광身光이라 하고, 남방의 번개를 난훼難毁라 하며, 서방의 번개는 유염流焰이라 하고, 북방의 번개는 정명定明이라 한다. 어떤 인연으로 허공의 구름 가운데 이런 전광電光이 있게 되는가? 어떤 때에는 신광이 난훼와 서로 부딪치고, 어떤 때에는 신광이 유염과 서로 부딪치며, 어떤 때에는 신광이 정명과 서로 부딪친다. 어떤 때에는 난훼가 유염과 서로 부딪치고, 어떤 때에는 난훼가 정명과 서로 부딪치며, 어떤 때에는 유염이 정명과 서로 부딪친다. 이런 인연으로 허공의 구름 속에서 전광이 일어난다. 또 어떤 인연으로 허공의 구름 속에 우렛소리〔雷聲〕가 일어나는가? 허공에서 어떤 때에는 흙의 요소〔地大〕가 물의 요소〔水大〕와 서로 부딪치고, 어떤 때에는 흙의 요소가 불의 요소〔火大〕와 서로 부딪치며, 어떤 때에는 흙의 요소가 바람의 요소〔風大〕와 서로 부딪친다. 어떤 때에는 물의 요소가 불의 요소와 서로 부딪치고 어떤 때에는 물의 요소가 바람의 요소와 서로 부딪친다. 이런 인연으로 허공의 구름 속에서 우렛소리가 일어난다.

점술가는 비가 올 것이라고 점치지만 분명히 알 수 없게 하여 점술가를 미혹하게 하는 다섯 가지 인연이 있다. 어떤 것이 다섯인가? 첫째는 구름 속에 우레와 번개가 있을 때 반드시 비가 오리라고 점치지만 불의 요소가 많기 때문에 구름을 불살라 비가 오지 않는 경우이다. 이것이 점술가를 미혹하게 하는 첫 번째 인연이다. 둘째는 구름 속에 우레와 번개가 있을 때 반드시 비가 오리라고 점치지만 큰 바람이 일어나 구름을 불어 사방으로 흩어 여러 산 속으로 들어가게 한다. 이런 인연으로 점술가는 미혹하게 된다. 셋째는 구름 속에 우레와 번개가 있을 때 반드시 비가 오리라고 점치지만 때마침 큰 아수륜이 나타나 뜬 구름을 집어다 큰 바다 가운데 옮겨 놓는다. 이런 인연으로 점술가는 미혹하게 된다. 넷째는 구름 속에 우레와 번개가 있을 때 반드시 비가 오리라고 점치지만 운사雲師와 우사雨師가 방일하고 음란하여 마침내 비를 내리지 않는다. 이런 인연으로 점술가는 미혹하게 된다. 다섯째는 구름 속에 우레와 번개가 있을 때 반드시 비가 오리라 점치지만 세간의 무리들이 법답지 않고 방일放逸하여 부정不淨한 행을 하고 간탐하고 질투하며 소견이 거꾸로 되었기 때문에 하늘은 비를 내리지 않는다. 이런 인연으로 점술가는 미혹하게 된다. 이 다섯 가지 인연 때문에 점술가는 비를 점치지만 확실하게 맞추지 못하는 것이다.

불설장아함경 제21권

〔제4분〕 ④

1. 세기경 ④

9) 삼재품三災品

부처님께서 비구들에게 말씀하셨다.

"네 가지 일〔事〕이 있다. 장구長久하기 한량없고 무한하여 일월과 세수歲數로써 헤아릴 수 없는 것이다. 어떤 것이 네 가지인가? 첫째 세간의 재앙이 일어나기 시작하여 이 세간이 무너지려 할 때까지의 기간으로서 그 중간은 장구하기 한량없고 무한하여 몇날 몇월 몇년으로 헤아릴 수 없는 것이다. 둘째 이 세간이 다 무너진 뒤에 그 중간은 텅 비어서 세간이 없는 기간으로서 장구하고 멀고멀어 몇날 몇월 몇년으로 헤아릴 수 없는 것이다. 셋째 천지가 처음으로 생겨나 성립되려 할 때까지의 기간으로서 그 중간은 장구하여 몇날 몇월 몇년으로 헤아릴 수 없는 것이다. 넷째 천지가 이미 성립되어 오랫동안 머물러 무너지지 않는 기간으로서 일월과 세수로써 헤아릴 수 없는 것이다. 이것을 장구하기 한량없고 무한하여 몇날 몇월 몇년으로 헤아릴 수 없는 네 가지 일이라고 한다.”

부처님께서 비구에게 말씀하셨다.

“이 세상에는 3재災가 있다. 어떤 것이 3재인가? 첫째는 화재火災이고, 둘째는 수재水災이며, 셋째는 풍재風災이다. 이 3재에는 세 한계가 있다. 어떤 것이 그 세 가지인가? 첫째는 광음천光音天이며, 둘째는 변정천遍淨天이며, 셋째는 과실천果實天이다. 만일 화재가 일어나면 광음천까지 이르니 광음천이 그 한계가 되고, 만일 수재가 일어나면 변정천까지 이르니 변정천이 그 한계가 되며, 만일 풍재가 일어나면 과실천까지 이르니 과실천이 그 한계가 된다.

어떤 것을 화재라고 하는가? 화재가 처음 일어나려고 할 때에는 이 세간 사람들은 다 바른 법을 행하고 바른 소견을 지녀 뒤바뀐 생각이 없으며, 열 가지 선행을 닦는다. 이 법을 행할 때 어떤 사람은 제2선第二禪을 얻어 몸을 솟구쳐 허공에 올라가 성인도聖人道・천도天道・범도梵道에 머물면서 소리 높여 외친다.

‘여러분, 마땅히 아시오. 이것이 각覺도 없고 관觀도 없는 제2선의 즐거움입니다. 제2선은 즐거운 것입니다.’

그때 세간 사람들은 이 소리를 듣고 그를 우러러 보면서 말한다.

‘훌륭하고 훌륭하십니다. 오직 원컨대 저희들을 위하여 각覺도 없고 관觀도 없는 제2선의 도道를 말씀해 주십시오.’

그때 공중에 있는 사람은 그 말을 듣고 곧 그들을 위하여 각도 없고 관도 없는 제2선의 도를 설명한다. 이 세간 사람들은 그 말을 듣고 곧 각도 없고 관도 없는 제2선의 도를 닦아서 몸이 무너지고 목숨이 끝나면 광음천에 태어난다.

그때 지옥의 중생들도 죄가 끝나고 목숨을 마친 뒤에는 인간세계에 태어난다. 그리하여 각도 없고 관도 없는 제 2 선의 도를 닦고 몸이 무너지고 목숨이 끝나면 광음천에 태어난다. 또 축생·아귀·아수륜·사천왕·도리천·염마천·도솔천·화자재천·타화자재천·범천의 중생들도 목숨을 마친 뒤에는 인간에 태어나 각도 없고 관도 없는 제2선을 닦는다. 그래서 몸이 무너지고 목숨을 마친 뒤에는 광음천에 태어난다.

이 인연으로 말미암아 지옥의 세계가 다 없어지고 축생·아귀·아수륜과, 나아가 범천세계에 이르기까지 모두 다 없어진다. 그때가 닥치면 먼저 지옥이 다 없어지고 그 뒤에 축생이 다 없어지며 축생이 다 없어진 뒤에 아귀가 다 없어진다. 아귀가 다 없어진 뒤에는 아수륜이 다 없어지고 아수륜이 다 없어진 뒤에는 사천왕이 다 없어지며 사천왕이 다 없어진 뒤에는 도리천이 다 없어지고 도리천이 다 없어진 뒤에는 염마천이 다 없어진다. 염마천이 다 없어진 뒤에는 도솔천이 다 없어지고 도솔천이 다 없어진 뒤에는 화자재천이 다 없어진다. 화자재천이 다 없어진 뒤에는 타화자재천이 다 없어지고 타화자재천이 다 없어진 뒤에는 범천이 다 없어진다. 범천이 다 없어진 뒤에는 사람이 다 없어져서 남음이 없게 되고 사람이 다 없어져 남음이 없게 된 뒤, 이 세상은 무너지고 재앙이 일어나게 된다. 그 뒤에는 하늘에서 비를 내리지 않아 온갖 곡식과 초목이 저절로 말라죽는다."

부처님께서 비구들에게 말씀하셨다.

"그러므로 마땅히 알라. 일체의 행行은 무상한 것이어서 변하고 무너져 믿을 것이 없다. 무릇 조작된 모든 법들은 싫어하고 걱정해야 할 것이니 마땅히 세상을 벗어날 수 있는 해탈의 도를 구하라.

그 후 오랜 시간이 지나면 큰 흑풍黑風이 사납게 일어나 큰 바다에 불어와서 깊이가 8만 4천 유순이나 되는 바닷물을 양쪽으로 헤친다.

그리고 해의 궁전을 취해다가 땅에서 4만 2천 유순쯤 떨어진 수미산 중턱에 있는, 해가 지나는 길에 둔다. 이로 말미암아 세간에는 두 개의 해가 나타나고 두 개의 해가 나타난 뒤에는 이 세간에 있는 모든 작은 강과 봇물과 도랑물은 다 말라 버린다."

부처님께서 비구들에게 말씀하셨다.

"그러므로 마땅히 알라. 일체의 행은 무상한 것이어서 변하고 무너져 믿을 것이 없다. 무릇 조작된 모든 법들은 싫어하고 걱정해야 할 것들이니 마땅히 세상을 벗어날 수 있는 해탈의 도를 구하라.

그 후 오랜 세월이 지나면 큰 흑풍이 사납게 일어나 큰 바다에 불어와서 깊이 8만 4천 유순이나 되는 바닷물을 양쪽으로 헤친다. 그리고 해의 궁전을 취해다가 땅에서 4만 2천 유순쯤 떨어진 수미산 중턱에 있는 해가 지나는 길에 둔다. 이로 말미암아 세간에는 세 개의 해가 나타나고 세 개의 해가 나타난 뒤에는 이 세간의 모든 물인 항하恒河·야바나하耶婆那河·바라하婆羅河·아이라바제하阿夷羅婆提河·아마겁하阿摩怯河·신타하辛陀河·고사하故舍河는 다 말라 남는 것이 없다. 그러므로 마땅히 알라. 일체의 행은 무상한 것이어서 변하고 무너져 믿을 것이 없다. 무릇 조작된 모든 법들은 아주 싫어하고 걱정해야 할 것들이니, 마땅히 세상을 벗어날 수 있는 해탈의 도를 구하라.

그 후 오랜 시간이 지나면 큰 흑풍이 사납게 일어나 큰 바다에 불어와서 깊이가 8만 4천 유순이나 되는 바닷물을 양쪽으로 불어 헤친다. 그리고 해의 궁전을 취해다가 수미산 중턱에 있는 해가 지나는 길에 둔다. 이로 말미암아 세간에는 네 개의 해가 나타나고 네 개의 해가 나타나면 가로와 세로가 각각 50유순인 대선견못〔大善見池〕·아녹대못〔阿耨大池〕·사방타연못〔四方陀延池〕·우발라못〔優鉢羅池〕·

구물두못〔拘物頭池〕·분타리못〔分陀利池〕·리못〔離池〕 등 이 세간의 모든 샘물과 못은 다 마르고 만다. 그러므로 마땅히 알라. 일체의 행은 무상한 것이어서 변하고 무너져 믿을 것이 없다. 무릇 조작된 모든 법들은 아주 싫어하고 걱정해야 할 것들이니, 마땅히 세상을 벗어날 수 있는 해탈의 도를 구하라.

그 후 오랜 세월이 지나면 큰 흑풍이 사납게 일어나 큰 바다에 불어와서 양쪽으로 헤친다. 그리고 해의 궁전을 취해다가 수미산 중턱에 있는 해가 지나는 길에 둔다. 이로 말미암아 세간에는 다섯 개의 해가 나타나고 다섯 개의 해가 나타나면 바닷물은 점점 줄어 백 유순에서 7백 유순에까지 이른다. 그러므로 마땅히 알라. 일체의 행은 무상한 것이어서 변하고 무너져 믿을 것이 없다. 무릇 조작된 모든 법들은 아주 싫어하고 걱정해야 할 것들이니, 마땅히 세상을 벗어날 수 있는 해탈의 도를 구하라.

그때 대해의 물은 점점 줄어 남은 것은 7백 유순·6백 유순·5백 유순·4백 유순 나아가 백 유순에까지 이른다. 그러므로 마땅히 알라. 일체의 행은 무상한 것이어서 변하고 무너져 믿을 수 없는 것이다. 무릇 조작된 모든 법들은 아주 싫어하고 걱정해야 할 것들이니, 마땅히 세상을 벗어날 수 있는 해탈의 도를 구하라.

그때 바닷물은 점점 줄어 7유순·6유순·5유순 나아가 1유순에까지 이른다.”

부처님께서 비구들에게 말씀하셨다.

“그러므로 마땅히 알라. 일체의 행은 무상한 것이어서 변하고 무너져 믿을 것이 없다. 무릇 조작된 모든 법들은 아주 싫어하고 걱정해야 할 것들이니, 마땅히 세상을 벗어날 수 있는 해탈의 도를 구하라.

그 뒤에 바닷물은 점점 줄어 7다라多羅나무·6다라나무에 이르고 나아가서는 1다라나무의 깊이에까지 이른다."

부처님께서 비구들에게 말씀하셨다.

"그러므로 마땅히 알라. 일체의 행은 무상한 것이어서 변하고 무너져 믿을 것이 없다. 무릇 조작된 모든 법들은 아주 싫어하고 걱정해야 할 것들이니, 마땅히 세상을 벗어날 수 있는 해탈의 도를 구하라.

그 뒤에 바닷물은 갈수록 얕아져 일곱 사람·여섯 사람·다섯 사람·네 사람·세 사람·두 사람·한 사람 키만 한 깊이가 되고 다시 허리에 이르고 무릎에 이르다가 결국은 복사뼈에까지 이른다."

부처님께서 비구들에게 말씀하셨다.

"그러므로 마땅히 알라. 일체의 행은 무상한 것이어서 변하고 무너져 믿을 것이 없다. 무릇 조작된 모든 법들은 아주 싫어하고 걱정해야 할 것들이니, 마땅히 세상을 벗어날 수 있는 해탈의 도를 구하라.

그 뒤에 바닷물은 마치 봄비와 같고 뒤에는 또 소발자국에 고인 물과 같다가 결국은 완전히 말라 사람의 손가락도 담글 수 없게 된다."

부처님께서 비구들에게 말씀하셨다.

"그러므로 마땅히 알라. 일체의 행은 무상한 것이어서 변하고 무너져 믿을 것이 없다. 무릇 조작된 모든 법들은 아주 싫어하고 걱정해야 할 것들이니, 마땅히 세상을 벗어날 수 있는 해탈의 도를 구하라.

그 후 오랜 세월이 지나면 큰 흑풍이 사납게 일어나 깊이 8만 4천 유순이나 되는 바다 밑의 모래에 불어 양쪽 언덕에 휘몰아 쌓고, 해의 궁전을 취해다가 수미산 중턱에 있는 해가 지나는 길에 둔다. 이로 말미암아 세간에는 여섯 개의 해가 나타나고 여섯 개의 해가 나타나면 4천하와 8만 천하의 모든 산·큰 산·수미산왕까지도 다 연기를 일으키며 타오른다. 그것은 마치 도가陶家에서 질그릇을 처음 구울 때처럼 여섯 개의 해가 나타날 때에도 그와 같다."

부처님께서 비구들에게 말씀하셨다.

"그러므로 마땅히 알라. 일체의 행은 무상한 것이어서 변하고 무너져 믿을 것이 없다. 무릇 조작된 모든 법들은 아주 싫어하고 걱정해야 할 것들이니, 마땅히 세상을 벗어날 수 있는 해탈의 도를 구하라.

그 후 오랜 세월이 지나면 큰 흑풍이 사납게 일어나 깊이 8만 4천 유순이나 되는 바다 밑의 모래에 불어 양쪽 언덕에 휘몰아 쌓고, 해의 궁전을 취해다가 수미산 중턱에 있는 해가 지나는 길에 둔다. 이로 말미암아 세간에는 일곱 개의 해가 나타난다. 일곱 개의 해가 나타나면 4천하와 8만 천하의 모든 산 · 큰 산 · 수미산왕은 다 활활 타버리니, 마치 도가의 가마에서 불꽃이 일어나는 것과 같다. 일곱 개의 해가 나타날 때에도 그와 같다."

부처님께서 비구들에게 말씀하셨다.

"그러므로 마땅히 알라. 일체의 행은 무상한 것이어서 변하고 무너져 믿을 것이 없다. 무릇 조작된 모든 것들은 아주 싫어하고 걱정해야 할 것들이니, 마땅히 세상을 벗어날 수 있는 해탈의 도를 구하라.

이 4천하와 8만 천하의 모든 산과 수미산이 모두 다 활활 타버리면 동시에 사천왕의 궁전 · 도리천의 궁전 · 염마천의 궁전 · 도솔천 · 화자재천 · 타화자재천 · 범천의 궁전까지도 모두 활활 타버리고 만다."

부처님께서 비구들에게 말씀하셨다.

"그러므로 마땅히 알라. 일체의 행은 무상한 것이어서 변하고 무너져 믿을 것이 없다. 무릇 조작된 모든 것들은 아주 싫어하고 걱정해야 할 것들이니, 마땅히 세상을 벗어날 수 있는 해탈의 법을 구하라. 이 4천하에서부터 나아가 범천에 이르기까지 불길에 모두 타버린 뒤에는 바람이 불어 불꽃이 광음천까지 이르게 된다. 그곳에 처음 태어난 천신의 자식들은 이 불꽃을 보고 모두 두려운 마음을 내어 말한다.

'아, 이것이 무엇인가?'

먼저 태어난 모든 하늘신들은 뒤에 태어난 모든 하늘신들에게 말한다.

'두려워하지 말라. 저 불꽃은 예전에도 여기까지 이르렀지만 여기를 벗어나지 못하고 꺼지고 말았다.'

이전의 불빛을 생각하기 때문에 광념천光念天이라 이름하는 것이다.

이 4천하에서부터 나아가 범천에 이르기까지 불에 모조리 타버린 뒤에는 수미산왕은 점점 무너져 백 유순과 2백 유순, 나아가 7백 유순까지 된다."

부처님께서 비구들에게 말씀하셨다.

"그러므로 마땅히 알라. 일체의 행은 무상한 것이어서 변하고 무너져 믿을 것이 없다. 무릇 조작된 모든 것들은 아주 싫어하고 걱정해야 할 것들이니, 마땅히 세상을 벗어날 수 있는 해탈의 법을 구하라. 이 4천하에서부터 나아가 범천에 이르기까지 불에 모조리 타버린 뒤에는 대지와 수미산이 다 타서 재조차 없게 된다. 그러므로 마땅히 알라. 일체의 행은 무상한 것이어서 변하고 무너져 믿을 것이 없다. 무릇 조작된 모든 것들은 아주 싫어하고 걱정해야 할 것들이니, 마땅히 세상을 벗어날 수 있는 해탈의 길을 구하라. 이 대지가 불에 다 탄 뒤에는 땅 밑의 물이 다 없어지고 땅 밑의 바람도 다 없어진다. 그러므로 마땅히 알라. 일체의 행은 무상한 것이어서 변하고 무너져 믿을 것이 없다. 무릇 조작된 모든 것들은 아주 싫어하고 걱정해야 할 것들이니, 마땅히 세상을 벗어날 수 있는 해탈의 길을 구하라."

부처님께서 비구들에게 말씀하셨다.

"화재가 일어날 때에 하늘에서 다시는 비를 내리지 않아 온갖 곡식과 초목이 저절로 말라 죽는다는 것을 누가 정말로 믿겠는가? 오직 본 자만이 스스로 알 수 있을 뿐이다. 이와 같이 땅 밑의 물이 다하고 물 밑의 바람이 다하게 되는데 누가 정말로 믿겠는가? 오직 본 자만이 스스로 알 수 있을 뿐이다. 이것을 화재라고 한다.

어떻게 화겁火劫이 본래대로 돌아가는가? 그 후에 오랜 시간이 지나면 크고 검은 구름이 허공중에 있다가 광음천에까지 이르면 골고루 비를 내리는데 빗방울이 수레바퀴만 하다. 이렇게 무수한 백천 세 동안 비가 내리면 그 물이 점점 불어나 그 높이가 무수한 백천 유순이나 되고 광음천까지 이르게 된다. 그때 네 가지 큰 바람〔大風〕이 불어 그 물을 막아 멈추게 한다. 어떤 것이 네 가지인가? 첫째는 주풍住風이고, 둘째는 지풍持風이며, 셋째는 부동不動이고, 넷째는 견고堅固이다. 그 뒤에 이 물이 점점 줄어 백천 유순에서 무수한 백천만 유순으로 줄어든다. 그 물의 4면에서는 승가僧伽라는 큰 바람이 불어와서 물을 움직이게 하는데, 그러면 파도가 일어나고 거품이 생겨 쌓이게 된다. 바람이 불면 물거품은 물을 떠나 공중으로 올라가서 저절로 굳어져 7보로 장식된 천궁天宮으로 변한다. 이 인연으로 범가이천의 궁전이 생기게 된다. 그 물이 점점 줄어 무수한 백천 유순에 이르면 그 물의 4면에서 승가라는 큰 바람이 일어나 물을 흔들어 움직이게 한다. 그러면 파도가 일어나고 거품이 생겨 쌓이게 된다. 바람이 불면 물거품은 물을 떠나 공중으로 올라가서 저절로 굳어져 7보로 장식된 천궁天宮으로 변한다. 이런 인연으로 타화자재천의 천궁이 생기게 된다.

그 물이 점점 줄어들어 무수한 백천 유순에 이르면 그 물의 4면에서 승가라는 큰 바람이 일어나 물을 흔들어 움직이게 한다. 그러면 파도가 일고 거품이 생겨 모여 쌓인다. 바람이 물결에 불어오면 거품은 물을 떠나 공중으로 올라가서 저절로 굳어져 7보로 장식된 천궁으로 변한다. 이런 인연으로 화자재천의 천궁이 생기게 된다. 그 물이 자꾸 줄어 무수한 백천 유순에 이르면 승가라는 큰 바람이 일어나 물을 흔들어 움직이게 한다. 그러면 파도가 일어나고 거품이 생겨 쌓이게 된다. 바람이 물결에 불어오면 거품은 물을 떠나 공중으로 올라가서 저절로 굳어져 7보로 장식된 천궁으로 변한다. 이런 인연으로 도솔천의 천궁이 생기게 된다.

그 물이 자꾸 줄어 무수한 백천 유순에 이르면 승가라는 바람이 불어와서 물을 움직이게 한다. 그러면 파도가 일고 거품이 생겨 쌓이게 된다. 바람이 물결에 불어오면 거품은 물을 떠나 공중으로 올라가서 저절로 굳어져 7보로 장식된 천궁으로 변한다. 이런 인연으로 염마천의 천궁이 생기게 된다.

그 물이 자꾸 줄어 무수한 백천 유순에 이르면 물 위에 있는 거품은 깊이가 60만 8천 유순이나 되어 그 가장자리가 끝이 없다. 비유하면 이 세간의 샘물에서 물이 흘러나오면, 물 위에 거품이 생기는 것처럼 그것도 그와 같다.

어떤 인연으로 수미산이 있는가? 어지러운 바람이 일어나 이 물거품을 불어 수미산을 만든다. 이 산의 높이는 60만 8천 유순이고 가로와 세로가 각각 8만 4천 유순이며, 금·은·유리·수정 네 가지 보배로 이루어졌다. 무슨 인연으로 네 아수륜의 천궁이 있는가? 그 뒤에 어지러운 바람이 큰 물거품을 불어 수미산 사면에 큰 궁전을 세운다. 이 궁전의 가로와 세로는 각각 8만 유순이며, 저절로 7보의 궁전으로 변화한다. 또 무슨 인연으로 사천왕의 궁전이 생기는가?

그 뒤에 어지러운 바람이 큰 바다의 물거품을 불어 수미산 중턱 4만 2천 유순쯤 되는 곳에 저절로 7보 궁전을 변화로 만든다. 그러므로 사천왕의 궁전이라고 한다. 무슨 인연으로 도리천의 궁전이 생기는가? 그 뒤에 어지러운 바람이 큰 물거품을 불어 수미산 위에 저절로 7보의 궁전을 변화로 만든다. 또 무슨 인연으로 가타라산伽陀羅山이 생기는가? 그 뒤에 어지러운 바람이 큰 물거품을 불어 수미산에서 멀지 않은 곳에 저절로 보배산을 변화로 만든다. 그 산의 뿌리는 땅속으로 4만 2천 유순이나 내리고, 또 가로와 세로가 각각 4만 2천 유순이며 그 가장자리는 끝이 없고 갖가지 빛깔이 뒤섞인 7보로 되어 있다. 이런 인연으로 가타라산이 생겨난다.

또 어떤 인연으로 이사산伊沙山이 생기는가? 그 뒤에 어지러운 바람이 큰 물거품을 불어 가타라산에서 멀지 않은 곳에 저절로 이사산을 변화로 만든다. 이 산의 높이는 2만 1천 유순이고 가로와 세로도 각각 2만 1천 유순이며, 그 변두리는 끝이 없고 갖가지 빛깔이 뒤섞인 7보로 되어 있다. 이런 인연으로 이사산이 생겨난다.

그 뒤에 어지러운 바람이 큰 물거품을 불어 이사산에서 멀지 않은 곳에 저절로 수진타라산樹辰陀羅山을 변성한다. 이 산의 높이는 1만 2천 유순이고, 가로와 세로도 각각 1만 2천 유순이며, 그 가장자리는 끝이 없고 갖가지 빛깔이 뒤섞인 7보로 이루어졌다. 이런 인연으로 수진타라산이 생긴다. 그 뒤에 어지러운 바람이 큰 물거품을 불어 수진타라산에서 멀지 않은 곳에 저절로 아반니루산阿般尼樓山을 변화로 만든다. 이 산의 높이는 6천 유순이고 가로와 세로도 각각 6천 유순이며 그 가장자리는 끝이 없고 갖가지 빛깔이 뒤섞인 7보로 되어 있다. 이런 인연으로 아반니루산이 생겼다. 그 뒤에 어지러운 바람이 큰 물거품을 불어 아반니루산에서 멀지 않은 곳에 저절로 미린타라산彌隣陀羅山[1]을 변성한다. 이 산의 높이는 3천 유순이고 가로와 세로도 각각 3천 유순이며 그 가장자리는 끝이 없고 갖가지 빛깔이 뒤섞인 7보로 되어 있다. 이런 인연으로 니린타라산尼隣陀羅山이 생겼다. 그 뒤에 어지러운 바람이 큰 물거품을 불어 니린타라산에서 멀지 않은 곳에 저절로 비니타산比尼陀山을 변화로 만든다. 이 산의 높이는 1천 2백 유순이고 가로와 세로도 각각 1천 2백 유순이며, 그 가장자리는 끝이 없고 갖가지 빛깔이 뒤섞인 7보로 되어 있다. 이런 인연으로 비니타산이 생겼다. 그 뒤에 어지러운 바람이 큰 물거품을 불어 비니타산에서 멀지 않은 곳에 저절로 금강륜산金剛輪山을 변성한다. 이 산의 높이는 3백 유순이며 가로와 세로도 각각 3백 유순이며 그 가장자리는 끝이 없고 갖가지 빛깔이 뒤섞인 7보로 되어 있다. 이런 인연으로 금강륜산이 생겼다.

무슨 까닭으로 하나의 월궁전月宮殿이 있으며 일곱의 일궁전日宮殿이 있는가? 그 뒤에 어지러운 바람이 큰 물거품을 불어 저절로 하나의 월궁전과 일곱의 일궁전을 변화로 만든다. 갖가지 빛깔이 뒤섞인 7보로 되었으며 흑풍에 불려 본래 있던 곳으로 돌아온다. 이런 인연으로 일월의 궁전이 생겼다. 그 뒤에 어지러운 바람이 큰 물거품을 불어 저절로 4천하와 8만 천하를 변성한다. 이런 인연으로 4천하와 8만 천하가 생겼다. 그 뒤에 어지러운 바람이 큰 물거품을 불어 4천하와 8만 천하에 저절로 대금강륜산大金剛輪山을 변성한다. 이 산의 높이는 16만 8천 유순이고 가로와 세로도 각각 16만 8천 유순이며 그 가장자리는 한계가 없다. 단단한 금강으로 되어 있어 부술 수가 없다. 이런 인연으로 대금강륜산이 생겼다.

---

1 바로 뒤에서는 '니린타라尼隣陀羅'라고 하였다. 송·원·명 3본에도 니린타라로 되어 있다.

그 후 오랜 시간이 지나면 저절로 구름이 허공에 가득 차서 큰 비를 골고루 내리는데 빗방울은 수레바퀴만 하다. 그 물이 가득 넘쳐 4천하와 수미산이 잠기게 된다. 그 뒤에 어지러운 바람이 땅에 불어와 큰 구덩이를 만들면 시냇물은 모두 그 가운데로 들어간다. 이로 말미암아 바다가 생기고 이런 인연으로 네 개의 큰 바닷물이 생긴다.

바닷물이 짠 것은 세 가지 인연이 있다. 어떤 것이 그 세 가지인가? 첫째 저절로 생긴 구름이 허공에 가득 차서 광음천까지 이르게 되면 곳곳에 비가 내려 천궁天宮을 씻고 천하를 씻는다. 범가이천의 천궁과 타화자재천의 천궁으로부터 아래로는 염마천의 천궁과 4천하와 8만 천하의 모든 산과 큰 산과 수미산까지 다 씻어 내린다. 그 중에 모든 곳에 있던 더럽고 짠 모든 부정한 즙액이 아래로 흘러 바다로 들어가 동일한 맛이 되기 때문에 바닷물은 짜다. 둘째 옛날에 큰 선인仙人이 바닷물을 금주禁呪로써 영원히 짜게 하여 사람들로 하여금 마시지 못하게 하였다. 그렇기 때문에 짜다. 셋째 저 큰 바닷물에 온갖 중생들이 섞여 살고 있는데 그 몸이 큰 것은 백 유순, 2백 유순에서 7백 유순이나 되는 것까지도 있다. 그 중생들이 그 속에서 숨을 들이 쉬고 내쉬며 토하고 들이마시며, 대소변을 보기 때문에 바닷물은 짜다. 이상의 일들을 화재라고 한다."

부처님께서 비구들에게 말씀하셨다.

"어떤 것을 수재水災라고 하는가? 수재가 일어날 때에는 이 세상 사람들은 모두 바른 법을 받아 행하고 바른 소견을 가지며 삿된 소견을 가지지 않고, 열 가지 선업을 닦는다. 선업을 닦고 나서 기쁨이 없어진 제3선第三禪을 얻은 어떤 사람이 몸을 솟구쳐 허공으로 올라가 성인도聖人道·천도天道·범도梵道에 머물며 소리 높여 외친다.

'여러분, 마땅히 알아야 합니다. 기쁨이 없어진 제3선은 즐거운 것

입니다. 기쁨이 없어진 제3선은 즐거운 것입니다.'

세상 사람들은 이 소리를 듣고 그를 우러러 보면서 말한다.

'훌륭하고 훌륭합니다. 원컨대 저희들을 위하여 그 기쁨이 없어진 제3선의 도道를 설명해 주십시오.'

그때 공중에 있던 사람들은 이 말을 듣고 곧 그들을 위하여 기쁨이 없어진 제3선의 도를 설명한다. 이 세상 사람들은 그 말을 듣고 곧 제3선의 도를 닦아 몸이 무너지고 목숨이 끝나면 변정천遍淨天에 태어난다.

그때 지옥의 중생들도 죄가 끝나고 목숨을 마친 뒤에는 인간세계에 태어난다. 거기서 제3선의 도를 닦아 몸이 무너지고 목숨이 끝난 뒤에는 변정천에 태어난다. 축생·아귀·아수륜·사천왕·도리천·염마천·도솔천·화자재천·타화자재천·범천·광음천의 중생들도 목숨을 마친 뒤에는 인간에 태어난다. 거기서 제3선의 도를 닦는다. 그래서 몸이 무너지고 목숨을 마친 뒤에는 변정천에 태어난다.

이런 인연으로 말미암아 지옥세계가 다하고 축생·아귀·아수륜·사천왕과 나아가 광음천의 세계에 이르기까지 다 없어진다. 그때가 닥치면 먼저 지옥이 없어진 뒤에 축생이 없어지고 축생이 없어진 뒤에 아귀가 없어진다. 아귀가 없어진 뒤에 아수륜이 없어지고 아수륜이 없어진 뒤에 사천왕이 없어진다. 사천왕이 없어진 뒤에 도리천이 없어지고 도리천이 없어진 뒤에 염마천이 없어진다. 염마천이 없어진 뒤에 도솔천이 없어지고 도솔천이 없어진 뒤에 화자재천이 없어진다. 화자재천이 없어진 뒤에 타화자재천이 없어지고 타화자재천이 없어진 뒤에 범천이 없어진다. 범천이 없어진 뒤에 광음천이 없어지고 광음천이 없어진 뒤에는 사람이 다 없어져서 남음이 없게 되고, 사람이 없어져서 남음이 없게 된 뒤 이 세간은 무너지고 재앙이 일어나게 된다.

그 후 오랜 시간이 지나면 크고 검은 구름이 갑자기 일어나 위로 변정천에까지 이르면 곳곳에 큰 비를 내리는데 온통 뜨거운 물만 내린다. 그 물이 들끓어 천상天上을 볶으면 모든 하늘의 궁전은 다 녹아 없어져 남는 것이 없게 된다. 그것은 마치 소유蘇油를 불 속에 던지면 다 볶이고 녹아 없어져 남는 것이 없는 것과 같다. 광음천의 궁전도 그와 같이 된다. 그러므로 마땅히 알라. 일체의 행은 무상한 것이어서 변화하고 바뀌어 믿을 것이 없다. 무릇 조작된 모든 법은 아주 싫어하고 걱정해야 할 것들이니 마땅히 세상을 벗어날 수 있는 해탈의 길을 구해야 한다.

그 뒤에 이 비는 범가이천의 궁전을 잠기게 하여 남김없이 볶고 녹인다. 마치 소유를 불 속에 넣으면 남는 것이 없는 것처럼 범가이천의 궁전도 그와 같이 된다. 그 뒤에 이 비는 다시 타화자재천·화자재천·도솔천·염마천의 궁전을 잠기게 하여 남김없이 볶고 녹이되 마치 소유를 불 속에 넣으면 남는 것이 없는 것처럼 그 모든 궁전들도 그와 같이 된다. 그 뒤에 이 비는 다시 4천하와 8만 천하의 모든 산·큰 산·수미산왕까지 다 잠기게 하여 남김없이 볶고 녹이는데 마치 소유를 불 속에 던지면 남는 것이 없는 것처럼 그것도 그와 같이 된다. 그러므로 마땅히 알라. 일체의 행은 무상한 것이어서 변화하고 바뀌어 믿을 것이 없다. 무릇 조작된 모든 법은 아주 싫어하고 걱정해야 할 것들이니, 마땅히 세상을 벗어날 수 있는 해탈의 길을 구해야 한다.

그 뒤에 이 물은 대지를 볶아 없어져서 남음이 없고 땅 밑의 물도 다 없어지고 물 밑의 바람도 다 없어진다. 그러므로 마땅히 알라. 일체의 행은 무상한 것이어서 변하고 바뀌어 믿을 만한 것이 없다. 무릇 조작된 모든 법들은 아주 싫어하고 걱정해야 할 것들이니, 마땅히 세상을 벗어날 수 있는 해탈의 길을 구해야 한다."

부처님께서 비구들에게 말씀하셨다.

"변정천의 궁전도 볶이고 녹아서 없어진다는 것을 누가 정말로 믿겠는가? 오직 본 자만이 알 수 있을 뿐이다. 범가이천의 궁전도 볶이고 녹아서 없어진다. 심지어는 저 땅 밑의 물까지도 다 없어지고 물 밑의 바람까지도 다 없어지는데 그 사실을 누가 정말로 믿겠는가? 오직 본 자만이 알 수 있을 뿐이다. 이것을 수재水災라고 한다.

어떻게 수재는 본래대로 돌아가는가? 그 후에 오랜 시간이 지나면 크고 검은 구름이 허공에 가득 차서 변정천까지 이르면 곳곳마다 비를 내리는데 빗방울이 수레바퀴만 하다. 이와 같이 무수한 백천 세 동안 비가 내리면 그 물이 점점 불어나서 변정천까지 이르게 된다. 그러면 네 가지 큰바람이 불어 이 물을 막아 멈추게 한다. 어떤 것이 네 가지인가? 첫째는 주풍住風이고, 둘째는 지풍持風이며, 셋째는 부동不動이고, 넷째는 견고堅固이다. 그 뒤에 이 물은 점점 줄어 무수한 백천 유순쯤 되면 4면에서 승가僧伽라는 큰 바람이 일어난다. 그 바람이 물을 불어 흔들어대면 파도가 일고 물거품이 일어나 모여 쌓이게 된다. 바람이 불면 물거품은 물을 떠나 공중으로 올라가서 저절로 7보로 장식된 광음천의 궁전으로 변성된다. 이런 인연으로 말미암아 광음천의 궁전이 생기게 된다. 그 물이 자꾸 줄어들어 무수한 백천 유순쯤 되면 저 승가 바람이 물에 불어와 흔들어댄다. 그러면 파도가 일고 물거품이 일어나 쌓이게 된다. 바람이 불면 물거품은 물을 떠나 허공에 있으면서 저절로 7보로 장식된 범가이천의 궁전으로 변성된다. 이와 같이 나아가 바닷물이 한맛으로 짜게 되는 것까지의 일들은 또한 화재가 본래대로 돌아갈 때와 같다. 이것을 수재라고 한다."

부처님께서 비구들에게 말씀하셨다.

"어떤 것을 풍재風災라고 하는가? 풍재가 일어날 때에는 이 세간 사람은 모두 바른 법을 받들고 바른 소견을 가지고 삿된 소견을 가지지 않으며, 열 가지 선업을 닦는다. 선행을 닦고 나서 평정·기억·청정으로 제4선禪을 얻은 어떤 사람이 몸을 솟구쳐 허공으로 올라서 성인도·천도·범도에 머무르면서 소리 높여 외친다.

'여러분, 평정하고 기억이 있으면서 청정한 제4선의 즐거움입니다. 평정하고 기억이 있으면서 청정한 제4선은 즐거운 것입니다.'

이 세간 사람들은 그 말을 듣고 그를 우러러보면서 말한다.

'훌륭하고 훌륭합니다. 원컨대 저희들을 위하여 평정하고 기억이 있으면서 청정한 제4선의 도를 말씀해 주십시오.'

그때 공중에 있던 사람은 이 말을 듣고 곧 그들을 위하여 제4선의 도를 연설한다. 이 세간 사람들은 그 말을 듣고 곧 제4선의 도를 닦아 몸이 무너지고 목숨이 끝난 뒤에는 과실천에 태어난다.

그때 지옥의 중생들도 죄가 끝나 목숨을 마치면 인간세계에 태어난다. 거기서 다시 제4선을 닦아 몸이 무너지고 목숨이 끝난 뒤에는 과실천에 태어난다. 축생·아귀·아수륜·사천왕과 나아가 변정천의 중생들에 이르기까지도 목숨을 마치면 인간세계에 태어나 제4선을 닦으며 몸이 무너지고 목숨이 끝나면 과실천에 태어난다. 이런 인연으로 말미암아 지옥세계가 다 없어지고 축생·아귀·아수륜·사천왕과 나아가 변정천세계에 이르기까지도 다 없어진다. 그때 지옥세계에 이르기까지도 다 없어진 뒤에 축생이 다 없어지고 축생이 다 없어진 뒤에 아귀가 다 없어지며 아귀가 다 없어진 뒤에 아수륜이 다 없어지고 아수륜이 다 없어진 뒤에 사천왕이 다 없어지며 사천왕이 다 없어진 뒤에 이와 같이 계속하여 변정천까지도 다 없어지기에 이른다. 변정천이 다 없어진 뒤에는 사람이 다 없어져서 남음이 없고 사람이 다 없어져 남음이 없으면 이 세간은 무너지고 곧 재앙이 일어난다.

그 후에 오랜 시간이 지나면 승가僧伽라 하는 큰 바람이 일어나서 과실천에까지 이른다. 그 바람은 사방으로 퍼져 변정천의 궁전과 광음천의 궁전에 불면 궁전과 궁전이 서로 부딪쳐 먼지처럼 부서진다. 그것은 마치 역사力士가 두 개의 구리쇠로 된 공이를 가지고 서로 맞부딪쳐 부수어 남음이 없는 것처럼 두 궁전이 서로 맞부딪치는 것도 그와 같다. 그러므로 마땅히 알라. 일체의 행은 무상한 것이어서 변화하고 바뀌어 믿을 것이 없다. 무릇 조작된 모든 것들은 아주 싫어하고 걱정해야 할 것들이니, 마땅히 세상을 벗어날 수 있는 해탈의 길을 구해야 한다.

그 뒤에 이 바람이 범가이천 궁전과 타화자재천 궁전에 불어오면 궁전과 궁전이 서로 부딪쳐 먼지처럼 남김없이 부서진다. 마치 역사가 두 개의 구리쇠로 된 공이를 가지고 서로 맞부딪쳐 부수어 남는 것이 없는 것처럼 두 궁전이 서로 부딪치는 것도 그와 같다. 그러므로 마땅히 알라. 일체의 행은 무상한 것이어서 변화하고 바뀌어 믿을 것이 없다. 무릇 조작된 모든 것들은 아주 싫어하고 걱정해야 할 것들이니, 마땅히 세상을 벗어날 수 있는 해탈의 길을 구해야 한다.

그 뒤에 이 바람은 화자재천의 궁전과 도솔천의 궁전과 염마천의 궁전에 불어와서 궁전과 궁전을 서로 맞부딪쳐 먼지처럼 남김없이 부수어 버린다. 마치 역사力士가 두 개의 구리쇠로 된 공이를 가지고 공이와 공이를 서로 맞부딪쳐 부수어 남는 것이 없는 것처럼 저 궁전도 그와 같이 남김없이 부서진다. 그러므로 마땅히 알라. 일체의 행은 무상한 것이어서 변화하고 바뀌어 믿을 것이 없다. 무릇 조작된 모든 것들은 아주 싫어하고 걱정해야 할 것들이니, 마땅히 세상을 벗어날 수 있는 해탈의 길을 구해야 한다.

그 뒤에 이 바람은 4천하와 8만 천하에 불어와서 모든 산과 큰 산과 수미산왕까지 백천 유순이나 되는 높은 허공으로 날려 버린다. 산과 산은 서로 맞부딪쳐 먼지처럼 부서지는데 마치 역사가 손에 가벼운 겨를 집어 공중에 뿌리는 것처럼 저 4천하의 수미산과 모든 산을 다 부수어 흩어버리는 것도 그와 같다. 그러므로 마땅히 알라. 일체의 행은 무상한 것이어서 변화하고 바뀌어 믿을 것이 없다. 무릇 조작된 모든 것들은 아주 싫어하고 걱정해야 할 것들이니 마땅히 세상을 벗어날 수 있는 해탈의 길을 구해야 한다. 그 뒤에 바람이 불면 대지가 다 없어지고 땅 밑의 물이 다 없어지며, 물 밑의 바람이 다 없어진다. 그러므로 마땅히 알라. 일체의 행은 무상한 것이어서 변화하고 바뀌어 믿을 것이 없다. 무릇 조작된 모든 것들은 아주 싫어하고 걱정해야 할 것들이니 마땅히 세상을 벗어날 해탈의 길을 구해야 한다."

부처님께서 비구들에게 말씀하셨다.

"변정천의 궁전과 광음천의 궁전이 서로 맞부딪쳐 먼지처럼 부서진다는 것을 누가 정말로 믿겠는가? 오직 본 자만이 알 수 있을 뿐이다. 이와 같이 나아가서는 땅 밑의 물까지도 다 없어지고 물 밑의 바람까지도 다 없어지는데 누가 정말이라고 믿겠는가? 오직 본 자만이 믿을 수 있을 뿐이다. 이것을 풍재風災라고 한다.

어떻게 풍재가 본래대로 돌아가는가? 그 후 오랜 시간이 지난 뒤 크고 검은 구름이 허공에 가득 차서 과실천에까지 이르면 큰 비가 내리는데 그 빗방울은 수레바퀴만 하다. 무수한 백천 년 동안 장맛비가 내려 그 물이 점점 불어 과실천에 이르면 그때 네 가지 바람이 불어

이 물을 막아 멈추게 한다. 어떤 것이 네 가지인가? 첫째는 주풍住風이고, 둘째는 지풍持風이며, 셋째는 부동不動이고, 넷째는 견고堅固이다. 그 뒤에 이 물이 점점 줄어들어 무수한 백천 유순이 되면 그 물의 4면에서 승가라고 하는 큰 바람이 일어난다. 그 바람이 불어와 물을 움직이면 파도가 일고 거품을 일으켜 쌓이게 된다. 바람이 불면 거품은 물을 떠나 공중으로 올라가서 저절로 갖가지 빛깔이 뒤섞인 7보로 장식된 변정천의 궁전으로 변성된다. 이런 인연으로 변정천의 궁전이 생기게 된다. 그 물이 자꾸 줄어 무수한 백천 유순쯤 되면 저 승가 바람이 물에 불어와서 흔들어댄다. 그러면 파도가 일고 물거품이 일어 쌓이게 된다. 바람이 불면 물거품은 물을 떠나 허공에 있으면서 저절로 갖가지 빛깔이 뒤섞인 7보로 된 광음천의 궁전으로 변성된다. 나아가 바닷물이 한맛으로 짠 것까지의 일들은 또한 화재火災가 본래로 돌아갈 때의 일들과 같다. 이것을 풍재風災라고 한다. 또 이것을 3재라 하고 이것을 3복復이라고 한다."

10) 전투품戰鬪品

부처님께서 비구들에게 말씀하셨다.

"옛날 하늘신과 아수륜이 싸운 적이 있었다. 그때 석제환인釋提桓因은 도리천의 모든 하늘에게 명령하여 말했다.

'너희들은 지금 가서 저들과 싸워라. 만일 승리를 거두거든 비마질다라 아수륜毘摩質多羅阿須倫을 잡아 5계繫로 결박하여 선법善法강당으로 끌고 오너라. 내가 그를 보려고 한다.'

도리천의 모든 하늘들은 제석의 분부를 받고 곧 제각기 장엄했다. 그때 비마질다라 아수륜도 모든 아수륜들에게 명령하여 말했다.

'너희들은 지금 가서 저들과 싸워라. 만일 승리를 거두거든 석제환

인을 잡아 5계로써 결박하여 7엽葉강당으로 끌고 오너라. 내가 그를 보려고 한다.'

모든 아수륜은 비마질다라 아수륜의 분부를 받고 곧 제각기 장엄했다. 이윽고 모든 하늘들과 아수륜들은 마침내 싸우게 되었는데, 모든 하늘들이 승리를 거두었고 아수륜들은 물러갔다. 그때 도리천의 모든 하늘신들은 아수륜왕을 잡아 5계로써 결박하여 선법강당으로 끌고 와 제석에게 보였다.

그러자 아수륜왕은 천상의 쾌락을 보고 사모하고 즐거워하는 마음을 내어 곧 스스로 생각했다.

'이곳은 참으로 훌륭하구나. 정말로 살고 싶은 곳이구나. 다시 아수륜 궁전으로 돌아가서 무엇하겠는가?'

이렇게 생각하자마자 5계가 곧 풀리고 다섯 가지 즐거움이 앞에 나타났다. 그러나 만일 아수륜이 자신의 궁전으로 돌아가려는 생각을 내게 되면 다시 5계로 결박되고 다섯 가지 즐거움은 저절로 없어졌다. 그때 아수륜을 묶은 결박이 더욱 더 조여들었다.

악마에게 묶이는 것은 이보다 더 심하여 나〔我〕라는 생각을 내는 사람은 악마에게 묶이고 나니 남이니 하는 생각을 내지 않는 사람은 악마의 결박에서 풀려난다. 나라는 것에 대하여 애착하면 결박되고, 남이라는 애착에 사로잡혀도 결박되며,[2] 나는 분명 존재한다고 생각해도 결박이 되고, 나는 존재하지 않는다고 생각해도 결박된다. 몸〔色〕은 존재하는 것이라고 생각해도 결박되고, 몸은 없는 것이라고 생각해도 결박되며, 몸은 있기도 하고 없기도 하다고 생각해도 결박된다. 나는 생각이 있다고 생각해도 결박되고, 나는 생각이 없다고

2 고려대장경에는 이 부분이 '애아위박 애애위박愛我爲縛 愛愛爲縛'으로 되어 있고 송·원·명 3본에는 '수아위박 수애위박受我爲縛 受愛爲縛'으로 되어 있다.

생각해도 결박되며 나는 생각이 있기도 하고 생각이 없기도 하다고 생각해도 결박된다. 나는 큰 걱정〔患〕이고, 종기이며, 가시이다. 그러므로 현성의 제자는 나라는 것이 큰 걱정이 되고 종기가 되며 가시가 되는 줄을 알아 나라는 생각을 버리고 나라는 것은 없는 것이라는 행을 닦는다.

나라고 보는 것은 무거운 짐이 되고 방일함이 되며, 유有가 된다. 나는 꼭 존재하는 것이라는 생각이 바로 유위有爲[3]이고, 나는 없는 것이라는 생각도 바로 유위이다. 몸뚱이〔色〕가 실재한다는 생각이 곧 유위이고, 몸뚱이는 없는 것이라는 생각도 바로 유위이며, 몸뚱이는 있기도 하고 없기도 한 것이라는 생각도 바로 유위이다. '나는 생각이 있다'는 생각도 곧 유위이고, '나는 생각이 없다'는 생각도 바로 유위이며, '나는 생각이 있기도 하고 생각이 없기도 하다'는 생각도 바로 유위이다. 유위有爲는 큰 걱정이 되고 가시가 되며 종기가 된다. 그러므로 현성의 제자는 유위가 큰 걱정이 되고 가시가 되며 종기가 되는 줄을 알기 때문에 유위를 버리고 무위無爲의 행을 닦는다."

부처님께서 비구들에게 말씀하셨다.

"옛날 모든 하늘신들이 아수륜과 서로 싸운 적이 있었다. 그때 석제환인은 도리천에게 명령하여 말했다.

'너희들은 지금 가서 아수륜과 싸워라. 만일 승리를 거두거든 비마질다라 아수륜을 잡아 5계로 결박하여 선법강당으로 끌고 오너라. 내가 그를 보고자 한다.'

그러자 도리천의 모든 하늘들은 제석의 분부를 받고 곧 제각기 장엄했다. 그때 비마질다라 아수륜도 모든 아수륜들에게 명령하여 말

3 다음 생의 생사生死를 불러일으키는 행위로 12연기 중 행行에 해당된다.

했다.

'너희들은 지금 가서 저들과 싸워라. 만일 승리를 거두거든 석제환인을 잡아 5계로 결박하여 7엽강당으로 끌고 오너라. 내가 그를 보고자 한다.'

그때 모든 아수륜들도 비마질다라 아수륜의 분부를 받고 제각기 장엄했다. 이윽고 모든 하늘들과 아수륜들은 마침내 서로 싸우게 되었는데, 모든 하늘들이 승리를 거두었고 아수륜들은 물러났다. 그때 도리천의 모든 하늘신들은 아수륜왕을 잡아 5계로써 결박하여 선법당으로 끌고 와 제석에게 보였다. 그때 제석천은 선법강당 위에서 어정어정 거닐고 있었다. 아수륜왕은 멀리서 제석을 보고 5계에 묶인 채 욕설로 꾸짖었다. 그러자 제석의 시자侍者가 제석천 앞에서 곧 게송으로 말했다.

천제天帝께서는 무엇이 두려워
스스로 열약劣弱함을 보이십니까?
수질須質[4]이 면전에서 퍼붓는 욕설을
잠자코 듣고만 계시다니.

제석천이 곧 다시 게송으로 시자에게 답했다.

그에게는 또한 큰 힘도 없으니
내 역시 저를 두려워하지 않으나
어떻게 큰 지혜 가진 자로서

4 아수륜阿須倫과 비마질다라毗摩質多羅를 말한다.

저 지혜 없는 자와 서로 다투리.

시자가 다시 게송을 지어 제석에게 말했다.

지금 저 어리석은 자를 꺾지 않으면
아마 다음에는 더욱 참기 어려울 것이니
마땅히 저에게 매질을 가해
어리석은 자로 하여금 뉘우치게 하소서.

제석천이 다시 게송을 지어 시자에게 답했다.

나는 항상 말했다, 지혜 있는 자라면
어리석은 자와는 다투지 말아야 한다고.
어리석은 자 욕설해도 지혜로운 자 침묵하면
그것이 곧 어리석은 자를 이기는 것이다.

시자가 다시 게송을 지어 제석에게 말했다.

천왕天王께서 이제 침묵하는 까닭은
지혜로운 사람 행실 잃을까 염려해서이나
저 어리석은 사람은
왕께서 두려움 품었다고 말할 것입니다.

어리석어 스스로를 헤아리지 못하고
왕을 대적할 수 있다고 생각하면서

죽음을 무릅쓰고 마구 와 부딪침은
왕을 소처럼 물러서게 하려 함입니다.

제석천이 다시 게송을 지어 시자에게 대답했다.

저 어리석은 자 지견이 없어
내가 두려워한다 생각하지만
내가 제일의 진리를 관찰하니
참고 침묵하는 것이 최상이라네.

악한 것 가운데 가장 악한 것은
성내는 이에게 도리어 성내는 것이니
성날 때 능히 성내지 않는 것
싸움 가운데서 최상이 된다네.

사람에겐 자기도 위하고 남도 위하는
두 가지 인연이 있다.
사람들과 다툼과 송사 있을 때
보복하지 않는 자가 이긴 자라네.

사람에겐 자기도 위하고 남도 위하는
두 가지 인연이 있건만
다투고 송사하지 않는 사람 보고
도리어 어리석다 생각하는구나.

사람이 큰 힘을 가지고서도
힘없는 사람의 모욕까지 참아낸다면
이 힘을 제일이라 하니
참는 것 가운데서 제일이라네.

어리석은 사람은 스스로 힘 있다 하지만
그 힘은 진정한 힘이 아니다.
법답게 살면서 참는 힘 가진 사람
그 힘이야말로 막을 수 없네.

부처님께서 비구들에게 말씀하셨다.

"그때의 제석천이 어찌 다른 사람이겠느냐? 그런 생각 하지 말라. 그때의 제석천은 바로 나의 몸이었다. 나는 그때 인욕忍辱을 닦아 익혀 경박하거나 사납지 않았고 또한 항상 능히 인욕하는 사람을 칭찬하였다. 만일 지혜 있는 사람이 내 도를 펴려고 한다면 마땅히 인욕忍辱과 침묵을 닦고 원한의 마음을 품지 말라."

부처님께서 비구들에게 말씀하셨다.

"옛날 도리천의 모든 하늘신들과 아수륜이 싸울 때 석제환인이 질다質多 아수륜에게 말했다.

'그대들은 무슨 까닭으로 무기를 갖추고 성내고 해치려는 마음을 품고 서로 싸우자고 하는가? 이제 내 마땅히 너희들과 함께 도의道義를 강론하여 승부를 알게 하리라.'

질다 아수륜이 제석천에게 말했다.

'바로 모든 무기들을 버리고 싸움을 그친다면 아무리 함께 논의해 보라고 하더라도 누가 그 승부를 알 수 있겠는가?'

제석이 가르쳐 말했다.

'일단 함께 논의해 보자. 이제 너의 무리들이나 우리 하늘의 무리들 가운데는 자연히 지혜가 있는 사람이 있어 승부를 아는 자가 있을 것이다.'

아수륜이 제석에게 말했다.

'네가 먼저 게송으로 말하라.'

제석천이 대답했다.

'너는 옛날에 하늘신이었으니 네가 먼저 말하는 것이 옳겠다.'

질다 아수륜이 곧 제석천에게 게송을 지어 말했다.

지금 저 어리석은 자를 꺾지 않으면
아마 다음에는 더욱 참기 어려울 것이니
마땅히 저에게 매질을 가해
어리석은 자로 하여금 뉘우치게 하라.

아수륜이 이 게송을 말하자 아수륜의 무리들은 매우 기뻐하면서 큰 소리로 좋다고 칭찬했다. 그러자 모든 하늘의 무리들은 잠자코 말이 없었다.

아수륜왕이 제석천에게 말했다.

'다음에는 네가 게송으로 말하라.'

제석천은 곧 아수륜을 위해 게송으로 말했다.

나는 항상 말했다, 지혜 있는 자라면
어리석은 자와는 다투지 말아야 한다고.
어리석은 이 욕설해도 지혜로운 이 침묵하면

그것이 곧 어리석은 이를 이기는 것이다.

제석천이 이 게송을 말하자 도리천의 모든 하늘들은 다 크게 기뻐하면서 큰 소리로 훌륭하다고 찬양했다. 그러자 아수륜의 무리들은 잠자코 말이 없었다. 천제天帝는 아수륜에게 말했다.

'다음에는 네가 게송으로 말하라.'

그러자 아수륜도 게송으로 말했다.

천왕이 저렇게 침묵하는 까닭은
지혜로운 이의 행실 잃을까 염려해서이나
저 어리석은 사람은
왕이 두려움 품었다고 말하리라.

어리석어 스스로를 헤아리지 못하고
왕을 대적할 수 있다고 생각하면서
죽음을 무릅쓰고 마구 와 부딪침은
왕을 소처럼 물러서게 하려 함이네.

아수륜왕이 이 게송을 말하자 아수륜의 무리들은 뛰고 기뻐하면서 큰 소리로 훌륭하다고 찬탄했다. 그러자 도리천의 무리들은 잠자코 말이 없었다. 그때 아수륜왕이 제석에게 말했다.

'다음에는 네가 게송으로 말하라.'

그러자 제석은 아수륜을 위해 게송을 말했다.

저 어리석은 자 지견이 없어

내가 두려워한다 생각하지만
내가 제일의 진리를 자세히 관찰하니
참고 침묵하는 것이 최상이라네.

악한 것 가운데 가장 악한 것은
성내는 이에게 도리어 성내는 것이니
성날 때 능히 성내지 않는 것
싸움 가운데서 최상이 된다.

사람에겐 자기도 위하고 남도 위하는
두 가지 인연이 있다.
사람들과 다툼과 송사 있을 때
보복하지 않는 자가 이긴 자라네.

사람에겐 자기도 위하고 남도 위하는
두 가지 인연이 있지만
다투고 송사하지 않는 사람 보고
도리어 어리석다 생각하는구나.

사람이 큰 힘을 가지고서도
힘없는 사람의 모욕까지 참아낸다면
이 힘을 제일이라 하니
참는 것 가운데서 제일이라네.

어리석은 사람은 스스로 힘 있다 하지만

그 힘은 진정한 힘이 아니다.
법답게 살면서 참는 힘 가진 사람
그 힘이야말로 막을 수 없네.

석제환인이 이 게송을 말하자 도리천의 무리들은 기뻐 뛰면서 큰 소리로 훌륭하다고 찬탄했다. 아수륜 무리들은 잠자코 말이 없었다. 그때 하늘 무리와 아수륜의 무리들은 각각 조금씩 물러나 서로들 말했다.

'아수륜왕이 말한 게송은 상대방을 건드리는 것이 있고 도검刀劍의 원수를 일으키며 싸움의 뿌리가 생기게 하고 모든 원결怨結을 키우며 세 가지 유有의 근본을 심는다. 제석천이 말한 게송은 상대방을 건드리는 말이 없고 도검의 원수를 일으키지 않으며 싸움의 뿌리를 내지 않고 원결을 키우지 않으며 세 가지 유의 근본을 끊는다. 천제天帝가 말한 것은 훌륭하고 아수륜이 말한 것은 훌륭하지 못하니, 모든 하늘들이 이긴 것이고 아수륜은 진 것이다.'"

부처님께서 비구들에게 말씀하셨다.

"그때의 석제환인이 어찌 다른 사람이겠느냐? 그렇게 생각하지 말라. 무슨 까닭인가? 내 몸이 바로 그였었기 때문이다. 나는 그때 부드러운 말로써 아수륜의 무리들을 이겼다."

부처님께서 비구들에게 말씀하셨다.

"옛날 모든 하늘신들이 또 아수륜과 싸운 적이 있었다. 그때는 아수륜이 이기고 모든 하늘들이 졌었다. 석제환인은 천폭千輻의 보배 수레를 타고 두려워하며 달아나던 도중에 섬바라睒婆羅나무 위에 있는 새 둥지를 발견하였다. 그 둥지 속에는 새 새끼가 두 마리가 있었다. 그래서 곧 마부〔御者〕에게 게송으로 말했다.

이 나무에 두 마리 새가 있으니
너는 마땅히 수레를 돌려 피하라.
설사 내가 원수에게 해를 입을지라도
저 두 새의 목숨을 해치지 말라.

마부는 제석의 게송을 듣고 곧 수레를 멈추고 길머리를 돌려 새가 있는 나무 위를 피해 갔다. 그러나 그때 수레의 머리가 아수륜을 향했다. 아수륜의 무리들은 멀리서 보배수레가 되돌아오는 것을 보고 그 군사들끼리 서로 말했다.

'지금 제석천이 탄 천 폭의 보배 수레가 우리들을 향해 되돌아오고 있으니 반드시 다시 싸우려고 하는 것이다. 당해낼 수 없겠다.'

아수륜의 무리들은 곧 물러나 흩어졌다. 그리하여 모든 하늘신들은 이기고 아수륜은 졌다."

부처님께서 비구들에게 말씀하셨다.

"그때의 제석이 어찌 다른 사람이겠느냐? 그런 생각을 말라. 무슨 까닭인가? 곧 내 몸이 바로 그였었기 때문이다. 나는 그때 모든 중생들에게 사랑하고 불쌍히 여기는 마음을 일으켰다. 모든 비구들아, 너희들은 내 법 가운데서 집을 나와 도를 닦는다. 그러니 마땅히 사랑하는 마음을 일으켜 중생을 불쌍히 여겨야 한다."

부처님께서 비구들에게 말씀하셨다.

"옛날 모든 하늘신들이 아수륜과 싸운 적이 있었다. 그때 모든 하늘신들이 이기고 아수륜은 졌다. 그 당시 제석은 싸움에서 이기고 궁으로 돌아와 다시 최승最勝이라는 큰 집〔堂〕을 지었다. 동서의 길이는 백 유순이고 남북의 길이는 60유순이었다. 그 집은 백 간에다 매간마다 일곱 개의 교로대交露臺가 있었고 낱낱의 대 위에는 일곱 명의 옥녀玉女가 있었으며, 낱낱의 옥녀에게는 일곱 명의 하인이 있었다. 석제환인은 또한 이들에게 물품을 공급할 걱정이 없었다. 왜냐하면 모든 옥녀가 누리는 의복과 음식과 장신구는 전생에 지은 업을 따라 스스로 그 복을 받는 것이기 때문이었다. 아수륜과 싸워 이기고는 기쁜 마음에 이 집을 지었기 때문에 최승당이라고 이름한 것인데, 또 1천세계의 모든 당관堂觀도 이 집만 못했기 때문에 최승이라 이름한 것이다."

부처님께서 비구들에게 말씀하셨다.

"옛날에 아수륜은 혼자서 생각했다.

'내게는 큰 위엄과 덕망이 있고 신통력도 적지 않다. 그러나 도리천신이나 해와 달 등 모든 하늘들은 항상 허공에 있으면서 내 머리 위에서 자유자재로 돌아다니고 있다. 나는 이제 차라리 저 해와 달을 가져다가 귀걸이를 만들어 자재하게 노니는 것이 낫지 않을까?'

그때 아수륜왕은 분노가 불꽃처럼 치솟아 곧 추타捶打 아수륜을 생각했다. 추타 아수륜도 스스로 생각했다.

'지금 아수륜왕이 나를 생각하고 있구나. 우리는 빨리 준비를 하자.'

그리고 곧 좌우에 명령하여 무기를 준비하여 보배 수레를 타고 무수한 아수륜 무리들에게 앞뒤로 둘러싸여 아수륜왕 앞으로 나아가 한쪽에 섰다.

왕은 또 사마리舍摩梨 아수륜을 생각했다. 사마리 아수륜도 스스로 생각했다.

'지금 왕이 나를 생각하고 있구나. 우리들은 빨리 준비를 하자.'

그리고 곧 좌우에 명령하여 무기를 갖추고 보배 수레를 타고 무수한 아수륜의 무리들에게 앞뒤로 둘러싸여 아수륜왕 앞에 나아가 한쪽에 섰다.

왕은 또 비마질다라 아수륜을 생각했다. 비마질다라 아수륜도 스스로 생각했다.

'지금 왕이 나를 생각하고 있구나. 우리들은 빨리 준비를 하자.'

그리고 곧 좌우에 명령하여 무기를 갖추고 보배 수레를 타고 무수한 아수륜 무리들에게 앞뒤로 둘러싸여 아수륜왕 앞에 나아가 한쪽에 섰다.

왕은 또 대신大臣 아수륜을 생각했다. 대신 아수륜도 스스로 생각했다.

'지금 왕이 나를 생각하고 있구나. 우리들은 빨리 준비를 하자.'

그리고 곧 좌우에 명령하여 무기를 갖추고 보배 수레를 타고 무수한 아수륜 무리들에게 앞뒤로 둘러싸여 아수륜왕 앞에 나아가 한쪽에 섰다.

왕은 또 작은 아수륜을 생각했다. 작은 아수륜도 스스로 생각했다.

'지금 왕이 나를 생각하고 있구나. 우리들은 빨리 준비를 하자.'

그리고 곧 스스로 준비를 하고 무기를 갖추고 무수한 무리들과 서로 따라 왕의 앞에 나아가 한쪽에 섰다.

라가 아수륜왕은 곧 스스로 준비를 하고 몸에 보배 갑옷을 입고 보배 수레를 타고 무기를 갖춘 무수한 백천의 아수륜의 무리들에게 앞뒤로 둘러싸여 그 경계를 떠나 모든 하늘들과 싸우려고 했다.

난다難陀 용왕과 발난다跋難陀 용왕은 몸으로 수미산을 일곱 겹으로 둘러싸 산골짜기를 진동시키고 구름을 엷게 펼쳐 방울방울 조금씩 비를 내렸다. 또 꼬리로 큰 바닷물을 치니 바닷물은 파도가 일어 수미산 꼭대기까지 솟아올랐다. 도리천은 곧 생각하였다.

'지금 엷은 구름이 약하게 끼어 방울방울 조금씩 비가 내리고 바닷물이 파도가 일어 이곳까지 이른다. 이것은 분명 아수라가 싸우려고 오는 것이다. 그래서 이런 이상한 징조가 있는 것이다.'

그때 바다 속에 있던 거억巨億이나 되는 모든 용의 군사들이 다 창과 활과 칼을 가지고 보배 갑옷을 겹으로 입고 무기를 갖추어 아수륜을 맞이해서 싸웠다. 만일 용이 이기게 되면 곧 아수륜을 쫓아 그 궁전으로 들어가겠지만 만일 용들이 지면 용은 본궁으로 돌아가지 않고 곧 가루라 귀신에게 달려가 그에게 말한다.

'아수륜의 무리들이 모든 하늘들과 싸우려고 하기에 우리들이 그들을 맞이해 싸웠지만 그들이 승리했습니다. 그대들은 마땅히 무기를 갖추어 우리와 함께 힘을 합하여 저들과 싸워야 할 것입니다.'

모든 귀신들은 용의 말을 듣고 곧 스스로 준비를 하고 온갖 무기를 갖추고 보배 갑옷을 겹으로 입고 모든 용들과 힘을 합하여 아수륜과 싸운다. 만일 승리를 했을 때는 곧 아수륜을 쫓아 그 궁전으로 들어가겠지만 만일 졌을 때에는 본궁으로 돌아가지 않고 곧 물러나 지화持華 귀신의 세계로 달려가 그들에게 말한다.

'아수륜들이 모든 하늘들과 싸우려고 하기에 우리들이 그들을 맞이해 싸웠지만 지금 그들이 승리를 하였습니다. 그대들은 마땅히 모든 무기를 갖추어 우리들과 힘을 합해 저들과 싸워야 할 것입니다.'

모든 지화 귀신들은 용의 말을 듣고 곧 스스로 준비를 하고 온갖 무기를 갖추고 보배 갑옷을 겹으로 껴입고 이 무리들과 힘을 합해 아수륜과 싸운다. 만일 승리를 했을 때는 곧 아수륜을 쫓아 그 궁전에 들어가겠지만 만일 졌을 때에는 본궁으로 돌아가지 않고 곧 물러나 상락常樂 귀신의 세계로 달려가 그들에게 말한다.

'아수륜의 무리들이 모든 하늘들과 싸우려고 하기에 우리들이 그들을 맞이해 싸웠지만 지금 그들이 승리를 거두었습니다. 그대들은 마

땅히 모든 무기를 갖추어 우리들과 힘을 합해 저들과 싸워야 할 것입니다.'

모든 상락 귀신들은 이 말을 듣고 곧 스스로 준비를 하고 온갖 무기를 갖추고 보배 갑옷을 겹으로 껴입고 무리들과 힘을 합해 아수륜과 싸운다. 만일 승리를 했을 때에는 곧 아수륜을 쫓아 그 궁전에 들어가겠지만 만일 졌을 때에는 본궁으로 돌아가지 않고 곧 물러나 사천왕에게 달려가 그들에게 말한다.

'아수륜의 무리들이 모든 하늘들과 싸우려고 하기에 우리들이 그들을 맞이해 싸웠지만 지금 그들이 승리를 거두었습니다. 그대들은 마땅히 모든 무기를 갖추어 우리들과 힘을 합해 저들과 싸워야 할 것입니다.'

사천왕은 이 말을 듣고 곧 스스로 준비를 하여 온갖 무기를 갖추고 보배 갑옷을 겹으로 껴입고 무리들과 힘을 합해 아수륜과 싸운다. 만일 승리를 했을 때는 곧 아수륜을 쫓아 그 궁전에 들어가겠지만 만일 졌을 때에는 사천왕은 곧 선법강당善法講堂에 나아가 제석과 도리천의 모든 하늘들에게 말한다.

'아수륜이 모든 하늘들과 싸우려고 합니다. 이제 도리천의 모든 하늘들은 마땅히 스스로 준비하여 온갖 무기를 갖추고 우리들과 힘을 합해 저들과 싸워야 할 것입니다.'

제석천은 시중드는 한 천신에게 명령해 말한다.

'너는 내 말을 가지고 염마천·도솔천·화자재천·타화자재천의 천자들에게 가서 전달하라.

〈아수륜왕이 무수한 무리들과 함께 와서 싸우려고 하니, 지금 모든 하늘들은 스스로 준비를 하여 온갖 무기를 갖추어 가지고 와서 나를 도와 싸우라.〉'

그러면 그 시중드는 천신은 제석의 분부를 듣고 곧 염마천에서부터 타화자재천까지 가서 제석의 말을 그들에게 전달한다.

'저 아수륜왕이 무수한 무리들과 함께 와서 싸우려고 하니, 이제 모든 하늘들은 마땅히 스스로 준비를 하여 온갖 무기를 갖추어 가지고 와서 나를 도와 싸우라.'

저 염마천은 이 말을 듣고 곧 스스로 준비를 하여 온갖 무기를 갖추고 보배 갑옷을 겹으로 껴입고 보배 수레를 타고 무수한 거억巨億의 하늘 무리들에게 앞뒤로 둘러싸여 수미산 동쪽에 머문다.'

도솔천자는 이 말을 듣고 스스로 준비를 하여 모든 무기를 갖추고 보배 갑옷을 겹으로 껴입고 보배 수레를 타고 무수한 거억의 백천 하늘 무리들에게 둘러싸여 수미산 남쪽에 머문다. 화자재천자도 이 말을 듣고 역시 군사를 단속해 수미산 서쪽에 머문다. 타화자재천자도 이 말을 듣고 역시 군사를 단속해 수미산 북쪽에 머문다.

그때 하늘 제석은 삼십삼천의 도리천을 생각했다. 삼십삼천의 도리천도 곧 스스로 생각했다.

'지금 제석이 우리를 생각하고 있구나. 우리들은 마땅히 빨리 준비를 하자.'

그리고 곧 좌우에 명령하여 온갖 무기를 갖추고 보배 수레를 타고 무수한 거억의 모든 하늘 무리들에게 앞뒤로 둘러싸여 제석 앞에 나아가 한쪽에 섰다.

제석은 또 다른 도리천의 모든 하늘들을 생각했다. 다른 도리천의 모든 하늘도 스스로 생각했다.

'지금 제석이 우리를 생각하고 있구나. 우리들은 마땅히 빨리 준비를 하자.'

그리고 곧 좌우에 명령하여 모든 무기를 갖추고 보배 수레를 타고 무수한 거억의 모든 하늘 무리들에게 앞뒤로 둘러싸여 제석 앞에 나아가 한쪽에 섰다.

제석은 또 묘장妙匠귀신을 생각했다. 묘장귀신도 스스로 생각했다. '지금 제석이 우리를 생각하고 있구나. 우리들은 마땅히 빨리 준비를 하자.'

그리고 곧 좌우에 명령하여 모든 무기를 갖추고 보배 수레를 타고 무수한 거억의 모든 하늘 무리들에게 앞뒤로 둘러싸여 제석 앞에 나아가 한쪽에 섰다.

제석은 또 선주善住용왕을 생각했다. 선주용왕도 스스로 생각했다. '지금 제석천이 우리를 생각하고 있구나. 우리는 지금 마땅히 가자.'

그리고 곧 제석 앞에 나아가 섰다.

제석은 스스로 준비를 하고 온갖 무기를 갖추고 몸에는 보배 갑옷을 입고 선주용왕의 정수리를 타고 무수한 모든 하늘들과 귀신들에게 앞뒤로 둘러싸여 스스로 하늘 궁전을 떠나 아수륜과 싸웠다. 이른바 잘 갖추어진 무기인 칼·창·활·자귀·도끼·바퀴·그물 등의 무기와 갑옷들은 다 7보로 된 것이었다. 그런데 칼날로 아수륜의 몸을 찔렀지만 그 몸은 상하지 않고 다만 칼날이 부딪칠 뿐이었다. 아수륜의 무리들도 7보로 된 칼·창·활·자귀·도끼·바퀴·그물을 가지고서 칼날로 모든 하늘의 몸을 찔렀지만 다만 부딪칠 뿐 해칠 수는 없었다. 이와 같이 욕행欲行의 모든 하늘[5]과 아수륜들이 서로 싸웠는데 욕심으로 인하여 이렇게 된 것이다."

---

5 '욕행의 모든 하늘'은 곧 욕계欲界 6천의 천신들을 말한다.

불설장아함경 제 22 권

〔제 4 분〕 ⑤

1. 세기경 ⑤

11) 삼중겁품三中劫品

부처님께서 비구들에게 말씀하셨다.

"3중겁中劫이 있다. 어떤 것이 셋인가? 첫째는 도병겁刀兵劫이고, 둘째는 곡귀겁穀貴劫이며, 셋째는 질역겁疾疫劫이다. 어떤 것을 도병겁이라고 하는가? 이 세간 사람들의 본래 수명은 4만 살이었다. 그 뒤에 차츰 줄어들어 2만 살이 되었고, 그 뒤에 다시 줄어서 1만 살이 되었으며, 또 줄어 1천 살이 되었고, 또 줄어 5백 살이 되었으며, 또 줄어 3백 살이 되었고, 2백 살이 되었으며, 지금에 이르러서는 요즘 사람들의 수명과 같이 백 살이 넘는 사람은 적고 그보다 적은 사람은 많게 되었다. 그 뒤에 사람의 수명은 점점 줄어 필경에는 수명이 10살이 되는데, 그때에 여자는 5개월이면 시집을 가게 될 것이다. 그때가 되면 세간에 있는 소유酥油・꿀・석밀石蜜・검은 석밀 등 온갖 맛있는 음식들은 모두 다 저절로 없어지고 5곡은 나지 않으며 오직 가라지나 피만 있게 될 것이다. 그때에는 상등 옷감인 비단〔錦綾〕・명주〔繒絹〕・무명〔劫貝〕・삼베〔芻摩〕 따위는 다 없어지고 오직 거칠게 짠 풀옷만 남게 된다.

그때 이 땅에는 온통 가시덩굴만 자라고 모기・등에・벌・도마뱀・뱀 따위의 독충들만 살 것이다. 금・은・유리 등 7보의 주옥은 저절로 땅 속으로 사라지고 오직 돌과 모래 등 더럽고 나쁜 것들만 가득 차게 될 것이다. 그때의 중생들은 다만 열 가지 악惡만 더하고 다시 열 가지 선善에 대해서는 이름도 듣지 못할 것이다. 선에 대한 이름도 없는데 하물며 선을 행하는 자이겠는가? 그때의 사람들은 부모에게 불효하고 스승과 어른을 공경하지 않으며, 악을 행하는 자가 곧 공양을 얻고 남에게 존경받으며 대접을 받을 것이다. 그것은 마치 지금 사람들이 부모에게 효순하고 스승과 어른을 섬기며 선을 행하는 사람이 곧 공양을 얻고 존경받고 대접을 받는 것과 같을 것이다. 저 사람들이 악을 행하여 곧 공양을 얻는 것도 이와 같다. 그때의 사람들은 목숨을 마치고 나면 축생 가운데 태어나는데 마치 지금 사람들이 천상에 태어나는 것과 같다. 그때의 사람들은 서로 만나면 해칠 마음을 품고 오직 서로 죽이려고만 할 것이니, 마치 사냥꾼이 사슴 떼를 보면 오직 죽일 마음뿐이고 착한 생각은 조금도 없는 것과 같다. 그때의 사람들도 이와 같이 서로 죽이려고만 하지 착한 생각은 조금도 없다. 그때 이 땅은 도랑・시내・골짜기・구릉・언덕만 있고 평지는 조금도 없다. 그래서 때로 사람이 찾아오면 두렵고 무서워 옷과 털이 거꾸로 설 것이다.

그때 7일 동안 도검겁刀劍劫이 일어날 것이고, 사람이 손에 초목이건 기와건 돌이건 잡기만 하면 다 도검으로 변한다. 도검의 날 끝은 아주 예리해 손을 대기만 하면 모두 끊어지며, 이리저리 다니며 서로 해친다. 그 중에서 어떤 꾀 많은 사람은 칼로 서로 해치는 것을 보고는 두려워서 도망쳐 산림이나 굴속처럼 사람이 없는 곳으로 들어가 7일 동안 숨어 있으면서 스스로 마음으로 생각한다.

'나는 남을 해치지 않을 터이니 남들도 나를 해치지 말라.'

그 사람은 7일 동안 풀과 나무의 뿌리를 먹으면서 생존하다가 7일이 지난 뒤 다시 산림에서 나온다. 그때 어떤 사람과 서로 만나게 되면 기뻐하면서 말한다.

'이제야 산 사람을 만났구나. 이제야 산 사람을 만났구나.'

마치 부모가 오랫동안 갈라져 있던 외아들을 다시 만나게 되면 기뻐 뛰면서 어쩔 줄을 몰라 하는 것처럼 그들도 이와 같이 기뻐 뛰면서 어쩔 줄 몰라 한다. 그때의 사람들은 7일 동안은 서로 바라보며 울기만 하다가 또 7일 동안은 서로 즐겁게 놀면서 기뻐하고 축하한다. 그때의 사람들은 몸이 무너지고 목숨이 끝나면 다 지옥에 떨어진다. 왜냐하면 그 사람들은 항상 성내고 서로 해치려는 마음을 품고 상대하며, 사랑하거나 어진 마음은 전혀 없었기 때문이다. 이것을 도병겁이라고 한다."

부처님께서 비구들에게 말씀하셨다.

"어떤 것을 기아겁飢餓劫이라고 하는가? 그때의 사람들은 법에 어긋난 짓을 많이 행하고 삿된 소견과 거꾸로 된 소견으로 열 가지 악업만 행한다. 악을 행하기 때문에 하늘에서 비를 내리지 않아 온갖 풀은 다 말라죽고 5곡은 잘 자라지 않아 다만 줄기만이 남게 된다. 어떤 것을 기아라고 하는가? 그때의 사람들은 다만 시골·거리·도로의 더러운 흙 속에 있는 버려진 곡식을 쓸어 거두어 그것으로 겨우 연명하며 살아간다. 이것을 기아라고 한다. 다시 굶주리는 시대의 사람들은 뒷골목이나 장터나 푸줏간이나 또는 공동묘지에서 해골을 주워 그것을 삶아 물을 마시면서 살아간다. 이것을 백골白骨 기아라고 한다. 다시 기아겁의 시절에는 5곡을 심으면 모두 풀이나 나무로 변한다. 그래서 그때의 사람들은 꽃을 따다 삶아 그 물을 마신다. 다시 기아의 시대에는 풀과 나무에서 꽃이 떨어지면 땅 밑에 묻히고 만다. 그때의 사람들은 땅속을 파헤치고 꽃을 주워 삶아 먹으면서 겨우 연명하며 살아간다. 이것을 초목草木 기아라 한다. 그때의 중생들은 몸이 무너지고 목숨이 끝나면 아귀 세계에 떨어진다. 왜냐하면 그것은 그 사람들이 기아겁 중에 항상 간탐하는 마음만 품고 베풀어줄 마음이 없으며 나눠가지려 하지 않고 재앙을 당한 사람을 생각하지 않기 때문이다. 이것을 기아겁이라고 한다."

부처님께서 비구들에게 말씀하셨다.

"어떤 것을 질역겁이라고 하는가? 그때의 사람들은 바른 법을 수행하고 바른 소견과 거꾸로 된 소견이 없으며 열 가지 선행을 갖추고 있으나 다른 세계의 귀신들이 찾아오면 이 세간의 귀신은 방일하고 음란하여 사람들을 보호하지 않는다. 그러면 다른 세계의 귀신이 이 세간 사람들을 잡아다가 매질하고 때려 그 정기를 뽑아 사람의 마음을 어지럽게 하고 핍박을 가해 끌고 간다. 마치 국왕이 장수들에게 명령하여 수호하게 하지만 다른 세계의 도적들이 와서 침노하여 이 방탕한 사람의 마을과 나라를 겁탈하는 것과 같다. 이와 같이 다른 세계에 있는 귀신이 와서 이 세간 사람들을 붙잡아다가 매질하고 때리고 하여 그 정기를 뺏고 구박하며 끌고 간다."

부처님께서 비구들에게 말씀하셨다.

“설령 이 세간의 귀신으로 하여금 방일하고 음란하지 않게 하더라도 다른 세계에 있는 힘이 센 귀신이 올 때에는 이 세간의 귀신들은 두려워하여 피해 간다. 그러면 저 힘이 센 귀신은 이곳 사람들을 침범하여 때리고 매질하여 그 정기를 빼앗고 이 사람을 죽이고 간다. 마치 국왕이나 혹은 왕의 대신이 장수들을 보내 백성들을 지키고 보호하게 하였으며, 또 그 장수 또한 청백하고 신중하여 방일하지 않았지만 다른 곳에 있는 힘이 세고 사나운 장수가 많은 군사를 거느리고 와서 마을과 성을 부수고 사람과 물건을 약탈해 가는 것과 같다. 그것도 이와 같아 설령 이 세간의 귀신으로 하여금 감히 방일하지 않게 하였더라도 다른 세계에 있는 힘센 귀신이 찾아오면 이 세간의 귀신들은 두려워해 피해 도망간다. 그래서 저 힘센 귀신이 이곳 사람들을 침범하여 매질하고 때리고 하여 그 정기를 빼앗고 이 사람을 죽이고 간다. 그때 질역겁 중에 있는 사람들은 몸이 무너지고 목숨이 끝나면 모두 천상에 태어난다. 왜냐하면, 그것은 그때의 사람들은 사랑하는 마음으로 서로 대하고 더 나아가서는 ‘네 병은 나았는가? 몸은 안온한가?’ 하고 서로 문안하였기 때문이다. 이런 인연으로 천상에 태어나게 된다.

그러므로 이것을 질역겁이라고 한다. 이것들이 3중겁이라고 하는 것이다.”

12) 세본연품世本緣品

부처님께서 비구들에게 말씀하셨다.

“화재火災가 지나가고 이 세상천지가 다시 성립되려고 할 때 다른 어떤 중생이 복이 다하고 행이 다하고 목숨이 다해 광음천에서 목숨을 마치고 공범처空梵處에 태어난다. 그는 그곳에 대해 물들어 집착하는 마음이 생겨 그곳을 사랑하고 좋아하게 된다. 그래서 다른 중생들도 함께 그곳에 태어났으면 하고 바란다. 그가 이런 생각을 하자 다시 다른 중생들도 복과 행과 목숨이 다해 광음천에서 몸이 무너지고 목숨이 끝나 공범처에 태어난다. 그때 먼저 태어난 범천은 곧 스스로 생각한다.

'나는 범왕이며 대범천왕이다. 나를 만든 자는 없다. 나는 저절로 있게 되었고 이어 받은 것도 없다. 1천세계에 있어 가장 자재하고 모든 이치를 잘 알며 부유하고 풍족하며 능히 만물을 만들어 낼 수 있다. 나는 곧 일체 중생의 부모이다.'

그 뒤에 온 모든 범천의 신들도 스스로 생각한다.

'저 먼저 온 범천이 곧 범왕이며 대범천왕이다. 그는 저절로 있게 되었고 그를 만든 자는 없다. 1천세계에 있어 가장 높고 제일가는 이로서 이어 받은 것이 없다. 그는 모든 이치를 잘 알고 부유하고 풍족하며 능히 만물을 만들어 낼 수 있다. 그는 중생의 부모이며 나는 그로 인해 생겨나게 되었다.'

저 범천왕은 얼굴 모습이 항상 동자童子와 같다. 그래서 범왕의 이름을 동자라 한다. 혹 이 세간이 다시 성립되었을 때 세간의 중생들은 광음천에 나는 자가 많았다. 그들은 저절로 화생化生하여 기쁨〔歡喜〕으로 음식을 삼았다. 몸에서 나오는 광명이 제 자신을 비추고 신족神足으로 허공을 날며 안락하고 걸림이 없어 수명은 아주 길었다. 그 뒤에 이 세간은 변하여 큰물로 가득 차게 되었다. 그때 이 천하는 아주 깜깜해서 해·달·별과 밤낮이 없었고 또 세월과 4계절도 없었다. 그 뒤 이 세간이 다시 변하려고 할 때에 다른 어떤 중생이 있었는데 복이 다하고 행이 다하며 목숨이 다해 광음천에서 목숨을 마치고 이 세간에 태어났다. 그들은 모두 다 화생하여 기쁨으로 음식을 삼았다. 몸에서 나오는 광명이 자기 자신을 비추고 신족으로 허공을 날며 안락하고 걸림이 없어 오랫동안 이 세간에 살았었다. 그때는 남녀와 높고 낮음과 상하 구별도 없었고 또 다른 이름도 없이 무리 지어 함께 살았기 때문에 중생이라고 이름했다. 그때 이 땅에는 지미(地味 : 세상이 생기던 시초에 저절로 생겨난 음식)가 나와 땅에 어려 있었는데 마치 제호처럼 생겨난 지미도 그와 같았다. 맛은 마치 생소와 같으며 꿀처럼 달았다.

그 뒤에 중생들은 그 맛이 어떤가 시험해 보려고 손으로 찔러 맛을 보았다. 처음으로 맛을 보고 좋은 줄 알게 되자 마침내 맛에 집착하기 시작했다. 이렇게 계속하여 맛보기를 그치지 않다가 드디어 탐하고 집착하게 되었다. 그러다 어느새 손으로 움켜 먹으며 점점 단식으로 삼았고 그 단식을 계속해서 먹었다. 다른 중생들도 그것을 보고 그 본을 따서 먹었고 또 먹기를 그치지 않았다. 그래서 이 중생들은 몸이 거칠어지고 광명이 점점 사라졌으며 또 신족神足이 없어져 날아다니지 못하게 되었다. 그때는 아직 해와 달이 없었으므로 중생들에게 광명이 없어졌고 천지는 전과 다름없이 매우 깜깜하였다.

오랜 세월이 지나서 큰 폭풍이 불어 깊이 8만 4천 유순이나 되는 바닷물을 양쪽으로 헤치고 해의 궁전〔日宮〕을 가져다 수미산 중턱에 있는 해가 지나는 길에 두었더니 동쪽에서 떠서 서쪽으로 지면서 천하를 빙빙 돌았다. 두 번째 해의 궁전은 동쪽에서 떠서 서쪽으로 지니 그때 중생들은 말하기를 '이것은 어제의 해이다'라고 하였고, 혹은 말하기를 '어제의 해가 아니다'라고 했다. 세 번째 해의 궁전도 수미산을 돌아 동쪽에서 떠서 서쪽으로 졌다. 그때도 중생들은 말하기를 '틀림없이 동일한 해이다'라고 하였다. 해〔日〕란 뜻은 전에 밝았던 인因이라는 뜻이다. 그러므로 이름하여 해라고 한다. 해에는 두 가지 뜻이 있다. 첫째는 상도常道에 머문다는 뜻이고, 둘째는 궁전이란 뜻이다.

궁전은 네모난 것이지만 멀리서 보기 때문에 둥글게 보인다. 추위와 더위가 서로 조화調和를 이루고 천금天金으로 만들어졌으며 파리頗梨가 사이사이 섞여 있어 두 부분으로 나누어진다. 아무것도 섞이지 않은 순수한 천금으로 된 부분은 안팎이 맑고 투명하여 광명이 멀리까지 비친다. 아무것도 섞이지 않은 순수한 파리로 된 부분도 안팎이 맑고 투명하여 광명이 멀리까지 비친다. 해의 궁전은 가로와 세로가 51유순[1]이며 궁전의 담장과 바닥에 깐 발〔地薄〕은 가래나무나 잣나무와 같다. 궁전의 담장은 일곱 겹으로 되어 있고 일곱 겹의 난간, 일곱 겹의 그물, 일곱 겹의 보배방울, 일곱 겹의 가로수가 빙 둘러 장식하였는데 모두 7보寶로 되어 있다. 금담에는 은문, 은담에는 금문이며, 유리담에는 수정문, 수정담에는 유리문이며, 붉은 구슬담에는 마노문, 마노담에는 붉은 구슬문이며, 자거담에는 중보衆寶문, 중보담에는 자거문이다. 또 그 난간을 보면 금난간에는 은가름대, 은난간에는 금가름대이며, 유리난간에는 수정가름대, 수정난간에는 유리가름대이며, 붉은 구슬 난간에는 마노가름대, 마노난간에는 붉은 구슬가름대이며, 중보난간에는 자거가름대, 자거난간에는 중보가름대이다. 금그물엔 은방울, 은그물엔 금방울이며 수정그물엔 유리방울, 유리그물엔 수정방울이며, 붉은 구슬그물엔 마노방울, 마노그물엔 붉은 구슬 방울이며, 자거그물엔 중보방울, 중보그물엔 자거방울을 달아 놓았다.

금나무에는 은잎·은꽃·은열매이며, 은나무에는 금잎·금꽃·금

1 송·원·명 3본에는 모두 50유순으로 되어 있다.

열매이다. 유리나무에는 수정꽃·수정열매이며, 수정나무에는 유리꽃·유리열매이다. 붉은 구슬나무에는 마노꽃·마노열매이며, 마노나무에는 붉은 구슬꽃·붉은 구슬 열매이다. 자거나무에는 갖가지 보배로 된 꽃과 갖가지 보배로 된 열매이고, 갖가지 보배로 된 나무는 자거꽃·자거열매이다. 궁전의 담에는 네 문이 있는데 문마다 일곱 개의 층계가 있고 둘레에는 난간이 빙 둘러 쳐져 있다. 누각·대관臺觀·동산·욕지浴池가 차례로 늘어서 있고 온갖 보배 꽃들이 피어 있다. 줄줄이 늘어선 온갖 과실나무에는 갖가지 꽃이 피고 잎이 달려 있는데 나무의 그윽한 향기가 사방 멀리까지 퍼지고 온갖 종류의 새들은 서로 화답하며 지저귄다.

해의 궁전은 다섯 가지 바람〔風〕에 의해 유지되고 있다. 첫째는 지풍持風이고, 둘째는 양풍養風이며, 셋째는 수풍受風이고, 넷째는 전풍轉風이며, 다섯째는 조풍調風이다. 일천자日天子가 사는 정전正殿은 순금으로 되어 있고 높이는 16유순이다. 궁전〔殿〕에는 네 개의 문이 있고 둘레에는 난간이 빙 둘러 쳐져 있다. 일천자가 앉는 자리는 가로와 세로가 각각 반 유순이고 7보로 되어 있으며, 청정하고 유연하기가 마치 하늘 옷과 같다. 일천자는 자기 몸에서 광명을 놓아 금궁전〔金殿〕을 비추고 금궁전에서 나온 광명은 해의 궁전〔日宮〕을 비추며 해의 궁전에서 나온 광명은 4천하를 비춘다. 일천자의 수명은 하늘 나이로 5백 살이고 자손이 계속 이어져 다른 계통은 없다. 그 궁전은 1겁劫 동안은 끝내 부서지지 않는다. 해의 궁전이 움직일 때에도 그 일천자는 갈 생각이 없어 '나는 가거나 머물거나 항상 다섯 가지 욕락을 누리며 즐기고자 한다'고 말한다. 해의 궁전이 운행할 때에는 무수한 백천의 큰 하늘신이 앞에서 인도하면서 기뻐하되 피곤한 줄 모르고 빨리 가는 것을 좋아한다. 그러므로 일천자의 이름을 첩질捷疾이라고 한다. 일천자는 몸에서 1천의 광명을 내는데 5백 광명은 밑을 비추고 5백 광명은 옆을 비춘다. 이것은 전생에 지은 업〔宿業〕의 공덕 때문에 이 1천의 광명이 있는 것이다. 그러므로 일천자의 이름을 천광千光이라고 한다.

전생에 지은 업의 공덕은 무엇인가? 세간에 어떤 사람이 사문 바라문을 공양하고 모든 궁핍한 사람에게 음식·의복·탕약·코끼리·말·수레·방사房舍·등불을 베풀어 구제하였다. 나누어 줄 때에는 그들이 필요로 하는 것을 나누어 주어서 남의 뜻을 거스르지 않으며 계를 지키는 모든 현인과 성인을 공양하였다. 그는 온갖 무수한 법으로 얻은 기쁨과 착한 마음 때문에 광명을 지니게 된 것이다. 마치 머리에 물을 붓는 의식을 치른 종족인 찰리刹利왕이 처음 왕위에 오를 때처럼 착한 마음으로 기뻐하는 것도 그와 같았다. 이런 인연 때문에 몸이 무너지고 목숨이 끝난 다음 일천자가 되어 해의 궁전을 얻고 1천 광명을 지니게 되었다. 그러므로 착한 업으로 1천 광명을 얻었다고 한 것이다.

무슨 까닭으로 전생에 지은 업으로 얻은 광명이라고 하는가? 혹 어떤 사람이 살생하지 않고 도둑질하지 않으며, 삿된 음행을 하지 않고 이간질하지 않으며, 욕설하지 않고 거짓말 하지 않으며, 꾸밈말 하지 않고 탐취하지 않으며, 성내지 않고 삿된 소견을 가지지 않았다고 한다면, 그는 이런 인연으로 착한 마음을 가지고 기뻐하였다. 마치 사거리에 청정하여 더러움이 없는 목욕하는 큰 연못이 있는데, 먼 길을 걸어온 나그네가 너무도 피로하고 몹시 목이 말랐을 때 이 못에 들어가 목욕하고는 시원해서 기쁘고 즐거워진 것처럼, 저 열 가지 선을 행한 자가 착한 마음을 가지고서 기뻐하는 것도 이와 같다. 그 사람은 몸이 무너지고 목숨이 끝나 일천자가 되어 해의 궁전에서 살면서 1천 광명이 있게 되었다. 이 인연으로 착한 업의 광명이라고 이름한다.

또 무슨 인연으로 1천 광명이라고 하는가? 어떤 사람이 살생하지 않고 도둑질하지 않으며, 음행하지 않고 속이지 않으며, 술을 마시지 않는다고 하자. 그는 이 인연으로 착한 마음을 가지고 기뻐하게 되며 몸이 무너지고 목숨이 끝나면 일천자가 되어 해의 궁전에서 살고 1천 광명이 있게 된다. 이 인연으로 착한 업으로 1천 광명을 얻었다고 한다.

60념경念頃을 1라야羅耶라 하고, 30라야를 1마후다摩睺多라 하며, 백 마후다를 1우파마優波摩라고 한다. 일궁전은 하루에 30리씩 6개월 동안 남쪽으로 움직여 내려가는데, 남쪽으로 내려가는 한계는 염부제閻浮提를 벗어나지 못한다. 해가 북쪽으로 가는 것도 그와 마찬가지이다.

무슨 인연으로 햇볕이 빛나고 뜨거운가? 거기에는 열 가지 인연이 있다. 어떤 것을 열 가지라고 하는가?

첫째는 수미산 밖에 가타라산佉陀羅山이 있는데 이 산의 높이는 4만 2천 유순이며, 가로와 세로도 각각 4만 2천 유순이며 그 주위는 한량없는 7보로 이루어졌다. 햇살이 산을 비추어 부딪치면 열熱이 생기는데, 이것이 햇볕이 뜨거운〔炎熱〕 첫 번째 인연이다.

둘째는 가타라산 바깥에 이사타산伊沙陀山이 있는데 그 산의 높이는 2만 1천 유순이고 가로와 세로도 각각 2만 1천 유순이며 주위는 한량없는 7보로 이루어졌다. 햇살이 산을 비추어 부딪치면 열이 생기는데, 이것이 햇볕이 뜨거운 두 번째 인연이다.

셋째는 이사타산伊沙陀山 바깥에 수제타라산樹提陀羅山이 있는데 이 산의 높이는 1만 2천 유순이고 가로와 세로도 각각 1만 2천 유순이며 주위는 한량없는 7보로 이루어졌다. 햇살이 산을 비추어 부딪치면 열이 생기는데, 이것이 햇볕이 뜨거운 세 번째 인연이다.

넷째는 수제타라산 바깥에 선견善見이라는 산이 있는데 높이는 6천 유순이고 가로와 세로도 각각 6천 유순이며 주위는 한량없는 7보로 이루어졌다. 햇살이 산을 비추어 부딪치면 열이 생기는데, 이것이 햇볕이 뜨거운 네 번째 인연이다.

다섯째 선견산 밖에 마사산馬祀山이 있는데 이 산의 높이는 3천 유순이고 가로와 세로가 각각 3천 유순이며 주위는 한량없는 7보로 이루어졌다. 햇살이 산을 비추어 부딪치면 열이 생기는데, 이것이 햇볕이 뜨거운 다섯 번째 인연이다.

여섯째는 마사산 바깥에 니미타라산尼彌陀羅山이 있는데 이 산의 높이는 1천 2백 유순이고 가로와 세로도 각각 1천 2백 유순이며 주위는 한량없는 7보로 이루어졌다. 햇살이 산을 비추어 부딪치면 열이 생기는데, 이것이 햇볕이 뜨거운 여섯 번째 인연이다.

일곱째 니미타라산 바깥에 조복산調伏山이 있는데 이 산의 높이는 6백 유순이고 가로와 세로도 각각 6백 유순이며 주위는 한량없는 7보로 이루어졌다. 햇빛이 산을 비추어 부딪치면 열이 생기는데, 이것이 햇볕이 뜨거운 일곱 번째 인연이다.

여덟째는 조복산 바깥에 금강륜산金剛輪山이 있는데 이 산의 높이는 3백 유순이고 가로와 세로도 각각 3백 유순이며 주위는 한량없는 7보로 이루어졌다. 햇살이 산을 비추어 부딪치면 열이 생기는데, 이것이 햇볕이 뜨거운 여덟 번째 인연이다.

다시 1만 유순 위에 성수星宿라고 하는 하늘 궁전이 있는데, 이 궁전은 유리로 이루어졌다. 햇살이 그것을 비추어 부딪치면 열이 생기는데, 이것이 햇볕이 뜨거운 아홉 번째 인연이다. 다시 해의 궁전 광명이 대지를 비추어 부딪치면 열이 생기는데, 이것이 햇볕이 뜨거운 열 번째 인연이다.”

그때 세존께서 게송으로 말씀하셨다.

> 이러한 열 가지 인연이 있어
> 해를 천광千光이라 이름하며
> 그 광명의 불꽃 몹시도 뜨겁다고
> 부처님께서 해에 대해 말씀하셨네.

부처님께서 비구들에게 말씀하셨다.

“어찌하여 겨울의 해의 궁전은 추워서 가까이할 수 없으며 광명이 있으면서도 차가운가? 열세 가지 인연이 있어 비록 광명이 있으면서도 차가운 것이다. 어떤 것을 열세 가지라고 하는가? 첫째는 수미산과 가타라산 중간에 물이 있는데, 넓이는 8만 4천 유순이고 둘레는 한량이 없다. 그 물에는 우발라꽃·구물두꽃·발두마꽃·분타리꽃·수건제꽃 따위의 온갖 꽃들이 피어 있는데 햇빛이 거기를 비추어 부딪치면 찬 기운이 생긴다. 이것이 햇빛이 차가운 첫 번째 인연이다. 둘째는 가타라산과 이사타라산 중간에 물이 있는데, 가로와 세로가 각각 4만 2천 유순이고 둘레는 한량이 없다. 그 물에는 온갖 꽃이 피는데 햇빛이 거기를 비추어 부딪치면 찬 기운이 생긴다. 이것이 햇빛이 차가운 두 번째 인연이다.

셋째는 이사타라산과 수제타라산 중간에 물이 있는데 가로와 세로가 각각 2만 1천 유순이고 둘레는 한량이 없다. 여기에는 온갖 꽃들이 피는데 햇빛이 거기를 비추어 부딪치면 찬 기운이 생긴다. 이것이 햇빛이 차가운 세 번째 인연이다. 넷째는 선견산과 수제타라산의 중간에 물이 있는데 가로와 세로가 각각 1만 2천 유순이고 둘레는 한량이 없다. 여기에는 온갖 꽃들이 피는데 햇빛이 거기를 비추어 부딪치면 찬 기운이 생긴다. 이것이 햇빛이 차가운 네 번째 인연이다.

다섯째는 선견산과 마사산馬祀山 중간에 물이 있는데, 가로와 세로가 각각 6천 유순이다. 여기에는 온갖 꽃들이 피는데 햇빛이 거기를 비추어 부딪치면 찬 기운이 생긴다. 이것이 햇빛이 차가운 다섯 번째 인연이다. 여섯째는 마사산과 니미타라산 중간에 물이 있는데, 가로와 세로가 각각 1천 2백 유순이고 둘레는 한량이 없다. 여기에는 온갖 꽃들이 피는데 햇빛이 거기를 비추어 부딪치면 찬 기운이 생긴다. 이것이 햇빛이 차가운 여섯 번째 인연이다.

니미타라산과 조복산 중간에 물이 있는데 너비는 6백 유순이며 둘레는 한량이 없다. 여기에도 온갖 꽃들이 피는데 햇빛이 거기를 비추어 부딪치면 찬 기운이 생긴다. 이것이 햇빛이 차가운 일곱 번째 인연이다. 조복산과 금강륜산 중간에 물이 있는데 너비는 3백 유순이고 둘레는 한량이 없다. 여기에는 온갖 꽃들이 피는데 햇빛이 거기를 비추어 부딪치면 찬 기운이 생긴다. 이것이 햇빛이 차가운 여덟 번째 인연이다.

다시 염부제 땅에는 큰 강하江河가 있는데, 햇빛이 거기를 비추어 부딪치면 찬 기운이 생긴다. 이것이 햇빛이 차가운 아홉 번째 인연이다. 염부제 땅에는 강물이 적고 구야니拘耶尼 땅에는 물이 많은데 ,햇빛이 거기를 비추어 부딪치면 찬 기운이 생긴다. 이것이 햇빛이 차가운 열 번째 인연이다.

구야니에는 강물이 적고 불우체弗于逮에는 물이 많은데, 햇빛이 거기를 비추어 부딪치면 찬 기운이 생긴다. 이것이 햇빛이 차가운 열한 번째 인연이다. 불우체에는 강물이 적고 울단왈鬱單曰에는 강물이 많은데, 햇빛이 거기를 비추어 부딪치면 찬 기운이 생긴다. 이것이 햇빛이 차가운 열두 번째 인연이다.

다시 해의 궁전의 광명은 큰 바닷물을 비추는데 햇빛이 거기를 비추어 부딪치면 찬 기운이 생긴다. 이것이 햇빛이 차가운 열세 번째 인연이다.”

부처님께서 그때 게송으로 말씀하셨다.

이 열세 가지 인연이 있어
해를 천광이라 이름하며
그 광명은 맑고도 차갑다고
부처님께서 해에 대해 말씀하셨네.

부처님께서 비구들에게 말씀하셨다.

“달의 궁전은 때때로 그 바탕이 가득 찼다가 점점 줄어들어 기울어지면 광명도 따라서 줄어든다. 그러므로 달의 궁전을 손損이라고 말한다. 달에는 두 가지 뜻이 있다. 첫째는 상도常度에 머문다는 뜻이고, 둘째는 궁전이란 뜻이다. 달의 궁전은 네모난 것이지만 멀리서 보기 때문에 둥글게 보인다. 추위와 더위가 서로 조화를 이루고, 천은天銀과 유리, 두 부분으로 되어 있다. 두 부분 중 아무것도 섞이지 않은 순수한 천은으로 된 부분은 안팎이 맑고 투명해서 광명이 멀리까지 비친다. 아무것도 섞이지 않은 순수한 유리로 된 부분도 안팎이 맑고 투명해서 광명이 멀리까지 비친다. 달의 궁전은 가로와 세로가 각각 49유순이고 궁전의 담장과 바닥은 가래나무나 잣나무와 같다. 궁전의 담장은 일곱 겹으로 되어 있고 일곱 겹의 난간, 일곱 겹의 그물, 일곱 겹의 보배방울, 일곱 겹의 가로수가 빙 둘러 장식하였는데 모두 7보로 되어 있다. 나아가 무수한 온갖 새들이 서로 화답하며 지저귄다. 그 달의 궁전은 다섯 가지 바람에 의해 유지되고 있다. 첫째는 지풍持風이고, 둘째는 양풍養風이며, 셋째는 수풍受風이고, 넷째는 전풍轉風이며, 다섯째는 조풍調風이다.

월천자月天子가 사는 정전正殿은 유리로 지어졌고 높이는 16유순이다. 궁전에는 네 개의 문이 있고 둘레는 난간이 빙 둘러 쳐져 있다. 월천자가 앉는 자리는 가로와 세로가 각각 반 유순이고 7보로 만들어졌으며 청정하고 유연함이 마치 하늘 옷과 같다. 월천자는 몸에서 광명을 내어 유리궁전을 비추고 유리궁전에서 나온 광명은 달의 궁전을 비추며 달의 궁전에서 나온 광명은 4천하를 비춘다. 월천자의 수명은 하늘 세계의 나이로 5백 살이고 자손이 계속 이어져 다른 계통은 없다. 그 궁전은 1겁 동안은 끝내 부서지지 않는다. 달의 궁전이 움직일 때에도 월천자는 움직일 생각이 없어 '나는 가거나 머물러 있거나 항상 다섯 가지 욕락을 누리며 즐기고자 한다'고 말한다. 달의 궁전이 운행할 때에는 무수한 백천의 모든 하늘신들이 항상 앞에서 인도하면서 기뻐하되 피곤한 줄 모르고 빨리 가는 것을 좋아한다. 그러므로 월천자의 이름을 첩질捷疾이라고 한다. 월천자는 몸에서 1천 광명을 내는데, 그 중 5백 광명은 아래를 비추고 5백 광명은 옆을 비춘다. 이것은 전생에 지은 업의 공덕 때문에 이 광명이 있는 것이다. 그러므로 월천자의 이름을 천광千光이라고 한다.

그가 전생에 지은 업의 공덕은 무엇인가? 세간에 어떤 사람이 사문바라문을 공양하고 모든 궁핍한 사람에게는 음식·의복·탕약·코끼리·말·수레·방사·등불을 베풀어 구제하였다. 나누어 줄 때에는 그들이 필요로 하는 것을 나누어 주어 사람의 뜻을 거스르지 않았으며 계를 지키는 모든 현인과 성인을 공양하였다. 이처럼 온갖 무수한 법으로 얻는 기쁨과 착한 마음 때문에 광명을 지니게 된 것이다. 마치 머리에 물을 붓는 의식을 치른 종족인 찰리왕이 처음으로 왕위에 오르는 것처럼 착한 마음으로 기뻐하는 것도 그와 같았다. 이런 인연으로 몸이 무너지고 목숨이 끝난 다음 월천자가 되어 달의 궁전을 얻고 1천 광명을 지니게 되었다. 그 때문에 착한 업으로 1천 광명을 얻었다고 한 것이다.

다시 어떤 업으로써 1천 광명을 얻었는가? 세간에 어떤 사람이 살생하지 않고 도둑질하지 않으며, 삿된 음행을 하지 않고 이간질하지 않으며, 욕설하지 않고 거짓말하지 않으며, 꾸밈말하지 않고 탐취하지 않으며, 성내지 않고 삿된 소견을 가지지 않았다. 이런 인연 때문에 착한 마음을 지니고 기뻐하게 되었다. 마치 사거리에 청정하여 더러움이 없는 목욕하는 큰 연못이 있는데 먼 길을 걸어온 나그네가 몹시 피로하고 목이 말랐을 때 이 못에 들어가 목욕하고는 시원하여 기쁘고 즐거워진 것처럼, 저 열 가지 선을 행한 자가 착한 마음을 지니고 기뻐하는 것도 이와 같다. 그 사람은 몸이 무너지고 목숨이 끝나 월천자가 되어 달의 궁전에 살면서 1천 광명이 있게 되었다. 이 인연으로 착한 업의 1천 광명이라고 말한다.

다시 어떤 인연으로 1천 광명을 얻었는가? 세간에 어떤 사람이 살생하지 않고 도둑질하지 않으며, 음탕하지 않고 속이지 않으며 술을 마시지 않는다고 하자. 그는 이 인연으로 착한 마음과 기쁨을 가지게 되었으며, 그는 몸이 무너지고 목숨이 끝난 다음 월천자가 되어 달의 궁전에 살게 되었고 1천 광명도 지니게 되었다. 이 인연 때문에 착한 업으로 1천 광명을 얻었다고 한다.

60념경念頃을 1라야라 하고, 30라야를 1마후다摩睺多라 하며 백 마후다를 1우바마優婆摩라고 한다. 마치 해의 궁전이 하루에 30리씩

6개월 동안 남쪽으로 움직여 가는데 남쪽으로 내려가는 한계가 염부제를 벗어나지 못하는 것처럼, 달의 궁전도 반 년 동안 남쪽으로 움직이지만 염부제를 벗어나지 못한다. 달이 북쪽으로 움직이는 것도 그와 마찬가지이다.

무슨 인연으로 달의 궁전은 조금씩 줄어드는가? 세 가지 인연으로 달의 궁전은 조금씩 줄어든다. 첫째는 달이 간방[維]에서 나온다. 이것이 달빛이 줄어드는 첫 번째 인연이다. 다시 달의 궁전 안에 여러 대신들이 몸에 푸른 옷을 입고 있는데, 그들이 차례로 올라오면 그들이 머무는 곳은 곧 푸르게 된다. 그러므로 달은 줄어든다. 이것이 달이 날마다 줄어드는 두 번째 인연이다. 다시 해의 궁전에는 60가닥의 광명이 있는데 그 광명이 달의 궁전을 비추어 달의 광명이 나타나지 못하게 한다. 그러므로 가려진 부분만큼 달은 곧 줄어드는 것이다. 이것이 달빛이 줄어드는 세 번째 인연이다.

다시 무슨 인연으로 달빛이 점점 차는가? 달빛이 점점 차게 되는 데에도 세 가지 인연이 있다. 세 가지란 어떤 것인가? 첫째는 달이 정방향으로 향하기 때문에 달의 광명이 가득 찬다. 둘째는 달의 궁전의 모든 신하들이 다 푸른 옷을 입었지만 월천자가 보름날 그들 가운데 앉아 서로 함께 즐겁게 놀면 그의 광명이 두루 비쳐 모든 하늘의 광명을 막기 때문에 달의 광명이 가득 차게 된다. 마치 많은 등불 가운데 큰 횃불을 피우면 모든 등불의 빛이 무색해지는 것과 같다. 월천자가 보름날 모든 하늘신의 무리 가운데 있으면서 여러 하늘의 빛을 무색하게 만들고 그 광명만 홀로 비치는 것도 그와 마찬가지이다. 이것이 두 번째 인연이다. 셋째는 일천자가 60가닥의 광명으로 비록 달의 궁전을 비추지만 보름날에는 월천자가 능히 광명을 반대로 비추어 가리지 못하게 한다. 이것은 달의 궁전이 원만하여 줄어듦이 없게 되는 세 번째 인연이다.

다시 무슨 인연으로 달에 검은 그림자가 있는가? 염부나무의 그림자가 달 안에 있기 때문에 달에 그림자가 있는 것이다."

부처님께서 비구들에게 말씀하셨다.

"마음은 마땅히 달처럼 시원하고 열기가 없어야 하며 단월檀越의 집에 가서도 생각을 오로지 하여 혼란하지 않게 해야 한다.

또 무슨 인연으로 모든 강하江河가 있는가? 해와 달은 열이 있기 때문에 그 열로 인해 구워지고〔炙〕, 구워지기 때문에 땀이 생기고 땀으로 인해 강하가 생겨나게 되었다. 그러므로 세간에 강하가 있는 것이다.

무슨 인연으로 세간에 다섯 가지 종자種子가 있는가? 크게 어지러운 바람이 괴멸되지 않는 세계에서 종자를 불어다가 이 영토에서 자라나게 했다. 첫째는 뿌리 종자며, 둘째는 줄기 종자며, 셋째는 마디 종자며, 넷째는 속이 빈 종자이며, 다섯째는 열매로 된 종자이다. 이것을 다섯 가지 종자〔子〕라고 한다. 이 인연으로 세간에 다섯 가지 종자가 생기게 되었다. 이 염부제가 한낮일 때 불우체에서는 해가 지고 구야니에서는 해가 뜨며 울단왈은 한밤중이다. 구야니가 한낮일 때 염부제에서는 해가 지고 울단왈에서는 해가 뜨며 불우체는 한밤중이다. 울단왈이 한낮일 때 구야니에서는 해가 지고 불우체에서는 해가 뜨며 염부제는 한밤중이다. 만일 불우체가 한낮일 때면 울단왈에서는 해가 지고 염부제에서는 해가 뜨며 구야니는 한밤중이다. 염부제가 동방이 되면 불우체는 서방이 되고 염부제가 서방이 되면 불우체는 동방이 된다. 구야니가 서방이 되면 울단왈은 동방이 되고 울단왈이 서방이 되면 불우체는 동방이 된다.

염부제를 염부라고 이름하는 까닭은 아래쪽에 높이 30유순이나 되는 금산金山이 있고 거기에 염부나무가 자라기 때문에 이름을 염부금閻浮金이라고 부르게 되었다. 염부나무의 과실은 버섯처럼 생겼고 그 맛은 꿀과 같다. 나무에는 다섯 개의 큰 과실〔孤〕이 있는데 4면에 네 개의 열매가 달리고 위에 하나의 열매가 달려 있다. 그 동쪽의 열매는 건달화乾闥和가 먹는 것이며, 남쪽의 열매는 일곱 나라 사람이 먹는 것인데, 그 일곱 나라는 첫째는 구루국拘樓國이며, 둘째는 구라바拘羅婆이며, 셋째는 비제毘提이고, 넷째는 선비제善毘提이며, 다섯째는 만타曼陀이고, 여섯째는 바라婆羅이며, 일곱째는 바리婆梨이다. 그 서쪽의 열매는 바다 벌레가 먹는 것이며, 그 북쪽의 열매는 새나 짐승들이 먹는 것이며 그 위에 달린 열매는 성수천星宿天이 먹는 것이다.

7대국의 북쪽에는 일곱 개의 큰 흑산이 있다. 첫째는 나토裸土라 하고, 둘째는 백학白鶴이라 하며, 셋째는 수궁守宮이라 하고, 넷째는 선산仙山이라 하며, 다섯째는 고산高山이라 하고, 여섯째는 선산禪山이라 하며, 일곱째는 토산土山이라 한다. 이 일곱의 흑산에는 일곱 명의 바라문 선인仙人이 있는데, 이 일곱 선인이 사는 곳의 이름은 첫째는 선제善帝, 둘째는 선광善光, 셋째는 수궁守宮, 넷째는 선인仙人, 다섯째는 호궁護宮, 여섯째는 가나나伽那那, 일곱째는 증익增益이라고 한다."

부처님께서 비구들에게 말씀하셨다.

"겁초劫初의 중생은 지미地味를 먹고 나서 오랫동안 세상에 머무르게 되었다. 그것을 많이 먹은 자는 얼굴빛이 추하고 초췌하며 그것을 적게 먹은 자는 얼굴빛이 빛나고 윤택했다. 그 후에 비로소 중생의 얼굴빛과 얼굴 모습에 우열이 있음을 알게 되자, 서로 시비하며 말하였다.

'내가 너보다 낫고, 너는 나보다 못하다.'

그들의 마음에 너니 나니 하는 생각을 가지고 다투었기 때문에 지미地味는 사라져 버렸다. 그 다음 지피地皮라는 것이 생겨났는데 그 모양은 얇은 떡처럼 생겼고 빛깔과 맛은 향기롭고 깨끗하였다. 그때 중생들은 한곳에 모여 오뇌하고 슬피 울면서 가슴을 치며 말했다.

'아아, 재앙이 생겼구나. 이제는 지미가 처음처럼 다시 나타나지는 않을 것이다.'

마치 지금 사람들이 맛난 음식을 푸짐하게 얻어 가지고 맛이 좋다고 찬양하다가 나중에 다시 그것을 잃어버리고 걱정하고 번민하는 것처럼 그들도 이와 같이 걱정하고 괴로워하며 뉘우치고 한탄하였다.

그 뒤에 지피를 먹으면서 점점 그 맛을 알게 되었다. 그런데 그것을 많이 먹은 자는 얼굴빛이 추하고 초췌하며 그것을 적게 먹은 자는 얼굴빛이 빛나고 윤택했다. 그 후에 비로소 중생의 얼굴빛과 얼굴 모습에 우열이 있음을 알게 되자, 그들은 서로 시비해 말했다.

'내가 너보다 낫고, 너는 나보다 못하다.'

그들의 마음에 너니 나니 하는 생각이 생겨나 서로 다투었기 때문에 지피는 사라져 없어지고 말았다.

그 뒤에는 지부地膚가 나왔는데, 갈수록 점점 커지고 두터워졌다. 빛깔은 하늘 꽃과 같고 부드럽기는 하늘 옷과 같으며 그 맛은 꿀과 같았다. 그때 모든 중생들은 또 그것을 취해 함께 먹으면서 오랫동안 세상에 살게 되었는데, 그것을 많이 먹은 자는 얼굴빛이 갈수록 못쓰게 되고 그것을 적게 먹은 자는 얼굴빛이 빛나고 윤택했다. 그 후에 그들은 비로소 중생의 얼굴빛과 얼굴 모습의 우열을 알게 되자, 서로 시비하며 말하였다.

'내가 너보다 낫고, 너는 나만 못하다.'

그들의 마음에 너니 나니 하는 생각을 가지고 서로 다투었기 때문에 지부는 사라져 없어졌다.

그 뒤에는 다시 자연생 멥쌀이 생겨났는데, 등겨나 뉘가 없고 조리를 하지 않아도 온갖 좋은 맛을 갖추고 있었다. 그때 중생들은 한곳에 모여 말했다.

'아아, 재앙이 생겼구나. 이제 지부는 처음처럼 다시 나타나지는 않을 것이다.'

마치 지금 사람들이 재앙을 만나고 어려움을 당하면 '괴롭다'고 하는 것처럼 그때의 중생들도 그와 같이 오뇌하고 한탄하였다.

그 뒤에 중생들은 어느새 서로 멥쌀을 가져다 먹었다. 그랬더니 그 몸은 추하고 더러워졌고 남녀의 형상이 있게 되었다. 그들은 서로 바라보다 마침내 애욕의 생각이 생겨 으슥한 곳으로 가 부정한 짓을 했다. 다른 중생들은 그것을 보고 말하였다.

'아아, 이것은 잘못된 짓이다. 어떻게 중생들이 함께 살면서 이런 짓을 할 수 있단 말인가?'

그러자 저 부정한 짓을 한 남자는 남들이 꾸짖는 말을 듣고 곧 스스로 잘못을 뉘우치면서 '내가 한 짓은 잘못이었다'고 말하고는 곧 몸을 땅에 던졌다. 저 여인은 그 남자가 몸을 땅에 던져 잘못을 뉘우치면서 일어나지 않는 것을 보고 곧 음식을 보냈다. 다른 중생들이 그것을 보고 여자에게 물었다.

'너는 이 음식을 누구에게 주려고 하는가?'

그녀가 대답했다.

'저 착하지 못한 행위를 하고 잘못을 뉘우치고 있는 중생에게 이 음식을 주려고 한다.'

이 말로 인해 세간에는 비로소 착하지 못한 사내[不善夫主]라는 이름이 생기게 되었고, 밥을 남편에게 보내주었기 때문에 이로 인해 그를 아내라고 부르게 되었다. 그 뒤로 중생들은 마침내 음탕한 짓을 하여 착하지 못한 법이 늘어났고 스스로 그것을 가리고 덮기 위해 결국 집을 짓게 되었다. 이런 인연으로 비로소 집이라는 이름이 생기게 되었다. 그 뒤로 중생들의 음탕함은 더욱더 늘어나 드디어 남편과 아내가 되었다. 다른 중생들은 목숨과 행위와 복이 다해 광음천에서 목숨을 마치고 이 세간에 와서 어머니의 태속에 들어가게 되었다. 이로 인해 세간에는 태생胎生이라는 말이 생기게 되었다.

그때 먼저 첨파성瞻婆城을 짓고 다음에는 가시성伽尸城과 바라나성婆羅奈城을 지었으며, 그 다음에는 왕사성王舍城을 지었다. 해가 뜰 때 짓기 시작하였는데 곧 해가 뜰 때 완성되었다. 이런 인연 때문에 세간에는 갑자기 성곽·군읍郡邑 따위의 왕이 다스리는 장소의 이름이 생기게 되었다.

중생들이 처음으로 저절로 생겨난 멥쌀을 먹을 때에는 아침에 거두어들이면 저녁에 또 익고 저녁에 거두어들이면 아침에 또 익곤 하여 거두고 나면 다시 돋아났지만 줄기와 잎은 없었다. 그때 어떤 중생이 혼자서 스스로 생각했다.

'날마다 베어 들이자니 내가 힘들다. 이제부터는 마땅히 한꺼번에 거두어다가 며칠씩 먹어야겠다.'

그리고는 곧 한꺼번에 여러 날 먹을 양식을 베어다 쌓아 두었다. 뒤에 다른 사람들이 이 사람에게 말했다.

'우리 함께 멥쌀을 베러 나가자.'

이 사람이 대답했다.

'나는 이미 쌓아 두었으니 다시 베러 갈 필요가 없다. 베러 가려거

든 네 마음대로 하라.'

뒷사람도 스스로 생각했다.

'저 사람은 2일분의 양식을 더 베었는데, 나라고 어찌 3일분의 양식을 베지 못하겠는가?'

이 사람은 곧 3일분의 양식을 더 베어 쌓아 두었다. 그러자 또 다른 사람이 그에게 말했다.

'우리 함께 양식을 가지러 가자.'

이 사람이 대답했다.

'나는 이미 3일분의 양식을 더 장만해 놓았다. 가지러 가려거든 네 마음대로 하라.'

그 사람도 생각했다.

'저 사람은 3일분의 양식을 더 취했는데 나라고 어찌 5일분의 양식을 취하지 못하겠는가?'

그는 곧 5일분의 양식을 취했다.

중생들이 앞다투어 여분의 양식을 쌓아 놓았기 때문에 이 때부터 멥쌀에는 겨와 뉘가 생기고 베어낸 뒤에는 다시 나지 않아 그루터기가 남게 되었다. 그때 중생들은 한곳에 모여 괴로워하고 슬피 울며 가슴을 치면서 '아아, 재앙이로다'하고 말했다. 그리고 스스로 슬퍼하고 자책하면서 말했다.

'우리들은 본래 다 화생化生으로서 생각[念]을 음식으로 삼았었다. 몸에는 광명이 저절로 비치고 신통력이 있어 허공을 날고 안락하여 걸림이 없었다. 그 뒤에 빛깔과 맛을 구족한 지미地味가 처음 생겨 우리들은 이 지미를 먹고 오랫동안 세상에 살았다. 그런데 그것을 많이 먹은 자는 안색이 갈수록 거칠어지고 그것을 적게 먹은 자는 안색에 광택이 있었다. 이에 중생들은 마음에 너니 나니 하면서 구별하고 교만한 마음을 내어 〈내 얼굴빛이 낫고 네 얼굴빛은 못하다〉고 말했다. 이렇게 얼굴색을 가지고 다투면서 교만해졌기 때문에 지미는 소멸되고 말았다. 다시 지피地皮가 생겨났는데 빛깔과 향기를 구족했었다. 우리들은 다시 그것을 취해 먹으면서 오랫동안 세상에 살았다. 그런데 그것을 많이 먹은 자는 얼굴이 더욱 추하고 초췌해졌으며 그것을 적게 먹은 자는 오히려 얼굴빛에 광택이 있었다. 이에 중생들은 마음에 너니 나니 하면서 교만한 마음을 내어 〈내 얼굴빛이 낫고 네 얼굴빛은 못하다〉하고 말했다.

이렇게 얼굴빛을 가지고 다투면서 교만해졌기 때문에 지피도 소멸되었다. 다시 지부地膚가 생겨났는데 갈수록 더욱 거칠고 두터웠지만 빛깔과 향기와 맛은 갖추고 있었다. 우리들은 다시 그것을 취해 먹으면서 오랫동안 세상에 살았다. 그런데 그것을 많이 먹은 자는 얼굴빛이 더욱 추하고 초췌해졌고 그것을 적게 먹은 자는 오히려 얼굴에 광택이 있었다. 이에 중생들은 마음에 너니 나니 하면서 교만한 마음을 내어 〈내 얼굴빛은 낫고 네 얼굴빛은 못하다〉고 말했다. 이렇게 얼굴빛을 가지고 다투어 교만해졌기 때문에 지부는 소멸되고 말았다. 다시 빛깔과 향기와 맛을 갖춘 자연산 멥쌀이 생겨났다. 그때 우리들은 함께 그것을 가져다 먹었다. 아침에 거두면 저녁에 또 여물고 저녁에 거두면 아침에 또 여물었고 수확하는 대로 다시 나곤 하였기에 베어다 쌓아 두지는 않았었다. 우리가 서로 앞다투어 쌓아 두었기 때문에 곧 등겨와 뉘가 생겨났고 수확하고 난 뒤에는 나지 않아 현재에는 묵은 그루터기만 남게 되었다. 우리들은 이제 차라리 각각 밭과 집을 나누어 정하고 경계를 나누자.'

그들은 곧 각각 토지를 나누고 경계를 달리해 네 것이니 내 것이니 하는 것을 따지게 되었고, 그 뒤에는 결국 자기 곡식은 감추고 남의 밭곡식을 훔치는 지경에 이르게 되었다. 다른 중생들이 그것을 보고 말했다.

'네가 하는 짓은 잘못이다. 네가 하는 짓은 그릇된 행동이다. 어찌하여 자기 물건은 감추고 남의 재물을 훔치는가?'

그리고 곧 꾸짖어 말했다.

'너는 이후로 다시는 도둑질을 하지 말라.'

이렇게 자꾸 말했지만 그는 그래도 또 다시 도둑질을 하였다. 다른 사람들이 또 나무라면서 말했다.

'네가 하는 짓은 잘못이다. 왜 그 짓을 그만두지 못하는가?'

이렇게 말하면서 몽둥이로 때리고 대중 앞으로 끌고 가서 여러 사람들에게 말했다.

'이 사람은 자기 멥쌀은 감추고 남의 밭곡식을 훔쳤다.'

훔친 사람도 말했다.

'저 사람은 나를 때렸다.'

여러 사람들은 그 말들을 듣고 고민하면서 슬피 울고 가슴을 쓸어내리며 말했다.

'세상이 점점 악해져 이런 악한 일들이 생기는 것이 아닌가? 결국에는 걱정과 원한과 번민의 고통스런 과보〔苦報〕를 생기게 하는구나. 이것은 곧 생·노·병·사의 근본으로서 나쁜 세계에 떨어지는 원인이 된다. 밭과 집의 경계가 다르기 때문에 다툼이 생기고 그래서 원수를 만들지만 이것을 판결할 능력을 지닌 사람이 없다. 우리들은 이제 곧 공정한 주인 한 사람을 내세워 백성들을 잘 보호하면서 착한 사람에게는 상을 주고 악한 사람에게는 벌하도록 하자. 그리고 우리들은 각각 자기의 소유에서 얼마씩 내어 그 사람에게 공급하자.'

그때 그들 중에 형질形質이 장대하고 용모가 단정하며 위엄과 덕망이 높은 한 사람이 있었다. 여러 사람들이 말하였다.

'우리는 이제 그대를 세워 주인으로 삼고자 하니, 백성들을 잘 보호하면서 착한 사람에게는 상을 주고 악한 사람에게는 벌을 주시오. 우리는 마땅히 우리 소유에서 얼마씩 내어 그대에게 공급할 것입니다.'

그 사람은 이 말을 듣자 곧 승낙하고 주인이 되어 상을 주어야 할 자에게는 상을 주고 벌을 주어야 할 자에게는 벌을 주었다. 여기서 비로소 백성의 주인이라는 이름이 생기게 되었다. 첫 번째 백성의 주인에게 아들이 있었으니 그 이름은 진보珍寶였다. 진보의 아들 이름은 호미好味이고, 호미의 아들 이름은 정재靜齋이며, 정재의 아들 이름은 정생頂生이고, 정생의 아들 이름은 선행善行이며, 선행의 아들 이름은 택행宅行이고, 택행의 아들 이름은 묘미妙味이며, 묘미의 아들 이름은 미제味帝이고, 미제의 아들 이름은 수선水仙이며, 수선의 아들 이름은 백지百智이고, 백지의 아들 이름은 기욕嗜欲이며, 기욕의 아들 이름은 선욕善欲이고, 선욕의 아들 이름은 단결斷結이며, 단결의 아들 이름은 대단결이고, 대단결의 아들 이름은 보장寶藏이며, 보장의 아들 이름은 대보장이고, 대보장의 아들 이름은 선견善見이며, 선견의 아들 이름을 대선견이고, 대선견의 아들 이름은 무우無憂이며, 무우의 아들 이름은 주저洲渚이고, 주저의 아들 이름은 식생殖生이며, 식생의 아들 이름은 산악山岳이고, 산악의 아들 이름은 신천神天이며, 신천의 아들 이름은 견력遣力이고, 견력의 아들 이름은 뇌차牢車이며, 뇌차의 아들 이름은 십차十車이고, 십차의 아들 이름은 백차百車이며, 백차의 아들 이름은 뇌궁牢弓이고, 뇌궁의 아들 이름은 백궁百弓이며, 백궁의 아들 이름은 양목養牧이고, 양목의 아들 이름은 선사善思였다.

선사 이후에 10종족〔族〕이 있어 전륜성왕들이 끊임없이 상속되었다. 첫째는 가누추伽㝹麤라 하고, 둘째는 다라바多羅婆라 하며, 셋째는 아섭마阿葉摩라 하고, 넷째는 지시持施라 하며, 다섯째는 가릉가伽楞伽라 하고, 여섯째는 첨파瞻婆라 하며, 일곱째는 구라바拘羅婆라 하고, 여덟째는 반사라般闍羅라 하며, 아홉째는 미사라彌私羅라 하고, 열째는 성마聲摩라고 한다. 가누추왕에게는 5명의 전륜성왕이 있었고, 다라바왕에게도 5명의 전륜성왕이 있었다. 아섭마왕에게는 7명의 전륜성왕이 있었고 지시왕에게도 7명의 전륜성왕이 있었다. 가릉가왕에게는 9명의 전륜성왕이 있었고 첨파왕에게는 14명의 전륜성왕이 있었다. 구라바왕에게는 31명의 전륜성왕이 있었고 반사라왕에게는 32명의 전륜성왕이 있었으며 미사라왕에게는 8만 4천 명의 전륜성왕이 있었다. 성마왕에게는 101명의 전륜성왕이 있었는데 그 최후의 왕은 대선생종大善生從이다.

성마왕의 아들 이름은 오라바烏羅婆이고, 오라바의 아들 이름은 거라바渠羅婆이며, 거라바의 아들 이름은 니구라尼求羅이고, 니구라의 아들 이름은 사자협師子頰이며, 사자협의 아들 이름은 백정왕白淨王이고, 백정왕의 아들 이름은 보살菩薩이고, 보살의 아들 이름은 라후라羅睺羅이다. 이러한 전생의 인연〔本緣〕으로 말미암아 찰리刹利라는 이름이 생기게 되었다.

그때 어떤 중생이 이렇게 생각했다.

'이 세간의 모든 가족〔家屬〕과 온갖 물질은 다 가시 덩굴이며 종기이다. 이제 마땅히 그것들을 버리고 산으로 들어가 도道를 닦으면서 고요한 곳에서 선정〔思維〕에 들어야겠다.'

그리고 그는 곧 가족이라는 가시 덩굴을 멀리 여의고 산에 들어가 고요한 곳인 나무 밑에서 깊은 선정에 들었다. 그러면서 그는 날마다

산에서 나와 마을로 들어가 밥을 빌었다. 마을 사람들은 그를 보고 공경하며 공양을 바치면서 모두들 훌륭하다고 칭찬했다.

'이 사람은 능히 가정의 얽매임을 버리고 산에 들어가 도를 구하는구나.'

그가 악하고 불선한 법을 여의었기 때문에 이로 말미암아 바라문이라고 불렀다. 바라문의 무리 중엔 선禪을 행하지 못하는 자가 있었는데 그는 곧 산림에서 나와 인간 세계에 돌아다니면서 스스로 말했다.

'나는 좌선坐禪을 할 수가 없다.'

이로 말미암아 무선無禪 바라문이라 불렀다. 그는 마을로 내려가 선하지 못한 짓을 하고 악독한 짓〔毒法〕을 했다. 이런 일이 연이어 생겨났기 때문에 결국 그를 독毒이라고 불렀다. 이 인연으로 말미암아 세간에는 바라문 종족이 있게 되었다. 그 무리들 중에는 온갖 업業을 익혀 그것으로서 스스로 생활〔生〕을 경영하는 자들이 있으니 이로 인해 세간에는 거사居士 종족이 있게 되었다. 그 중생 가운데에는 모든 기예技藝를 익혀 그것으로써 스스로 생활해가는 자들이 있었으니 이로 인해 세간에는 수다라首陀羅 종족이 있게 되었다. 세간에는 먼저 이 석종釋種이 나왔고 그 뒤에 사문종沙門種이 생겼다.

찰리 종족 가운데 어떤 사람이 이렇게 생각했다.

'세간의 은혜와 사랑은 더럽고 깨끗하지 못한 것인데 족히 탐착할 것이 무엇이랴?'

그렇게 집을 버리고 수염과 머리를 깎고 법복를 입고 도를 구하면서 '나는 사문이다. 나는 사문이다'라고 했다. 그러자 바라문 종족과 거사 종족과 수다라 종족 중에 어떤 사람이 스스로 생각했다.

'세간의 은혜와 사랑은 더럽고 깨끗하지 못한 것인데 족히 탐착할

것이 무엇이랴?'

이에 집을 버리고 수염과 머리를 깎고 법복를 입고 도를 구하면서 '나는 사문이다. 나는 사문이다'라고 했다.

만일 찰리 무리 가운데서 몸으로 착하지 못한 짓을 하고 입으로 착하지 못한 짓을 하며 뜻으로 착하지 못한 짓을 하는 자가 있다면, 그는 착하지 못한 짓을 행한 뒤에 몸이 무너지고 목숨이 끝나고서 한결같이 괴로움을 받을 것이다. 혹은 바라문·거사·수다라도 몸으로 착하지 못한 짓을 하고 입으로 착하지 못한 짓을 하며 뜻으로 착하지 못한 짓을 한다면, 그는 착하지 못한 짓을 행한 뒤에 몸이 무너지고 목숨이 끝나고서 한결같이 괴로움을 받을 것이다. 찰리 종족으로서 몸으로 착한 일을 행하고 입으로 착한 일을 하며 뜻으로 착한 일을 하면, 몸이 무너지고 목숨이 끝난 뒤에는 한결같이 즐거움을 받을 것이다. 바라문·거사·수다라로서 몸으로 착한 일을 하고 입으로 착한 일을 하며 뜻으로 착한 일을 하면, 몸이 무너지고 목숨이 끝난 뒤에는 한결같이 즐거움을 받을 것이다. 찰리 종족은 몸으로 두 가지를 행하고 입과 뜻으로 두 가지를 행한다면, 그는 몸과 뜻으로 두 가지를 행한 뒤에 몸이 무너지고 목숨이 끝나면 괴로운 과보와 즐거운 과보를 받을 것이다. 바라문·거사·수다라도 몸으로 두 가지를 행하고, 입과 뜻으로 두 가지를 행한다면 그는 몸과 뜻으로 두 가지를 행한 뒤에 몸이 무너지고 목숨이 끝나면 괴로운 과보와 즐거운 과보를 받을 것이다.

찰리 무리 가운데 어떤 이는 수염과 머리를 깎고 세 가지 법복을 입고 집을 나와 도를 구해 7각의覺意를 닦았다면, 그는 견고한 믿음을 가지고 집을 나와 도를 닦고 위없는 범행을 닦아 현재 세계에서 스스로 증득할 것이다. 그리하여 '나는 생사가 이미 다하고 범행은 이미 섰으며 할 일을 다해 마쳤고 다시 뒷세상의 목숨을 받지 않는다'라고 한다. 바라문 · 거사 · 수다라도 수염과 머리를 깎고 세 가지 법복을 입고 집을 나와 도를 구해 7각의를 닦았다면, 그는 견고한 믿음을 가지고 집을 나와 도를 닦고 위없는 범행을 닦아 현재 세계에서 증득할 것이다. 그리하여 '나는 생사가 이미 다하고 범행이 이미 섰으며 다시 뒷세상의 목숨을 받지 않는다'고 한다. 이 네 종성 가운데 지혜와 행을 구족한 사람이 출현해 아라한이 되는 것을 제일이라고 한다."

범천이 게송으로 말했다.

찰리종족으로 태어남이 으뜸이라네.
능히 모든 종성種姓을 모을 수 있고
지혜와 행을 완성해 구족하였으니
하늘과 사람 중에 제일이라네.

부처님께서 모든 비구들에게 말씀하셨다.

"저 범천이 말한 이 게송은 잘 말한 것이고, 잘못 말한 것이 아니다. 잘 받아들인 것이며, 잘못 받아들인 것이 아니다. 그것은 내가 인가印可하는 바이다. 왜냐하면 여래 · 지진 · 등정각인 나도 이 게송을 말했기 때문이다.

찰리 종족으로 태어남이 으뜸이라네.
능히 모든 종성을 모을 수 있고
지혜와 행을 완성해 구족하였으니
하늘과 사람 중에 제일이라네.

모든 비구들은 부처님의 말씀을 듣고 기뻐하며 받들어 행하였다.

장아함은 모든 것을 다 갖추었다. 일체지一切智께 귀의하면 모든 중생은 안락할 것이다. 중생들은 무위無爲의 경지에 머물라. 나 또한 예외가 될 수는 없다.

월운스님

경기도 장단에서 태어나 한학을 수학하고,
남해 화방사에서 당대의 대강백 운허스님을 은사로 출가하였다.
통도사와 해인사 강원을 졸업하고 강사가 되었으며,
동국역경원 역경위원을 거쳐 동국역경원 원장을 역임했다.
중앙승가대학 교수와 제25교구 본사 봉선사 주지를 역임하였고,
이후 봉선사 조실로 있으며 불경서당과 능엄학림을 통해
후학 양성에 매진하다 2023년 6월 16일 입적했다.
저서로는 『삼화행도집』·『일용의식수문기』·『금강경강화』·
『원강경강화』·『대승기신론강화』·『구름처럼 달처럼』 등이 있고,
『전등록』·『조당집』·『선문염송』을 비롯한 80여 종의 경론을 번역했다.

장아함경 2

2006년 9월 9일 개정판 1쇄 발행
2024년 8월 20일 개정판 5쇄 발행

지은이 김월운
발행인 박기련
발행처 동국역경원

출판등록 제1964-000001호
주소 04626 서울시 중구 퇴계로36길2 신관1층 105호
전화 02-2264-4714
팩스 02-2268-7851
홈페이지 http://dgpress.dongguk.edu
이메일 abook@jeongjincorp.com
인쇄 네오프린텍(주)

ISBN 979-89-5590-428-4 (04220)
ISBN 979-89-5590-426-0 (세트)

값 20,000원